天下‧文化
BELIEVE IN READING

科學文化 228

人類大歷史
從野獸到扮演上帝

Sapiens
A Brief History of Humankind

作者 —— 哈拉瑞（Yuval Noah Harari）

譯者 —— 林俊宏

紀念我父親胥洛謨‧哈拉瑞（Shlomo Harari）
給予我的，充滿愛的回憶。

誌謝

　　本書得以成書，要感謝下列人士的建議及協助：
Sarai Aharoni、Dorit Aharonov、Amos Avisar、Tzafrir
Barzilai、Noah Beninga、Tirza Eisenberg、Amir Fink、
Benjamin Z. Kedar、Yossi Maurey、Eyal Miller、Shmuel
Rosner、Rami Rotholz、Ofer Steinitz、Michael Shenkar、
Guy Zaslavsky，以及耶路撒冷希伯來大學世界史課程的
所有師生。

　　特別感謝賈德‧戴蒙（Jared Diamond），他讓我
學會了如何宏觀歷史；感謝 Diego Holstein，他啟發了
我寫下這個故事；並感謝 Deborah Harris，她幫助我將
這個故事說給更多人聽。

人類大歷史

從野獸到扮演上帝

目錄

———

Sapiens

人類大歷史
Sapiens

人類之大歷史年表

（距今年代）

138億年	物質和能量出現。物理學之始。
	原子和分子出現。化學之始。
45億年	地球形成。
38億年	生物突現。生物學之始。
600萬年	人類和黑猩猩最後的共祖。
250萬年	人類在非洲演化。使用石器。
200萬年	人類由非洲擴張至歐亞大陸。
	演化為不同人種。
40萬年	尼安德塔人在歐洲和中東演化。
	時常用火。
30萬年	智人在非洲演化。

7.0 萬年	**認知革命：出現說虛構故事的行為。**
	歷史學之始。智人擴張至非洲以外。
5.0 萬年	智人抵達澳洲各地定居。澳洲巨型動物絕種。
3.0 萬年	尼安德塔人絕種。智人成為唯一存活的人類物種。
1.5 萬年	智人抵達美洲各地定居。美洲巨型動物絕種。
1.2 萬年	**農業革命：馴化動植物，智人開始永久定居。**
5,000 年	出現最早的王國、文字和金錢。多神信仰。
4,250 年	出現最早的帝國：薩爾貢大帝的阿卡德帝國。
2,500 年	發明硬幣——普世通用的貨幣。
	波斯帝國——普世的政治秩序。
	印度的佛教——普世的教誨。
2,000 年	中國漢帝國。地中海羅馬帝國。基督宗教興起。
1,400 年	伊斯蘭教興起。

500 年	**科學革命：人類承認自己的無知，**
	開始取得前所未有的能力。
	歐洲人開始征服美洲及各大洋。
	整個地球形成單一的歷史競爭舞臺。
	資本主義興起。
200 年	工業革命：家族和社群被國家和市場取代。
	動植物大規模絕種。
現代	人類跨出地球疆域。
	核武威脅人類生存。
	生物逐漸由「智慧設計」形塑，而非天擇。
未來	「智慧設計」成為生命的基本原則？
	最早的非生物生命形式？
	人類成神？

新版序

一切就看我們的抉擇

我在2011年寫完《人類大歷史》之後，一心以為自己肯定不會再回頭修改了。我對這本書有很深的情感，也很感謝這本書的成功，但也覺得目前已經把人類這個物種的故事講完了。「人類2.0」還在發展，但我覺得這個主題最好還是留給別人來說。

但接著，在2016年美國總統大選後，我覺得該回歸從頭，重新檢視一次人類獨有的能力：創造想像的秩序、打造主導的結構。

過去幾年間，我們知道了假新聞能比真新聞更有力，知道了FBI能夠左右哪位總統勝出，知道了臉書能夠對選舉上下其手，知道了億萬富翁比對手花更少錢也能選上總統，還知道了一個國家有可能分成兩個敵對陣營，甚至從此不再互相傾聽。

換句話說，人類創造大規模想像秩序的獨特能力，反而被用來對付人類自己。

在過去，民族國家與資本市場上的想像秩序，能夠為人類帶來力量，產生前所未有的繁榮與幸福。但時至今日，民族國家與資本市場上的想像秩序卻是開始撕裂人群。

我們如今面臨的重大挑戰，在於要創造一個全新的全球想像秩序，而且不能是以民族國家或資本市場為基礎。

我們究竟有沒有辦法，不談民族國家、不講自由市場、不說個人主權、不論對大自然的支配，還是能創造出一套新的全球想像？

而那就是我想在這本書裡講的故事。

一念天堂、一念地獄

以上這些文字的英文原文，並不是由我（哈拉瑞）所寫，而是請一套強大的人工智慧（AI）程式模仿我而寫下。這套人工智慧名為GPT-3，是由舊金山一間專精於機器學習的研究實驗室所創。受邀為《人類大歷史》出版十週年寫一篇新版序言的時候，GPT-3先蒐集我出版的書籍、文章與曾接受的訪談，再加上網際網路幾十億個其他句子做為基礎，生成了上面那些文字的英文原文。英文原文未經任何編輯或改寫。

讀著GPT-3假扮我所寫下的句子，真是令人百感交集。一方面來說，這帶給我的並不是什麼好印象。GPT-3複製了某些我真實的發言，與網路上東挑西揀的各種想法混在一起，許多概念絕對不會出現在我筆下，在我看來並無說服力，甚至可說荒謬至極。這樣生成的文本，只是一篇文學或智識的大雜燴。這讓我暫時鬆了一口氣：GPT-3並不會搶走我的工作，至少看來還得再過個好幾年。

但另一方面來說，這也實在令我眼界大開，讀著那些文字，簡直下巴都要掉下來。這些真的是人工智慧自己生成的文本？確實，這些文字只是大雜燴，是東拼西湊得來的結果。但所有的文本不也

都是如此？我寫《人類大歷史》，也是蒐集拜讀了許多書籍、文章與訪談，再結合各種想法與事實，寫成一套新的論述。

GPT-3這篇文本最驚人的一點在於：它還真的是讀得通的，不只是把幾個句子隨機丟在一起，而是有著連貫的邏輯。雖然我不同意GPT-3的某些主張，但光是它能夠提出主張，就已經叫人十分意外。如果照著那個有名的故事，給猴子一臺打字機來玩，我應該只要瞄上一眼，不用半秒就能判斷那絕不是我寫的東西。但對於GPT-3寫出的文字，我得花上一兩分鐘仔細閱讀，才能得出結論，知道那不是我寫的內容。

還有另一件事情，也令我雖然驚喜、但也驚駭：改變的速度。GPT-3還是很初步的人工智慧，尚未提出真正的成績。而我在2010年寫《人類大歷史》的時候，甚至想都沒怎麼想過人工智慧這個議題。當時覺得，人工智慧應該留給科幻電影，哪會是嚴肅歷史書的主題？但在我坐在圖書館裡讀著老文獻的時候，資工實驗室裡的同事們可沒閒著。2011年，也就是《人類大歷史》最早以希伯來文出版的那一年，名為華生（Watson）的人工智慧，在電視益智搶答節目《危險境地》（Jeopardy!）擊敗了人類參賽者；[1] 那一年，柏林市中心有一輛自動駕駛車成功上路；[2] 那一年，iPhone也開始有了語音助理Siri。[3]

過了十年，人工智慧革命已然橫掃全球，也標示著我們所知的歷史邁向終局。有幾萬年的時間，是人類發明了各種工具，讓自己變得更為強大，例如斧頭、輪子、原子彈，都是讓人類掌握到新的權力。然而人工智慧不一樣，這是史上首次，權力可能是從人類的指縫間流去。

過去的種種工具為人類帶來力量，是因為那些工具並無法決定

自己的用途。「做決定」仍然是人類的特權。斧頭無法決定要砍哪棵樹，原子彈也無法決定要不要掀起一場戰爭；但人工智慧可以。就談些已經存在的事實吧：今天你去銀行想要貸款，會是人工智慧判斷是否核貸。你把履歷寄去求職，很有可能是由人工智慧來讀履歷、決定你的命運。

過去所有的工具給人類帶來權力，是因為「人懂工具」比「工具懂人」來得多。農夫知道能拿斧頭做什麼，但斧頭卻不懂農夫有何需求、做何感受。然而，人工智慧很快就會比我們更懂我們自己。到那個時候，人工智慧還是我們手中的工具嗎？或者我們才是人工智慧的工具？

至少在未來幾年之內，人類應該還是能掌握比人工智慧更高的權力。特別是目前人類仍有權決定人工智慧（和其他革命性技術）未來的發展與用途，對此實在應該深思熟慮。科技從來不是必然只有一種用途，而是能有五花八門的使用方式。在二十世紀，同樣是有了電力、火車、無線電，有些社會創造出的是極權專制，也有些社會創造出的是自由民主。而到了二十一世紀，這些新科技有可能是一念天堂、一念地獄，一切就要看我們的抉擇。

我們是誰？又來自何方？

想要做出聰明的選擇，除了得要瞭解這些新科技的完整潛力，還得先更懂我們自己。如果人工智慧能實現我們所有的夢想，那個世界究竟會是什麼樣子？如果你能用生物工程重塑人類的身體與心智，你又會想要改變些什麼？

在童話故事裡，不管是對一隻魔法金魚或是萬能的神燈精靈許

願，最後通常沒什麼好下場。人類總會許錯願望，是因為人類並不懂得自己因何歡喜、為何悲傷。如果不希望像童話故事的主人翁一樣搞砸，我們就得更瞭解「人」究竟是怎麼一回事。我們是誰？又來自何方？

　　幸好，在最近十年間，固然電子產品的功能一日千里，我們對人類生物學與歷史的知識也突飛猛進。《人類大歷史》希伯來文版於2011年出版後，科學家已經又給人類的家譜添上幾個新分支。2013年，在南非發現了納萊迪人（*Homo naledi*）的骨骸。[4] 在菲律賓呂宋島，則發現曾有呂宋人（*Homo luzonensis*）這種矮人居住，並在2019年公諸世人眼前。[5] 而在2021年，考古學家也分別在以色列與中國發現兩種可能的人類新物種。[6]

　　我們除了得知有其他人類物種曾經存在，也多少瞭解了他們的生活種種，像是他們吃些什麼、生活有哪些舉止、甚至是會和誰發生性關係。我寫《人類大歷史》的時候，只有極少數小線索，暗示智人與尼安德塔人曾經混血繁衍，但現在已有更多證據，證明雙方曾有接觸交流。我們目前也知道，智人和尼安德塔人都曾與另一個神祕的人種有過混血，也就是在2010年發現的丹尼索瓦人（見第21頁）。近來，科學家又發現了某個混種人類的遺骸，母親為尼安德塔人，父親則為丹尼索瓦人。[7]

█ 會說故事的動物

　　自從寫完《人類大歷史》以來，人類的故事已經又加入了許多其他的細節與轉折。但我想在本書闡述的重點，依然沒有改變：對智人最提綱挈領的一種看法，就是把智人視為一種「會說故事的動

物」。我們會創造出各種關於神明、國家與企業的虛構故事,而這些故事就成了人類社會的基礎、以及生命的意義。我們常常會因為這些故事而殺人或被殺。但這樣的行為,不論是在黑猩猩、狼、或是其他有智慧的社交動物身上,都看不到。

人類比其他任何動物都懂得更多真相,但也相信更多的虛構故事。只有人類,會因為故事而互相殘殺。而我認為,要是真想瞭解人類歷史,就必須認真對待種種我們所虛構出來的故事,光看各種經濟因素或人口統計數字,絕對不夠。

以第一次世界大戰為例。為什麼德英兩國要兵戎相見?並不是哪方無地可住、或是少食缺糧,雙方在1914年都有足夠的土地可以蓋起房屋,供所有德國民眾或英國民眾居住,也有足夠的食物能夠養活自己的所有國民。然而就只因為雙方沒有共同相信的故事,戰火也就熊熊點燃。而如今德英之所以能和平相處,也不是因為雙方有了更多土地(雙方如今的領土都比1914年時來得更小),而是因為有了雙方都能相信的共同故事。

▍該讓新的故事上場

幾千年前,佛陀曾說人類都活在虛幻世界之中。確實,無論是國家、神明、企業、金錢或意識型態,一切都只是人類所創造並相信的共同虛幻,但這也就主宰了人類的歷史。到了人工智慧時代,有了更強大的科技能夠追求夢想,要相信何種故事也就變得比以往更為重要。

古代人類想像著天堂與地獄,這些幻想也深深影響著他們的行為,讓他們發動戰事,殘殺所謂異端,不吃某些食物、不允許某些

性行為，一切都是因為他們想像著這樣才能進入天堂。而且天堂還是個專屬死者的夢想國度，怎樣都得等到死後才得以進入。然而到了二十一世紀，肯定至少某些人會受到誘惑，想用人工智慧、生物工程或其他革命性的科技，讓自己的夢想在人間就能實現。如果我們不好好注意自己究竟相信什麼，就可能輕易被某些天真的烏托邦誤導，受困於科技的地獄，無處可逃。

想創造一個更好的世界，還不能光是學會寫程式碼、或是解譯遺傳密碼。畢竟如果只有人工智慧與基因工程，將會輕易達成極權暴君或宗教狂熱份子的種種目標。我們真正需要理解的是人類的心智，以及由人類心智所創造、相信的那些幻想。這正是詩人、哲學家與歷史學家的任務，而且在此時的急迫程度更勝過往。

我們都困在死者的夢境之中，但是研究歷史就能讓我們找到出路。對於像我這樣的歷史學家，我們的工作並不是要記住過往，而是要協助大家從過往中解放。瞭解人類如何相信自己創造的故事，就能瞭解如何改變這些故事。人類就是一種會說故事的動物，而人類社會一旦缺了故事，也就無法運作。但到頭來，故事只是我們創造出來幫助彼此的工具；如果某個故事已經弊大於利，我們就該讓新的故事上場。

第一部
認知革命

1. 法國南部雪維洞穴（Chauvet-Pont-d'Arc Cave）大約三萬年前的人類手印。
   可說是有人在告訴我們：「我到過這裡。」

第1章

人類：一種也沒什麼特別的動物

大約在一百三十八億年前，經過所謂的**大霹靂**（Big Bang）之後，宇宙的物質、能量、時間、空間，才應運而生。宇宙的這些基本特徵，就成了「物理學」。

在這之後過了大約三十萬年，物質和能量開始形成複雜的結構，稱為**原子**，然後進一步構成**分子**。至於這些原子和分子的故事、以及它們如何交互作用，就成了「化學」。

大約三十八億年前，在這顆叫做地球的行星上，有些分子結合起來、形成一種特別龐大而又精細的結構，稱為**生物**。生物的故事，就成了「生物學」。

到了大約七萬年前，一些屬於**智人**（Homo sapiens）這一物種的生物，開始創造出更複雜的架構，稱為**文化**。而這些人類文化繼續發展，就成了「歷史學」。

在人類大歷史的路上，有三大重要革命：大約七萬年前，**認知革命**（Cognitive Revolution）讓我們所謂的歷史正式啟動。大約一萬兩千年前，**農業革命**（Agricultural Revolution）讓歷史加速發展。到

了大約不過是五百年前，**科學革命**（Scientific Revolution）可以說是讓過往的歷史告一段落，而另創新局。這本書的內容，就是在描述這三大革命如何改變了人類和周遭的生物。

▍智人現身

　　事實上，人類早在史前就已存在：早在兩百五十萬年前，就已經出現了非常類似現代人類的動物。然而，即使經過世世代代的繁衍，他們與共享地球的其他生物相比，也沒什麼特別突出之處。

　　如果到兩百萬年前的東非逛一逛，你很可能會看到一群很像人類的生物：有些媽媽一邊哄著小嬰兒、一邊還得將玩瘋的小孩抓回來，忙得團團轉；有些年輕人對社會上種種規範氣憤不滿，也有些垂垂老矣的老人家只想圖個清靜；有肌肉猛男搥著自己的胸膛、只希望旁邊的美女能夠垂青；也有年長充滿智慧的大家長，對這一切早就習以為常。這些遠古時期的人類已懂得愛和玩樂，能夠產生親密的友誼，也會爭地位、奪權力。

　　不過，這些天性和黑猩猩、狒狒、大象也沒什麼不同。這些遠古人類，和一般動物比起來就是沒什麼特別。他們萬萬沒有想到，他們的後代有某一天竟能在月亮上漫步、分裂原子、瞭解遺傳密碼，還能寫寫歷史書。說到史前人類最重要的一件事，就是他們在當時根本無足掛齒，對環境的影響也不見得比大猩猩、螢火蟲或是水母來得多。

　　生物學家把所有生物劃分成不同的**物種**（species，簡稱**種**）。而所謂屬於同一物種，就是牠們會彼此交配、能夠產出有生殖力的下一代。例如馬和驢，雖然有共同的祖先、也有許多類似的身體特

徵，也能夠互相交配，但牠們彼此卻是性趣缺缺，就算刻意讓牠們交配，產出的下一代會是騾，而不具有生育能力。因此，驢的DNA突變就不可能會傳給馬這個物種，馬的也不會傳給驢。於是我們認定馬和驢屬於兩個不同的物種，各有各自的演化路徑。相較之下，雖然鬥牛犬和西班牙獵犬看來天差地遠，卻屬於同一物種、有一樣的基因池。牠們很願意互相交配，而且牠們的小犬長大後，也能再和其他狗交配、子孫滿堂。

從同一祖先演化而來的不同物種，會屬於同一個**屬**（genus）。例如：獅子、老虎、豹和美洲豹，雖然是不同物種，但都是豹屬（*Panthera*）。生物學家用拉丁文為生物命名，每個名字由兩個字組成，第一個字是屬名、第二個字則是種名。例如獅子就稱為*Panthera leo*，指的是豹屬（*Panthera*）的獅種（*leo*）。而只要沒有意外，每一位在讀這本書的讀者，應該都是一個 *Homo sapiens*：人屬（*Homo*，指「人」）的人種（*sapiens*，指「明智」）。

許多屬還能再歸類為同一科（family），例如貓科動物（獅子、獵豹、家貓）、犬科（狼、狐狸、豺）、象科（大象、猛獁象、乳齒象）。同一科的所有成員，都能追溯到某個最早的雄性或雌性祖先。例如所有的貓科動物，不管是家裡喵喵叫的小貓或是草原上吼聲震天的獅子，都是來自大約兩千五百萬年前的某一頭祖先。

至於智人，也是屬於某個科。雖然這件事看起來再平凡不過，卻曾經是整個歷史上最大的祕密。智人一直希望自己和其他動物有所不同，彷彿像個孤兒，整個科就只有自己存在，沒有兄弟姊妹、沒有遠近親戚，而且最重要的是：沒有父母。但可惜這絕非事實。不論你是否接受，我們所屬的人科不僅成員眾多、而且還特別吵鬧——就是一堆大猿。現存與我們最相近的親戚，就是黑猩猩、大猩

猩和紅毛猩猩。其中,黑猩猩與我們最為接近。不過就在六百萬年前,有一頭母猿產下兩個女兒,一個成了所有黑猩猩的祖先,另一個則成了所有人類的祖奶奶。

▌家族祕史

智人還有另一個更見不得光的祕密——我們有許多堂表兄弟姊妹,而且沒什麼文明。但這還事小,我們其實還曾經有很多更相近的兄弟姊妹。

人類(human)已經習慣以為自己是唯一的「人」,是因為在過去一萬年間,「人種」確實只剩下智人一種。然而,human 一詞真正的意思是「屬於人屬的動物」,而在過去,這可不只有智人而已。此外,我們在最後一章也會提到,不久之後,很可能我們又得再和一些不屬於智人的人類開始競爭。為了避免混淆,以下講到智人,講的就是 Homo sapiens 這個物種的成員,而講到人類,講的則是 Homo(人屬)的所有成員。

最早的人類是從大約兩百五十萬年前的東非開始演化的——祖先是一種更早的猿屬:**南猿**(Australopithecus)。大約兩百萬年前,東非的這些遠古人類有一部分離開了家園而踏上旅程,足跡遍及北非、歐洲和亞洲的廣大地帶。北歐的森林白雪皚皚、印尼的熱帶叢林溼氣蒸騰,想活命顯然需要不同的特徵,因此人類也開始朝著不同方向演化。於是人類發展出幾個不同的物種,而科學家也為每一種都取了華麗的拉丁名稱。

在歐洲和西亞的人類,成了 Homo neanderthalensis,意為「來自尼安德谷(Neander Valley)的人」,一般簡稱為**尼安德塔人**。比起

我們這種智人，尼安德塔人更為魁梧、肌肉也更發達，非常適應西方的歐亞大陸在冰河期的寒冷氣候。

至於在亞洲的東邊，住的則是**直立人**（*Homo erectus*），一共存續了將近兩百萬年，是目前所知存續最久的人種，而我們智人似乎也很難打破這項紀錄。光是一千年後還會不會有智人存在，現在看來都令人十分懷疑，所以和兩百萬年比起來，我們真的是小巫見大巫。

至於在印尼的爪哇島，則住著**梭羅人**（*Homo soloensis*），拉丁文意為「來自梭羅谷的人」，這種人很能適應熱帶的生活環境。同樣在印尼，還有另一個小島弗洛瑞斯（Flores），這裡住的遠古人類則是經歷了一場侏儒化的過程。曾有一段時間，由於海水的水位格外低，於是人類初次抵達了弗洛瑞斯，然後就絡繹不絕，當時島上和大陸的交通往來十分便利。但是後來海水再次上漲，有些人就被困在島上，物資十分缺乏。那些長得高頭大馬的人，需要的食物也多，於是最早在島上餓死；長得矮反而成了生存優勢。經過幾代之後，在弗洛瑞斯的人都成了小矮人。

科學家把這種獨特人種稱為**弗洛瑞斯人**（*Homo floresiensis*），身高最高不過一公尺、體重最重也不過二十五公斤。然而，他們仍然懂得如何製造石器，甚至偶爾還能在島上獵象。不過倒也公平，在這島上的象也是一種矮生種。

2010年，科學家在西伯利亞的丹尼索瓦（Denisova）洞穴中，發現了一支已經變成化石的手指骨，為人類的大家族又增添一種成員。手指骨的基因分析證實這個人種過去並不為人知，現在則命名為**丹尼索瓦人**（*Homo denisova*）。

全球還有太多洞穴、島嶼、以及不同的氣候條件，天曉得還有

多少我們失落的親戚，正等著我們去發現。

這幾個人種在歐洲和亞洲不斷演化的同時，其他在東非的人種演化也沒有停止，這個人類的搖籃繼續養育著許多新人種，例如：魯道夫人（*Homo rudolfensis*，「來自魯道夫湖的人」）、匠人（*Homo ergaster*，「使用工具的人」），還有我們自己這種人種，而我們也頗為厚顏的，把自己命名為智人，「明智的人」。

在這些人種當中，有些高大、有些矮小，有些會凶殘的獵捕、有些只是溫和採集著食物，有些只住在某個小島上，而大多數是在整個大陸上遷徙；但不論如何，他們都是「人屬」，也都是人類。

有一種常見的錯誤，認為這些人種是呈線性發展，從匠人變成直立人，從直立人再變成尼安德塔人，而尼安德塔人再變成我們。這種線性模型誤以為地球在某個時間點上只會有單一人種，而其他更早的人種不過就是我們的祖先。

但事實是，從大約兩百萬年前到大約一萬年前為止，整個世界其實同時存在多種不同的人種。這其實也十分合理。就像今天，地球上還是有許多種的熊：棕熊、黑熊、大灰熊、北極熊，而在幾十萬年前的地球上，至少也曾經有六種人。從整個歷史來看，過去多種人種共存，其實是常態，現在地球上只有「一種人」，這才是異常。以下的章節很快就會提到，對於我們智人來說，不願想起這些過去的手足親情，背後其來有自。

「思考」的代價

雖然人種之間有諸多不同，但還是有幾項共同的人類特徵。其中最重要的一點，就是人類的大腦明顯大於其他動物。對於60公

斤重的哺乳類來說，平均腦容量是200立方公分。但是早在兩百五十萬年前、最早期的男男女女，腦容量就已經有600立方公分了，至於現代的智人，平均腦容量更高達1,200至1,400立方公分。而尼安德塔人，其實腦容量還更大。

這樣看來似乎再清楚也不過，物競天擇（natural selection）就該讓腦袋愈來愈大才是。人類深深迷戀自己的高智能，一心認為天擇當然是偏好腦袋愈大、智力愈高的演化方向。但如果真的是如此，貓科動物也經過演化，為什麼沒有出現會算微積分的貓？為什麼豬還沒有推出牠們自己的太空計畫？為什麼在整個動物界，擁有巨大大腦的動物就是這麼稀少？

答案在於：龐大的大腦也是龐大的負擔。大腦結構脆弱，原本就不利於活動，更別說還得用個巨大的頭骨把它裝起來。而且大腦消耗的能量驚人。對智人來說，大腦只占身體總重約2％至3％，但是在身體休息而不活動時，大腦的能量消耗卻占了25％。相比之下，其他猿類的大腦在休息時的能量消耗，大約只占8％。

由於人腦較大，遠古人類付出的代價有兩種：首先是得花更多時間尋找食物，其次是肌肉退化萎縮。這就像是政府把國防預算轉撥給了教育，人類也把手臂二頭肌所需的能量撥給了大腦裡的神經元。對於在非洲草原上，這究竟是不是好策略，事先只能說無人能知。雖然黑猩猩要講道理絕對講不贏智人，但牠卻能直接把智人像個布娃娃一樣扯個稀爛。

時至今日，人類大腦帶來的好處顯而易見，我們能製造出汽車和槍炮，讓我們的移動速率遠高於黑猩猩，而且從遠方就能將黑猩猩一槍斃命，無須和牠摔跤硬拚。只不過，汽車和槍炮是最近才有的事。在超過兩百萬年間，雖然人類的神經元網路不斷增長，但除

2. 這些都可說是我們的兄弟姊妹，樣貌是根據推測重建的。從左至右，依次是魯道夫人（東非）、直立人（東亞）、尼安德塔人（歐洲和西亞）。他們都是人類。

了能用燧石做出一些刀具、能把樹枝削尖變成武器，人類的大腦實在沒什麼特殊表現。那麼，究竟是為什麼，驅使人類的大腦在這兩百萬年間不斷這樣演化？坦白說，我們也還不知道。

　　人類另一項獨有的特點，在於我們用兩條腿直立行走。能夠站起來，就更容易掃視整片草原，看看哪裡有獵物或敵人，而且既然手不需負責移動身體，就能發揮其他用途，像是丟石塊、或是打信號。手能做的事情愈多，可以說人就變得愈厲害；於是人的演化也就愈來愈著重在神經發展，也不斷對手掌和手指的肌肉做修正。於是乎，人類的手開始能夠處理非常精細的任務，特別是能夠製造、使用複雜的工具。最早有證據證明人類開始製作石器工具，大約可追溯到兩百五十萬年前；而且工具的製作和使用，也正是考古學家判斷遠古化石是猿人還是人猿的標準。

　　然而，直立行走也有不利的一面。原本，我們的靈長類祖先歷經數百萬年，才發展出以四肢行走、頭部相對較小的骨架，而要將這種骨架調整成直立，可說是一大挑戰，而且還得撐住一個超大的顱骨，更是難上加難。於是，為了要能望遠、要能有靈活的雙手，現在人類只得面對背痛、頸脖僵硬的苦惱代價。

　　這點對婦女來說，造成的負擔又更大。直立的步行方式需要讓臀部變窄，於是產道寬度受限，而且別忘了嬰兒的頭還愈來愈大。於是，分娩時的死亡成了人類女性的一大風險。而如果早點生產，嬰兒的大腦和頭部都還比較小，也比較柔軟，這位母親就更有機會度過難關，未來也可能再生下更多孩子。於是，天擇就讓生產開始提前。和其他動物相較，人類可說都是早產兒，許多重要器官的發育都還不夠完善。看看小馬，出生沒多久就能開始小跑步；小貓出生不過幾週，就能離開母貓自行覓食。相較之下，人類的嬰兒只能說沒用得很，許多年間都得當個啃老族，來取得受撫養、受保護和受教育的福利。

　　人類之所以會有如此突出的社交技巧（以及人類獨有的社會問題），有一大原因也正出自於此。獨自一人的母親，如果還得拖著孩子，就很難為自己和小孩取得足夠的食物。所以，想養孩子，就需要其他家族成員和鄰居持續提供協助。要養活一個人，得靠全部落共同的努力。於是，演化也就偏好能夠形成強大社會關係的種族。此外，由於人類出生的時候尚未發育完全，比起其他動物，也就更能夠用教育和社會化的方式加以改變。

　　大多數哺乳動物脫離子宮的時候，就像是已經上釉的陶器出了窯，如果還想再做什麼調整，不是刮傷、就是碎裂。然而，人類脫離子宮的時候，卻像是從爐裡拿出了一團剛熔化的玻璃，可以旋

轉、拉長,可塑性高到令人嘆為觀止。正因如此,我們今天教出的孩子,才會有人是基督徒或佛教徒、有人是資本主義者或社會主義者,又或有人好鬥好戰、有人愛好和平。

食髓知味

我們以為,能有比較大的大腦、會使用工具、有超凡的學習能力、還有複雜的社會結構,都可說是人類巨大的優勢。而且似乎不證自明,正是這些優勢使人類成為地球上最強大的動物。然而,其實人類早就具有這些優勢,但是在整整兩百萬年期間,人類一直就只是一種弱小的邊緣生物。大約在一百萬年前,雖然人類已經擁有了容量較大的大腦和鋒利的石器,卻還是得一直擔心食肉動物的威脅,他們很少獵殺大型獵物,維生主要靠的就是採集植物、挖尋昆蟲、追殺小動物,還有跟在更強大的食肉動物後面,啃吃些剩下的腐肉。

早期石器最常見的一種用途,就是把骨頭敲開,才能吃到裡面的骨髓。有些研究人員認為,這正是人類最原始的專長。就像是啄木鳥的專長是從樹幹裡啄出昆蟲,最早的人類專長就是從骨骼裡取出骨髓。

骨髓有什麼特別的?假設我們現在看著一群獅子大口吃著一隻長頸鹿。我們只能耐心等著,等牠們吃飽再說。但還別急,就算獅子吃完了,旁邊還有鬣狗和豺在等著,而且牠們也不是好惹的;於是牠們又把剩下的肉再吃乾抹淨。最後才輪到我們這群原始人,我們走近長頸鹿的屍體,左看看右瞧瞧,最後只能想辦法去挖出唯一還能吃的組織。

　　這一點對於瞭解人類歷史和心理學至關緊要。長久以來，智人一直只是穩定位於食物鏈的中間位置，直到最近才有改變。在先前長達數百萬年期間，人類會獵殺小動物、採集種種能得到的食物，但同時也會遭到較大型食肉動物獵殺。一直要到四十萬年前，有幾種人種才具備實力，開始固定追捕大型獵物，而要到十萬年前智人崛起，人類才一躍而居於食物鏈頂端。

　　這場從中段到頂端的大躍遷，造成的影響翻天覆地。其他在金字塔頂端的動物，例如獅子、鯊魚，得要花上好幾百萬年的時間，才終於透過演化站上頂峰。因此生態系有足夠的時間發展出種種制衡，避免獅子和鯊魚造成太大的破壞：隨著獅子愈來愈強壯，演化也讓瞪羚愈跑愈快、鬣狗愈來愈懂合作、犀牛脾氣愈來愈差。

　　相較之下，人類轉眼就登上頂峰，不僅讓生態系猝不及防，就連人類自己也不知所措。在過去，居於食物鏈頂端的食肉動物總是威風凜凜、霸氣十足，數百萬年的統治，讓牠們充滿自信。但相比之下，智人就像是香蕉共和國的獨裁者。我們在不久之前，還是大草原上的小可憐，整天充滿恐懼和焦慮；一朝躍居上位，不免倍加殘酷和危險。人類歷史上眾多的災難，不論是生靈塗炭的戰亂、或是生態遭逢的浩劫，其實都是源自於這場過於倉促的地位躍遷。

▎廚師的種族

　　在踏上食物鏈頂端的路上，知道用火，可說是邁出了一大步。早在大約八十萬年前，就已經有部分人種偶爾會使用火，而到了大約四十萬年前，對直立人、尼安德塔人、以及智人的祖先來說，用火已是家常便飯。到了這個時候，人類不僅用火當作可靠的光源

和熱源，還可以用這項致命的武器，與不懷好意的獅子一較高低。不久之後，人類甚至還刻意引火焚燒周遭的環境。只要悉心控制火勢，就能讓原本難以通行、不具利益的叢林，轉變成大片美好的原野，而且滿是獵物。此外，等到火勢停歇，這些石器時代的創業者走到還在冒煙的餘燼當中，就能得到烤得香酥美味的動物、堅果和塊莖。

然而，火帶來的最大好處在於能夠烹飪。有些食物，處於自然形態的時候，無法為人類所消化吸收，像是小麥、水稻、馬鈴薯，但正因有了烹飪技術，就成了我們的主食。火不只會讓食物起化學變化，還會起生物上的變化：經過烹調，就能殺死食物上的病菌和寄生蟲。此外，對於人類來說，就算吃的還是以往的食物（例如水果、堅果、昆蟲和動物屍體），所需要的咀嚼和消化時間也能大幅縮減。例如，黑猩猩要咀嚼生肉，每天得花上五小時，但人類吃的是熟食，每天花上一小時就夠了。

烹調讓人類有更多能吃的食物種類，減少所需的進食時間，還能縮小牙齒、減少腸的長度。有學者認為，烹調技術的發明，與人體腸道縮短、大腦開始發育，有直接關係。不論是較長的腸道、或是較大的大腦，都必須消耗大量的能量，因此很難兼而有之。而既然有了烹調，人就能縮短腸道、降低能量消耗，於是可說是在不經意間，烹調就讓尼安德塔人與智人走上了讓大腦更大的道路。[8]

此外，用火也讓人和其他動物之間，首次有了明顯的不同。對幾乎所有動物來說，牠們的力量靠的都是自己的身體，像是肌肉的力量、牙齒的大小、翅膀的寬度。雖然動物能利用風和海流，卻無法控制這些自然界的力量，而且也無法突破先天上的身體限制。例如老鷹能夠找出由地面上升的熱氣流，只要展開巨大的翅膀，熱空

氣就會帶著牠們自然上升。然而，老鷹並無法控制熱氣流的位置，而且荷重能力幾乎完全得看翼寬來決定。

但人類用火的時候，可說是控制了一項既聽話、又有無窮力量的工具。不像老鷹只能被動使用氣流，人類可選擇要在什麼地點、什麼時間放出一把火來，而且火的用途各式各樣、不一而足。最重要的是，火的能量並不會受到人類身體的構造或力氣所限。就算是柔弱的女子，只要有一塊燧石能敲出火花，或是有一根點火棍能夠摩擦起火，就能在幾個小時內毀掉整片森林。

懂得用火之後，人類有許多發展，已經行將水到渠成了。

兄弟的守護者

雖然用火帶來許多優勢，不過在十五萬年前，人類仍然是邊緣生物。這時的人類能夠把獅子嚇走、能在寒冷的夜晚生火取暖，偶爾還能把森林給燒了。但就算把所有人種全部加在一起，從東南亞的印尼群島、到歐洲西南角的伊比利亞半島，所有的人數加起來仍然不足百萬，這對於整體生態來說，根本微不足道。

這個時候，我們這個物種（智人）已經出現在世界舞臺上，但不過就是自顧自的待在非洲的一個小角落。我們還無法得知智人是在何時、由何種早期人類演化而來，但科學家多半都同意，大約到了十五萬年前，東非就已經有了智人，外貌和我們幾乎一模一樣。如果現代的停屍間裡突然出現一具智人的屍體，驗屍官根本不會發現有什麼不同。在有了火之後，他們的牙齒和頜骨比祖先小，而大腦的容量又較大，與我們現在相當。

科學家也同意，大約在七萬年前，智人已經從東非擴張到阿拉

29

伯半島，並且很快席捲整個歐亞大陸。

　　智人來到阿拉伯半島的時候，歐亞大陸多半都已經住著其他的人種。那麼，這些其他人種後來怎麼了？關於這點，有兩種完全不同的理論。第一種是**混種繁衍理論**（interbreeding theory），講的是不同人種一見鍾情、兩情相悅、三生有幸、互相交融。

　　混種繁衍理論認為：智人從非洲遷移到世界各地，和其他人種混種繁衍，而形成今天的人類。例如，智人抵達中東和歐洲時，會遇上尼安德塔人。這些尼安德塔人的肌肉更發達、腦容量更大、也更能適應寒冷的氣候。他們會用工具、已知用火、打獵技巧高明，而且還有鐵證，證明他們會照顧病人和弱者（考古學家從尼安德塔人的遺骸發現，有些人有嚴重的身體殘疾，但活了相當大的歲數，可見有親屬提供照料）。許多漫畫都把尼安德塔人描繪成愚笨又粗魯的「穴居人」，但近來的證據證明並非如此。

　　根據混種繁衍理論，智人來到尼安德塔人的地盤時，兩個人種開始互通、繁衍，直到合而為一。但如果真是如此，今天的歐亞人就不該是純種智人，而是智人和尼安德塔人的混血兒。同樣的，在智人抵達東亞的時候，也會和當地的直立人混血繁衍，因此今天的中國人和韓國人也該是智人與直立人的混血兒。

　　另一種完全相反的觀點，稱為**替代理論**（replacement theory），講的是雙方水火不容、互有反感、甚至是發生種族滅殺。根據這一理論，智人和其他人種的生理結構還是有所不同，不僅交配習性難以相合，甚至連體味都天差地別。所以，想要天雷勾動地火，簡直是天方夜譚。而且，就算有一個尼安德塔人的羅密歐、配上了智人的茱麗葉，但因為兩個人種在基因上相去太遠，也無法產下可繁衍的後代。於是，這兩個人種還是涇渭分明。而等到尼安德塔人不管

是自然滅絕、或是遭到屠殺，他們的基因也同樣灰飛煙滅。

　　就這種觀點看來，智人所做的，就是取代了所有先前的人種，而不是和他們混種繁衍。如果真是如此，現今所有的人類只要追本溯源，都該能夠一路追到七萬年前的東非，都是「純種」的智人。

▌基因定序的兩顆震撼彈

　　這兩種理論何者正確，會對後面的推論造成極大影響。從演化的角度來看，七萬年其實一點也不長。如果替代理論正確，也就是說，所有現代人類的基因池大致相同，現在我們看到的各種種族差異就小到無足掛齒。然而，如果混種繁衍理論正確，那麼可能在兩百萬年前，就已經種下了現代非洲人、歐洲人和亞洲人之間的基因差異。這點可以說是政治上一觸即發的火藥，可能發展出爆炸性的種族理論。

　　最近數十年來，替代理論一直是這個領域的大致共識，這項理論不只背後的考古證據更可靠，也更為政治正確——如果說現代人類族群各有明顯的基因差異，幾乎可說就是打開了種族主義的潘朵拉盒子，而科學家可沒這打算。

　　然而，有一項為尼安德塔人基因體定序的研究結果在2010年底發表，卻掀起了一片驚濤駭浪。遺傳學家終於從化石裡蒐集到足夠的尼安德塔人DNA，能夠和現代人類的DNA全面比較，而結果令科學界一陣嘩然。

　　原來，就現代中東和歐洲的人類而言，擁有1％到4％的尼安德塔人DNA。雖然這百分比並不高，但是意義卻很重大。幾個月之後，從西伯利亞的丹尼索瓦人的手指化石中，取得DNA、完成定

3

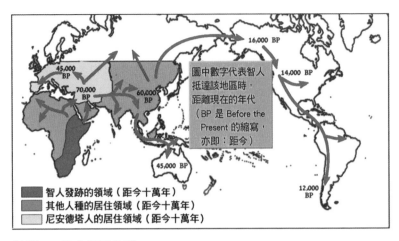

圖中數字代表智人抵達該地區時，距離現在的年代（BP 是 Before the Present 的縮寫，亦即：距今）

智人發跡的領域（距今十萬年）
其他人種的居住領域（距今十萬年）
尼安德塔人的居住領域（距今十萬年）

地圖1：智人征服全球

序，結果又投下了第二顆震撼彈：結果證明，居住在大洋洲的現代美拉尼西亞人及澳洲原住民，最高擁有6％的丹尼索瓦人DNA。

如果這些結果屬實（請注意，目前後續研究都仍在進行，可能進一步證實、但也可能修改目前的結論），就證明混種繁衍理論至少有部分正確。但這也不是說替代理論完全錯誤。畢竟，尼安德塔人和丹尼索瓦人的基因，仍然只占了現代人基因體的一小部分，要說智人真的和其他人種有「混種」的情形，也是言過其實。雖然這些人種之間的差異，沒有大到完全阻絕了繁衍後代的可能，但已經足以讓他們彼此興趣缺缺，罕有往來。

這麼說來，智人、尼安德塔人和丹尼索瓦人在生物學上的親緣關係，究竟該如何解釋？顯然，他們並不是像馬和驢一樣完全不同的物種，但他們也不像鬥牛犬和西班牙獵犬是同一物種的不同族群。畢竟，現實的生物界限並不是非黑即白，而是有重要的灰色地

3. 尼安德塔男孩的樣貌推測重建圖。
基因證據顯示，至少某些尼安德塔
人，可能擁有白皙的皮膚、柔順的
頭髮。

帶。只要是由共同的祖先演化出的物種（例如馬和驢），都曾經有
某段時間就是同一物種的不同族群，像是鬥牛犬和西班牙獵犬。而
必然有某個時點，雖然這兩個族群的差異已達到一定程度，但仍然
能夠交配，產下有生育能力的後代。接著，經過又一次突變，才終
於切斷了最後的連結，於是從此真正成為兩種全然不同的物種。

　　現在看來，大約五萬年前，智人、尼安德塔人與丹尼索瓦人正
是站在那個臨界點上。當時的他們幾乎、但還不完全是各自獨立的
物種。我們將在下一章看到，智人與尼安德塔人和丹尼索瓦人不僅
在基因序和身體特徵方面已大為不同，甚至在認知能力和社會能力
方面也相去甚遠。然而，看來還是有那麼極少數的情形，讓智人與
尼安德塔人產下了有生育能力的後代。所以這麼說來，這兩種族群
並沒有混種的情形，而是有少數幸運的尼安德塔人基因搭上了這班
智人特快車的順風車。

但想想，在歷史上曾經有過這麼一段時間，我們智人居然可以跟另一種不同物種的動物交配，還能生小孩，實在叫人感到有點不安、或是毛骨悚然。

▊ 唯我獨尊

然而，如果尼安德塔人、丹尼索瓦人和其他人類物種並沒有與智人混種，那他們究竟去了哪？

有一種可能，就是被智人給逼上絕路了。想像一下，有某個智人的遊群（band）來到巴爾幹半島的某一處山谷，這裡數十萬年以來，都是尼安德塔人的家園。新來的智人開始獵鹿，而尼安德塔人傳統上都是靠著採集堅果和漿果為生。由於智人的技術進步、社交技巧高，在狩獵和採集上也都更為熟練，於是族群迅速成長茁壯。相形之下，尼安德塔人就顯得左支右絀，發現生活愈來愈困苦，連餬口都難上加難。於是，他們的人口數逐漸下滑，逐步走向滅絕；而或許極少數的例外，就是有一兩個尼安德塔人最後也加入了智人族群，成為智人遊群的一員。

還有另一種可能，認為資源競爭愈演愈烈，最後爆發了暴力衝突，導致種族滅絕。畢竟，寬容可不是智人的特色。即使到了現代，不過是因為膚色、方言、宗教等等微小的差異，就足以讓智人彼此大動干戈，非要把對方趕盡殺絕。而遠古的智人面對的可是完全不同的人類物種，又豈能期待他們更加寬容？很有可能，當智人碰上尼安德塔人的時候，就發生了史上第一次、也是最嚴重的一次種族淨化運動。

尼安德塔人（和其他人類物種）究竟發生了什麼事？這足以引發許多歷史上的想像。如果除了智人之外，尼安德塔人或丹尼索瓦人也同樣存活了下來，這世界會是什麼模樣？如果世界上同時有好幾個不同的人類物種，我們會有什麼樣的文化、社會和政治結構？

舉例來說，宗教信仰會是什麼樣子？《聖經》會不會說尼安德塔人也和智人一樣有靈魂？耶穌犧牲自己，會不會是為了要洗淨丹尼索瓦人的罪？《古蘭經》會不會對所有人類物種一視同仁，都為他們在天堂預留位置？孔子會不會說，我們對尼安德塔人和丹尼索瓦人也要己所不欲、勿施於人？尼安德塔人會不會在羅馬軍團中服役，又會不會也服侍著中國龐大的帝國王朝？〈美國獨立宣言〉所揭櫫而堅信的「人生而自由平等」，指的會不會是所有「人屬」的物種？馬克思會不會呼籲，所有人類物種的工人都該團結起來？

在過去一萬年間，智人已經太習慣自己是唯一的人類物種，很難接受其他可能性。對智人來說，沒有其他同屬人類的物種，就很容易讓人自以為是造物的極致，以為自己和其他整個動物界彷彿隔著一條護城河。於是，等到達爾文提出智人也不過是另一種動物的時候，有些人就大發雷霆。即使到現在，也還是有許多人不願這麼相信。

如果尼安德塔人尚未滅絕，我們真的還會以為自己是獨一無二的生物，和其他動物都不同嗎？

很有可能對智人來說，雖然尼安德塔人和自己相似到幾乎不足一提，但也相異到無法忍受。或許正是基於「非我族類，其心必異」的念頭，我們的祖先才決定將尼安德塔人趕盡殺絕。

▮ 趕盡殺絕

　　不論究竟智人是否是罪魁禍首，但每當他們抵達一個新地點，當地的原生人類族群很快就會滅絕。梭羅人與矮小的弗洛瑞斯人最後的遺跡，大約是五萬年前。丹尼索瓦人在那之後不久也絕跡了。至於尼安德塔人，是在大約三萬年前退出了世界舞臺。他們只留下了一些骨頭、石器、少許還存在我們DNA裡的基因，以及許多懸而未解的謎團。他們的離去，也讓我們智人成了人類僅存的物種。

　　究竟智人勝出的祕訣為何？為什麼我們能如此迅速抵達各個遙遠而生態各異的棲地，而且落地生根？我們是怎麼將其他人類物種趕出世界舞臺？為什麼就連身強力壯、腦部發達、不怕寒冷的尼安德塔人，也無法擋住智人的屠殺？相關的爭辯必然會繼續。而目前最可能的解答，正是讓人人得以辯論的原因，就是：智人之所以能征服世界，是因為有獨特的語言。

第**2**章

知善惡樹

第1章提過，雖然智人早在十五萬年前就已經出現在東非，但一直要到大約七萬年前，才開始大規模遷徙到其他地區，造成其他人類物種的滅絕。而在先前的幾萬年間，雖然智人的外表已經與我們十分神似、大腦容量也差堪比擬，但他們與其他人類物種相比，卻占不了任何優勢，也沒什麼特別了不起的工具，甚至沒什麼特殊表現。

事實上，智人與尼安德塔人的史上第一次衝突，贏家還是尼安德塔人呢！大約十萬年前，有幾群智人率先離開東非，向北遷徙到地中海東部，侵入了尼安德塔人的領土，但是沒能攻下這個領地。他們失敗的原因，可能是當地人過於強大，可能是由於氣候過於寒冷，也可能是因為對當地的寄生蟲無法適應。不論原因為何，總之智人最後就是黯然離去，而尼安德塔人仍然是中東的霸主。

正因為智人的外在表現實在乏善可陳，讓學者推測，這些智人的大腦內部結構很可能還是與我們不同。雖然看起來和我們一樣，但是認知能力（學習、記憶、溝通）卻仍然十分受限。換句話說，

想教遠古智人說英語、接受基督宗教的教條、或是明白演化論，應該都是緣木求魚。（不過，換成我們想要學習他們的溝通系統、理解他們的思維方式，可能也同樣困難無比。）

然而到了七萬年前左右，智人彷彿開始脫胎換骨。大約在那個時候，智人再次從非洲出擊。這一次，他們不只把尼安德塔人和其他人類物種給趕出了中東，甚至還趕出了這個世界。沒多久，智人的領地就到達了歐洲和東亞。大約四萬五千年前，不知道用什麼方法，他們越過了海洋，抵達了從未有人類居住的澳洲大陸。在大約七萬年前到三萬年前之間，智人發明了船、油燈、弓箭，還有想縫製禦寒衣物不可缺少的針。而且，第一項確實能稱為藝術或珠寶的物品，正是出現在這段期間；同時，也有了確切的證據，證明已經出現宗教、商業和社會分層。

語言誕生

大多數研究人員相信，這些前所未有的重要成就，是因為智人的認知能力有了革命性的發展。學者認為，這些造成尼安德塔人滅種、移居澳洲、雕出施泰德獅人雕像（見第40頁）的智人，已經和你我同樣聰明、有創意、反應靈敏。如果我們能遇到施泰德洞穴的藝術家，應當已經可以學習彼此的語言了。我們能夠向他們解釋我們知道的一切事物，不管是《愛麗絲漫遊奇境》的冒險情節、或是量子物理的複雜理論；而他們也能告訴我們，他們如何看待和理解這個世界。

就是在大約距今七萬年到三萬年前，智人出現了新的思維和溝通方式，這也正是所謂的**認知革命**。會發生認知革命的原因為何？

我們無從得知。最普遍相信的理論認為，因為某一些偶然的基因突變，改變了智人的大腦內部連結方式，讓他們以前所未有的方式來思考、用完全新式的語言來溝通。這次突變，幾乎就像是吃了《聖經》裡那棵知善惡樹的果實一樣。

為什麼這只發生在智人的DNA、而沒有發生在尼安德塔人的DNA？我們現在只能說，這就是純粹的偶然。這裡比較重要的，並不是突變的原因，而是突變帶來的結果。智人的新語言究竟特別在哪，竟讓我們能夠征服世界？[1]

智人的語言並不是世界上最早的溝通系統。每種動物都知道要如何溝通。就算是蜜蜂或螞蟻這些昆蟲，也有極為精密複雜的溝通方式，能夠告知彼此食物所在。甚至，智人的溝通系統也不能說是第一種使用聲音的溝通系統。因為許多動物，包括所有的猿類和猴類，都會使用聲音訊號。例如，綠猴（green monkey）就有各種不同的喊叫方式，傳達不同的警告。像是動物學家已經確定，綠猴的某種叫聲代表著「小心！有老鷹！」而只要稍微調整，就會變成「小心！有獅子！」研究人員把第一種叫聲放給一群綠猴聽的時候，綠猴會立刻停下當時的動作，很恐懼的望向天空。而同一群綠猴聽到第二種叫聲（警告有獅子）的時候，牠們則是立刻衝到樹上。

雖然說智人能發出的聲音種類比綠猴多，但鯨和大象也不遑多讓。愛因斯坦能說的聲音，鸚鵡都能說，而且鸚鵡還能模仿手機鈴聲、捶門聲、還有警笛的尖嘯聲。當然，愛因斯坦有很多地方比鸚鵡強得多，但不論如何，語言這點可是遠遠不及。那麼，究竟人類

---

[1] 在此及以下章節中，我們講到智人的語言，指的是智人基本的語言能力，而不是特指某種語言或方言。可以說，不論是英語、印度語或華語，都是智人語言的一種變種。顯然，就算是在認知革命剛發生的時候，不同的智人族群，講的就是不同的方言。

的語言有什麼特別的地方？

　　最常見的理論，是認為人類的語言最為靈活。雖然我們只能發出有限的聲音，但組合起來卻能產生無限多的句子，各有不同的涵義。於是，我們就能吸收、儲存和溝通驚人的訊息量，並瞭解我們周遭的世界。綠猴能夠向同伴大叫「小心！有獅子！」但現代人能夠告訴朋友，今天上午、在附近的河彎，她看到有一群獅子正在跟蹤一群野牛。而且，她還能確切描述出位置，或是有哪幾條路能夠抵達。有了這些資訊，她的遊群成員就能一起討論，該不該逼近河邊，把獅子趕走，讓野牛成為自己的囊中物。

4. 從德國施泰德（Stadel）洞穴發現的象牙製「獅人」雕像（也有可能是「女獅人」，大約距今三萬兩千年）。雕像有著人身獅頭，這大概是最早能無疑認定為藝術的物品之一。同時，也最早證明人類可能出現了宗教，以及能夠想像出不存在的事物。

▍八卦當道

　　第二種理論，也同意人類語言是溝通、描述這世界的方式；然而語言要傳遞的最重要訊息，不是關於獅子和野牛，而是關於人類自己。我們的語言發展成了一種傳播八卦的工具。根據這一理論，智人主要是一種社會性的動物，社會合作是我們得以生存和繁衍的關鍵。對每個人來說，光是知道獅子和野牛的下落還不夠，更重要的，是要知道自己的遊群裡誰討厭誰、誰跟誰在交往、誰很誠實、誰又是騙子。

　　就算只是幾十個人，想隨時知道他們之間不斷變動的關係現況，所需要取得並儲存的訊息量就已經十分驚人。（如果是個50人的遊群，光是一對一的組合就可能有1,225種，而更複雜的其他社會組合，更是難以計數。）雖然所有猿類都對這種社會訊息有濃厚興趣，但牠們並沒有頗有效的八卦方式。尼安德塔人與最早的智人很可能也有一段時間，沒辦法在背後說彼此的壞話。然而，如果一大群人想合作共處，「說壞話」這件事可是十分重要。大約在七萬年前，現代智人發展出新的語言技能，讓他們能夠八卦達數小時之久。這下，他們能夠明確得知自己遊群裡誰比較可信可靠了，於是遊群的規模就能夠擴大，而智人也能夠發展出更緊密、更複雜的合作形式。[9]

　　這種「八卦理論」聽起來有點扯，但其實有大量的研究結果，支持這種說法。即使到了今天，絕大多數的人際溝通（不論是電子郵件、電話、還是報紙專欄）講的都還是八卦。這對我們來說，真是再自然不過，就好像我們的語言天生就是為了這個目的而生的。

　　你認為一群歷史教授碰面吃午餐的時候，聊的會是第一次世界

大戰的起因嗎？而核物理學家在研討會中場茶敘的時候，講的仍然是夸克？確實有時候如此，但更多時候其實講的都是：有哪個教授逮到老公偷吃、有哪些人想當上系主任或院長，或說又有哪個同事拿研究經費買了一臺 Lexus 轎車之類。

八卦通常聊的都是壞事。這些嚼舌根的人，正是最古早的第四權，就像記者總是在向社會大眾爆料，從而保護民眾免遭欺詐和占便宜。

▌集體想像

最有可能的情況是，無論是八卦理論、或是「河邊有隻獅子」的理論，都有大部分屬於事實。然而人類語言真正最獨特的功能，並不在於能夠傳達關於鄰人或獅子的資訊，而是能夠傳達關於一些根本不存在的事物的資訊。據我們所知，只有智人能夠表達從來沒有看過、碰過、聽過的事物，而且講得煞有介事。

在認知革命之後，傳說、神話、神、以及宗教也應運而生。不論是人類、或是許多動物，都能大喊：「小心！有獅子！」但是在認知革命之後，智人就能夠說出：「獅子是我們部落的守護神。」

「討論虛構的事物」正是智人語言最獨特的功能。

大部分人都會同意：只有智人能夠談論並不真正存在的事物、相信一些還不可能的事情。如果你跟猴子說，只要牠現在把香蕉給你，牠死後就能上到猴子天堂、有吃不完的香蕉，牠還是不會放手。但這有什麼重要？畢竟，虛構的事物可能造成誤導或分心，帶來危險。某甲說要去森林裡找仙女或獨角獸，某乙說要去森林裡採蘑菇或獵鹿，聽起來似乎某甲就是活命機會渺茫。而且，我們都知

道時間寶貴，拿來向根本不存在的守護神禱告，豈不是一種浪費？
何不把握時間吃飯、睡覺、做愛？

然而，「虛構」這件事的重點不只在於讓人類能夠擁有想像，
更重要的是：可以大夥兒一起想像，編織出種種共同共享的虛構故
事，不管是《聖經》的創世故事、澳洲原住民的「夢世紀」，甚至
連現代所謂的「國家」其實也是一種想像。這樣的虛構故事賦予智
人前所未有的能力，讓我們得以集結大批人力、靈活合作。

雖然一群螞蟻、一窩蜜蜂也會合作，但是方式死板，而且只限
近親。至於狼或黑猩猩的合作方式，雖然已經比螞蟻靈活許多，但
仍然只能和少數其他十分熟悉的個體合作。智人的合作則是不僅靈
活，而且能和無數陌生人合作。正因如此，才會是智人統治世界，
螞蟻只能運食我們的剩飯，黑猩猩更被關在動物園和實驗室裡。

▌黑猩猩的社會

黑猩猩可以說是人類的表親，牠們通常是幾十隻生活在一起，
形成一個小族群。這些黑猩猩彼此十分親密，會一起打獵、攜手抵
抗外面的狒狒、獵豹、或是敵對的黑猩猩。牠們有一種階層式的社
會結構，掌權主導的幾乎一定是雄性的首領（alpha male）。首領出
現時，其他黑猩猩無論公母，都會低下頭、發出呼嚕聲，以展現服
從；而這與人向皇帝叩首、高呼萬歲，倒也類似。首領會努力維持
手下族群的社會和諧。兩隻黑猩猩吵架的時候，牠會介入，制止暴
力。而沒那麼仁慈的一面在於：特別好的食物全部為牠所有，而且
牠還會看管著，不讓階級太低的公猩猩與母猩猩交配。

如果兩頭公猩猩要爭奪首領地位，通常會在族群中不分公母、

各自尋求支持者，形成團體。團體成員的連結，就在於每天的親密接觸，像是擁抱、撫摸、接吻、理毛、相互幫助。就像人類的候選人在選舉的時候，得到處握握手、親親小嬰兒；如果哪隻黑猩猩想要爭奪首領寶座，也得花上許多時間擁抱、親吻黑猩猩寶寶，還要拍拍牠們的背。

很多時候，公猩猩能坐上首領寶座不是因為身體更強壯，而是因為領導的團體更龐大、也更穩定。至於團體的作用除了爭奪首領位置，更幾乎滲透到日常活動的各方各面。同一團體的黑猩猩更常彼此相處、分享食物，並且在碰上麻煩的時候互相幫忙。

以這種方式形成並維持的黑猩猩族群，大小有明確的限度。這種做法要能運作，族群裡每隻黑猩猩都得十分瞭解彼此，如果都沒碰過面、沒打過架、沒互相理過毛，兩隻黑猩猩就不知道能不能互相信賴、對方值不值得幫助，也不知道誰的階層比較高。

在自然情況下，黑猩猩族群一般是由20到50隻黑猩猩組成。而隨著黑猩猩成員數量漸增，社會秩序就會動搖，最後造成族群分裂，有些成員就會離開，另組族群、另覓家園。只有在極少數情況下，曾有動物學家觀察到超過100隻的黑猩猩族群。至於不同的族群之間，不僅很少合作，而且往往還為了領地和食物，打得死去活來。研究人員就曾記錄到，在不同族群之間可能有長時間的對抗，甚至還有一個「種族屠殺」的案例，一群黑猩猩有系統的幾乎殺光了鄰近的另一群黑猩猩。[10]

類似的模式，很有可能也主導了早期各人類物種的社會生活，其中包括遠古的智人。人類也像黑猩猩一樣有著社會本能，讓我們的祖先們能夠形成友誼和階層，共同打獵或戰鬥。然而，人類的社會本能也和黑猩猩沒有什麼不同，只適用於比較親近的小團體。等

到這個團體過大，社交秩序就會崩壞，使團體分裂。就算有某個山谷特別豐饒，可以養活500個遠古的智人，但他們絕對沒辦法和這麼多不夠熟悉的人和平共處。他們要怎樣才能決定要由誰當首領、能在哪裡打獵、誰又能和誰交配呢？

▍共同信念

　　等到認知革命之後，智人有了八卦的能力，於是遊群規模變得更大，也更穩定。然而，八卦也有限制。社會學研究指出，藉由八卦來維持的最大「自然」團體大約是150人。只要超過這個數字，大多數人就無法真正深入瞭解所有成員的生活情形。

　　即使到了今天，人類的團體還是繼續受到這個神奇數字影響。只要在150人以下，不論是社群、公司、社會網絡、或軍事單位，靠著大家都認識、彼此互通消息，就能夠運作順暢，並不需要定出正式的階層、職稱、規範。[11] 不管是30人的一個排，甚至是100人的一個連，其實只需要一丁點的軍紀來規範，就能靠著人際關係而運作正常。正因如此，在軍隊的某些小單位裡，老兵的權力往往要比士官更大，士官長的權勢往往又比尉級軍官更大。而如果是一個小型的家族企業，就算沒有董事會、執行長或會計部門，也能經營得有聲有色。

　　然而，一旦突破了150人的門檻，事情就大不相同了。如果是一個師的軍隊，兵數達到萬人，就不能再用帶一個排或一個連的方式來領導。而有許多成功的家族企業，也是因為規模愈來愈大、開始雇用更多人員的時候，就碰上危機，非得徹底重整，才能繼續成長下去。

所以，究竟智人是怎麼跨過這個門檻值，最後創造出了有數萬居民的城市、有上億人口的帝國？這裡的祕密很可能就在於虛構的故事。就算是大批互不相識的人，只要同樣相信某個故事，就能夠共同合作。

　　無論是現代國家、中世紀的教堂、古老的城市，或是古老的部落，任何大規模人類合作的根基，都繫於某種只存在於集體想像中的虛構故事。例如教會的根基就在於宗教故事。像是兩個天主教徒就算從未謀面，還是能夠一起踏上十字軍東征，或是一起籌措資金蓋起醫院，原因就在於他們同樣相信「神化身為肉體、讓自己被釘在十字架上，救贖我們的罪」。所謂的國家也是立基於國家故事。兩名互不認識的塞爾維亞人，只要都相信塞爾維亞的國家主體性、國土、國旗確實存在，就可能冒著生命危險拯救彼此。至於司法制度，也是立基於法律故事。從沒見過對方的兩位律師，還是能同心協力為另一位完全陌生的人辯護，只因為他們都相信法律、正義、人權確實存在。（當然，他們也相信律師費這筆錢確實存在。）

　　然而，以上這些東西，其實都只存在人類自己發明、並互相傳頌的故事裡。除了存在於人類共同的想像之外，這個宇宙中根本沒有神、沒有國家、沒有錢、沒有人權、沒有法律，也沒有正義。

▌寶獅汽車的傳說

　　如果我們說「原始人因為相信鬼神，每次月圓會一起聚在營火旁跳舞，於是也鞏固了他們的社會秩序」，這件事人人都覺得不難理解。但我們沒看出來的是，現代社會運作的機制，其實還是一模一樣。以現代商業領域為例，商人和律師其實就是法力強大的巫

師。不同於過去部落巫師之處，是現代人的故事還更扯。例如寶獅汽車（Peugeot）的故事，就是很好的例子。

從巴黎到雪梨，現在許多汽車、卡車、摩托車的車前蓋上，都有一個很類似施泰德獅人的「寶獅」商標。寶獅汽車是歐洲一家歷史悠久、規模宏大的汽車製造商，起源於法國杜省的瓦朗蒂蓋伊縣（Valentigney），距離施泰德洞穴只有三百公里遠。寶獅一開始只是小型家庭企業，現在已是跨國大企業，全球員工達二十萬人、而且多半完全互不相識。透過這些陌生人極有效率的合作，2008年寶獅製造超過一百五十萬輛汽車，營收約五百五十億歐元。

該以什麼標準，我們才能說寶獅公司（Peugeot SA）確實存在呢？雖然路上有很多寶獅製造的車輛，但顯然這些車輛並不代表公司。就算全世界所有的寶獅汽車同時遭回收、打成廢鐵，寶獅公司也不會消失。寶獅公司還是能繼續製造新的汽車，繼續編寫出新的財務年報。雖然公司有工廠、機器、展示大廳，也雇了技工、會計師和祕書，但就算把這些全部加起來，也不等於就是寶獅公司。即使來了一場災難，讓寶獅公司所有員工全部不幸罹難，毀了所有的裝配線和辦公室，公司還是可以借貸、重新雇用員工、重新蓋起工廠、重新購買機器。另外，雖然寶獅也有經營團隊和股東，但這些人也不等於公司。就算解散經營團隊，股東也把所有股票售出，公司本身依然存在。

然而，也不是說寶獅公司無堅不摧、不可能摧毀。只要有個法官下令強制公司解散，雖然公司的工廠仍然存在，員工、會計師、經理和股東也繼續活著，但寶獅公司就會消失了。簡單說來，寶獅公司與這個世界，其實並沒有什麼實體的連結。那它究竟是不是真的存在呢？

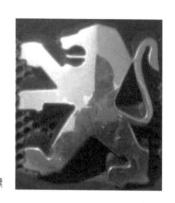

5. 寶獅的獅子商標

　　事實上，寶獅公司只是我們的一個集體想像，這種想像在法律上稱為**法律擬制**（legal fiction）。像是公司，它不是一個實質物件，我們沒辦法明確指著它。公司是以一種**法律實體**（legal entity）的方式存在。這種法律實體就像你我，會受到所在國家法律的管轄，可以開立銀行帳戶、擁有自己的財產，要納稅，也可能獨立於所有股東或員工之外而遭到起訴。

　　寶獅屬於法律擬制的「有限（責任）公司」。而在這些公司背後的概念，可說是人類一項巧妙無比的發明。在這之前，智人雖然已存在許久，卻一直沒想到這件事。歷史上大多數時候，必須是一個有血有肉、有兩條腿、還有個大腦的人類，才能擁有財產。

　　假設在十三世紀有個法國人尚恩，開了一間馬車製造工作室，那麼他本人就是工作室。如果他賣的馬車才跑了一個星期就壞了，買家心情不好，告的就是尚恩本人。而如果尚恩當初是借了 1,000金幣成立工作室，如今挨告、店倒了，他還得要賣掉自己的財產（包括他的房子、他的牛、還有他的土地等等），以償還貸款；甚至孩子都可能會被賣去當奴隸。如果這樣還不足以償還債務，就有

可能被國家關進牢裡，或被債主抓去當奴隸。只要是工作室造成的任何責任，他就得要無上限完全承擔。

如果活在那個時代，創業前可能都得思考再三。這種法律規定絕對沒有鼓勵創業的效果，只會讓人不敢投入新業務、承擔經濟風險。畢竟，如果可能搞得自己家破人亡、家徒四壁，這巨大風險和可能的收益相比，哪能說划算？

正因如此，人類才一起想出了「有限公司」這種概念。在法律上，這種公司是獨立的個體，而不等於設立者、投資者或管理者。在過去幾世紀間，這種公司已經成為經濟主流，我們太習慣於這種概念，而忘了這只存在於我們的想像之中。「有限公司」的英文稱為 corporation，這點頗為諷刺，因為這個字的語源是 corpus（拉丁文的「身體」），而這正是有限公司所沒有的。雖然公司並沒有真正的實體，但在法律上，我們卻將它稱為**法人**（legal person），好像真的是有血有肉的人一般。

在1896年的時候，法國的法律就已經是這麼認定。當時阿爾芒・寶獅（Armand Peugeot）繼承了父母的鐵工廠，做的是彈簧、鋸子和腳踏車，但他決定要跨足汽車業。於是，他成立了一家有限公司。雖然公司的名字和他的姓一樣，但公司並不等於他本人。如果公司做的某部車出了意外，買家可以控告寶獅公司，但沒辦法告到阿爾芒・寶獅本人。如果公司借了幾百萬元而破產了，阿爾芒・寶獅本人一毛錢也不用付給公司的債主。畢竟，那筆貸款給的對象是寶獅公司，而不是阿爾芒・寶獅這個人。也因為如此，雖然阿爾芒・寶獅已經在1915年去世，但寶獅公司至今仍然生氣勃勃。

所以，究竟阿爾芒・寶獅這個人是怎麼創造出寶獅公司的？其實，這和歷史上許多祭司和巫師創造神魔的方式，殊無二致，而且

就算到了現在，許多天主教的教堂每次週日禮拜，也是用這一套法門，來創造出基督的身體。說穿了，就是講故事，再說服聽眾相信這些故事。以神父主持禮拜為例，這裡關鍵的故事就是天主教會所傳頌的基督降生及死亡。根據這個故事，如果天主教神父穿著聖袍，神態莊重的在對的時間說出對的話語，再平凡不過的麵包和葡萄酒，就會變成神的身體和血。神父大聲宣告「Hoc est corpus meum!」（拉丁文的「這是我的身體」），一轉眼，麵包就成了基督的身體。而只要見到神父莊嚴神聖的遵守、完成這些程序，數百萬虔誠的天主教徒也會行禮如儀，好像上帝真的現身於這些變得神聖的麵包和葡萄酒之中。

至於對寶獅公司來說，關鍵的故事就是法國的法律制度──這是由法國國會編寫的。根據法國國會的說法，只要經過認證的律師遵守所有適當的禮儀和儀式，在一張印飾得華華麗麗的紙上，寫下種種必須的咒語和誓言，再在文件底端龍飛鳳舞般簽上姓名，就在這一分這一秒，新公司註冊成立！

1896年，阿爾芒・寶獅想開一間自己的公司，於是他雇了一位律師，好完成這些神聖的過程。等到律師正確執行了一切的儀式、宣告所有必要的咒語和誓言，千百萬奉公守法的法國好公民，也就表現得好像寶獅公司確實是存在的實體一般。

然而，要說出有效的故事，其實並不容易。難的點不在於講故事，而在於要讓人相信。於是，歷史上也就不斷圍繞著這個問題打轉：究竟某個人是如何說服數百萬人去相信神、相信民族、或是相信有限公司這些故事？

只要把故事說得很成功，就會讓智人擁有巨大的力量，因為這能使得數以百萬計的陌生人合力行事，為了共同的目標而努力。想

想看，如果我們的語言只能形容一些像是河流、樹林或獅子之類真實存在的事物，要建立國家、教會、或是法律制度，豈不是比登天還難？

▍生活在雙重現實之中

多年來，人類已經編織出了極其複雜的故事網路。在這個網路中，像寶獅公司這種擬制的故事不僅存在，而且力量強大。這種透過故事創造的東西，用學術術語來說就稱為「小說」、「假象」、「社會建構」、或「想像的現實」。然而，所謂想像的現實並不是謊話。如果我知道附近的河裡沒有獅子，我卻說有，這叫做謊話。不過，謊話其實也沒什麼大不了的，像是綠猴和黑猩猩也都會說謊。曾有科學家發現，有綠猴在附近沒有獅子的時候，發出了「小心！有獅子！」的叫聲，把附近另一隻猴子嚇跑，好獨享某根牠看到的香蕉。

所謂「想像的現實」指的是某件事人人都相信，而且只要這項共同的信念仍然存在，力量就足以影響世界。施泰德洞穴的藝術家可能真的相信有獅人守護靈的存在。雖然也有些巫師是騙子，但多半都是真誠相信有神與魔的存在。至於億萬富翁，他們多數也是真誠相信世界上有金錢和有限公司。而對於活躍的人權主義者來說，他們也多半真誠相信人權的存在。雖然其實所謂聯合國、利比亞和人權，都只是我們想像出的概念，但在2011年，我們說聯合國要求利比亞政府尊重其公民的人權，並沒有人會認為這句話是謊言。

從認知革命以來，智人一直就生活在一種雙重的現實之中。一方面，我們有像是河流、樹木和獅子這種確實存在的客觀現實；另

一方面，我們也有像是神、國家和企業這種想像中的現實。隨著時間過去，想像的現實也日益強大；時到今日，河流、樹木和獅子想要生存，有時候還得仰賴「美國」、「谷歌」這些想像的現實行行好、放它們一馬。

繞過基因演化

透過語文創造出想像的現實，就能讓大批互不相識的人有效合作，而且效果還不只如此。正由於大規模的人類合作是以虛構的故事（也就是神話）做為基礎，只要改變所講的故事，就能改變人類合作的方式。

只要在對的情境之下，這些故事就能迅速發生變化。例如在1789年，法國人幾乎是在一夕之間，相信的故事就從「君權神授」轉成「主權在民」。因此，自從認知革命之後，智人就能依據不斷變化的需求，迅速調整行為。這等於是開啟了一條採用「文化演化」的快速道路，而不再停留在「基因演化」這條總是堵車的道路上。走上這條快速道路之後，智人合作的能力一日千里，很快就遠遠甩掉了其他所有人類和動物物種。

其他同樣具有社會行為的動物，牠們的行為有相當程度都是出於基因。但DNA並不是唯一的決定因素，其他因素還包括環境影響以及個體的特殊之處。然而，在特定的環境中，同一物種的動物也傾向於表現出類似的行為模式。一般來說，如果沒有發生基因突變，牠們的社會行為就不會有顯著的改變。

舉例來說，黑猩猩天生就會形成階層井然的團體，由某個雄性首領領導。然而，**巴諾布猿**（bonobo，與黑猩猩同為一屬）的團體

就較為平等，而且通常由雌性擔任首領。雌黑猩猩並無法向巴諾布猿這種算是近親的物種學習，發動一場女權主義革命。相較之下，雄性黑猩猩也不可能召開猩民大會推翻首領，再宣布從現在起所有黑猩猩生而平等。像這樣的劇烈改變，對黑猩猩來說就只有DNA改變，才可能發生。

出於類似的原因，遠古人類也沒有什麼革命性的改變。據我們所知，過去想要改變社會結構、發明新科技、或是移居到新地點，多半是因為基因突變、環境壓力，而不常是因為文化的理由。正因如此，人類才得花上幾十萬年，才走到這一步。兩百萬年前，就是因為基因突變，才讓「直立人」這種新的人類物種出現。而直立人出現後，也發展出新的石器技術，現在公認為是這個物種的定義特徵。而只要直立人沒有進一步的基因改變，他們的石器也就維持不變，就這樣過了將近兩百萬年！

相反的，在七萬年前的認知革命之後，雖然智人的基因和環境都沒再發生什麼重大改變，但還是能夠迅速改變行為，並將新的行為方式傳給下一代。最典型的例子，就是人類社會總會出現不生育的菁英階層，像是天主教的神父、佛教的高僧，還有中國的太監。這些菁英階層雖然手中握有權柄，但卻自願或被迫放棄生育，他們的存在根本就直接牴觸了天擇的最大原則。

看看黑猩猩，牠們的雄性首領無所不用其極，盡可能和所有母猩猩交配，這樣才能讓群體中多數的年輕猩猩，都歸自己所有。但天主教的首領卻是選擇完全禁慾，無子無女。而且，他們禁慾並不是因為環境因素，像是嚴重缺乏食物、嚴重缺少對象等等，也不是因為有了什麼古怪的基因突變。天主教會至今已存在上千年，靠的不是把什麼「禁慾基因」從這位教宗傳到下一位教宗，而是靠著把

《新約聖經》和教律所營造出的故事代代相傳。

　　換句話說，過去遠古人類的行為模式可能維持幾萬年不變，但對於現代智人來說，只要十幾二十年，就可能改變整個社會結構、人際交往關係和經濟活動。像是有一位曾住在柏林的老太太，她出生於1900年，總共活了一百歲。她童年的時候，是活在威廉二世的霍亨佐倫王朝統治下的德意志帝國（1871-1918）；等她成年，還經歷了威瑪共和（1918-1933）、納粹德國（1933-1945），還有共產主義東德；等到她過世的時候，則是民主統一德國的公民。雖然她的基因從未改變，她卻經歷過了五種非常不同的社會政治制度。

遠距貿易

　　這正是智人成功的關鍵。如果是一對一單挑，尼安德塔人應該能把智人揍扁。但如果是上百人的對立，尼安德塔人就絕無獲勝的可能。尼安德塔人雖然能夠分享關於獅子在哪的資訊，卻大概沒辦法傳頌（和改寫）關於部落守護靈的故事。而一旦沒有這種建構虛幻故事的能力，尼安德塔人就無法有效大規模合作，也就無法因應快速改變的挑戰，調整社會行為。

　　雖然我們沒辦法進到尼安德塔人的腦子裡、搞清楚他們的思考方式，但我們還是有些間接證據，證明他們和競爭對手智人之間的認知能力差異與極限。考古學家在歐洲內陸挖掘到三萬年前的智人遺址，有時候會發現來自地中海和大西洋沿岸的貝殼。幾乎可以確定，這些貝殼是因為不同智人遊群之間的遠距貿易，才傳到了歐陸內部。然而，尼安德塔人的遺址就找不到任何此類貿易的證據，每個遊群都只用自己當地的材料，製造出自己的工具。[12]

　　另一個例子來自南太平洋。在新幾內亞以北的新愛爾蘭島，曾經住著一些智人的遊群，他們會使用一種叫做黑曜石的火山玻璃，製造出特別堅硬且尖銳的工具。然而，新愛爾蘭島並不產黑曜石。化驗結果顯示，這些智人用的黑曜石來自超過四百公里遠的新不列顛島。所以這些島上一定有某些居民是老練的水手，能夠進行長距離的島對島交易。[13]

　　乍看之下，可能覺得貿易這件事再實際不過，並不需要什麼虛構的故事當作基礎。然而，事實就是所有動物只有智人能夠進行貿易，而所有我們有詳細證據證明存在的貿易網，都明顯以虛構故事為基礎。例如，如果沒有信任，就不可能有貿易，而要相信陌生人又是一樁很困難的事。今天之所以能有全球貿易網，正是因為我們相信某些虛擬的實體，像是貨幣、銀行、企業。而在部落社會裡，如果兩個陌生人想要交易，往往也得先從共同的神明、傳說中的祖先、或圖騰動物，來建立信任。到了現代社會，紙幣上通常也仍然有各種宗教圖像、先賢先聖、企業圖騰。

　　如果相信這些事的遠古智人，要交易貝殼和黑曜石，順道交易一些資訊應該也十分合理；這樣一來，比起尼安德塔人或其他遠古人類物種，智人就有了更深更廣的知識。

　　從狩獵技術也能夠看出尼安德塔人和智人的差異。尼安德塔人狩獵時通常是獨自出獵，或是只有一小群人合作。但是智人就發展出需要幾十個人、甚至不同遊群合作狩獵的技巧。其中一種特別有效的方法，就是將野馬之類的整個動物群給圍起來，趕進某個狹窄的峽谷，就很容易一網打盡。如果一切計畫順利進行，只要合作一個下午，這幾個遊群就能得到上噸的鮮肉、脂肪和獸皮，除了可以飽食一頓，也可以風乾、煙燻或冰凍，留待日後享用。考古學家已

經發現多處遺址，都曾運用這種方式屠殺了整個獸群。甚至還有遺址發現了障礙物和柵欄，做為陷阱和屠宰場之用。

我們可以想像，尼安德塔人看到自己過去的獵場成了受智人控制的屠宰場，心裡應該很不是滋味。然而，一旦這兩個物種發生衝突，尼安德塔人的情勢可能不比野馬好到哪去。尼安德塔人可能會用他們傳統的方式來合作，集結50人前往攻擊智人；但創新又靈活的智人卻能集結起500人，同心協力禦敵，於是輸贏早已注定。而且，就算智人輸了第一戰，他們也會快速找出新的策略，在下一戰討回來。

認知革命有什麼影響？

新能力	明顯的好處
能夠傳達更大量關於智人身邊環境的資訊。	規劃並執行複雜的計畫，像是躲開獅子、獵捕野牛。
能夠傳達更大量關於智人社會關係的資訊。	組織更大、更有凝聚力的團體，規模可達150人。
能夠傳達關於虛構概念的資訊，例如部落的守護神、國家、有限公司、以及人權。	1. 大量陌生人之間的合作； 2. 社會行為的快速創新。

歷史學之始

　　智人發明出了許許多多的想像現實，也因而發展出許許多多的行為模式，而這正是我們所謂「文化」的主要成分。等到文化出現，就再也無法停止改變和發展，這些無法阻擋的變化，就構成了我們說的「歷史」或「歷史學」。

　　於是，認知革命正是歷史學從生物學脫離而獨立存在的起點。在這之前，所有人類的行為都只稱得上是生物學的範疇，也有人喜歡稱為「史前史」（但我傾向避用這個詞彙，因為這種說法暗示了即使在認知革命之前，人類也是自成一格，和其他動物不同）。認知革命之後，我們要解釋智人的發展，依賴的主要工具就不再是生物學的理論，而是改用歷史敘事。就像如果要理解基督宗教如何興起、法國大革命如何燎原，光知道基因、荷爾蒙和生物這些知識還不夠，另外也得考慮到各種想法、圖像和幻想的互動才行。

　　然而，這並不代表智人從此就不再遵守生物法則。我們仍然是動物，我們的身體、情感和認知能力仍然是由DNA所形塑。而我們的社會建構其實也和尼安德塔人或黑猩猩相同，我們愈深入研究其中的成分（像是種種知覺、情感、家庭關係），就愈會發現，我們和其他猿類並沒有太大的差異。

　　然而，這只是就個體或家庭的層級來作比較時，才會說沒有太大差異。像是一對一、甚至十對十來作比較的時候，頗令人尷尬的是，人類還真的跟黑猩猩沒什麼兩樣。我們和黑猩猩的不同，是要在超過了150人的門檻之後，才開始顯現，而等這個數字到了1,000或2,000，差異就已經是天壤之別。如果我們把幾千隻黑猩猩放到天安門廣場、華爾街、梵蒂岡、或是聯合國總部，絕對會亂得一塌

糊塗。相較之下，我們智人在這些地方常常有數千數萬人的集會，我們也能參與規模更龐大的貿易網、慶典、政治活動，而且秩序井然；這些活動如果只有幾個人零零星星參與，是絕對做不成的。人類和黑猩猩之間真正不同的地方，就在於那些虛構的故事，像膠水一樣把千千萬萬的個人、家庭和群體結合在一起。這種膠水，讓我們成了萬物的主宰。

當然，人類還是需要其他技能，像是製造工具和使用工具。然而光是製造工具，衝擊力還不夠，製造工具之後，還得結合眾人之力才行。但究竟是為什麼，我們現在有了配備核彈頭的洲際彈道飛彈，然而三萬年前僅只有燧石做的矛？畢竟從那時候到現在，人類生理上製作工具的能力並沒有顯著改變。如果要愛因斯坦和遠古人類比賽狩獵或採集的敏捷靈巧程度，想必遠遠不及。

講到底，我們和遠古人類的不同處，就在於與大量陌生人合作的技術有了大幅提升。遠古要做出一把燧石矛，只要有一個人、靠著幾位親近的朋友提供建議和協助，就能在幾十分鐘內完成。但現代要做出核彈，需要全世界上百萬個互不相識的人互相合作，有的是礦工，得開採位於地底深處的鈾礦，也有的是理論物理學家，要寫出長串的數學公式來描述次原子粒子的交互作用。

▌石器時代的祖先究竟做過什麼事？

講到認知革命之後，生物學和歷史之間的關係，我們可以簡單整理成三點：

第一、基本上，生物學為智人的行為和能力設下了基本限制，像是定出了一個活動範圍，而所有的歷史都在這個範圍之內發生。

　　第二、然而，這個範圍非常大，能讓智人有各種驚人的發揮空間。因為智人擁有創造虛構故事的能力，就能創造出更多、更複雜的遊戲，代代相傳之下，也就不斷的發展精進。

　　第三、因此，想瞭解智人的行為，就必須描述人類行為的演化過程。光是考慮人類在生物學上的限制，就像是今天要去播報一場足球世界盃冠軍賽事，卻只是不斷報導關於球賽場地的資訊，而對球員究竟做了什麼，卻隻字不提。

　　所以，在這個歷史的活動場域中，我們石器時代的祖先究竟做過什麼事，就十分重要了。據我們所知，三萬兩千年前刻出施泰德獅人雕像的人類，無論是身體、情感和智力，都與我們類似。但他們一早起床是先做什麼？他們的早餐和午餐吃些什麼？他們的社會是怎樣？他們也是一夫一妻、核心家庭嗎？他們有沒有什麼慶典、道德準則、體育競賽和宗教儀式？他們有戰爭嗎？

　　下一章就像是要從時間的簾幕後方，探頭偷瞧一眼，看看從認知革命後、到農業革命之前，這幾萬年的生活情況。

人類大歷史
Sapiens

第**3**章

亞當和夏娃的一天

　　想要瞭解人類的天性、歷史和心理，就得想辦法回到那些狩獵採集的祖先頭腦裡面，看看他們的想法。在智人的歷史上，絕大多數的時間都是靠狩獵採集為生。但是在過去兩百年間，有愈來愈多智人的謀生方式是在城市裡勞動，整天坐辦公桌；而再之前的一萬年，多數的智人則是務農或畜牧；但不論如何，比起先前幾萬年都在狩獵或採集，現代的謀生方式在歷史上，不過都只像是一瞬間的事罷了。

　　演化心理學近來發展蓬勃，認為現在人類的各種社會和心理特徵，早從農業時代之前就已經開始形塑。這個領域的學者認為，即使到了現在，我們的大腦和心靈都還是以狩獵和採集的生活方式在思維。我們的飲食習慣、衝突和性慾之所以是現在的樣貌，正是因為我們還保留著狩獵採集者的頭腦，但所處的卻是工業化之後的環境，像是有超級城市、飛機、電話和電腦。在這樣的環境下，我們比前人享有更多物質資源、擁有更長的壽命，但又覺得疏離、沮喪而壓力重重。

演化心理學家認為，想瞭解背後的原因，我們就需要深入研究狩獵採集者的世界，因為那個世界其實現在還牢牢印記在我們的潛意識裡。

貪食基因

舉例來說，高熱量食物對人不好，但為什麼老是戒不掉？現今的富裕國家都有肥胖的問題，幾乎像瘟疫一樣蔓延，還迅速將魔爪伸向開發中國家。

如果我們不想想狩獵採集者祖先的飲食習慣，就很難解釋為什麼我們一碰到最甜、最油的食物，就難以抵抗。當時他們住在草原上或森林裡，高熱量的甜食非常罕見，永遠供不應求。如果是三萬年前的採集者，想吃甜食只有一種可能：熟透的水果。所以，石器時代的女性一旦碰到一棵長滿甜美無花果的樹，最明智的做法就是立刻吃到吃不下為止，否則等到附近的狒狒也發現這棵樹，可就一顆也吃不到了。於是，這種想大口吃下高熱量食物的直覺本能，就這樣深植在我們的基因裡。就算今天我們是住在高樓大廈，家家戶戶的冰箱早就塞滿食物，但我們的DNA還記得那些在草原上的日子。正因如此，我們才會不知不覺就吃完一整桶的哈根達斯冰淇淋，可能還配上一大杯可口可樂呢。

這種貪食基因（gorging gene）的理論已經得到廣泛接受。至於其他理論，爭議性就大得多。例如有些演化心理學家認為，古代的採集遊群主要並不是由一夫一妻的核心家庭組成，而是一群人共同住在一起，沒有私有財產、沒有一夫一妻的婚姻關係，甚至沒有父親這種身分的概念。在這樣的遊群中，女性可以同時和幾個男人

（和女人）有性行為、形成親密關係，而遊群裡的所有成年男女則是共同養育遊群的小孩。正由於男人都沒辦法確定小孩是不是自己的，對所有孩子的教養也就不會有大小眼的問題。

這樣的社會結構並不是什麼新世紀的靈性烏托邦，很多動物都有這種社會結構，特別是黑猩猩和巴諾布猿這些我們的近親，更是如此。即使在今日，還是有些人類社會採用這種共同教養制，像是位於委內瑞拉的巴里印第安人（Bari Indians）社會，他們相信孩子不是生自某個特定男人的精子，而是媽媽子宮裡所有累積的精子的結合。所以，如果想當個好媽媽，妳就該和好幾個不同的男人做愛，特別是在想要懷孕的時候，就該找上那些最會打獵的、最會說故事的、最強壯的戰士、最體貼的愛人，好讓孩子擁有那些最好的特質（以及最佳的教養）。如果你覺得這聽起來實在太蠢，請記得其實是要到現代胚胎學研究發展之後，我們才有了確實的證據，證明孩子只可能有一個父親。

這種**遠古公社**（ancient commune）理論的支持者認為，我們看到現代婚姻常有不孕的困擾、離婚率居高不下、不論大人小孩都常有各種心理問題，其實都是因為現代社會逼迫所有人類採用一夫一妻的核心家庭，而這其實與我們的生物本能背道而馳。[14]

許多學者強烈反對這種理論，堅信一夫一妻制和核心家庭就是人類的核心行為。這些學者主張，雖然古老的狩獵採集社會比起現代社會更為平等而共有共享，但還是由獨立的單位組成，每個單位就是一對會嫉妒的情侶、加上他們的孩子。也因為如此，今天多數文化仍然採用一夫一妻的核心家庭，男男女女都對彼此和孩子有強烈的占有慾，而且像是北韓和前敘利亞這些現代的國家，政治權力還是父死子繼。

想要解決這方面的爭議、瞭解我們的性慾、社會和政治，就需要更瞭解我們祖先的生活條件，看看從七萬年前的認知革命到一萬兩千年前的農業革命之間，智人究竟是怎麼過生活的。

▌考古會有偏差

但遺憾的是，我們對於那些狩獵採集者祖先的生活，幾乎沒什麼可確定的事實。無論是「遠古公社」或「不變的一夫一妻制」，都提不出確切的證明。在這些狩獵採集者的年代，顯然不會有文字紀錄，而我們的考古證據主要也只有骨骼化石和石器。如果器具用的是木頭、竹子或皮革等等比較容易腐爛的材料，就只有在很特殊的情況下，才可能保存下來。

很多人以為在農業革命前的人類都只使用石器，其實這是因為**考古偏差**（archeological bias）造成的誤解。所謂的石器時代，其實說是「木器時代」還比較精確，當時的狩獵採集工具多半還是木製的。

如果光從目前留下來的文物，推斷遠古的狩獵採集生活，就會差之千里。遠古的狩獵採集生活與後來的農業生活和工業生活相比，最明顯的區別在於極少使用人造物品，而且這些人造物品對他們生活發生的作用，相對來說並不大。

在現代的富裕社會，任何人一生都會用到數百萬件人造物品，從車子、房子到拋棄式尿布和牛奶盒，不一而足。不管任何活動、信念、甚至情感，幾乎都會有人造物品介入。像在飲食方面，相關的人造品就多到難以勝數，從簡單的湯匙和玻璃杯，到複雜的基因工程實驗室和巨大的遠洋漁船，都軋上一腳。至於玩樂也有大量

64

的娛樂用物品,從怪獸卡到十萬人的體育場都是如此。想要浪漫一下、雲雨一場,又怎能不提到戒指、床、漂亮的衣服、性感內衣、保險套、時尚餐廳、汽車旅館、機場貴賓室、婚宴大廳、婚禮顧問公司?至於讓我們靈性充滿、神聖非凡的宗教,則有哥德式的大教堂、伊斯蘭教的清真寺、印度教的僧院、《摩西五經》的經卷、圖博色彩豔麗的法輪、祭司的祭袍、蠟燭、香、耶誕樹、猶太丸子湯、墓碑,還有各種偶像。

除了要搬家的時候,我們幾乎不會感覺到原來身邊有這麼多東西。然而狩獵採集者每個月、每個星期都要搬家,甚至有時是每天都得搬,所有家當就背在身上。當時還沒有搬家公司或貨車,甚至連馱獸都還沒有,所以他們必須把生活必需品減到最少。因此可以合理推測,他們的心理、宗教和感情生活多半不需要人造物品的協助。

假設在十萬年後,有個考古學家想知道現在的穆斯林的信仰和儀式,只要看看從清真寺遺跡裡挖出的各種物品,就能有個大致合理準確的猜測。然而,我們若想要理解遠古狩獵採集者的信仰和儀式,卻是難上加難。同樣的,如果未來有個歷史學家,想瞭解二十一世紀年輕人的社交活動,靠的卻只有紙本書信(因為所有的手機電話、電子郵件、部落格、簡訊都不會以實體方式留存),可以想見那位歷史學家可能會遇上多大的問題。所以,想光靠現存的文物來瞭解遠古狩獵採集生活,就是會有這種考古偏差。想解決這個問題,方法之一就是去研究目前尚存的採集社會。透過人類學的觀察手法,我們可直接研究這些社會。然而,想要從這些現代採集社會推論遠古採集社會的樣貌,還是需要多加小心考慮。

首先,所有能存活到近代的採集社會,多少已受到附近的農業

社會或工業社會影響，因此很難假設現在的樣子和幾萬年前相同。

其次，現代採集社會主要位於氣候惡劣、地形險峻、不宜農業的地區，像是在非洲南部的喀拉哈里沙漠，就有一些社會已經適應了這種極端條件。但如果要用這些社會來推論當時居住在長江流域這種肥沃地段的遊群，就會有嚴重的偏差。特別是，喀拉哈里沙漠遊群的人口密度遠低於遠古時期的長江流域，這對於遊群人口規模與結構等關鍵問題，影響重大。

第三，狩獵採集社會最顯著的特點，就在於它們各有特色、大不相同。而且還不是說不同地區才有不同；即使在同一地區，仍然會是兩兩相異。一個很好的例子，就是歐洲人首次移居澳洲時，發現當地原住民之間有許多差異。在大英帝國征服澳洲之前，整個澳洲大陸的狩獵採集者大約有三十萬人到七十萬人，分成兩百個至六百個部落，每個部落又分成幾個遊群。[15] 每個部落都有自己的語言、宗教、規範和習俗。像是在澳洲南部阿德雷德附近，就有幾個父系的家族，他們會依據所在領土為標準，結合成不同的部落。相反的，在澳洲北部的一些部落則比較屬於母系社會，而人在部落裡的身分主要來自他的圖騰，而不是他的領土。

不難想像，到了農業革命前夕，地球上的狩獵採集者大約有五百萬人到八百萬人，有豐富多元的種族和文化多樣性，分成幾千個不同的獨立部落，也有數千種不同的語言和文化。[16] 畢竟，語言和文化正是認知革命的主要成就。而正因為虛構故事已經出現，即使是在類似的生態、同樣的基因組成下出現的人類，也能夠創造出非常不同的想像現實，表現出來就成了不同的規範和價值觀。

例如，我們有充分的理由相信，三萬年前住在如今牛津大學附近的採集者，他們說的語言會和住在如今劍橋大學附近的採集者大

不相同。可能有某個遊群比較好戰、某個遊群比較愛好和平。有可能在劍橋的遊群採用公有共享，而在牛津的遊群則以核心家庭為基礎。劍橋遊群可能會花很長的時間，把自己的守護靈刻成木像，而牛津遊群則是用舞蹈來敬拜守護靈。前者也許相信輪迴，而後者則認為那是無稽之談。在某個社會可能同性的性關係沒什麼大不了，但在另一個社會就成了禁忌。

　　換句話說，雖然用人類學方式觀察現代的採集社會，可以幫助我們瞭解一些遠古採集社會的種種可能性，[2] 但這絕非全貌，而且可說絕大多數仍有如以管窺天。有人激烈爭辯智人的「自然生活方式」該是如何，其實並未打到重點。從認知革命之後，智人的「自然生活方式」從來就不只一種。真正存在的只有「文化選擇」，而種種選擇就像是調色盤，色彩繽紛炫目，令人眼花撩亂。

▌唯一的家畜

　　但是，講到農業革命之前的世界，究竟有什麼是我們能確定的普遍現象？或許我們可以很確定的說，當時大部分人都是生活在小遊群裡，每個遊群小則數十人，最大不過數百人，而且所有成員都是人類。最後一點似乎像是廢話，但事實絕非顯而易見。在農業社會和工業社會裡，其實家禽家畜的數量已不下於人類、甚至還超過人類，雖然地位低於主人，但仍然是社會中的一份子。譬如今天的紐西蘭，雖然智人的人數有450萬，但綿羊可是高達5,000萬隻。

---

[2] 說到遠古採集社會的「種種可能性」，講的是對於任何一個社會來說，根據其生態、技術和文化的限制，都有種種信仰、習俗和經驗，像是光譜一樣在他們眼前展開。無論是社會或個人，面對著世界上的種種可能，通常都只能探索到其中的一小部分而已。

只不過，這個通則還是有一個例外：狗。

　　狗是第一種由智人馴化的動物，而且早在農業革命之前，便已發生。雖然專家對於確切的年代還有不同意見，但已有如山鐵證顯示：大約一萬五千年前，就已經有了家犬，而牠們實際加入人類生活的時間，還可能再往前推數千年。

　　狗除了能狩獵、能戰鬥，還能擔當警報系統，警告有野獸或人類入侵。時間一代一代過去，人和狗之間也一起演化，而能和對方

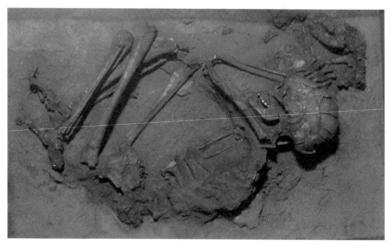

6. 這是不是史上第一隻寵物？
在以色列北部發掘出一座一萬兩千年前的墓穴（現為史前人類博物館 Kibbutz Ma' ayan Baruch Museum），裡面有一具年約五十歲女性的骨骸，旁邊還有一副小狗的骨骸（右上角）。小狗埋葬的位置與女人的頭部接近，而且女人的左手還搭在狗的身上，看起來似乎有著某種情感聯繫。當然這也能有其他的解釋，譬如說，這隻狗是一份禮物，要送給看守天堂入口的看門人。

有良好的溝通。最能滿足人類需求、最能體貼人類情感的狗，就能得到更多的照顧和食物，於是也更容易生存下來。同時，狗也學會了如何操縱人類，好滿足牠們的需求。

經過這樣長達一萬五千年的相處，人和狗之間的理解和情感，遠超過人和其他動物的關係。[17] 有些時候，甚至死去的狗也能得到厚葬，待遇與人類差堪比擬。

▌最早的漁村

另一方面，同屬一個遊群的成員彼此相熟，終其一生都和親友相處在一起，幾乎沒什麼孤單的時刻，也沒什麼隱私。雖然與鄰近的遊群偶爾也得爭奪資源，甚至大打出手，但也常有一些友好的往來，譬如：可能互換成員、一起打獵、交易罕見的奢侈品、一起慶祝宗教節日，還有攜手共抵外侮。這種合作是智人的一大重要特徵，也是智人領先其他人類物種的關鍵優勢。有時候，與鄰近遊群的關係實在太良好，最後就結合為一，而有了共同的語言、共同的神話、共同的規範和價值觀。

然而，我們其實不該高估這種對外關係的程度。就算鄰近的遊群在危急時刻彷彿成為一體，甚至平常也會定期一起打獵、打仗、或慶祝，但是在絕大多數時間，大多數人仍然是以小遊群為生活單位。

講到交易，主要是限於拿來表示身分地位的物品，像是貝殼、琥珀、顏料等等。沒有證據顯示當時的人會交易像是水果或肉類之類的消費品，也看不出來有某個遊群必須依賴從另一個遊群進口貨物而生存的證據。至於社會政治關係，也同樣只是零星有之。就算

遊群有季節性的集會場所，仍然稱不上是固定的政治架構，也沒有永久的城鎮或機構。

一般來說，一個人很可能好幾個月之間，都只會看到自己遊群裡的人，一輩子會遇見的人數也不過就是幾千。智人就像是星星一樣，稀稀疏疏的撒布在廣闊的土地上。在農業革命之前，整個地球上的人類數量還比不上現在的埃及開羅。

大多數智人遊群總是餐風露宿、不斷在遷徙——也就是不斷追逐著食物，從一地前往另一地。因為食物來源總是隨著季節更迭、動物每年的遷移路徑、植物生長週期……而有變化。一般來說，他們是在同一個區域裡來來回回，面積大約是幾十平方公里到幾百平方公里。

偶爾，可能是遇上自然災害、暴力衝突、人口壓力，又或是碰上某個特別有領袖魅力的首領，遊群也可能走出自己原有的領域。這些流浪正是促成人類擴張到全球的動力。如果某個狩獵採集遊群每四十年拆夥一次，新遊群往東移一百公里，經過大約一萬年後，就會從東非抵達中國。

在某些特殊情況下，如果某地的食物來源特別豐富，原本因為季節性而前來的遊群，也可能就此落腳，形成永久的聚落。另外，如果有了烘乾、煙燻、冷凍（在北極地區）食品的技術，也可能讓人在某地停留更久。最重要的是，在某些水產水禽豐富的海邊和河邊，人類開始建立起長期定居的漁村。這是歷史上第一次出現定居聚落，時間要遠早於農業革命。

最早的漁村有可能是在四萬五千年前，出現在印尼群島的沿海地帶。也很可能就是從這裡，智人開始了第一次的跨海事業：前進澳洲。

到處採集知識

在大多數的居住地，智人遊群的飲食都是見機行事，有什麼吃什麼。他們會抓白蟻、採野果、挖樹根、追兔子，還會獵野牛和猛獁象。雖然現在流行的講法都把他們形容成獵人，但其實智人生活主要靠的是採集，這不僅是主要的熱量來源，還能得到像是燧石、木材、竹子之類的原物料。

智人採集的可不只是食物和原物料，同時還有「知識」。為了生存，智人需要對所在地瞭若指掌。而為了讓日常採集食物的效率達到最高，他們也需要瞭解每種植物的生長模式，以及每種動物的生活習性。他們需要知道哪些食物比較營養、哪些有毒、哪些又能拿來治病。他們需要知道季節的變化，怎樣的天候代表雷雨將至、或是乾旱將臨。他們會細查附近的每條河流、每棵核桃樹、每個睡了熊的洞穴、還有每一處燧石的礦床。每個人都得知道怎樣做出一把石刀，如何修補裂開的斗篷，如何做出抓兔子的陷阱，還有該如何面對雪崩、蛇咬、或是饑腸轆轆的獅子。這裡面任何一種技能，都得花上好幾年的指導和練習。

一般來說，遠古的採集者只需要幾分鐘，就能用燧石做出一根矛頭。但等到我們現代人試著依樣畫葫蘆，卻常常是手忙腳亂、笨手笨腳。我們絕大多數人的腦袋裡，都不知道燧石或玄武岩會怎樣裂開，手也沒有靈巧到足以執行這項任務。

換句話說，採集者對於他們周遭環境的瞭解，會比現代人更深更廣、也更多樣。現代的工業社會中，就算不太瞭解自然環境，也能順利存活。像是如果你是電腦工程師、保險業務員、歷史老師、或工廠工人，你真的需要瞭解自然環境嗎？現代人必須專精於自身

小領域的知識，但對於其他生活中的必需，絕大多數都是倚靠其他各領域的專家，每個人懂的都只限於自己的那一小方天地。就整體而言，現今人類所知遠超過遠古人類。但是在個人層面上，遠古的採集者是有史以來，最具備多樣知識和技能的人類。

有證據顯示，自從採集時代以來、直到現代，智人的腦容量其實是逐漸減少的！[18] 不難理解，要在採集時代存活下來，每個人都必須要有高超的心智能力；而等到農業時代和工業時代開展，人類開始能依靠別人的技能生存下來，就算是低能力的人也開始有了生存空間。例如只要肯挑水、或是當個生產線的工人，就能活下來，並把自己那些平庸無奇的基因，傳衍下去。

採集者不只深深瞭解自己周遭的動物、植物和各種物品，也很瞭解自己的身體、感官和內心世界。他們能夠聽到草叢中最細微的聲響，知道裡面是不是躲著一條蛇。他們會仔細觀察樹木的枝葉，找出果實、蜂窩和鳥巢。他們總是以最省力、最安靜的方式行動，也知道怎樣坐、怎樣走、怎麼跑，才能最靈活、最有效率。他們不斷以各種方式活動自己的身體，讓他們就像馬拉松選手一樣精瘦。就算現代人練習再多年的瑜伽或太極，也不可能像他們的身體一樣柔韌靈動。

▌最初的富裕社會

狩獵採集的生活方式依地區、季節都有所不同，但整體而言，比起後來的農夫、牧羊人、工人或上班族，他們的生活似乎要來得更舒適，也更有意義。

在現代的富裕社會，平均每週的工時是40小時到45小時，開

發中國家則是60小時以上、甚至高達80小時；但如果是狩獵採集者，就算住在最貧瘠的地區（像是喀拉哈里沙漠），平均每週也只需要工作35小時到45小時。他們大概只需要每三天打獵一次、每天採集3小時到6小時。一般時期，這樣就足以養活整個遊群了。而很有可能大多數的遠古採集者居住的，都是比喀拉哈里沙漠更肥沃的地方，所以取得食物和原物料所需的時間還要更少。最重要的是，這些採集者可沒什麼家事負擔。他們不用洗碗、不用吸地毯、不用擦地板、不用換尿布，也沒帳單得付。

這樣的採集經濟，能讓大多數人過著比農業社會或工業社會更有趣的生活。像是現在，如果在中國的血汗工廠工作，每天早上大約七點就得出門，走過飽受汙染的街道，進到工廠後，整天都用同一種方式、不停操作同一臺機器，時間長達十小時，叫人心靈整個麻木。等到晚上七點回家，還得再洗碗、洗衣服。

而在三萬年前，如果是在中國的採集者，可能是大約早上八點離開遊群，在附近的森林和草地上晃晃，採採蘑菇、挖挖根莖、抓抓青蛙，偶爾還得躲一下老虎。但等到中午過後，他們就可以回到遊群煮午餐。接下來還有大把的時間，可以聊聊八卦、講講故事，跟孩子玩，或者就是放鬆放鬆。當然，有時候是會碰上老虎或蛇沒錯，但另一方面來說，當時倒也不用擔心車禍或工業汙染。

在大多數地方、大多數時候，靠著採集就已經能夠得到充分的營養。這其實很合理，畢竟這正是人類在先前數十萬年間的正常飲食，人體早就完全適應、而且如魚得水。骨骼化石的證據顯示：遠古時期的採集者比較少有飢餓或營養不良的問題，而且比起後來的農業時代，他們身高較高，也比較健康。雖然平均壽命顯然只有三十歲至四十歲，但這主要是因為當時兒童早夭的情形十分普遍，把

平均壽命的數值給往下拉了。只要能活過危機四伏而意外頻傳的童年時期,當時的人就大多能活到六十歲,有的甚至還能活到超過八十歲。

我們看看現代的採集社會,就知道了:只要女性能活到四十五歲,大概再活個二十年都不是問題,而總人口的5％至8％也都活到超過六十歲。[19]

採集者之所以能夠免受飢餓或營養不良的困擾,祕訣就在於多樣化的飲食。相較之下,之後農民的飲食往往種類極少,而且還不均衡。特別是在近代,許多農業人口都依靠單一作物為主要熱量來源,可能是小麥、馬鈴薯、稻米之類,這樣一來就會缺少其他人體所必要的維生素、礦物質或其他養分。例如在中國偏遠鄉間的傳統典型農夫,早上吃米飯、中午吃米飯,晚上吃的還是米飯。而且還得夠幸運,第二天才能吃到同樣的這些東西。而身為這些農民的老祖宗,遠古採集者通常都會吃到數十種不同的食物,他們可能早餐吃漿果和蘑菇,中餐吃水果、蝸牛和烏龜,晚餐則是來份野兔排佐野生洋蔥。至於第二天,菜單又可能完全不同。正因為這樣的多樣性,確保了遠古的採集者能吸收到所有必需的營養成分。

此外,也因為採集者不依賴單一種類的食物,就算某種食物來源斷絕了,影響也不會太大。但如果是農業社會,一旦來場乾旱、火災、大地震,把當年的稻米或馬鈴薯摧毀殆盡,就會引發嚴重的饑荒。雖然採集社會還是難以倖免於自然災害,而且也會碰上食物短缺或饑荒的情形,但通常他們處理起來就是比較游刃有餘。如果主要食物短缺,他們可以去採集其他食物或狩獵其他動物,又或是直接遷徙到受影響較小的地區。

此外,遠古採集者也較少碰到傳染病的問題。農業社會和工業

社會的傳染病，多半來自家禽家畜，像是天花、麻疹和肺結核，但這些傳染病要等到農業革命之後，才會傳到人類身上。對於遠古的採集者來說，狗是唯一會近距離相處的動物，並沒有這些問題。此外，農業社會和工業社會的永久居住環境通常非常緊密局促，但是衛生條件又不佳，正是疾病的理想溫床。至於遠古的採集者，他們總是一小群一小群在廣闊的大地上漫遊，疾病很難形成流行。

當時的世界同樣殘酷無情

正因為這些在農業時代之前的採集者，擁有健康和多樣化的飲食、相對較短的工作時數、也少有傳染病發生，使得許多專家將這種社會定義為「最初的富裕社會」。只不過，倒也不用把這些古人的生活想得太浪漫、太過美好。雖然他們的生活品質可能比起農業社會和工業社會更佳，不過當時的世界同樣殘酷無情，常常遇到物資匱乏、時節難過、兒童死亡率高──現在看來沒什麼大不了的小意外，當時可能就會輕易致命。

這些漫遊採集者的遊群裡，人人關係親密，對大多數人來說可能是好事，但對那些少數惹人厭的成員來說，日子可就不好過了。偶爾，若有人年老力衰、或是有肢體殘疾，無法跟上遊群的腳步，還會遭到遺棄、甚至殺害。如果嬰兒和兒童被視為多餘，就可能遭屠戮，而且宗教獻祭也偶有聽聞。

在巴拉圭叢林裡，曾經有一個狩獵採集遊群「亞契人」（Aché）存活到1960年代，他們讓我們得以一窺採集生活的黑暗面。根據亞契人的習俗，如果某位有價值的遊群成員死亡，就要殺一個小女孩陪葬。人類學家訪問亞契人，得知某次有個中年男子病倒了，無

法跟上其他人的腳步,就被拋棄在路旁的樹下。當時樹上還有禿鷹等著想飽餐一頓。但那位男子鼓起精神、霍然痊癒,用輕快的腳步重新回到遊群行列。他的身上還沾覆著鳥屎呢,結果綽號從此變成「禿鷹屎」。

如果某個亞契女性已經年紀太大,成了遊群的負擔,遊群裡的年輕男子就會潛伏在她背後,找機會一斧頭砍進她的腦子裡。曾有一個亞契人,告訴人類學家他在叢林裡的黃金年代:「我常常殺死老女人,我殺過我的阿姨嬸嬸姑姑她們……女人都怕我……但是現在跟這些白人在一起,我也變弱了。」

如果新生兒沒有頭髮,會被認為是發育不良,必須立刻殺死。就有一位婦女回憶說,她的第一個女兒就是被活活打死的,原因只是遊群裡的男人已不想再多個女孩。而另一次,有個男人殺了個小男嬰,起因只是他「心情不好,小孩又哭個不停。」甚至有個小孩遭活埋,原因是「那玩意看起來怪怪的,其他小孩也會笑它。」[20]

然而,也別太快就對亞契人下定論。人類學家與他們同居共處多年之後,認定在亞契成年人之間的暴力其實非常罕見。無論男女都可以自由改變伴侶。他們總是樂天知命且愉快,遊群裡不分地位高低,想頤指氣使的人,通常就會受到排擠。雖然他們擁有的物質不多,但卻非常慷慨,而且不會執著於成功和財富。在他們的生活裡,最看重的就是良好的人際互動,還有真正的友誼。[21] 雖然他們會殺害兒童、病人、老人,但他們想法的本質,其實和今日許多人贊成墮胎和安樂死,也沒有兩樣。

另外還該提的一點是:巴拉圭的農夫獵殺亞契人的時候,可是毫不手軟的。或許正因為亞契人必須迅速逃離這些敵人的魔爪,所以如果有成員可能造成遊群的負擔,他們也就無法仁義以待。

　　事實是，亞契社會其實就像任何一個人類社會一樣複雜難解。我們要小心不能只有了膚淺的認識，就斷然將其妖魔化或理想化。亞契人既不是天使、也不是魔鬼，不過就是人類。同樣的，遠古的狩獵採集者，就是和我們一樣的人。

▌泛靈信仰

　　對於遠古狩獵採集者的精神和心理生活，我們知道些什麼？基於某些可量化的客觀因素，我們或許可以重建一些狩獵採集型經濟的基本架構。例如，我們可以計算每人為了生活，一天需要多少卡路里，一公斤的核桃可以提供多少卡路里，而一平方公里的森林又能提供多少核桃。有了這些數據，就能夠猜測核桃在他們飲食中的相對重要性。

　　只不過，遠古的採集者究竟是把核桃當作珍饈佳餚、還是無趣的主食？他們相不相信，核桃樹有樹靈？他們覺不覺得核桃樹葉很漂亮？如果當時有一對男女想約會，核桃樹蔭下究竟算不算浪漫？講到思想、信仰和感情，想一探究竟的難度絕對非同小可。

　　多數學者都同意，遠古的採集者普遍有泛靈信仰（animism，源自拉丁文的 anima，意為靈魂或精神）。泛靈信仰者相信，幾乎任何一個地點、任何一隻動物、任何一株植物、任何一種自然現象，都有其意識和情感，並且能與人類直接溝通。因此，對於泛靈信仰者來說，山上的一顆大石頭也可能會有欲望和需求。人類可能做了某些事就會觸怒這塊大石，但也有可能做某些事能取悅祂。這塊大石可能會懲罰人類，或要求奉獻。而人類也能夠安撫或略加威脅這塊大石頭。

還不僅是石頭，不管是山邊的小溪、山腳下的橡樹、附近的小樹叢、林間的噴泉、通往噴泉的小徑、啜飲著泉水的田鼠、狼和烏鴉，也都有靈的存在。對於泛靈信仰者來說，還不只實體的物品或生物有靈，甚至連非物質也有靈，像是死者的鬼魂、以及各種友善和邪惡的靈（也就是我們所說的天使、精靈和惡魔）。

　　泛靈信仰者認為，人類和其他的靈之間並沒有障礙，可直接透過言語、歌曲、舞蹈和儀式來溝通。所以獵人可以向一群鹿喊話，要求其中一頭犧牲自己。狩獵成功的時候，獵人可能會請不幸喪生的動物原諒他。有人生病時，薩滿巫師可以呼告造成疾病的靈，試著勸祂或恐嚇祂離開。有需要的時候，薩滿巫師還能請求其他靈的幫助。泛靈信仰的一個特點，在於所有的靈都位於當場當地，不是什麼萬能的神，而是某隻特定的鹿、某棵特定的樹、某條特定的小溪、某個特定的鬼魂。此外，泛靈信仰者還認為，人類和其他靈之間，沒有地位高下之別。非人類的靈之所以存在，並不是為了滿足人類的需要，祂們也不是什麼把全世界操之在手的萬能的神。這個世界可不是為了人、為了任何生命、或為了特定的靈而運轉的。

　　泛靈信仰並不是某個特定的宗教，而是數千種不同宗教、邪教或信仰的通稱。之所以都稱為泛靈信仰，是因為他們對於世界的看法、對於人類的定位所見略同。而我們說遠古的採集者應該屬於泛靈信仰者，就好像說在前現代的農民是「有神論者」一樣。**有神論**（theism，源自希臘文的 theos，意為神）認為，宇宙的秩序繫於一小群超凡的實體（神）和人類之間的地位高下關係。

　　雖然說「前現代的農民往往是有神論者」這件事千真萬確，但光是這樣講，還不夠清楚。一般典型的有神論，包山包海。有神論者包括十八世紀波蘭的猶太教拉比、十七世紀麻薩諸塞州要焚燒女

巫的清教徒、十五世紀墨西哥阿茲特克的祭司、十二世紀伊朗的蘇菲神祕教派、十世紀的維京戰士、二世紀羅馬的軍團，或是種種中國民間信仰的善男信女。

所有這些有神論者，都認為別人的信仰和儀式是詭怪的異端。而泛靈信仰者（遠古的狩獵採集者）的種種信仰和儀式，彼此之間的差異恐怕也不亞於此。遠古狩獵採集者的宗教經驗，很可能也是動盪不安，充滿爭議、改革和革命。

我們小心歸納出這些通則，但大致上也只能做到這個程度了。想再深入描述遠古時代的精神靈性，都會淪為假設猜測，因為我們幾乎沒有證據能夠佐證；即使是那些極少數的文物和洞穴繪畫，也能有各種不同的詮釋方式，提供不了確切的佐證。有些學者聲稱，自己能夠知道採集者當時的感受；但我們從他們的理論中能夠瞭解的，與其說是石器時代的宗教觀，還不如說是他們的偏見。

面對各種墓穴文物、壁畫、骨頭雕像，與其猜測出堆積如山的種種理論，還不如坦然承認，我們對於遠古狩獵採集者的宗教，就只有一些模糊不清的概念罷了。我們假設他們是泛靈信仰者，但這能告訴我們的並不多。我們不知道他們向什麼神靈祈禱、慶祝什麼節日，也不知道他們遵守什麼戒律。最重要的是，我們不知道他們說了什麼故事——這是我們想瞭解人類歷史的一大空缺和遺憾。

採集者已有社會政治規範

對於採集者的社會政治世界，我們的所知同樣幾近於零。如同前面說過的，學者甚至連最基本的面向，都還無法達到共識，像是私有財產、核心家庭、一夫一妻制等等是否存在。很有可能各個遊

群各有不同結構；有些階級井然、生活嚴謹，殘暴程度不下於最凶狠的黑猩猩群，也有些組織鬆散、輕鬆寫意，追求性愛歡愉的程度不下於巴諾布猿群。

在俄羅斯的索米爾（Sungir），考古學家於1955年發現了一處三萬年前的墓地遺址，屬於一種狩獵猛獁象的文化。在其中一個墓

7. 法國拉斯科洞穴（Lascaux Cave）大約一萬五千年前至兩萬年前的一幅壁畫。我們究竟看到了什麼？這幅畫的意義又是什麼？
有些人認為畫中是一個鳥頭人身的男子，陽具勃起，正遭到野牛殺害。在男人下方是另一隻鳥，可能象徵著靈魂，在人死亡的那一瞬間由身體得到釋放。如果真是如此，這幅畫敘述的就不只是普通的狩獵意外，而是前往來世的過程。但我們無法判斷這些猜測究竟是否正確。這就像是羅夏克墨漬測驗（Rorschach inkblot test），主要能看出的是現代學者的偏見，而不是遠古採集者的信仰。

穴，他們發現一具年約五十歲的男性骨架，蓋著猛瑪象象牙珠串，總共約有3,000顆。死者戴著以狐狸牙齒裝飾的帽子，手腕上還有25只象牙手鐲。其他同個墓地的墓穴裡，陪葬物品的數量都遠遠不及該墓穴。學者推斷，索米爾猛瑪象獵人社群應該階級十分明顯，該名死者也許是遊群的首領，甚至是幾個遊群共同的領導者。畢竟光靠單一遊群的幾十位成員，不太可能製作出這麼多的陪葬品。

　　考古學家後來還發現了一個更有趣的墓穴，裡面有兩具頭對頭的骸骨。一個是大約十二、十三歲的男孩，另一個是大約九或十歲的女孩。男孩身上蓋著5,000顆象牙珠子，戴著狐狸牙齒裝飾的帽

8.　狩獵採集者於大約九千年前，在阿根廷的「手洞」（Hands Cave）留下了這些手印。看起來，這些主人逝去已久的手印，似乎正從岩石裡向我們伸來。這可能是遠古採集者留下最感動人心的遺跡之一，但是我們沒人知道這究竟想傳達什麼意義。

子，皮帶上也有250顆狐狸牙齒（這至少得用上60隻狐狸的牙）。
女孩身上則有5,250顆象牙珠子。兩個孩子身邊滿是各種小雕像和
象牙製品。就算是熟練的工匠，大概也需要45分鐘，才能做出一
顆象牙珠。換句話說，要為這兩個孩子準備這些超過一萬顆的象牙
珠，會需要大約7,500小時的精密加工，就算是一位經驗豐富的工
匠，也得足足花上超過三年！

要說這兩個索米爾的孩童年紀輕輕，就已經證明自己是充滿
威嚴的領導者或猛獁象獵人，無疑是天方夜譚。所以，唯有從文化
信仰的角度出發，才能解釋為什麼他們能得到這樣的厚葬。第一種
理論是他們沾了父母的光。也許他們是首領的子女，而他們的文化
相信家族魅力，又或是有嚴格的繼承順位規定。至於第二種理論，
則是這兩個孩子在一出生的時候，就被認定為某些祖先靈魂轉世降
生。還有第三種理論，認為他們的葬禮反映的是他們的死法，而不
是在世時的地位。有可能這是一個犧牲陪葬的儀式（可能做為首領
安葬儀式的一部分），所以才會格外隆重盛大。[22]

不管正確答案為何，這兩具索米爾的孩童骨骸無疑證明，三
萬年前的智人已經發明了一些社會政治規範，不僅遠超出我們DNA
的設定，也超越了其他人類和動物的行為模式。

和平天堂、還是戰爭煉獄？

最後還有一個棘手的問題，就是「戰爭」在採集者的社會扮演
了什麼角色？有些學者主張，遠古的狩獵採集社會應該是和平的天
堂，認為要到了農業革命之後，民眾開始累積私有財產，才開始有
戰爭和暴力。也有學者主張，早在遠古的狩獵採集時代，就已經有

各種殘忍和暴力的情事。然而，由於我們靠的只有極少數的考古文物、和對現代採集社會的人類學觀察，這兩派學說可說都只是空中樓閣。

雖然現代人類學的觀察十分耐人尋味，但卻問題重重。現在的採集者主要都住在北極或喀拉哈里沙漠這種偏遠和荒涼的地區，當地人口密度非常低，需要和他人作戰的機率微乎其微。此外，近幾代的採集社會愈來愈受到現代國家操控干擾，也避免了爆發大規模衝突的可能。歐洲學者只曾有過兩次機會，觀察到採集社會形成較大、人口密度相對較高的情形：一次是十九世紀在北美洲西北部，另一次是十九世紀到二十世紀初在澳洲。而不管是前一次的美洲印第安人、或是後一次的澳洲原住民，都發生了頻繁的武裝衝突。然而我們仍然無法確定，這究竟代表無論古今未來都會如此，又或只是受了歐洲帝國主義的影響。

目前的考古發現不僅數量少，而且模糊不明。就算在幾萬年前曾經發生戰爭，現在究竟還能留下什麼線索？當時沒有防禦工事、沒有城牆、沒有炮彈，甚至也沒有劍或盾牌。雖然古老的矛頭可能用於戰爭，但也可能只是用於狩獵。即使能找到人骨化石，也幫不上多大的忙。發現有骨折，可能代表戰爭中受的傷害，但也有可能只是意外。而且就算沒有骨折，也無法確定某位遠古人士絕非死於非命。畢竟，光是傷到軟組織也足以致命，但不會在骨頭上留下任何痕跡。更重要的是，在工業時代之前，戰亂中有90％以上的死者其實是餓死、凍死、病死，而不是直接被武器攻擊而死。

想像一下，如果在三萬年前有一個遊群遭到鄰近遊群擊敗，10名成員戰死，而剩下的人則被趕出平常採集維生的領地。接下來的一年裡，被趕走的成員又有100名死於飢餓、寒冷和疾病。這麼一

來，等到考古學家發現這110具遺骨，很容易就會誤以為他們是死於自然災害。但我們又怎麼能知道，他們是死於無情的戰爭呢？

有了這種心理準備之後，我們可以開始檢視手上已有的考古證據。曾經有三項研究，同樣研究了在農業革命前夕喪命的遺骨，很巧合的，遺骨數量都是400具。第一項研究在葡萄牙，只發現2具明顯死於暴力傷害。第二項在以色列，所有和人為暴力有關的證據更是只有某一具頭骨上有一條裂痕，如此而已。但第三項研究的是多瑙河谷的多處遺址，在這裡的400具遺骨中，共有18具顯示曾受到暴力傷害。18／400或許聽起來並不多，但其實這比例已經相當高了。假設這18人確實都死於暴力傷害，代表遠古多瑙河谷約有4.5％的死亡率是由人為暴力所引起。而在現今，就算把戰爭和犯罪加在一起，全球因為人為暴力引起的死亡，平均也只占1.5％而已。

在二十世紀，我們曾經目睹最血腥的戰爭、規模最龐大的種族屠殺，但即使如此，這個世紀因為人為暴力而死亡的百分比，也只有5％。所以，如果多瑙河谷的這項研究顯示了典型的情況，遠古多瑙河谷暴力肆虐的情形，就和二十世紀差堪比擬。[3]

多瑙河谷的發現已經十分令人難過，但偏偏還有一些來自其他地區的研究，也得出了同樣的結果。

在蘇丹的捷貝爾撒哈巴（Jabl Sahaba）一地，曾發現一處一萬兩千年前的墓地，裡面有59具遺骨。其中有24具的骨骸裡或附近發現了箭鏃和矛頭，共占所有遺骨的40％。其中一具女性遺骨共有12處傷痕。

---

[3] 有人可能會說，就算遠古多瑙河谷有些遺骨上有暴力痕跡，也不見得就是死因。有些人可能只是受傷而已。然而，因為也有些人可能是軟組織受創、或是因為戰爭帶來的資源剝奪而致死，這些都不會出現在遺骨上，因此這兩種情況或許能互相抵消。

而在德國巴伐利亞的歐夫內特洞穴（Ofnet Cave），考古學家也發現38具採集者的遺骨被丟進兩個墓穴中，主要是婦女和孩童。這些遺骨有一半（包括兒童、甚至嬰兒），都明顯有受到人類武器傷害的痕跡，包括棍棒和刀。至於少數成年男性的骨骸，則可發現受到最嚴重的暴力攻擊。最有可能的，就是在歐夫內特洞穴曾經有一整個採集遊群遭到屠殺。

那麼，究竟哪個更能代表遠古的採集社會？是以色列和葡萄牙那些看來生活和平的遺骨，還是在蘇丹和德國那些人間煉獄？答案是兩者皆非。我們已經看到，採集社會可能有許多不同的宗教和社會結構，可以預測他們也同樣有不同的暴力傾向。可能在某些時期，某些地區一片平靜祥和，但在其他地區卻是動亂不斷。[23]

沉默的歷史帷幕

講到遠古的採集生活，如果我們連宏觀景象都難以重建，想要重塑特定事件就更是難如登天。智人遊群首次進入尼安德塔人居住的山谷之後，接下來的幾年間，很可能就發生了許多轟轟烈烈的歷史大事。

但很遺憾的是，這樣的事件幾乎不會留下任何痕跡，頂多就是極少數的骨骼化石和石器，而且不論學術界如何竭力追問，它們仍然只會保持沉默。從這些骨骼化石和石器，我們可以知道當時人類的身體構造、工藝技術、飲食，甚至是社會結構，但卻看不出他們是否與相鄰的智人遊群結成政治聯盟，是否有先人的靈魂保佑著這個聯盟，是否會偷偷將象牙珠送給當地的巫醫、祈求神靈庇祐。

這幅沉默的帷幕，就這樣罩住了幾萬年的歷史。在這些年間，

可能有戰爭和革命，有靈性激昂的宗教運動，有深刻的哲學理論，有無與倫比的藝術傑作。採集者之中，可能也出過像是拿破崙這種所向披靡的人物，不過統治的帝國還沒有盧森堡面積一半大；或許也出過天才貝多芬，雖然沒有交響樂團，卻能用竹笛發聲，教人潸然淚下；又或是出了深具魅力的先知，不過他傳達的是當地某棵櫟樹的話，而不是什麼全宇宙的造物主。

所有這些，我們全部只能靠猜測。這幅沉默的帷幕如此厚重，我們連這些事情是否曾經發生過，都難以斷定，遑論詳細描述。

學者常常只會問那些他們在合理範圍內能夠回答的問題。如果我們無法發展出新的研究工具，可能就永遠無法瞭解遠古採集者究竟有什麼信仰，或是他們經歷過怎樣的政治體制。然而，我們必然需要問一些目前還沒有解答的問題，否則就等於是對認知革命之後這七萬年歷史中的六萬年視而不見，只以為「當時的人沒做過什麼重要的事」。

但事實是，他們做了許多非常重要的事。特別是他們還形塑了我們現在的世界，程度之大，出乎許多人意料之外。現在有探險家跋涉前往西伯利亞苔原、澳洲中部沙漠、亞馬遜雨林，以為自己走進了一片從無人類踏及的原始環境。但這只是錯覺。即使是最茂密的叢林、最荒涼的曠野，其實遠古採集者都早已到達過，而且還讓環境起了極大的變化。

下一章就會提到，早在第一個農村形成之前，採集者是如何讓地球的生態改頭換面。整個動物界從古至今，最重要、也最具破壞性的力量，就是這群四處遊蕩、講著故事的智人。

第4章

毀天滅地的人類洪水

在認知革命之前，所有人類物種都只住在亞非大陸上。確實，他們也曾靠游泳、或是紮些簡單的木筏，抵達少數的鄰近島嶼。像是弗洛瑞斯島（見第21頁），早在八十五萬年前便已有人居住。但當時他們還沒辦法冒險前往遠洋，沒人到過美洲或澳洲，也沒人到過像是馬達加斯加、紐西蘭和夏威夷之類較遠的島嶼。

海洋所阻絕的不只是人類，還有許多亞非大陸上的動植物，都到不了這個「外面的世界」。因此，在像是澳洲和馬達加斯加這些遠方的大陸和島嶼上，該地的生物獨自演化了數百萬年，於是無論外形和天性，都和牠們的亞非遠親相當不同。相當長的一段時間，地球可分為幾個不同的生態系，各由獨特的動植物組成。但這種情形即將因為智人而畫下句點。

在認知革命之後，智人得到新的技術、組織能力、甚至是眼界，能夠走出亞非大陸，前往外面的世界。他們的第一項重大成就就是在大約四萬五千年前殖民澳洲。為了解釋這件事，可是讓專家學者煞費苦心。因為若要到達澳洲，人類得跨過許多海峽，有些寬

度超過一百公里，而且抵達之後，他們還得幾乎立刻適應當地的生態環境。

最合理的理論認為，大約四萬五千年前住在印尼群島的智人，發展出了第一個能夠航海的人類社會（印尼群島由亞洲大陸向外延伸，每個島嶼間只有狹窄的海峽相隔）。他們學會了如何建造及操縱能在海上航行的船隻，開始前往遠洋捕魚、貿易、探險。這對於人類的能力及生活型態來說，都帶來了前所未有的變革。

其他能夠進到海裡的哺乳動物，都是經過長期演化、發展出專門的器官和符合流體力學的身形，才能夠進到海裡，例如海豹、海牛、海豚等等。然而，印尼的智人祖先就是在非洲草原上的猿人，既沒有長出鰭、也不用像鯨一樣等著鼻孔一代一代慢慢移到頭頂，而是做出船來，並學習如何操縱。正是這些技能，讓他們能夠移居澳洲。

確實，考古學家到現在還沒找到四萬五千年前的筏、槳、或是漁村；而且遠古的印尼海岸線現在深深沉在一百公尺的海面下，要尋找也十分困難。但還是有些可靠的間接證據，可支持這種理論，其中之一就是在智人移居澳洲後的數千年間，智人還殖民了澳洲北方許多獨立的小島，譬如布卡島（Buka）和馬努斯島（Manus），距離最近的陸地也有兩百公里遠。如果沒有先進的船隻、高明的航海技術，很難相信有人能夠前往馬努斯島殖民。正如第2章〈知善惡樹〉提到的，我們也有證據證明：當時像是在新愛爾蘭島和新不列顛島之間，有定期的海洋貿易。[24]

在歷史上，人類首次抵達澳洲絕對算是大事一件，重要性不亞於哥倫布抵達美洲、或是阿波羅十一號登上月球。這是人類第一次成功離開亞非大陸生態系，也是第一次有大型陸生哺乳動物能夠從

亞非大陸抵達澳洲。更重要的是，這些人類先驅究竟在這片新世界幹了什麼好事——打從狩獵採集者首次登上澳洲海灘的那一刻，就等於宣告智人攀上了食物鏈的頂端，成了地球出現生命這三十八億年來最致命的物種！

在這之前，雖然人類有些創新的調整和作為，但他們對環境還沒什麼太大的影響。雖然他們能夠遷移到各種不同地點、而且成功適應當地環境，但並不會大幅改變新的棲地環境。而這些前往澳洲的移居者（其實是征服者），所做的不只是適應當地環境，而是讓整個澳洲生態系起了天翻地覆的變化。

澳洲大屠殺

人類首次登上澳洲沙灘，足跡隨即被海浪沖走。但等到這些入侵者進到內陸，他們留下了另一種足跡，而且再也洗刷不去。

他們推進的時候，彷彿進到奇特的新世界，滿是從未見過的生物。像是有兩百公斤重、二公尺高的袋鼠，還有當時澳洲最大型的掠食者袋獅（marsupial lion），體型就像現代的老虎一樣大。樹上有當時大到不太可愛的無尾熊，平原上則有不會飛的鳥在奔馳，體型足足是鴕鳥的兩倍。至於在灌木叢裡，則有像惡龍般的蜥蜴，足足五公尺長的蛇，邊滑行、邊發出嘶嘶聲。森林裡則有巨大的雙門齒獸（Diprotodon）四處遊蕩，外型就像袋熊，但體重足足有兩噸半。

除了鳥類和爬蟲類之外，澳洲當時所有的動物都是像袋鼠一樣的有袋動物，會先生下幼小、無助、就像胚胎一樣的年輕後代，再在腹部的育兒袋中哺乳照顧。有袋哺乳動物在非洲和亞洲幾乎無人知曉，但牠們在澳洲可是最高的統治階層。

但不過幾千年後，所有這些巨大的動物都已消失殆盡。在澳洲當時24種體重在50公斤以上的動物中，有23種都慘遭滅絕，[25] 許多比較小的物種也從此消失。整個澳洲的生態系食物鏈重新洗牌，這也是澳洲生態系數百萬年來最重大的一次轉型。智人是不是罪魁禍首？

罪名成立

有些學者試著為人類脫罪，把這些物種滅絕的責任推給氣候變遷（常常都是靠它來頂罪）。但要說智人完全無辜，實在難以令人置信。澳洲巨型動物滅絕，有三大證據顯示氣候很難成為藉口，而指向人類難辭其咎。

第一點，雖然澳洲氣候確實在四萬五千年前有一場改變，但規模幅度並不大。光是這樣小小的氣候變遷，實在很難相信能造成如此大規模的滅絕。我們現在常常把很多事情都推給氣候，但事實是地球的氣候變遷從未停歇，每分每刻都在變化，歷史上不管哪個事件，多少都會碰上一些氣候變遷的情況。

特別是地球早就有過許多次的冷卻和暖化循環。在過去百萬年間，平均每十萬年就有一次冰河期，上一次冰河期大約是七萬五千年前到一萬五千年前，而且並不特別嚴重，兩次高峰分別在大約七萬年前和兩萬年前。然而，澳洲巨大的雙門齒獸早在一百五十多萬年前便已出現，活過了至少十次的冰河期，甚至連七萬年前的那次冰河期高峰也安然無恙。那麼，為什麼到了四萬五千年前就突然滅種了？當然，如果雙門齒獸是當時唯一滅絕的大型動物，可能就純粹是運氣問題。然而，當時除了雙門齒獸之外，全澳洲超過90％

的巨型動物也同樣滅絕了。雖然我們只有間接證據，但是要說這麼湊巧，智人就這樣在所有巨型動物都死於嚴寒的時候，來到澳洲，實在很難令人信服。[26]

第二點，如果是氣候變遷導致物種大滅絕，海洋生物受到的打擊通常也不亞於陸地生物。然而，我們找不到任何證據顯示在四萬五千年前，海洋生物有顯著的滅絕。但如果是因為人類之故，就很容易解釋為何這波滅種潮只襲捲了澳洲陸地，放過了附近的海洋。雖然人類的航海技術已大幅提升，但畢竟主要還是生活在陸地上。

第三點，類似澳洲這種生物大滅絕的情事，在接下來的幾千年還不斷上演，時間點碰巧都是在人類又再次移居外面世界的時候。這些情況在在證明智人罪證確鑿！以紐西蘭的巨型動物為例，牠們經歷大約四萬五千年前的那場氣候變遷，幾乎未受影響，但等到人類一踏上紐西蘭，就遭到毀滅性的打擊。大約在八百年前，紐西蘭的第一批智人殖民者毛利人，踏上這片土地。不過幾個世紀，當地大多數巨型動物、以及六成的鳥類物種，都慘遭絕種的命運。

在北極海的弗蘭格爾島（Wrangel Island，位於西伯利亞海岸以北200公里），當地的猛獁象也遭到同樣的厄運。曾經有幾百萬年時間，猛獁象的足跡踏遍幾乎整個北半球，但隨著智人從亞非大陸擴張到北美，牠們的棲地就不斷縮小。到了大約一萬年前，全世界幾乎再也沒有猛獁象了，最後的棲地只剩下幾個偏遠的北極島嶼，其中以弗蘭格爾島最為蓬勃。猛獁象在弗蘭格爾島又存活了數千年之久，直到約四千年前突然滅絕。時間又是正值人類第一次抵達。

如果澳洲的物種滅絕只是單一事件，對於人類的無辜或許我們還能姑且信之。但翻開歷史紀錄，班班可考，智人看來就是生態的連環殺手。

最初移居澳洲的智人，手頭上只有石器時代的技術，他們究竟是怎麼搞出這場生態浩劫的？以下有三種解釋，合情合理。

第一種解釋，在於大型動物（也就是澳洲物種滅絕的主要受害者）繁殖十分緩慢。不僅懷孕期很長、每次懷胎數少，而且懷孕期之間相隔也久。因此，就算人類每幾個月才獵殺一隻雙門齒獸，也可能讓雙門齒獸的死亡數高過出生數。於是不到幾千年，就會看到最後一隻雙門齒獸孤單死去，而整個物種也就此滅絕。[27]

而且，雖然雙門齒獸身形巨大，但要獵殺並非難事，原因就在於牠們對於人類的襲擊根本來不及防衛。各種「人屬」物種在亞非大陸上潛伏演化了兩百萬年，不斷磨練狩獵技能，而且從大約四十萬年前，便開始獵捕大型動物。不過，亞非大陸上的巨獸都已得到教訓，懂得保持距離，以策安全。所以等到最新一代的掠食者「智人」出現在亞非大陸的時候，大型動物都已經懂得要避開長相類似的人屬生物。相較之下，澳洲的巨型動物可說完全沒有時間學會該趕快逃跑。畢竟人類看起來似乎不太危險，既沒有又長又鋒利的牙齒，也沒有特別結實或敏捷的身體。而雙門齒獸可是史上體型最大的有袋動物，所以牠第一次看到這隻長相弱不禁風的猿類，大概只會瞟上一眼，就繼續回去嚼樹葉了。對這些動物來說，需要靠演化才能學會懼怕人類，但時間根本不夠，牠們轉眼便已滅絕。

第二種解釋，認為智人抵達澳洲的時候已經掌握了火耕技術。於是，面對這樣一個陌生而危險的環境，他們會刻意燒毀難以跨越的茂密灌木叢和森林，將地貌變為開闊的草原，以吸引更容易獵捕的獵物，適合飲食男女的需求。於是，智人在短短幾千年內，就徹底改變了澳洲大部分地區的生態環境。

這種說法有植物化石紀錄做為佐證。在四萬五千年前，桉屬植

物在澳洲只是少數。但等到智人來到，就開創了桉屬植物的黃金時代。因為桉屬植物在大火肆虐後，特別容易重生，所以在其他樹種燒得灰飛煙滅之後，就剩下它獨霸天下。這些植被變化之後，就會影響到草食性動物，進而影響肉食性動物。例如以桉屬尤加利葉為生的無尾熊，就隨著桉屬植物領域的擴張，開心的邊嚼邊進到新領地。但是大多數其他動物可就大受打擊了。澳洲有許多食物鏈就此崩潰，其中比較脆弱的環節也因而滅絕。[28]

第三種解釋，雖然也同意狩獵和火耕有顯著影響，但強調還是不能忽視氣候因素。大約在四萬五千年前，襲擊澳洲的氣候變遷，讓整個生態系失衡，變得特別脆弱。但畢竟這早有先例，所以在正常情況下，生態系應該還是能慢慢適應恢復。但人類就是出現在這節骨眼上，於是將這個已經脆弱的生態系推進了無底深淵。而對於大型動物來說，氣候變遷加上人類狩獵，可說如同四面楚歌，令牠們難以抵擋。一下面對如此多重的威脅，實在很難找出真正良好的生存之道。

如果沒有進一步的證據，我們很難說究竟這三種解釋哪個更有道理。但就是有充分的理由讓我們相信，如果智人沒去到澳洲，現在我們就還能看到袋獅、雙門齒獸，還有巨型袋鼠，在這片大陸上逍遙自在。

▌襲捲美洲

澳洲巨型動物群的滅絕，可能正是智人足跡踏離亞非大陸之外的第一件明顯標誌。而之後在美洲又有一場更大的生態災難。

在所有人類物種裡，只有智人踏上了西半球的土地，時間大概

是在一萬六千年前，也就是大約西元前一萬四千年。智人最早是步行抵達美洲的，因為當時海平面較低，在西伯利亞東北端，還有陸地與阿拉斯加的西北端相連。但這段路也沒聽起來這麼簡單，一路上艱難重重，並不比跨海抵達澳洲來得容易。在這一路上，首先得學會如何抵禦西伯利亞北部的酷寒，這裡的冬季是永夜，溫度會降到零下50度。

在這之前，從來沒有人屬的物種能夠通過西伯利亞北部這種地方。即使是較能抗寒的尼安德塔人，也還是待在南邊比較溫暖的地區。然而對智人來說，雖然他們的身體習慣的是非洲的大草原，而不是冰雪紛飛的極地，但他們卻能想出巧妙的解決辦法。智人的採集遊群四處遷徙，來到較冷的地區就學會了做雪鞋，也學會用針把獸皮和獸毛層層縫緊，成為保暖衣物。他們發明了新型武器和高明的狩獵技巧，讓他們能夠追蹤、獵殺在遙遠北方的猛獁象和其他大型動物。由於有了保暖衣物、狩獵技巧也有改進，智人就愈來愈勇於冒險，深入冰凍的區域。隨著他們逐漸北遷，衣物、狩獵策略和其他生存技能也不斷提升。

但他們究竟為什麼要這麼麻煩，自願把自己放逐到西伯利亞？對某些遊群來說，或許是因為戰爭、人口壓力或自然災害，迫使他們北移。但向北走其實也有好處，像是取得動物蛋白便是其一。北極的土地到處都是大型而肥美的動物，例如馴鹿和猛獁象。每隻猛獁象都能提供大量的鮮肉（而且因為當地溫度低，甚至可以冰凍，留待日後食用）、美味的脂肪、溫暖的毛皮，還有寶貴的象牙。索米爾（見第80頁）的調查結果發現，猛獁象獵人可不是在極地苟延殘喘，而是過得意氣風發、舒適愜意。

隨著時間過去，這些遊群開枝散葉、不斷擴張，繼續追逐著猛

獁象、乳齒象、犀牛和馴鹿。大約在西元前一萬四千年，有些遊群就這樣從西伯利亞東北，來到了阿拉斯加。當然，他們並不知道自己發現了一片新世界。不論對於猛獁象或對人類來說，阿拉斯加不過就是西伯利亞的自然延伸罷了。

一開始，阿拉斯加和美洲其他地區之間被冰河隔開，可能就只有少數探險者沿著海岸航行，而渡過重重阻礙。但是到了西元前大約一萬兩千年，全球暖化融冰，出現了一條比較容易通過的陸路通道。藉由這條新通道，人類大舉南遷，走向整片美洲大陸。雖然他們一開始習慣的是在極地狩獵大型獵物，但他們也迅速適應了遠為不同的多種氣候和生態系。這些來自西伯利亞的後裔，定居到現在的美國東部、密西西比河三角洲的沼澤、墨西哥沙漠，還有中美洲的熱帶叢林。有些人還到了亞馬遜河流域落地生根，也有的定居在安地斯山谷，或是阿根廷開闊的彭巴大草原。而且，這一切不過是短短一、兩千年間的事！

等到西元前一萬年，人類已經來到了美洲大陸最南端的火地群島，他們能在美洲這樣如同閃電戰一般橫行無阻，正證明了智人已有無與倫比的聰明才智和適應能力。在這之前，沒有任何其他動物能夠在基因幾乎毫無改變的情況下，這樣快速遷移到如此大不相同的環境當中。[29]

罪魁禍首

智人來到美洲，絕非什麼善男信女，而是造成血流成河，受害者多不勝數。在一萬四千年前，美洲的動物物種遠比今天豐富。智人首次從阿拉斯加南下，來到加拿大的平原和美國西部時，除了會

遇上猛獁象和乳齒象，還會有像熊一樣大小的囓齒動物、一群又一群的馬和駱駝、巨型的獅子，還有其他數十種巨型動物，但現在都已全部絕跡，其中包括可怕的劍齒虎，還有重達八噸、站立起來高達六公尺的巨型地懶（ground sloth）。至於南美洲還令人更加目不暇給，各種大型哺乳動物、爬蟲類和鳥類，讓人彷彿置身奇特非常的動物園。整個美洲曾經就像是演化的巨大實驗室，各種在亞非大陸未曾得見的動植物，都在此繁衍茁壯。

可惜好景不再。智人抵達後不過兩千年的時間，大多數這些獨特的物種就全部慘遭毒手。根據目前的估計，就在這短短兩千年的時間裡，北美洲原本有足足47屬的各類大型哺乳動物，其中34屬已經消失；南美洲更是在60屬之中失去了50屬。像是劍齒虎，原本活躍了超過三千萬年，卻幾乎在瞬間滅絕，其他像是巨型地懶、巨型獅子、美洲的本土馬和本土駱駝、巨型囓齒動物和猛獁象，也都未能倖免。除此之外，還有成千上萬的小型哺乳動物、爬蟲類、鳥類，甚至昆蟲和寄生蟲，也同樣慘遭滅絕——譬如猛獁象絕種之後，各種猛獁象蜱自然只能共赴黃泉。

近幾十年來，古生物學家和動物考古學家（研究動物遺骨的學者）在整個美洲平原和山區四處探訪，尋找遠古駱駝的骨骼化石和巨型地懶的糞便化石。每當一有發現，這些珍貴的寶物就會經過仔細包裝、送至實驗室，每一根骨骼化石、每一塊**糞化石**（coprolite，沒想到這也有專有名詞吧）都會受到仔細的研究。一次又一次，這些分析都指向相同的結果：與目前年代最接近的糞球或駱駝骨骼，大概就屬於人類如洪水般襲捲美洲的那段期間，也就是大約西元前一萬兩千年到九千年。只有在唯一一個地方，科學家還能找到更晚近的糞球：在加勒比海群島的幾座島上，特別是古巴和伊斯帕尼奧

拉島，年代大約是西元前五千年。這也正是人類第一次成功越過加勒比海，抵達這兩座大島的時間。

同樣的，有些學者還是試著為智人找藉口，認為加勒比海群島的這一切，也都是氣候變遷所造成（但他們就得好好解釋，是什麼神祕的原因，才讓整個西半球氣候暖化的時候，加勒比海群島的氣候卻能硬生生再穩定了七千年）。然而就美洲而言，這可說是鐵證如山。我們人類就是罪魁禍首，這點絕對無法迴避。就算氣候變遷也助紂為虐，但人類無疑是整起案件的主謀。[30]

▌人類大洪水

如果我們把在澳洲和美洲發生的生物大滅絕，合起來計算，再加上智人在亞非大陸擴張時造成的小規模物種滅絕（包括其他人屬物種的絕跡），還有遠古採集者來到偏遠島嶼（如古巴）帶來的物種滅絕，可能的結論只有一個：智人的第一波殖民，正是整個動物界最大、也最快速的一場生態浩劫。其中受創最深的是那些大型、毛茸茸的動物。

在認知革命發生的時候，地球上大約有200屬體重超過50公斤的大型陸生哺乳動物。而等到農業革命的時候，只剩下大約100屬。換句話說，甚至遠在人類還沒有發明輪子、文字和鐵器之前，智人就已經讓全球大約一半的大型獸類，魂歸西天、就此滅絕。

而在農業革命之後，這種生態浩劫還要經過無數次小規模的重演。在一座又一座島嶼上發掘的考古證據，都看到同一齣悲劇一再上演。在這齣劇的第一幕，舞臺上總是遍布豐富多樣的大型動物族群，並沒有任何人類的足跡。第二幕，我們看到一具人骨、一根矛

頭、或是一塊陶片，告訴我們智人已來到此地。劇情很快來到第三幕，舞臺中心只剩下人類的男男女女，而多數的大型動物、以及許多小型動物，都已經黯然退場。

距離東非大陸約四百公里，有一座大島：馬達加斯加。這裡有一個著名的例子。島上的物種經過數百萬年的隔離，展現獨一無二的風貌，像是象鳥，高三公尺、重約半噸而無法飛翔，這是全球最大的鳥類，另外還有巨狐猴，這是全球最大的靈長類。但是在大約一千五百年前，象鳥、巨狐猴、以及馬達加斯加島上多數的大型動物都突然消失，而這正是人類第一次踏上馬達加斯加的時間。

在太平洋西側，大約在西元前1500年開始了一波物種滅絕的浪潮。當時，玻里尼西亞農人開始移居到所羅門群島、斐濟和新喀里多尼亞，直接或間接造成了數以百計的鳥類、昆蟲、蝸牛和其他物種的滅絕。自此，這股生物滅絕的浪潮又逐漸向東、向南、向北襲捲，侵入太平洋的心臟地帶，種種特殊的動物群慘遭毒手，受害地區包括薩摩亞和東加（西元前1200年）、馬奎薩斯群島（西元1年）、復活節島、庫克群島、夏威夷（西元500年），最後來到紐西蘭（西元1200年）。

在大西洋、印度洋、北極海和地中海星羅棋布的數千座島嶼，幾乎無一倖免，都慘遭類似的生態浩劫。甚至在最小的島嶼上，考古學家都發現曾有鳥類、昆蟲和蝸牛在那裡生活了無數世代，但在人類第一次出現後，也消失無蹤。只有極少數極度偏遠的島嶼，直到現代才被人類發現，於是島上的動物群還能完好倖存。其中一個最有名的例子就是加拉巴哥群島（Galapagos Islands），在十九世紀以前仍無人居住，因而保持了獨特的動物群；他們的巨龜也像古代的雙門齒獸一樣，完全不知道要畏懼人類。

▍孤單的諾亞方舟

　　第一波的滅絕浪潮是由於採集者的擴張，接下來的第二波滅絕浪潮，則是因為農民的擴張。從這些教訓，讓我們得以從一個重要觀點來看待今日的第三波滅絕浪潮：由工業活動造成的物種滅絕。有些環保人士聲稱，我們的祖先總是和大自然和諧相處。我們可別真的這麼相信。早在工業革命之前，智人就是造成最多動植物絕種的元凶。人類可以說穩坐「生物學有史以來最致命物種」的寶座。

　　或許，如果有更多人瞭解了第一波和第二波物種滅絕浪潮，就不會對現在所處的第三波浪潮如此漠不關心。如果我們知道自己這個物種已經害死了多少物種，或許就會更積極保護那些現在還倖存的物種。這一點對於海洋中的大型生物來說，更是重要。與陸地的大型動物相較，大型海洋生物受到認知革命和農業革命的影響相對較小。然而，由於工業汙染和過度濫用海洋資源，許多大型海洋生物已經瀕臨滅絕。局勢再這樣發展下去，很快鯨、鯊、鮪魚和海豚也會走上和雙門齒獸、地懶、猛獁象一樣滅絕的道路。

　　對全世界所有大型動物來說，這場人類大洪水的唯一倖存者，可能只剩下人類自己，還有其他登上諾亞方舟、但只做為你我盤中佳餚的家禽家畜。

第二部
農業革命

9. 大約三千五百年前的埃及墓穴壁畫,描繪典型的農業景象。

第**5**章

史上最大騙局

　　人類曾經有長達兩百五十萬年的時間，靠採集及狩獵維生，並不會特別干預動植物的生長情形。直立人、匠人或是尼安德塔人，都會採集野無花果、獵捕野綿羊，但不會去管究竟無花果樹該長在哪裡、羊該在哪片草地吃草，又或是哪隻公羊該跟母羊交配。雖然智人從東非來到中東、歐洲、亞洲，最後到了澳洲和美洲，但不管他們到達什麼地方，仍然就是靠野生的動植物維生。畢竟，如果現在的生活方式就吃得飽，社會結構、宗教信仰、政治情況也都穩定多元，何必自找麻煩改來改去？

　　然而，這一切在大約一萬年前已全然改觀，人類開始投入幾乎全部的心力，操縱著幾種動植物的生命。從日升到日落，人類忙著播種、澆水、除草、牧羊，一心以為這樣就能得到更多的水果、穀物和肉類。這是一場關於人類生活方式的革命：農業革命。

　　從採集走向農業的轉變，始於大約西元前9500年至8500年，發源於土耳其東南部、伊朗西部和地中海東部的丘陵地。這場改變一開始速度緩慢、地區也很有限。小麥與山羊馴化成為農作物和家

畜的時間大約是在西元前9000年；豌豆和小扁豆約在西元前8000年；橄欖樹大約在西元前5000年；馬在西元前4000年；葡萄則是在西元前3500年。至於駱駝和腰果等其他動植物，馴化的時間還要更晚，但不論如何，到了西元前3500年，主要一波馴化的熱潮已經結束了。

即使到了今天，雖然人類擁有種種先進科技，但食物熱量超過90％的來源，仍然來自人類祖先在西元前9500年到3500年間馴化的植物，包括：小麥、稻米、玉米、馬鈴薯、小米、大麥。在過去兩千年間，人類並沒有馴化什麼特別值得一提的動植物。可以說，人類到現代還懷有遠古狩獵採集者的心，以及遠古農民的胃。

學者曾經以為農業就是起源於中東、再傳布到全球各地，但現在則認為：農業是同時間在各地獨自發展而開花結果，而不是由中東的農民傳到世界各地。中美洲人馴化了玉米和豆類，但不知道中東人種了小麥和豌豆。南美人學會如何栽培馬鈴薯和馴養駱馬，但也不知道墨西哥或地中海東部發生了什麼事。中國最早馴化的是稻米、小米和豬。北美最早的農夫，也是因為懶得在樹叢裡四處尋找南瓜，決定乾脆自己種。新幾內亞馴化了甘蔗和香蕉，西非農民也馴化了稷子、非洲稻、高粱和小麥。就從這些最早的出發點，農業開始四方遠播。到了西元一世紀，全球大多數地區的絕大多數人口都從事農業。

為什麼農業革命是發生在中東、中國和中美洲，而不是澳洲、阿拉斯加或南非？原因很簡單：大部分的動植物其實無法馴化。雖然智人能挖出美味的松露、獵殺毛茸茸的猛獁象，但真菌太難捉摸，巨獸又太過兇猛，想要自己種或自己養，真是難上加難。在我

們遠古祖先所狩獵採集的成千上萬物種中，適合農牧的只有極少數幾種。這幾種物種只生長在特定的地方，而這些地方也正是農業革命的起源地。

▌植物馴化了智人

有些學者曾宣稱農業革命是人類的大躍進，是由人類腦力所推動的進步故事。他們說演化讓人愈來愈聰明，於是解開了大自然的祕密，於是能夠馴化綿羊、種植小麥。等到這件事發生，人類就開開心心的放棄了狩獵採集的艱苦、危險、簡陋，安定下來，享受農民愉快而飽足的生活。

但這故事只是幻想，並沒有任何證據顯示人類愈來愈聰明。早在農業革命之前，採集者就已經對大自然的祕密瞭然於心，畢竟為了活命，他們不得不非常瞭解自己所獵殺的動物、所採集的食物。農業革命所帶來的，非但不是輕鬆生活的新時代，反而讓農民過著比狩獵採集者更辛苦、更不滿足的生活。狩獵採集者的生活其實更為豐富多變，也比較少碰上飢餓和疾病的威脅。確實，農業革命讓人類的食物總量增加，但是量的增加並不代表吃得更好、過得更悠閒，反而只是造成人口爆炸，而且產生一群養尊處優、嬌生慣養的菁英份子。普遍來說，農民的工作要比狩獵採集者更辛苦，而且到頭來的飲食還要更糟。農業革命可說是史上最大的一椿騙局。[31]

誰該負責？這背後的主謀，既不是國王、不是牧師，也不是商人。真正的主嫌，就是那極少數的植物物種，其中包括小麥、稻米和馬鈴薯。人類以為自己馴化了植物，但其實是植物馴化了智人。

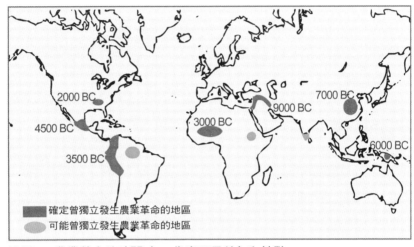

地圖2：農業革命的時間（BC代表西元前）和地點。

（這項資料尚未定案，地圖也不斷依最新的考古發現，而更新中。）[32]

▌地球史上最成功的植物

我們應該換個角度，用小麥的觀點來看看農業革命這件事。

在一萬年前，小麥也不過就是許多野草當中的一種，只出現在中東很小的一個地區。但就在短短一千年內，小麥突然就傳遍了世界各地。生存和繁衍，正是演化成功與否的基本標準。根據這個標準，小麥可說是地球史上最成功的植物。以北美大平原為例，一萬年前完全沒有小麥的身影，但現在卻有大片麥田波浪起伏，幾百公里內完全沒有其他植物。小麥在全球總共占據大約225萬平方公里的地表面積，幾乎有英國的十倍大小。究竟，這種野草是怎麼從無足輕重，變成無所不在？

小麥的祕訣就在於操縱智人、為其所用。智人原本憑藉狩獵和

採集，過著頗為舒適的生活，直到大約一萬年前，才開始投入愈來愈多的精力來培育小麥。而在接下來的幾千年間，全球許多地方的人類都開始種起小麥，從早到晚只忙這件事，就已經焦頭爛額。

　　種小麥可並不容易，照顧起來處處麻煩。首先，小麥不喜歡大小石頭，所以智人得把田地裡的石頭撿乾淨、搬出去，搞得腰痠背痛。第二，小麥不喜歡和其他植物分享空間、水和養分，所以我們看到男男女女在烈日下整天除草。第三，小麥會得病，所以智人得幫忙驅蟲防病。第四，不論是蝗蟲還是兔子，都不排斥飽嘗一頓小麥大餐，但小麥完全無力抵抗，所以農民又不得不立起柵欄、守衛保護。最後，小麥會渴，所以人類得挖出灌溉溝渠，或是從井裡拉起沉重的水桶，來為它止渴。智人甚至還會蒐集動物糞便，用來滋養小麥生長的土地。

　　智人的身體演化目的，並不是為了從事這些活動，我們適應的活動是爬爬果樹、追追瞪羚，而不是彎腰清石塊、努力挑水桶。於是人類的脊椎、膝蓋、脖子和腳底，就得付出代價。研究古代骨骼發現，人類進到農業時代後，出現了大量疾病，例如椎間盤突出、關節炎和疝氣。此外，新的農業活動得花上大把時間，人類只能被迫永久定居在麥田旁邊。這徹底改變了人類的生活方式。

　　所以說，其實不是我們馴化了小麥，而是小麥馴化了我們。「馴化」的英文 domesticate，源自拉丁文 domus，意思是「房子」。但現在關在房子裡的，可不是小麥，而是智人。

　　小麥究竟做了什麼，才讓智人放棄了本來很不錯的生活，換成另一種悲慘的生活方式？小麥究竟提供了什麼報酬，讓人類甘願受其奴役？就飲食來說，其實並沒有更好。別忘了，人類原本就是雜食的猿人，吃的是各式各樣的食物。在農業革命之前，穀物不過是

人類飲食的一小部分罷了。而且，以穀物為主的食物不僅礦物質和維生素含量不足、難以消化，還對牙齒和牙齦大大有害。

而就民生經濟而言，小麥也並未帶來經濟安全。比起狩獵採集者，農民的生活其實比較沒保障。採集者有幾十種不同的食物能夠維生，就算沒有存糧，遇到荒年也不用擔心餓死。即使某物種數量減少，只要其他物種多採一點、多獵一些，就能補足所需的量。然而一直到最近為止，農業社會絕大多數的飲食，倚靠的還是寥寥無幾的少數幾種農作物，很多地區甚至只有一種主食，例如小麥、馬鈴薯或稻米。所以，如果缺水、來了蝗災、又或是爆發真菌感染，貧農死亡人數甚至有可能達到百萬。

再就人類的暴力性格而言，小麥也沒辦法提供人身安全。農業時代早期的農民，性格並不見得比過去的狩獵採集者溫和，甚至還可能更暴力。畢竟現在他們的個人財產變多，而且需要土地才能耕作。如果被附近的人搶了土地，就可能從溫飽的天堂，掉進飢餓的地獄，所以在土地這件事上，幾乎沒有妥協的餘地。過去，如果狩獵採集者的遊群遇到比較強的對手，只要撤退搬家就能解決。雖然說有些困難和危險，但至少是可行的選項。但如果農村遇到了強敵，撤退就代表著放棄田地、房屋和存糧，很多時候這幾乎就注定了餓死一途。因此，農民常常得要死守田地，雙方拚個你死我活。

許多人類學和考古研究顯示，在只有基本的村莊和部落政治結構的農業社會，人類暴力行為造成15％的總死亡數，而在男性則是25％。現今的新幾內亞，還存在達尼（Dani）和恩加（Enga）這兩個農業部落社會，暴力造成男性死亡所占百分率，分別是30％和35％。而在厄瓜多的瓦拉尼人（Waorani），成年人甚至有50％左右會死在另一個人的暴力行為之下！[33]

慢慢的，人類發展出進階的社會結構，如城市、王國、政府，於是人類的暴力行為也受到了某種程度的控制。不過，這樣龐大而有效的政治結構，可是足足花了數千年，才終於建立起來。

▌農民幸福嗎？

當然，農村生活確實為第一代農民帶來了一些直接的利益，像是比較不需擔心野獸襲擊、風吹雨淋；但對一般人來說，可能其實弊大於利。現代社會繁榮富庶，我們可能很難理解弊處何在，畢竟這一切的富裕和安全，都是建立在農業革命之上，所以我們也就理所當然的覺得，農業革命真是美妙的進步啊。然而，我們不能光用今天的觀點，來看待這幾千年的歷史；我們也應當用當代人的觀點來看當代，可能更具有代表性。例如一世紀漢代某個女孩，因為家裡的農作歉收而餓死了，她死前總不會說：「雖然我餓死了，但是我知道兩千年後，人類能夠吃香喝辣、住在有空調的豪宅裡，應有盡有，那麼我的犧牲也都值得了。」

對於那個營養不良的漢代女孩、或是所有農民來說，小麥究竟給了他們什麼？對於個人來說，小麥根本算不上給了什麼。但對於智人這個物種來說，小麥的影響就十分深遠。種植小麥，每單位的土地就能提供更多食物，於是智人的數量也呈指數成長。大約在西元前13000年、人類還靠採集狩獵維生的時候，巴勒斯坦的耶律哥（Jericho）綠洲一帶，大概可以養活一個有百名成員的採集遊群，而且人們相對健康、營養充足。到了大約西元前8500年，野生植物的荒野成了片片麥田，這片綠洲這時養活了約有千人的農村，但相形擁擠，而且成員染病及營養不良的情形，比過去嚴重太多。

人類大歷史
Sapiens

　　要衡量某一物種演化得成功與否，評斷標準就在於世界上其
DNA 雙螺旋的複本數量多寡。就像今天如果要說某間公司經營得
成功與否，我們看的往往是該公司的市值有多少錢，而不是它的員
工開不開心；而物種的演化成功與否，看的就是這個物種的 DNA
複本存在世界上的數量多寡。如果世界上不再有某物種的 DNA 複
本，就代表該物種已經絕種，也等於公司沒有錢而宣告倒閉。如果
某個物種還有很多個體，帶著它的 DNA 複本存活在這世上，就代
表這個物種演化成功、欣欣向榮。從這種角度看來，1,000 份 DNA
複本永遠都強過於 100 份。這正是農業革命真正的本質：讓更多的
人、卻以更糟的狀況活下去。

　　但是，身為個人，為什麼要理會這種演化問題？如果有人說，
為了「增加智人基因體在世界上的複本數量」，希望你降低自己的
生活水準，你會同意嗎？沒有人會同意這筆交易。簡單說來，農業
革命就是一個陷阱。

兒童死亡率一路飆升

　　農業的興起並非一夜之間，而是歷時數千數百年的緩慢過程。
過去，智人遊群的生活就是採集蘑菇和堅果、獵捕野鹿和野兔，他
們不可能一下就決定定居、不再搬遷，而開始耕田、種小麥、從河
裡挑水。這種改變是分階段進行的，每次只是改變日常生活中的一
小部分。

　　在大約七萬年前，智人到達了中東。接下來的五萬年間，智人
在那裡不需要什麼農業，也能順利繁衍。光是當地的天然資源，就
足以養活這些人口。資源多的時候，孩子就多生幾個；資源少了，

就少生幾個。人類就像許多哺乳動物一樣，自然有荷爾蒙和遺傳機制來控制生育數。營養充足的時候，女性比較早進入青春期，成功懷孕的機率也比較高。而在土地貧瘠、營養不足的時候，女性進入青春期要來得晚，生育能力也下降。

人口管制除了以上這些自然機制之外，還有文化機制。對於四處遷徙的採集者來說，嬰兒和幼童行動遲緩、需要額外照顧，會造成負擔。所以，當時每個子女至少會相隔三歲到四歲。而女性能控制這點的方式，靠的就是一天二十四小時都待在孩子旁邊照顧著，直到孩子大一點為止（畢竟沒多久就得哺乳一次，男人想來幹些什麼事也不太方便，於是可以大幅減少懷孕的機會）。至於其他方法，還包括完全禁慾或部分禁慾（或許是透過文化禁忌，來支持這種做法）、人工流產，偶爾還有殺嬰。[34]

在這漫長的數千年間，人類偶爾會吃吃小麥，但絕非主食。而在大約一萬八千年前，最近的一個冰河期結束，全球氣候變暖。隨著氣溫上升，降雨也增多。在中東，這種新氣候非常適合小麥和其他穀物生長，於是這些作物也繁衍蓬勃。人類的小麥食用量開始增加，並且在不經意間助長了小麥的生長。當時採集到野生穀類，必須先篩一篩、磨一磨，煮過之後才能食用；正因如此，人類採集這些穀物之後，必須帶回他們居住的臨時地點來處理。小麥種籽粒小而多，在送回居住營地的途中，必然會有一些掉到地上。慢慢的，人類最常走的路徑附近、或是居住營地的周圍，也就長起了愈來愈多的小麥。

甚至，人類放火燒毀森林和灌木叢的時候，等於也幫了小麥一把。大火清掉了喬木和灌木，於是小麥和其他草類就能獨占陽光、水和養分。在小麥生長特別茂盛的地方，獵物和其他食物來源也豐

富，於是人類遊群逐漸能夠放棄四處流浪的生活方式，在某地住上一個季節，甚至就形成永久聚落。

一開始，他們可能待上大約四個星期，來收成小麥。等到過了一個世代，小麥數量和面積大增，於是他們得待上五個星期，接著就是六個星期、七個星期……時間逐漸拉長，最後終於形成永久的村落。在整個中東地區，都能夠發現這種定居下來的證據，特別是在黎凡特（Levant，今日的敘利亞、黎巴嫩、以色列、約旦）一帶更是常見。從西元前12500年到9500年左右，黎凡特曾經有過十分興盛的納圖芬（Natufian）文化，納圖芬人屬於狩獵採集者，以數十種野生物種維生，但永久定居在村落裡，大部分的時間都在辛勤採集、研磨各種野生穀物。他們會蓋起石造的房舍和穀倉，儲存糧食以備不時之需，還會發明新的工具，像是發明石鐮刀收割野生小麥，再發明石杵和石臼來加以研磨。

而在西元前9500年之後，納圖芬人的後代除了繼續採集和研磨穀物，還開始以愈來愈精細的手法培養種植穀物。採集野生穀物的時候，他們會小心留下一部分，做為下一季播種之用。他們也發現，播種的時候如果把種子埋到地下，而不是隨便撒在地面，效果會好很多。於是，他們開始犁地整地，也一步步開始除草、防蟲、澆水、施肥。隨著愈來愈多的心力時間都用來種穀物，採集和狩獵的時間也就被擠壓。結果是，採集者逐漸變成了農民。

然而，從採集野生小麥變成種植馴化的小麥之間，並沒有一個特定的分界點，所以很難斷定人類究竟是什麼時候進入農業時代。不過可以確定的是，到了西元前8500年，中東已經四處散布著像是耶律哥這種永久村落了，村民大部分的時間就是栽種培育少數幾種馴化後的植物。

　　隨著人類開始住進永久村落、糧食供給增加，人口也開始增長。放棄過去流浪的生活之後，女性也可以每年都生孩子了。而這時嬰兒也較早斷奶，改以粥來代替。畢竟田裡需要人手，媽媽得趕快回復農活。然而，人口一多，就耗去了原本的糧食剩餘，於是耕種面積又得加大。這時，由於人群聚居之處易有疾病肆虐，孩子吃母乳的比率愈來愈少、穀類則愈來愈多，再加上得要共享這些粥的兄弟姊妹也愈來愈多，讓兒童死亡率一路飆升。在大多數的遠古農業社會裡，至少三分之一的兒童無法長到二十歲成人。[35] 然而人口出生率仍然大於死亡率，人類養育子女的數字也居高不下。

奢侈生活的陷阱

　　隨著時間過去，種麥子這個原本看來划算的選擇，變成愈來愈沉重的負擔。兒童大批死亡，而成人也必須忙得昏頭轉向，才能換得麵包。西元前8500年耶律哥人過的生活，平均來說要比西元前9500年或13000年更為辛苦。但沒有人發現究竟發生了什麼事。每一代人都只是繼續著上一代生活的方式，在這裡修一點、那裡改一些。但矛盾的是，一連串為了讓生活更輕鬆的「進步」，最後卻像是在這些農民的身上，加了一道又一道沉重的枷鎖。

　　為什麼人類會犯下如此致命的誤判？其實人類在歷史上，一直不斷重蹈覆轍，道理都相同：因為我們無法真正瞭解各種決定最後的結果。每次人類決定多做一點事的時候（像是用鋤頭來耕地，而不是直接把種子撒在地上），我們總是會想：「沒錯，這樣是需要多做點事，不過收成會好得多，就再也不用擔心荒年的問題了，孩子也永遠不用挨餓。」確實這也有道理。工作努力辛苦一些，生活

也就能過得好一點。不過，這只是理想中的狀況。

計畫的第一部分進行得很順利。人們確實工作得更努力、也更辛苦。但大家沒想到孩子的人數也多了，於是多出的小麥也就有更多小孩要分食。這些遠古的農民也沒想到，母乳餵得少了、粥餵得多了，會讓孩子的免疫力下降，而且永久聚落也成了疾病傳染的溫床。他們也沒有預見到，由於增加了對單一食物來源的依賴，實際上他們使自己更容易受到旱災的威脅。這些農民更沒想到，豐收年他們糧倉滿滿，卻會引來盜賊和敵人，迫使他們得築起高牆，嚴加警戒。

這樣一來，發現苗頭不對，為什麼不趕快放棄農耕，回到採集生活？部分原因在於：所有改變都必須點點滴滴累積，經過許多世代的時間，才能夠改變社會；等到那個時候，已沒有人記得過去曾經有不同的生活方式可選擇了。另一部分，是因為人口增長就像是破釜沉舟。一旦採用農耕之後，村落的人口從100人成長到110人，難道會有10個人自願挨餓，好讓其他人可以回到過去的美好時光？這已經再無回頭路。人類發現時，已經深陷陷阱，無法自拔了。

於是，種種想讓生活變得輕鬆的努力，反而給人帶來無窮的麻煩；而且這可不是史上的最後一次。就算今天，依然如此。有多少年輕的大學畢業生投身大企業，從事各種勞心勞力的工作，發誓要努力賺錢，好在四十歲就退休，去從事他們真正有興趣的事業？但等他們到了四十歲，卻發現自己背負巨額貸款，要付子女的學費，要住高級住宅區的豪宅，每家得有兩部車，而且覺得生活裡不能沒有高檔紅酒和國外的假期。他們該怎麼做？他們會放下一切，回去野外採果子挖樹根嗎？當然不可能，而是加倍努力，繼續把自己累得半死。

歷史上少數真正顛撲不破的道理，就是原本的奢侈品往往最後會成為必需品，而且帶來新的義務。等到習慣某種奢侈品，就開始認為這是天經地義。接著就是一種依賴。最後，生活中就再也不能沒有這種奢侈品了。

讓我們用現代大家都熟悉的例子來解釋。在過去的幾十年裡，我們有許多本該會讓生活輕鬆省時又如意的發明，像是洗衣機、吸塵器、洗碗機、電話、手機、電腦、電子郵件等等。在以前，寄信是件麻煩事，得親手動筆、寫信封、貼郵票，還得再走到郵筒那裡去寄信。想要得到回信，可能得等上幾天、幾星期，甚至幾個月。至於現在，我可以隨手就寄一封電子郵件，傳送到地球的另一邊，而且如果收件人在線上，可能只要一分鐘就能收到回信了。我確實省下了所有麻煩和時間，但生活真的更輕鬆了嗎？

可惜事與願違。在傳統信件的年代，我們通常只有最重要、不得不聯絡的事，才會寫信。寫起信來也不是寫所欲寫，而是字斟句酌、考慮再三。而且，通常對方的回信也會是同樣慎重。對大多數人來說，每個月來來去去的信，頂多就是幾封，也不會有人急於立刻回覆。但在今天，我每天都會收到幾十封電子郵件，並且所有的發信人都希望你立刻回應。我們以為自己省下了時間，其實是把生活步調加速成過去的十倍快，於是我們整天忙忙碌碌、焦躁不安。

三不五時，總有些反對機械化和自動化的盧德份子（Luddite）堅持不用電子郵件，就像幾千年前，也有某些人類遊群拒絕農業，所以躲過了奢侈生活的陷阱。然而，農業革命要成功，並不需要某個地區的所有遊群都無異議通過。一切都只從「一個遊群」開始。不論是在中東或中美洲，只要有一個遊群定居下來，開始耕作，走向農業的趨勢就無法抗拒了。由於農業可促成人口迅速增長，通常

農業遊群光靠人數就已經大勝採集遊群。這時，採集遊群只剩兩種選擇，第一是逃跑，放任自己的獵場成為農場和牧場；第二就是拿起鋤頭，加入農業的行列。無論哪種選擇，都代表舊的生活方式注定將要凋零。

這個關於奢侈生活陷阱的故事，告訴我們一個重要的教訓。人類一心追求更輕鬆的生活，於是釋放出一股巨大的力量，改變了世界的面貌，但衍生的結果並沒有任何人料想得到，甚至也不是任何人所樂見的。並沒有人在背後操縱農業革命發生，或是意圖讓人依賴穀類維生。一開始只是各種小事，主要就是希望吃飽一點、生活安全一點，但最後累積引起的效應，就是讓遠古的採集者開始花上整天的時間，在烈日之下挑水務農。

神聖的介入

以上這種講法，認為農業革命就是判斷錯誤的結果，確實不無道理，畢竟歷史上還滿是錯得更離譜的例子。不過也還有另一種可能性：或許我們遠古祖先的出發點，並不是為了要讓生活輕鬆點？或許智人是有其他目標，所以自願過得辛苦點，好實現這些目標？

講到歷史發展，科學家常常會歸咎於某些冰冷的經濟因素和人口因素，畢竟這和他們理性、數學的思考方法比較合拍。但講到現代歷史的時候，因為有大量的書面證據，所以學者不得不考慮非物質的因素，例如意識型態和文化。譬如，我們有足夠的文件書信、回憶錄，證明第二次世界大戰的起因並非糧食短缺或人口壓力。然而，像是納圖芬文化並未留下任何文獻檔案，所以講到遠古時代，唯物主義學派說話總是比較大聲。對於這些文字出現之前的時代，

114

就算我們認為這些人行事的原因是出於信仰，而非經濟所需，實在也很難證明。

幸運的是，我們在極少數案例中找到了強而有力的線索。1995年，考古學家開始挖掘位於土耳其東南部的**哥貝克力石陣**（Göbekli Tepe）遺址。在此地最古老的地層裡，他們找到的不是聚落、房舍或日常活動的跡象，而是雄偉的石柱結構，雕飾華美、令人驚嘆。這裡每根石柱重達七噸、高五公尺。在附近的一座採石場，甚至還發現了一支尚未完工的石柱，重達五十噸。全部加起來，總共有十多個石柱結構遺跡，規模最大的，寬度近三十公尺。

全球各地都有這樣令人驚嘆的石柱結構遺跡，最著名的是英國的**巨石陣**（Stonehenge），但哥貝克力石陣有一點特別驚人。巨石陣的年代大約是西元前2500年，是由一個已經相當發達的農業社會所建造。但哥貝克力石陣的年代大約是西元前9500年，所有證據都顯示，它是由狩獵採集者建造而成。一開始，考古學界覺得這簡直是天方夜譚，但經過一次又一次檢視之後，無論是這個結構的興建年代，或是建造者尚未進入農耕社會，都是無庸置疑的。看起來，過去我們對於遠古採集者的能力和他們文化的複雜程度，都嚴重低估了。

為什麼採集社會想興建這樣的結構？這種結構看來並沒有什麼實質用途，既不是大型屠宰場，也沒辦法避雨或躲獅子。所以，我們只能推論這是為了某種神祕的文化目的，而考古學家到現在也還在傷腦筋。不論這用途為何，都能肯定採集者願意為它花上大把的時間和精力。想要蓋起哥貝克力石陣，必然需要集合數千位來自不同遊群與部落的採集者，長時間通力合作才能完成。如果背後沒有成熟的宗教或意識型態體系，就萬萬不可能做到。

10. 圖左：哥貝克力石陣的石柱結構遺跡。
　　圖右：其中一根雕飾華美的石柱（高約五公尺）。

　　哥貝克力石陣還有另一件聳人聽聞的祕密。多年以來，遺傳學家一直想找出馴化小麥的起源。最近的發現顯示，至少有一種馴化的小麥就起源於附近的喀拉卡達（Karaçadag）山脈，距離哥貝克力石陣只有三十公里遠。[36]

　　這幾乎不可能只是巧合。很有可能，哥貝克力石陣的文化中心就與人類首次馴化小麥（或小麥馴化人類）有著某種關連。為了要養活建造和使用這些巨石結構的人，需要非常大量的食物。所以，採集者之所以從採集野生小麥轉而自行種植小麥，可能並不是為了增加日常食物供應，而是為了支持某種神廟的建築和運作。

　　在傳統的想像中，人是先建立起村落，接著等到村落繁榮之後，再在村落中心蓋起信仰中心。但哥貝克力石陣顯示，很有可能其實是先建立起信仰中心，之後才圍繞著它形成村子。

▌農革受害者

　　浮士德跟魔鬼交易，人類則跟穀類交易。但人類做的交易不只這一項，另一項則是和綿羊、豬、雞之類的動物命運有關。過去四處流浪的採集遊群會跟蹤獵殺野綿羊，也逐漸改變了羊群的組成。

　　第一步可能是開始挑選獵物。人類發現，如果獵殺的時候只挑成年公羊、或是年老或生病的羊隻，對人類來說反而有利。放過有

11. 西元前1200年的埃及墳墓壁畫：有一對牛在耕田。
　　野生的牛群可以自在漫遊，也有自己複雜的社會結構。但牛隻遭到閹割和馴化之後，一輩子就只能活在人類的鞭子下、狹窄的牛棚裡，獨自或成對提供勞力，既不符合生理需求，也無法滿足其社會及情感需求。等到牛拉不動犁了，就只有被屠宰一途。（但請注意，這位埃及農民也是駝著背在幹活。這跟牛沒什麼兩樣，就是一輩子做著有害身體、心靈和社會關係的勞力工作。）

繁殖能力的母羊和年輕的小羔羊,當地羊群就可長可久。

　　至於第二步,可能是積極趕走獅子、狼和敵對的人類,保護羊群不受掠食者侵擾。第三步可能就是將羊群趕到某個狹窄的峽谷,方便控制和保護。最後一步,就是在羊群當中做出更謹慎的挑選,好符合人類的需要。其中,最具鬥性的公羊是人類想控制羊群最大的阻力,所以第一個就宰牠們。至於瘦小或是太有好奇心的母羊,也是除之而後快。(太有好奇心,就容易走得離羊群遠遠的,對牧羊人來說,可不是好事。)於是,一代一代下去,綿羊也就愈變愈胖、愈來愈溫和,也愈來愈不那麼好奇了。就是這樣,英文才會有一首童謠,唱著瑪莉有隻小綿羊,而且瑪莉去哪,牠就跟到哪。

　　另外一種可能,則是獵人一開始是抓住一隻羔羊來「收養」一下,在食物無虞的時候養個幾個月,等到比較沒食物的季節,就宰來吃。等到了某個階段,這種先養再殺的規模,開始愈來愈大,有些羊甚至被養到進入春情期,然後生出小羊來。那些生下來之後最具鬥性、不聽話的,就會先遭到宰殺。至於最乖、最聽話的羊,則被饒下小命,繼續再生小羊。結果同樣是有了一群馴化溫順的羊。

　　這樣經過馴化的家畜(羊、雞、驢等等)能夠為人類提供食物(肉、奶、蛋)、物料(皮、毛),以及獸力。於是,以前必須由人自己來做的苦工,像是搬運、翻地、磨穀物等等,許多都開始交給了其他動物。在大多數的農業社會裡,人類工作的第一重點是種植農作物,第二才是飼養動物。但是有些地方也出現了一種新型的社會,主要是靠著剝削利用其他動物為生:游牧部落。

　　人類擴張到世界各地,家畜也跟著人類遊群的腳步移動。一萬年前,全球只有在亞非大陸有限的幾個地點,有綿羊、牛、山羊、野豬和雞,總數大約幾百萬隻,但現在全球有大約十億隻綿羊、十

億隻豬、超過十億隻牛，更有超過二百五十億隻雞，而且是遍布全球各地。家雞是有史以來最普遍的禽類。至於大型哺乳類，除了以智人居首，後面的二、三、四名就是馴化的牛、豬和羊。從狹隘的演化觀點來看，演化成功與否的標準就在於DNA的複本數量，於是農業革命對於雞、牛、豬、羊來說，可是一大福音。

不幸的是，演化觀點並不是唯一判斷物種成功與否的標準。它一切只考量到生存和繁殖，而不顧個體的痛苦或幸福。雖然就演化而言，馴化的雞和牛很可能是最成功的代表，但牠們過的其實是生物有史以來最悲慘的生活。動物的馴化是建立在一系列的野蠻作為上，而且隨著時間，殘忍程度只增不減。

野生雞隻的自然壽命大約是七年到十二年，牛則是二十年到二十五年，雖然在野生環境牠們多半都活不到這個歲數，但至少還有相當機會可以活個好一陣子。相較之下，出於經濟考量，馴化後的肉雞和肉牛不過出生幾週和幾個月，就到了最佳屠宰年齡，於是一命歸天。（如果養一隻雞只要三個月就已經達到體重最重的狀態，又何必再多餵好幾年？）

蛋雞、奶牛和提供勞力的役用動物，有時候能多活上幾年，但代價就是過著完全不符合牠們天性和渴望的生活。舉例來說，不難想像牛會寧願優哉游哉在開闊的草原上整天漫步，有其他牛作伴，而不是被一個猿人在背後揮著鞭子，要牠拉車拖犁。

為了把牛、馬、驢、駱駝訓練成聽話的役用動物，就必須抑制牠們的鬥性和天性，打破牠們的社會連結，並且限制牠們的行動自由。農民還發明各種控制技術，像是把動物關在獸欄和獸籠裡、並套上枷鎖鏈條，用皮鞭和刺棒來訓練，甚至刻意造成動物傷殘——馴化動物的過程幾乎總是會將雄性閹割，好抑制雄性的鬥性，也讓

人類能夠控制牲畜的生育，挑選牲畜的品種。

在許多新幾內亞的部落社會裡，想判斷一個人富不富有，就要看他或她擁有幾頭豬。為了確保豬跑不掉，新幾內亞北部的農民會把豬的鼻子切掉一大塊。這樣一來，每次豬想聞東西，都會造成強烈的疼痛，不但無法覓食，甚至連找路都做不到，於是不得不完全依賴人類主人。在新幾內亞另一個地區的部落，甚至還習慣直接把

12. 現代化畜牧場裡的小牛。一出生後立即與母親分開，關在不比身體大多少的籠子裡。小牛得在這裡度過一輩子，但牠的一輩子平均也只有大約四個月。牠這一輩子再也不會離開籠子，不會有機會和其他小牛玩，甚至連走路的機會也遭剝奪。這一切都是為了避免牠的肌肉運動，導致肉質變硬。肌肉愈柔軟，牛排就愈鮮嫩、愈多汁。於是，這隻小牛第一次有機會走路、伸展筋骨、遇見其他小牛的時候，也就是在前往屠宰場的路上。就演化而言，牛可能是有史以來最成功的動物之一，牠們的基因會一直傳衍下去。但同時，牠們也是地球上生活最悲慘的動物之一。

豬的眼睛挖掉，杜絕逃跑的可能。[37]

　　乳品業自有一套方法來強迫動物聽話。乳牛、山羊和綿羊只有生了小牛小羊之後，才會產乳，而且也僅限哺乳期這一段時間。想要動物不斷供乳，農民必須讓牠們生下小牛小羊，但又不能讓小牛小羊把奶吸光。所以，整個畜牧史上常用的方法就是：等到小牛小羊出生後不久，乾脆就全宰了，如此一來，人類就能霸占所有牛奶羊奶；等到母牛母羊停乳之後，再讓牠們重新懷胎即可。

　　聽來殘忍，但甚至到現在，這種做法仍然十分普遍。在許多現代的酪農場裡，奶牛通常只能活到五歲，就會遭宰殺。這五年中，牠幾乎一直在懷孕。為了維持最大的產乳量，在分娩後大約60天到120天，就要再次受精。至於牠的小牛們，則是一出生沒多久，就被帶走，母的被養大成為新一代的奶牛，而公的就進了肉類產業的手裡。[38]

　　另一種方式，是雖然容許小牛小羊接近媽媽，卻用上各種方式不讓牠們喝得太多。最簡單的辦法，是讓小牛小羊開始吸奶，但在奶要流出來之前，就把牠們抱走。可以想見，這種方式會同時受到母親和孩子兩方的抗拒。有些畜牧部落過去的做法，是將小牛小羊宰殺食用，但拿東西塞回空的毛皮做成標本，再送回媽媽身邊，刺激牠們產乳。而在蘇丹的努爾族（Nuer）還更進一步，在標本上塗著牛媽媽的尿液，所以這隻假小牛連聞起來也很像個樣子。努爾族的另一項技術則是在小牛的嘴邊綁上一圈刺，小牛想吃奶就會刺傷牛媽媽，好讓牛媽媽排斥讓小牛吃奶。[39]

　　撒哈拉的圖阿雷格族（Tuareg）養駱駝，過去會將小駱駝的鼻子和上唇的部分穿孔或切除，如此一來，小駱駝只要一吸奶就會疼痛，也就不會喝得太多。[40]

▍成功不等於幸福

　　不過，也不是所有農業社會都對他們農場裡的動物如此殘酷。某些家畜的日子還是過得很不錯。像是拿來剃毛的羊、寵物狗和寵物貓，以及戰馬和賽馬，常常就過得相當愜意。羅馬皇帝卡利古拉（Caligula）據說還曾經打算任命他最愛的馬——英西塔土斯（Incitatus）為執政官。綜觀歷史，牧者和農民對他們的動物還是抱有感情，照顧有加，正如許多奴隸的主人也會對奴隸關心照顧。所以，君王和先知會把自己營造成牧者的形象，也就不那麼意外，他們和他們的神照顧子民的方式，確實也像是牧羊人照顧羊群一般。

　　然而，如果從牛羊的觀點、而非牧者的觀點來看農業革命，就會發現：對於絕大多數的家畜來說，這是一場可怕的災難。這種演化的「成功」是沒有意義的。就算是瀕臨絕種的野生犀牛，比起關在小籠子裡變肥、等著成為鮮美牛排的肉牛，日子應該還是好過得多。雖然自己的物種即將滅絕，但這絲毫不會影響那頭野生犀牛對自己生活的滿意程度。相較之下，肉牛這個物種雖然在數量上大獲成功，卻完全無法安慰那些單獨個體所承受的痛苦。

　　我們從農業革命能學到的最重要一課，很可能就是「物種演化上的成功，並不代表個體的幸福」。研究像小麥和玉米這些植物的時候，或許純粹的演化觀點還有些道理，但對於像是牛、羊、智人這些有著複雜情感的動物來說，就必須想想演化上的成功會對個體的生活有什麼影響。我們在下面的章節還會一再看到，每當人類整體的能力大幅增加、看來似乎大獲成功之際，個人的苦痛卻也總是隨之增長。

第**6**章

蓋起監獄高牆

農業革命可能是史上最具爭議的事件。有些人認為這讓人類邁向繁榮和進步，也有人認為這條路終將導致滅亡。對後者來說，農業革命是一個轉捩點，讓智人拋下了與自然緊緊相連的共生關係，大步走向貪婪、自外於這個世界。但不管這條路的盡頭為何，現在都已經無法回頭。進入農業時代之後，人口得以急遽增加，任何一個複雜的農業社會想走回狩獵和採集，就只有崩潰一途。

大約在西元前10000年、進入農業時代的前夕，地球上狩獵採集者的人口約有五百萬到八百萬。而到了西元一世紀，這個人數只剩下一、兩百萬（主要在澳洲、美洲和非洲），相較於農業人口已達二億五千萬，無疑是遠遠瞠乎其後。[41]

絕大多數的農民都是住在永久聚落裡，只有少數是游牧民族。「定居」這件事，讓大多數人的活動範圍大幅縮小。遠古狩獵採集者的活動範圍可能有幾十平方公里，甚至上百平方公里。當時這片範圍都是他們的「家」，有山丘、溪流、樹林，還有開闊的天空。但對農民而言，幾乎整天就是在一小片田地或果園裡工作，就算

回到「家」，這時的房子也就是用木頭、石頭或泥巴蓋起的局促結構，每邊再長也不過幾十公尺。一般來說，農民就會和房屋這種構造，建立起非常強烈的連結。

這場農業革命意義深遠，除了影響建築，更影響了心理。在農業革命之後，人類成了遠比過去更自我中心的生物，與「自己家」緊密相連，但與周遭其他物種畫出界線。

劃地自限

新形成的農業活動範圍，除了面積遠小於過去的狩獵採集活動範圍，內部的人工成分也大增。除了用火，狩獵採集者很少刻意改變他們所漫遊閒晃的土地；但農民就完全不同了，可以說他們是從一片荒野中，勞心勞力刻意打造出一座座專屬於人類的人工孤島。他們會砍伐森林、挖出溝渠、翻土整地、建造房屋、犁出犁溝，還會把果樹種成整齊的一排又一排。

對人類來說，這樣人工打造出來的環境，就是僅限人類和「我們的」動植物所有，常常還用牆壁和樹籬圍了起來。農民無所不用其極，一心防止各種雜草和野生動物入侵。就算真的出現闖入者，也會被趕出去。趕不走的，下一步就是消滅牠們。在家園四周，這種防衛特別強。從農業開始發展到現在，人類的家園得面對勤勞的螞蟻、鬼鬼祟祟的蟑螂、冒險犯難的蜘蛛、還有誤入歧途的甲蟲，於是數十億人口也就武裝起來，用樹枝、蒼蠅拍、鞋子和殺蟲劑，迎向這場永不停止的戰爭。

史上大多數時間，這些人造領域仍然非常小，四周圍繞著廣大的自然曠野。整個地球表面約有5.1億平方公里，其中陸地占了

1.55億平方公里。到了西元1400年，把絕大多數的農民、農作物和家禽家畜全部加起來，占地大約也只有1,100萬平方公里，約占全球面積的2％而已。[42] 至於其他地方，可能太熱、太冷、太乾、太溼，不宜農耕。然而，正是地球表面這微乎其微的2％，構成了整個歷史展開的舞臺。

人類發現自己已經很難離開這些人工島嶼了，所有的房子、田地、穀倉，放棄哪個都可能帶來重大損失。此外，隨著時間過去，他們擁有的東西愈來愈多，不易搬運，也把他們綁得死死的。雖然在我們看來，遠古的農民似乎又髒又窮，但當時一個典型的農民家庭，擁有的物品數量已經勝過一整個狩獵採集部落了。

█「未來」成重擔

農業時代人類的空間縮小，但時間卻變長了。一般來說，狩獵採集者不會花太多心思，考量下個月或下個夏天的事，但農民卻會想像預測著未來幾年、甚至幾十年的事。

狩獵採集者之所以不管未來，是因為他們就是現採現吃，不管是要保存食物、或是累積財物，當時都不是容易的事。當然，他們顯然還是有某些事得要事先規劃。不管是在雪維洞穴、拉斯科洞穴或是阿爾塔米拉（Altamira）洞穴，這些創作者繪畫的時候，想必都希望它能夠流傳後世。人際關係和政治對立都是長期的事，無論報恩或報仇，常常都要花上好幾年的時間。然而，在狩獵和採集這種自給自足的經濟體系裡，要做這種長期規劃，就會受到客觀條件的限制。但說也有趣，這讓狩獵採集者省下了許多不必要的憂慮。畢竟，如果是那些自己無法操控的事，就算擔心也沒用。

然而在農業革命之後,「未來」的重要性來到史上新高。農民不僅時時刻刻都得想著未來,還幾乎可說是為了未來在服務。農業經濟是以生產的季節週期為基礎,經過很多個月耕作,來到相對較短的收成高峰期。豐收的時候,農民可能會在收成結束後的夜晚歡慶一場,慰勞這段時間的辛勞,但頂多一星期後,就又回到日出而作、日落而息的生活。雖然可能已經有了足夠的糧食,來應付今天、下星期、甚至下個月,他們還是得擔心明年和後年的問題。

　　之所以要擔心未來,除了有生產季節週期的因素,還得面對農業根本上的不確定性。由於大多數村落擁有的農作或家禽家畜物種十分有限,一旦遇上旱災、洪水和瘟疫,就容易災情慘重。於是,農民不得不生產出多於所需的食物,好儲備存糧。糧倉裡堆了米、地窖裡存了橄欖油、食品室裡有乳酪、屋梁上還掛著香腸,否則遇到歉收年就有可能會餓死。而且,總有歉收的一年,只是時間早晚而已,如果農民不早做準備,絕對也活不久。

　　於是,早從農業時代一開始,「未來」就一直是人類心中小劇場的主要角色。在得靠雨水灌溉的地方,雨季一展開,農民每天早上就會凝視遠方的天邊、聞聞風的味道,盯到眼睛發痠。那片是雲嗎?能不能來一場及時雨?雨會下得夠嗎?雨會不會又下得太大,把田裡的種子或秧苗都打爛、沖走了?

　　不管是在幼發拉底河流域、印度河流域、還是黃河流域,所有農民都一樣憂心忡忡,不時探頭看看河水的高度。他們需要雨季讓河面上升,一方面把上游肥沃的土壤沖刷下來,另一方面可引水進入他們龐大的灌溉系統。然而,如果這場洪水讓河面漲得太高,又或來的時機不對,田地就會遭到嚴重破壞,下場與旱災一樣淒慘。

　　農民擔心未來,除了因為有更多東西要保護,也是因為現在有

別的方法可以減少風險。他們可以再整一塊地、再挖一條灌溉的渠道、再多種一點作物。在夏天，滿懷憂慮的農民像工蟻一樣瘋狂工作，揮汗種著橄欖樹，再由他的孩子和孫子把橄欖榨成油，這樣到了冬天、甚至明年，他就能吃到今天想吃的食物。

農業帶來的壓力影響深遠，這正是後代大規模政治制度和社會制度的基礎。但可悲的是，雖然農民勤勞不懈、希望能夠保障自己未來的經濟安全，但這幾乎從來未曾實現。不管是任何地方，後來都出現了統治者和菁英階級，不僅倚賴農民辛苦種出的食糧維生，還幾乎全部徵收搶光，只留給農民勉強可過活的數量。

但正是這些徵收來的多餘食糧，養活了政治、戰爭、藝術和哲學，建起了宮殿、堡壘、紀念碑和廟宇。在近代晚期之前，總人口有九成以上都是農民，日出而作、胼手胝足。他們生產出來的多餘食糧，養活了一小撮的菁英份子——國王、官員、戰士、牧師、藝術家和思想家，但歷史寫的幾乎全是這些人的故事。於是，歷史只告訴了我們極少數的人在做些什麼，而其他絕大多數人的生活就是不停挑水耕田。

由想像力建構的大型合作網路

靠著農民多生產出來的食物，加上新的運輸技術，終於讓愈來愈多人可以住在一起，先形成村落，再形成城鎮，最後成為都市，再由王國或商業網路把它們緊緊相連。

然而，想真正抓住新時代的契機，光靠糧食剩餘和交通改善還不夠。就算有能力養活某個城鎮的一千人、或是某個國家的一百萬人，還是無法確保這些人都同意如何劃分領土和水資源、如何解決

爭端，以及在乾旱或戰時該如何應變。而如果對這些事項都無法達成協議，就算大家穀倉滿滿，還是會衝突不斷。史上的場場戰爭和革命，起因多半不是糧食短缺。法國大革命領頭的是有錢的律師，不是飢餓的農民。羅馬共和國在西元前一世紀達到權力高峰，艦隊從整個地中海運來種種珍寶，就算在他們祖先最瘋狂的夢裡，也意想不到。然而，正是在他們的富庶達到最大值的時候，羅馬的政治秩序崩潰，引來一系列致命的內戰。南斯拉夫在1991年的資源完全足以養活所有國民，但依舊解體，並引發可怕的浴血戰爭。

這種災難的根源在於：人類在幾百萬年的演化過程中，一直都只是幾十人的小遊群；可是從農業革命之後，不過短短幾千年，就出現了城市、王國和帝國，但時間並不足以讓人類發展出能夠長久大規模合作的本能。

雖然人類在狩獵採集時代也沒有這種大規模合作的生物本能，但因為有共同的神話故事，就能讓幾百個人互相合作。然而，這種合作畢竟比較鬆散而有限，各個智人遊群還是各自生活，也能滿足大多數的自身需要。如果兩萬年前有個社會學家，完全不知道農業革命後的事情，就很有可能認為種種虛構神話故事的用途相當有限。講到祖靈、講到部落圖騰，或許已經足以讓五百人願意用貝殼交易、舉辦某種慶典、或是聯手消滅某個尼安德塔人的遊群，但也就如此而已了。這位遠古社會學家不可能想到，靠著虛構的故事，還能讓幾百萬互不相識的人每天合作。

但事實就是如此出乎意料。現在看來，虛構故事的力量，強過任何人所能想像。農業革命讓人能夠開創出擁擠的城市、強大的王國和帝國，接著人類就開始幻想出關於偉大的神靈、祖國、有限公司的故事，好建立起必要的社會連結。雖然人類的基因演化仍然一

如以往慢如蝸牛，但人類的想像力卻是極速奔馳，建立起了地球上前所未有的大型合作網路。

合作網路變成剝削體系

在大約西元前8500年，全球最大的聚落大概就是像耶律哥這樣的村落，大約有幾百個村民。而到了西元前7000年，位於今日土耳其的加泰土丘（Çatal Höyük）城鎮，大約有五千到一萬人，很可能是當時世界上最大的聚落。再到了西元前5000年到4000年，肥沃月灣一帶已經有了許多人口達萬人的城市，而且各自掌理著附近的小村莊。在西元前3100年，整個下尼羅河谷統一，成為史上第一個埃及王朝，法老王統治的遼闊領土有數千平方公里、人民達數十萬。

大約在西元前2250年，薩爾貢大帝（Sargon the Great）在兩河流域建立第一個帝國：阿卡德帝國，號稱擁有超過一百萬的子民，常備軍隊達五千四百人。在西元前1000年到西元前500年之間，中東地區開始出現大型帝國：亞述帝國、巴比倫帝國和波斯帝國。這些帝國統治人數達數百萬，軍隊人數也有上萬人。

西元前221年，秦始皇統一中國；不久之後，羅馬也統一了整個地中海地區。秦朝人口約有四千萬，稅收得以支持數十萬雄兵，以及共有超過十萬官員的複雜朝廷系統。至於羅馬帝國在鼎盛時期的納稅人口高達一億人，足以維持人數達二十五萬到五十萬之譜的常備軍力，並且架構完善的交通運輸網路，在一千五百年後仍然在運作，另外還蓋起了至今仍令人讚嘆的劇院與露天劇場。

確實，這種種都令人印象深刻，但我們不該有太美好的幻想，

以為在法老王時代的埃及、或是在羅馬帝國,「大型合作網路」就已十分完美。「合作」聽起來應該要十分無私而且利他,但這件事並不總是出於自願,而且還更少能夠公平。

大多數的人類合作網路,最後都成了壓迫和剝削的體系。在這種新興的合作網路裡,農民交出他們辛苦工作得來的多餘糧食,但帝國的收稅官只要大筆一揮,就可能讓他們一整年的辛勞都化為烏有。像是羅馬著名的圓形劇場,常常是由奴隸建造,讓有錢有閒的羅馬人觀賞由奴隸上演的神鬼戰士秀。此外,監獄和集中營也可算是合作網路,要不是有數千名互不相識的人,用了某些方式來管理協調彼此的行動,這些網路根本不可能運作。

《漢摩拉比法典》vs.〈美國獨立宣言〉

所有這些合作網路,不管是古代美索不達米亞的城市,或是秦朝和羅馬的帝國,都只是「由想像所建構的秩序」。支持它們的社會規範既不是人類的天性本能,也不是人際的交流關係,而是他們都相信共同的虛構神話故事。

虛構的故事是怎麼支持了整個帝國?我們已經討論過一個這種例子:寶獅公司。現在我們可以來看看另外兩個史上最有名的虛構故事:第一個是大約西元前1776年的《漢摩拉比法典》,可以說是幾十萬古巴比倫人的合作手冊;第二個是西元1776年的〈美國獨立宣言〉,可以說是現代數億美國人的合作手冊。

在西元前1776年,巴比倫是當時最大的城市,而巴比倫帝國也很可能是當時最大的帝國,子民超過百萬,統治著大半的美索不達米亞平原,包括現代的伊拉克大半地區和部分的敘利亞與伊朗。

現今最有名的巴比倫國王就是漢摩拉比，而他有名的原因，主要就在於以他命名的《漢摩拉比法典》。這部法典彙集各種律法和判例，希望將漢摩拉比塑造為一位正義國王的榜樣，做為更一致的法律體系的基礎，並且教育後世子孫何為正義、正義的國王又該如何行事。

後世子孫確實看到了！古代美索不達米亞平原的知識份子與官僚菁英將這部法典奉為經典，就算等到漢摩拉比骨已成灰、巴比倫帝國也煙消雲散，但這部法典還是由文士不斷抄寫流傳。因此，想認識古代美索不達米亞人對於社會秩序的理想，《漢摩拉比法典》是很好的參考來源。[43]

法典開頭指出，美索不達米亞的幾位大神安努（Anu）、恩利爾（Enlil）和馬杜克（Marduk）任命漢摩拉比「在這片土地上，伸張正義，驅除不義罪惡，阻絕恃強凌弱。」[44] 接著，法典列出大約三百條判例，固定寫法是：「如果情形如何如何，判決便應如何如何。」以下舉出判例196至199和判例209至214：

196.　若某個上等人使另一個上等人眼瞎，便應弄瞎他的眼。

197.　若他使另一個上等人骨折，便應打斷他的骨。

198.　若他使某個平民眼瞎或骨折，他應賠償60舍客勒（shekel，約8.33公克）的銀子。

199.　若他使某個上等人的奴隸眼瞎或骨折，他應賠償該奴隸身價的一半（以銀子支付）。[45]

209.　若某個上等人毆打一個上等女子、造成她流產，他應賠償她10舍客勒的銀子。

210.　若該女子喪命，他們應殺了他的女兒。

211. 若他毆打某個平民女子、造成她流產，他應賠償她5舍客
勒的銀子。

212. 若該女子喪命，他應賠償30舍客勒的銀子。

213. 若他毆打某個上等人的女奴隸、造成她流產，他應賠償2
舍客勒的銀子。

214. 若該女奴喪命，他應賠償20舍客勒的銀子。[46]

列舉他的判決後，漢摩拉比再次宣告：

以上是幹練有能的國王漢摩拉比，所做出的公正裁決，指示著
這片土地朝向真理的道路、人生的正途……我是漢摩拉比，高貴
的國王。恩利爾神將人類子民交付給我照護，馬杜克神將人類子民
交付給我帶領，而我悉心關懷，不曾輕忽。[47]

《漢摩拉比法典》認為，巴比倫的社會秩序根源於由神所指示
的普世永恆的正義原則。這裡的階級結構原則至關重要，將所有人
類分成男女兩種性別，以及上等人、平民和奴隸三種階級；性別和
階級不同，身價也就天差地別。像是一個平民女性值30舍客勒的
銀子，一個女奴隸只值20舍客勒，但光是平民男性的一隻眼睛，
就值60舍客勒的銀子。

《漢摩拉比法典》也規定了嚴格的家庭階級制度。根據法典，
小孩並不是獨立的人，而是父母的財產。因此，如果一個上等人殺
了另一個上等人的女兒，懲罰就是把兇手的女兒給殺了。這在我們
看來可能荒謬至極，兇手本人逍遙自在，但他無辜的女兒卻得賠上
一命。然而在漢摩拉比和當時的巴比倫人看來，這實在再公平正義

不過。《漢摩拉比法典》背後的一項重要假設，就是只要國王的臣民全部接受各自的階級角色、各司其職，整個帝國上百萬的人民就能有效合作。這麼一來，這個社會不但能為所有成員生產足夠的糧食、很有效率的進行分配，還能保護國家、抵抗敵人，甚至是擴張領土，好取得更多財富、更多安全保障。

漢摩拉比去世三千五百年後，北美十三個英國殖民地的民眾認為英國國王對待他們不公，於是各殖民地代表群聚費城，於1776年7月4日宣布，所有殖民地的民眾不再是英國王室的子民。〈美國獨立宣言〉也宣告了自己的普世永恆的正義原則，而這則宣言也像《漢摩拉比法典》一樣找了神祇來背書。然而，「美國神」指示的至高原則，卻似乎和「巴比倫神」指示的有所出入？

〈美國獨立宣言〉主張：

> 我們認為下面這些真理是不言而喻的：人人生而平等，造物者賦予他們若干不可剝奪的權利，其中包括生命權、自由權和追求幸福的權利。

一如《漢摩拉比法典》，〈美國獨立宣言〉也承諾：如果人類依照其中規定的神聖原則行事，數百萬的民眾就能彼此合作無間，生活安全和平，社會公平且繁榮。也像《漢摩拉比法典》，〈美國獨立宣言〉的效力不僅限於當時當地，而是讓後世子孫依然奉為圭臬。現在已經過了兩百多年，美國學童仍然要抄寫、背誦這份立國宣言。

這兩份文本讓我們左右為難，不管是《漢摩拉比法典》或是〈美國獨立宣言〉，都聲稱自己說的是普世永恆的公平正義原則，

然而，美國人認為所有人都是平等的，而巴比倫人顯然並不同意。當然，兩邊都堅持自己才是真理正義、而另一方是邪魔歪道。

但事實上，他們都錯了。不管是漢摩拉比或是美國開國元勳，心中都有個想像的現實，想像這個世界有著放諸四海皆準、永恆不變的正義原則（例如階級或平等），但這種不變的原則其實只存在於智人豐富的想像力裡，只存在於他們創造並告訴彼此的虛構故事中。這些原則，從來就沒有客觀的效力。

對我們來說，聽到要把人分成「上等人」或「平民」，大概都會同意這只是一種想像。但其實，即使說的是「人人平等」，也只是虛構的概念。所謂人人平等，到底是什麼？除了想像中之外，有沒有什麼客觀的事實可以說我們人人平等？人類彼此在生物學上都相等嗎？從生物學的角度，我們再重新看一次〈美國獨立宣言〉裡最著名的段落：

> **我們認為下面這些真理是不言而喻的：人人生而平等（all men are created equal），造物者賦予他們若干不可剝奪的權利，其中包括生命權、自由權和追求幸福的權利。**

一開始講到「人人生而」，英文用的字眼是 created（被創造出來的），但生物學證實的是：生命並沒有「被創造出來」，生命是演化出來的。演化鐵定沒有「平等」這回事，所謂平等的概念，是與「創造」的概念緊密相關。美國人的「平等」觀念來自於基督宗教（Christianity，泛稱所有信仰基督的宗教，包括天主教、東正教、基督教），基督宗教認為每個人的靈魂都是由上帝所創，而所有靈魂在上帝面前一律平等。但是，如果我們不相信基督宗教那一套關於上帝、創

134

造和靈魂的神話故事，那所謂人人「平等」究竟是什麼意思？演化的基礎是差異，而不是平等。每個人身上帶的遺傳密碼都有些許不同，而且從出生以後就接受到不同的環境影響，發展出不同的特質，導致不同的生存機遇。「生而平等」其實該是「演化各有不同」。

而根據生物學，人並不是「創造」出來的，自然也就沒有「造物者」去「賦予」人類什麼。個體誕生的背後，就只是盲目的演化過程，沒有任何預設的目的。所以「造物者賦予」其實就只是「出生」。

同樣的，生物學上也沒有「權利」這種事，只有各種器官、能力和特性。鳥類會飛就是因為牠們有翅膀，可不是因為有什麼「飛翔的權利」。此外，這些器官、能力和特性也沒有什麼「不可剝奪」的問題，常常它們會不斷突變，還可能在一段時間後完全消失。例如鴕鳥，就是失去了飛行能力的鳥類。所以，「不可剝奪的權利」其實是「可變的特性」。

那我們要問，究竟人類的演化具有什麼特性？「生命」倒是無庸置疑，不過「自由」又是怎麼回事？生物學可不講自由這種東西。自由就像是平等、權利和有限公司，是個政治概念，而不是生物現象。從純生物學的角度來看，無論是共和國的某個國民、或是王國裡的某個臣民，兩者實在沒什麼不同。

最後，「幸福」又是什麼？到目前為止，生物學研究還是沒辦法為「幸福」明確下個定義，也沒辦法客觀測量「幸福」。大部分的生物研究都只認可「快感」確實存在，也能有比較容易定義和測量的方式。所以，「生命權、自由權和追求幸福的權利」其實只有「生命和追求快感」為真。

因此，我們來看看〈美國獨立宣言〉改用生物學、科學的角度重寫，該是如何：

我們認為下面這些真理是不言而喻的：人人演化各有不同，出生就具有某些可變的特性，其中包括生命和追求快感。

上面這段推論過程，如果是平等權和人權的激進份子看到，可能會大發雷霆，大聲駁斥：「我們知道人在生物學上不相等！但是如果大家都相信人人在本質上平等，就能創造出穩定繁榮、公平正義的社會！」這點我完全贊成，但這正是我所說「由想像所建構的秩序」。我們相信某種秩序，並非因為這是客觀的現實，而是因為這樣相信，可以讓人提升合作效率，打造更美好的社會。這種由想像所建構的秩序絕非邪惡的陰謀、或是無用的空談，而是唯一能讓大群人類合作的救命仙丹。

但別忘了，漢摩拉比也可以用同樣的邏輯，來捍衛他的階級原則：「我知道所謂上等人、平民和奴隸在本質上並沒有什麼不同！但是如果大家都相信階級有別，就能創造出穩定繁榮、公平正義的社會！」

▌需要真正的堅信者

很多讀者讀到上面那一節，可能都覺得如鯁在喉。畢竟那就是我們多數人今天所接受的教育。

我們說《漢摩拉比法典》是虛構故事，並不會覺得難以接受，但說到人權也只是虛構故事，聽來就有些刺耳了。如果大家都發現

人權不過是一種想像，豈不是社會就要崩潰了嗎？

講到「神」的概念，伏爾泰就曾說：「世界上本來就沒有神，但可別告訴我的僕人，免得他半夜偷偷把我宰了。」漢摩拉比對於階級原則、〈美國獨立宣言〉起草人傑佛遜對於人權，私底下應該也都會說出類似的話。智人並沒有什麼與生俱來的權利，就像蜘蛛、鬣狗和黑猩猩，也都是如此——但可別告訴我們的僕人，免得他們半夜偷偷把我們宰了。

這種擔心其實很有道理。大自然的秩序是很穩定的，就算人類不再相信世界上有重力，重力也不會一夜之間消失。但相反的，想像所建構出來的秩序總是有一夕崩潰的風險，因為這些秩序背後靠的都是虛構的故事，只要人們不再相信，一切就風雲變色。

為了維持想像建構出來的秩序，必須持續投入大量心力，甚至還得摻入些暴力和脅迫的成分。像是為了讓民眾不違反想像建構的秩序，國家就需要有軍隊、警察、法院和監獄不分晝夜發揮作用。如果一個古巴比倫人讓鄰居眼睛瞎了，國家想要執行「以眼還眼」的規定，就不得不採取暴力措施。而在1860年，即使大部分美國公民已經認為黑奴也是人、必須享有自由的權利，這時也是靠著血流無數的一場內戰，才讓南方各州黯然接受。

然而，光靠暴力還不足以維持由想像所建構出來的秩序，我們還需要一些真正相信如此的堅定信徒。法國政治家塔列朗（Charles Maurice de Talleyrand-Périgord）的政治生涯就像變色龍，先是路易十六的臣子，再經過革命和拿破崙政權，又抓準時機再次投誠回到君主制的政體。塔列朗曾總結自己幾十年任官的經驗，表示：「刺刀確實可以做很多事，但想安坐在上面，可是不太舒服。」

很多時候，一名牧師的效用還大過一百個士兵，而且更便宜、

更有效。此外，不管刺刀多有效，總得有人來刺。如果士兵、獄卒、法官和警察根本不相信某一種由想像建構的秩序，他們又怎麼會照辦？在所有的人類集體活動中，最難組織推動的就是暴力活動。如果說社會秩序是由武力來維持，立刻就會碰上一個問題：那軍隊秩序是由什麼來維持？想靠威脅來維持軍隊組織，顯然不太可行。至少必須有某些軍官和某些士兵真正相信某些事情，不管是信仰上帝、榮譽、祖國、男子氣概，或是單純相信金錢也成。

另一個更有趣的問題，是關於那些站在社會金字塔頂端的人。如果他們並不相信這些想像的秩序，他們又為什麼要推動這種秩序呢？常有人說這些人其實什麼都不信，只是貪婪而已。但這種說法有問題。如果真的是什麼都不信（像是犬儒學派），就很難是貪婪的人，畢竟客觀來說，只是單純要滿足智人的基本生理需求，並不難。而滿足基本需求之後，多餘的錢就可以用來蓋金字塔、到世界各地度假、資助競選活動、提供資金給你最愛的恐怖組織、或是投入股市再賺更多錢；但對於真正的犬儒主義者來說，這一切貪婪的事都毫無意義。

創立犬儒學派的希臘哲學家第歐根尼（Diogenes），就住在一個桶子裡。據說有一天他正在做日光浴，當時權傾天下的征服者亞歷山大大帝來找他，想知道他是否需要些什麼，而且保證自己會盡力協助。第歐根尼回答：「確實，有件事可以請你幫個忙。麻煩你移動一下，別再擋住我的陽光。」

正因如此，犬儒主義者不可能建立帝國，而且如果某個由想像建構出的秩序希望維持久遠，就必須大部分的人（特別是大部分的菁英份子）都真正相信它。如果不是大多數主教神父都相信基督，基督宗教絕不可能持續了兩千年。如果不是大多數的美國總統和國

會議員都相信人權，美國的民主制度也不可能持續了兩百五十年。如果不是廣大的投資人和銀行家都相信資本主義，現代經濟體系連一天也不可能繼續存在。

▍虛虛實實

不管是基督宗教、民主、或是資本主義，都只是由想像所建構出來的秩序。而要怎樣才能讓人相信這些秩序呢？

首先，對外的說法絕對要堅持它們是千真萬確、絕非虛構。永遠要強調，這種維持社會穩定的秩序是客觀的事實，是由偉大的神或是自然律創造出來的。如果要說人人不平等，不是因為漢摩拉比自己這麼說，而是因為恩利爾和馬杜克這兩位神的旨意。如果要說人人平等，也不是因為傑佛遜自己這麼說，而是因為這是上帝創世造人的方式。如果要說自由市場是最好的經濟制度，不是因為《國富論》的作者亞當‧斯密（Adam Smith）自己這麼說，而是因為這是永恆不變的自然律。

第二，在教育上也要徹底貫徹同一套原則。從人出生的那一刻起，就要不斷提醒他們這套由想像建構出來的秩序，要讓一切事物都融入這套原則，不管是童話、戲劇、繪畫、歌曲、禮儀、政治宣傳、建築、食譜，或是時尚。舉例來說，我們現在相信人人平等的概念，所以大富人家的子弟也穿起牛仔褲，覺得這是時尚。但一開始，牛仔褲是工人階級的打扮，而如果是在相信階級制度的中世紀歐洲人，絕對不可能有哪個年輕貴族去穿上農民的工作服裝。在當時，「先生」（Sir）或「女士」（Madam）是貴族專屬的特權稱謂，甚至得流血搶破頭，才能取得這稱謂。然而到了現在，不管信件的

收件人是誰，開頭的稱謂一律都是「親愛的某某先生」或「親愛的某某女士」。

不論是人文科學或社會科學，都已經有人花了大把精力，來解釋這些想像建構的秩序會如何融入我們的生活。但這裡篇幅有限，只能簡單一談。有三大原因，讓人類不會發現，組織自己生活的種種秩序其實是想像：

一、想像建構的秩序，深深與真實的世界結合。

雖然這些想像建構的秩序只存在於我們的腦海裡，但它可以與真實的世界緊緊結合，密不可分。像是今天大多數西方人都相信個人主義，認為每個人都是獨立的個體、有獨立的價值，而不受他人看法的影響。換句話說，就好像我們每個人都有自己的一道光，照亮我們，讓我們的生活有價值、有意義。在現代西方學校裡，老師和家長會告訴小孩，受到同學嘲笑並不用太在意，因為只有自己知道自己的真正價值，別人不見得瞭解。

除此之外，這種由想像建構的虛構故事還落實到了現代建築之中。像是理想的現代建築會將房屋分成許多小房間，讓每個孩子都能有私人空間，能有最大的自主權，私生活的一舉一動都不用暴露在他人的目光之下。這種私人房間幾乎一定有門，而且許多家庭不只允許小孩關門，甚至還能上鎖，就連父母想進去，都得先敲敲門得到允許才成。小孩對自己房間的裝飾可以隨心所欲，牆上可以貼搖滾明星的海報，滿地可以丟著髒衣服、髒襪子。如果在這樣的空間裡成長，任何人都會覺得自己就是「個體」，覺得自己的真正價值是由內而外，而不是他人所賦予。

然而，像是中世紀的貴族就沒有個人主義這一套。他們認為，

個人的價值是由社會階級、由他人的看法所決定。在這種情形下，「被別人嘲笑」就成了莫大的侮辱。而當時的貴族也會告訴孩子，要不惜一切代價來保護名聲。

同樣的，中世紀想像中的價值體系也反映在當時實際的城堡建築上。一座城堡幾乎不可能有兒童房（就算是成人，也很少有個人的房間）。例如，如果是中世紀男爵的兒子，城堡裡的二樓不會有他自己的房間，他如果崇拜獅心王理查一世或亞瑟王，也沒辦法把他們的畫像貼在自己的房間牆壁上；可以上鎖的門就更別談了。他睡覺的地方跟其他許多年輕人一樣，就是在寬敞的大廳裡。可以說，他總是活在眾人的目光下，總是得注意別人的觀感和意見。如果在這種環境下長大，自然就會覺得：個人的真正價值是由他的社會階級、以及他人對他的看法而決定的。[48]

二、想像建構的秩序，塑造了我們的欲望。

對多數人來說，都很難接受自己的生活秩序只是虛構的想像，但事實是：我們從出生就已經置身於這種想像之中，而且連我們的欲望也深受其影響。於是，個人欲望也就成為虛構秩序最強大的守護者。

例如，現代西方人最重視的那些欲望，都是建構在已經為時數百年的虛構故事上，包括浪漫主義、民族主義、資本主義、人本主義。我們常常告訴朋友要「隨心所欲」，但這裡的「心」就像是雙面諜，聽從的常常是外面那些主流的虛構故事。於是「隨心所欲」不過也只是結合了十九世紀的浪漫主義與二十世紀的消費主義，再植入我們的腦海罷了。以可口可樂公司為例，旗下雪碧的廣告詞就是「相信你的直覺，順從你的渴望。」

甚至那些人們以為深深藏於自己內心的渴望，通常也是受到由想像建構的秩序所影響。例如，許多人都很想到國外度假。然而，這件事並沒有什麼自然或是明顯的道理。例如黑猩猩的首領可不會想要運用權力，讓自己到隔壁黑猩猩的領土上度個假。而像古埃及的法老王，也是把所有財富拿來建造金字塔、把自己的遺體做成木乃伊，而不會想要去巴比倫瞎拚、或是去腓尼基滑雪。現代人之所以要花費大把銀子到國外度假，正是因為他們真正相信了浪漫的消費主義神話。

　　浪漫主義告訴我們：為了要盡量發揮潛力，就必須盡量累積不同的經驗——必須體會不同的情感、嘗試不同的關係、品嘗不同的美食，還必須學會欣賞不同風格的音樂。而其中最好的一種辦法，就是擺脫日常生活及工作，遠離熟悉的環境，前往遙遠的國度，好親身「體驗」不同的文化、氣味、美食和規範。

　　我們總會不斷聽到浪漫主義的神話，告訴我們「那次的經驗讓我眼界大開，從此整個生活都不一樣了。」

　　消費主義則告訴我們：想要快樂，就該去買更多的產品、更多的服務。如果覺得少了什麼，或是有什麼不夠舒服的地方，那很可能是該買些什麼商品了（新車、新衣服、有機食品），或是買點什麼服務了（清潔工、諮商輔導、瑜珈課）。就連每一則電視廣告，也都是小小的虛構故事，告訴你買了什麼產品或服務，可以讓日子過得更好。

　　鼓勵多元多樣的浪漫主義，又與消費主義一拍即合，兩者攜手前行，催生了販售各種「體驗」的市場，進而推動現代旅遊產業的蓬勃發展。旅遊業真正販賣的可不是機票和飯店房間，而是旅遊中的經驗。所以這樣說來，巴黎的重點不是城市，印度的重點也不是

國家，而是它們能提供的經驗；之所以要買經驗，是因為據說這樣就能拓展我們的視野、發揮我們的潛力，並且讓我們更快樂。也因此，如果有個百萬富翁和太太吵架，和好的方式很可能就是帶她去巴黎旅遊一番。

這種做法讓我們看到的並不是某種個人的欲望，而是他深深堅信浪漫的消費主義。如果是古埃及有錢人和太太吵架，帶著她去巴比倫度個假，絕對不會是選項，反而可能是為她建一座她夢寐以求的華麗陵墓，才會讓她心花朵朵開。

一如古埃及菁英份子，現在大多數人一生汲汲營營，也都是想蓋起某種金字塔，只不過這些金字塔在不同文化裡，會有不同的名字、形體和規模罷了。舉例來說，可能是一間近郊的獨棟透天別墅，有游泳池和大庭院，也可能是一間閃閃發光的高樓公寓，有著令人摒息的美麗景觀。但很少人會真的去問，究竟為什麼我們會想打造這些金字塔？

三、想像建構的秩序，存在於人與人的思想連結中。

就算假設藉著某些超自然的力量，我讓自己的欲望跳脫出了這個由想像建構的秩序，但我還是只有自己一個人。想要改變這個秩序，我還得說服數百萬個陌生人都和我合作才行。原因就在於：由想像建構的秩序並非個人主觀的想像，而是存在於千千萬萬人共同的想像之中，這就是所謂**互為主體性**（inter-subjectivity）現象。

要瞭解這一點，我們必須解釋一下「客觀」、「主觀」和「互為主體性」三者有何不同。

「客觀」事物的存在，不受人類意識及信念影響。例如「放射性」就不是一個虛構的故事。早在人類發現放射性之前，放射性就

已經存在；而且就算有人不相信有放射性存在，還是會受到它的傷害。像是發現放射性的居禮夫人，就沒想過多年研究放射性物質會傷害她的身體。雖然她不相信放射性會對她有害，最後她還是死於因為過度暴露於放射性物質，而造成的再生不良性貧血。

「主觀」事物的存在，靠的是某個單一個人的意識和信念。如果這個人改變了自己的信念，這項主觀事物也就不復存在，或是跟著改變。像是許多小孩都會想像，自己有一個只有自己看得到、聽得見的朋友。這個想像中的朋友只存在於孩子的主觀意識中，等到孩子長大、不再相信，這個朋友也就從人間蒸發了。

「互為主體性」的存在，靠的是許多個人主觀意識之間的連結網絡。就算有某個人改變了想法，甚至過世，對這現象的影響並不大。但如果是這個網絡裡的大多數人都死亡、或是改變了想法，這種互為主體性就會消失、或是產生變化。之所以會有互為主體性，目的並不是要互相欺瞞，也不是彼此只想打哈哈敷衍。雖然它們不像放射性會直接造成實質影響，但是對世界的影響仍然不容小覷。歷史上有許多最重要的驅動因素，都是具有互為主體性的概念，包括法律、金錢、神、國家。

▎集體信念——如同監獄的高牆

讓我們再次以寶獅汽車做為例子。這家公司並不是寶獅執行長自己心中想像出來的朋友，而是存在於數百萬人心中的共同想像。這位執行長之所以相信公司存在，是因為董事會也這麼相信，公司請的律師也這麼相信，辦公室裡的同仁也這麼相信，銀行人員也這麼相信，證券交易所的業務員也這麼相信，還有從法國到澳洲的汽

車經銷商，大家都是這麼相信的。如果某一天，執行長自己不相信寶獅汽車存在了，他很快就會被送到最近的精神病院，還會有人來坐進他的執行長辦公室。

同樣的，不論是美元、人權或是美國，都是存在於數十億人的共同想像之中，任何一個獨立的個體都無力撼動這些概念。就算我自己下定決心不再相信美元、人權和美國，也無法造成任何改變。正因為這些由想像建構的秩序具有互為主體性，若想要改變這些秩序，就得要同時改變數十億人的想法，這絕非易事。想要達到這種大規模的改變，必然需要有複雜的組織在背後協助，可能是政黨、可能是思潮運動、也可能是某個宗教教派。然而，為了建立這種複雜的組織，就得說服許多陌生人共同合作，而這又得靠著他們都相信另一些共同的虛構故事，才行得通。由此可見，為了改變現有由想像建構出的秩序，就得先用想像建構出另一套秩序才行。

舉例來說，想解決掉寶獅汽車，我們就需要想像出更強大的東西，像是法國的法律制度。而想解決掉法國的法律制度，我們又需要想像出更強大的東西，像是法國的國家力量。而如果想解決的是法國，就還得再想像出更強大的東西才行。

身為智人，我們不可能脫離想像所建構出的秩序。每一次我們以為自己打破了監獄的高牆、邁向自由的前方，其實只是到了另一間更大的監獄，把活動範圍稍稍加以擴大而已。

第**7**章

大腦記憶過載

　　演化並沒有讓人擁有踢足球賽的能力。確實，演化讓人有腳能踢球、有肘能犯規、還有嘴能罵人，但這些加起來，頂多就是讓人能自己玩玩球而已。想在某個下午，和球場上的陌生人一起來踢場足球賽，不只得和十個可能從未見過面的人合作當隊友，還得知道對方十一個人也會遵守一樣的規則。

　　有些時候，其他動物也會和陌生同類合作，進行仿若儀式的攻擊舉動，但通常都是出於本能。例如幾隻小狗有時候會圍攻一、兩隻小狗，咬來咬去、亂成一團，但那是深植於牠們基因裡的設計。而我們人類的孩子體內，可沒什麼玩足球的基因。我們之所以能和完全陌生的人踢場球賽，是因為大家都學過同樣一套足球規則。這些規則全部都是想像出來的，不過只要大家都同意，還是能玩得十分開心。

　　這種情況同樣適用於像是王國、教會或貿易網等較大的規模，只有一項重要區別：複雜的程度不同。相對來說，足球的規則簡單明瞭，很像是過去狩獵採集時代，各個小遊群或小部落之間要合

作時的共識。所有球員都可以輕輕鬆鬆把規則全部記在腦子裡，同時大腦還有餘裕記得一些歌曲、影像，甚至是待會要買什麼。只不過，如果不是像這樣只有二十二個人要合作，而是有幾千人、甚至幾百萬人要合作，需要儲存及處理的資訊量就會極度龐大，絕不是任何單一人腦所能記憶處理的。

大腦不是良好的資訊儲存設備

某些其他物種，像是螞蟻和蜜蜂，也能形成大型社會，而且穩定又靈活。但這是因為牠們的基因體裡就已經儲存了合作所需的大部分資訊。蜜蜂的未受精卵會發育成雄蜂，受精卵則發育成雌蜂，但雌蜂幼蟲依據被餵食的食物不同，長大後可能成為蜂后，也可能成為一般的工蜂。而在牠們的DNA裡，都已經為未來的不同角色都設定好必要的行為模式。蜂巢的社會結構非常複雜，有許多不同種類的工蜂，有的負責覓食、有的負責照護、有的負責清潔等等。但到目前為止，我們可沒人見過有蜜蜂當律師負責打蜜蜂官司。之所以蜜蜂不需要律師，是因為不會有蜜蜂忘記或違反什麼蜂巢憲法。蜂后不會把工蜂騙來打掃卻不給食物，工蜂也不會忽然罷工要求更高的薪資。

但人類可就不同了，這種事總是不斷發生。因為智人的社會秩序是透過想像而建構，維持秩序所需的關鍵資訊無法單純靠DNA複製就傳給後代，需要透過各種努力，才能維持種種法律、習俗、禮儀，否則社會秩序很快就會崩潰。舉例來說，漢摩拉比國王將人分成上等人、平民和奴隸，但這件事不像是蜜蜂的階級制度那樣寫在基因體裡，並不是一個自然的區分方式。如果巴比倫人無法讓大

家的心裡都有這項「真理」，整個社會就會停止運作。同樣的，就算是漢摩拉比本人，他後代的DNA裡也沒記載上等人如果殺了一個平民女性就該付30舍客勒的銀子。漢摩拉比必須特地教導他的兒子，告訴他帝國的法律是如何如何，以後再由兒子來教孫子，以此代代相傳。

一個帝國要運作，會產生大量的資訊。除了法律之外，帝國還必須記錄各種交易和稅收、軍用物資和商品的庫存量，還有各種節慶及打勝仗的日期。在先前的幾百萬年間，人類只有一個地方可以記錄資訊：他們的大腦。但很遺憾，對於整個帝國這麼大的資料量來說，人類的大腦並不是很好的儲存設備，主要原因有三：

第一，大腦的容量有限。確實有些人記憶力驚人，而且古代也有人專研記憶術，整個省的地形地勢瞭然於胸、整部國家法典倒背如流。儘管如此，還是有連記憶大師也無法超越的限制，像是律師就算能把整個麻州的法條都背起來，也不可能把從十七世紀塞勒姆（Salem）女巫審判以降、所有的訴訟細節全記得一清二楚。

其次，人類總難免一死，而大腦也隨之死亡。所以任何儲存在大腦裡的資訊，大多在一個世紀內就會消失。當然，我們可以把記憶從一個大腦傳遞到另一個大腦裡，但傳遞幾次之後，資訊總是會失真、或是遭到遺忘。

第三點、也是最重要的一點，在於人類的大腦經過演化，只習慣儲存和處理特定類型的資訊。為了生存，遠古的狩獵採集者必須能記住數千種動植物的形狀、特性和行為模式，像是他們必須記住一朵皺巴巴的黃色菇類，如果是秋天長在榆樹下，就很可能有毒，但如果是冬天長在橡樹下，就是一種很好的胃藥。此外，狩獵採集者也得記住遊群裡幾十個人彼此的意見和關係，例如：假設露西需

要遊群裡有人幫她擋住約翰，叫他別來騷擾她，就很需要記得像是約翰上星期與瑪麗吵了一架，所以現在找瑪麗來幫她擋住約翰，瑪麗肯定樂意。因此，演化壓力讓人類的大腦善於儲存大量關於動植物、地形和社會活動的資訊。

然而在農業革命之後，社會開始變得格外複雜，另一種全新的資訊類型也變得至關重要：數字。

採集者以前從來不需要處理大量的數字，例如採集者不用記得森林裡每棵樹上有幾枚果子；也因此，人類的大腦不習慣儲存數字和處理數字。然而如果要管理一個大國家，數字可說是一大關鍵。國家光是立法、講些關於守護神的故事還不夠，像是收稅這種事就萬萬不可少。而為了向數十萬國民收稅，就必須先蒐集關於國民收入及財產的數據、關於繳款的數據、關於欠款和罰款的數據、關於扣除額及免稅額的數據。這些數字總共會有數以百萬位元計的資料需要儲存和處理。國家要是無法應付，就永遠不知道手中有什麼資源、未來又能利用什麼資源。但是對大多數人來說，講到要記憶、回憶、處理這類的數字，不是覺得腦力過載，就是覺得昏昏欲睡。

這種人腦的限制，大大局限了人類合作的規模和程度。如果某個社會的人數和物品的數量超過某個臨界值，就必定需要儲存和處理大量的數字資料；但人腦又力有未逮，於是過於龐大的社會系統就會崩潰。正因如此，就算在農業革命後的數千年間，人類的社會網絡比起現代，還是相對規模較小、也相對簡單。

最早克服這項問題的是古代美索不達米亞南部的蘇美人。當地豔陽高照、平原肥沃，發展出發達的農業、繁榮的城鎮。隨著居民人數增長，要協調各項事務所需的資訊也不斷膨脹。在西元前3500年至3000年之間，一些不知名的蘇美天才，發明了一套系統，可以

在人腦之外儲存和處理資訊，而且是專為處理大量數字資料，量身打造的。從此，蘇美人的社會秩序不再受限於人腦的處理能力，開始能走向城市、走向王國和帝國。蘇美人所發明的這套數字處理系統，正是**書寫文字**。

歷史上第一個文本

文字是透過實體符號來儲存資訊的方式。蘇美文字系統的做法是結合了兩種類型的符號，刻印在黏土泥板上。第一種符號代表的是數字，分別有符號可以表達 1、10、60、600、3,600 以及 36,000。（蘇美人的數字系統分別以 6 和 10 做為基數。即使到現在，我們的生活中還是處處可見以 6 為基數的數字系統，例如一個圓有 360 度、一天有 24 小時）。另一類型的符號則代表人、動物、商品、領土、日期等等。結合這兩種符號，蘇美人能夠記下的資料量，就能夠遠勝於任何大腦的容量、或任何 DNA 所含的遺傳密碼。

在早期，文字只用來記錄事實和數字。就算蘇美人當時真的有過小說，也從來不曾刻印到泥板上。畢竟，當時要寫下文字不僅耗時，而且能閱讀的群眾也太少，所以除了必要的紀錄之外，實在沒有書寫的必要。如果我們想知道人類的祖先在五千年前，是不是寫下了什麼智慧的話語，很可能會非常失望。舉例來說，目前找到人類祖先最早留給我們的訊息是「29,086 單位大麥 37 個月庫辛」。這句話最有可能的解讀是：「在 37 個月間，總共收到 29,086 個單位的大麥。由庫辛簽核。」

很遺憾，人類史上的第一個文本，不但不是哲學巧思、不是詩歌、不是傳奇、不是法律，甚至也不是對王室歌功頌德，而是無聊

至極的流水帳，記錄了各種稅務、債務，以及財產的所有權。

除此之外，遠古時代只有另一個其他類型的文本倖存，而且甚至比那塊泥板更無趣：就只是一堆單詞，由當時的文士一再重複抄寫，做為練習。其實，就算當時的學生已經抄帳單抄到深感無聊，想要自己寫首詩，客觀條件也不允許。最早的蘇美文字只能部分表

13. 來自古城烏魯克（Uruk）大約西元前3400至3000年的泥板，記載著當時的行政文書。這裡的「庫辛」可能是當時的某個職稱、又或是某個人的名字。如果庫辛真的是名字，他可能就是史上第一個我們知道名字的人！所有先前我們使用的名稱，像是尼安德塔人、納圖芬人、雪維洞穴、哥貝克力石陣，都只是現代人為它們取的名字。像是哥貝克力石陣，我們其實並不知道當時建造它的人怎麼稱呼這個地方。而在文字出現之後，我們終於能夠「透過當時人的耳朵，聽到」一些歷史。很有可能，當時庫辛的鄰居就會朝著他大叫「庫辛！」。這一切在在說明，史上第一個記下的名稱或名字，是屬於一位會計師，而不是什麼先知、詩人，或是偉大的征服者。[49]

意，而無法完整表意。所謂**完整表意**（full script），指的是這套符號能夠大致完整表達出口頭語言；這樣一來，就能表達一切人類口傳的內容，包括詩歌。但另一方面，所謂**部分表意**（partial script），就是指這套系統只能呈現特定種類的資訊、局限於特定領域的活動。舉例來說，拉丁文、古埃及象形文字和盲人點字都能夠完整表意，不論是稅籍、商事法、菜單、情詩、史書，全部難不倒它。相較之下，最早的蘇美文字就像是現代的數學符號和音樂符號，只能部分表意。例如數學符號雖然能用來計算，但要寫情詩就做不到了。

　　對蘇美人來說，蘇美文字不能拿來寫詩，似乎並不是什麼大問題。畢竟他們發明文字的目的不在於複製口語，而是想要完成一些口語沒做到的事。這就好比在哥倫布抵達美洲之前，安地斯山脈就

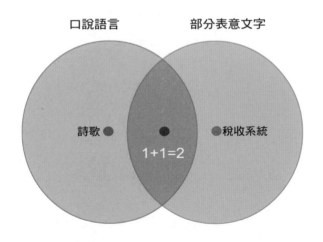

雖然部分表意的文字系統無法完整傳達人類的口語，但也能表達一些不在口語範圍內的意義。像是蘇美文字、數學符號，雖然不能拿來寫詩，但講到記帳收稅，可是效率一流。

有一些文化，從來只有部分表意的文字，他們並不會覺得這樣不夠用，也不覺得有必要發展成完整表意的文字。安地斯文化的文字和蘇美文字大有不同，不同的程度大到有很多人甚至不認為安地斯文化的文字是一種文字。

　　安地斯文化的文字不是寫在泥板或紙張上，而是在各種顏色的繩子上打結來表示，稱為結繩語（quipu）。每個結繩語的文本，都有許多不同顏色的繩子（材質可能是羊毛，也可能是棉花），在每條繩子的各種位置上，綁著幾個結。光是一個結繩語文本，就可能有數百條繩子、幾千個結。透過這些不同顏色、不同繩子、不同打法的結，安地斯文化就能記錄大量的數字資料，像是稅收或是財產資料。[50]

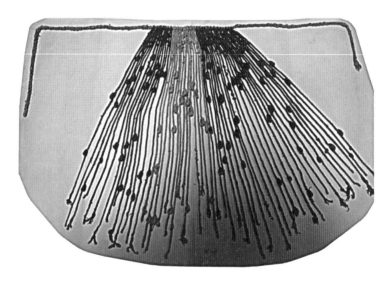

14. 十二世紀的安地斯文化結繩語。

數百年、甚至數千年來，對於安地斯山脈當地城市、王國和帝國的商業來說，結繩語都是不可或缺的。[51] 結繩語在印加帝國時期達到鼎盛，當時印加帝國人口約有十萬到十二萬，疆域涵括今日的祕魯、厄瓜多和玻利維亞，以及部分的智利、阿根廷和哥倫比亞。這樣龐大的帝國需要複雜的行政系統，也就需要儲存和處理大量資料，要是沒有結繩語，絕對是不可能的任務。

事實上，正因為結繩語有效又準確，就算在西班牙人占領南美之後，還是用結繩語來管理他們建立的新帝國。但問題在於，西班牙人並不知道該如何記錄和閱讀結繩語，一切有賴當地專業人士協助。這些新統治者很快便意識到，這讓當地的結繩語專家能夠輕易欺瞞和誤導統治者，情勢大大不利。所以等到西班牙的統治勢力站穩扎根了，就全面廢棄結繩語，所有紀錄皆改用拉丁文和數字。而在西班牙占領過後，結繩語文本絕大多數均已佚失，即使倖存，也因為能閱讀的人才凋零，成了無人能懂的文本。

▌ 如何檢索文本？

終於，美索不達米亞人開始希望：除了無聊的數字資料外，還能寫些別的東西。在西元前3000年到2500年間，蘇美文字系統逐漸加入愈來愈多的符號，成為能夠完整表意的文字，我們今天稱之為 **楔形文字**（cuneiform）。到了西元前2500年，國王已經能用楔形文字頒布法令，祭司用它來記錄神諭，至於一般平民大眾則是用來寫信。

差不多同一時間，埃及也發展出另一種能夠完整表意的文字，稱為**古埃及象形文字**（hieroglyphics）。中國則在大約西元前1200年、

而中美洲各地在西元前1500年間，也都發展出了完整表意的文字。

　　從這些最初的農業中心，完整表意的文字開始向四方傳播，並發展出各種形式以及新用途，讓人開始用文字來寫詩、編史、記食譜、耍浪漫、演戲劇、甚至提預言。然而，文字最重要的任務仍然是記錄大量的數字資料，而這也是部分表意文字的特別強項。無論是《希伯來聖經》、希臘史詩《伊里亞德》、印度的長敘事詩《摩訶婆羅多》，或是佛教的《大藏經》，一開始都是口述作品。這些作品世世代代靠的都是口傳，就算沒有發明文字，也還是會流傳下去。但講到稅務登記和複雜的官僚制度，就必須等到部分表意的文字出現後，才應運而生，而且就算到了今天，還是像連體嬰一樣密不可分——就好像你想進入電腦資料庫查詢、或打開電子試算表，都需要鍵入使用者代碼和使用者密碼一般。

　　隨著愈來愈多的事情透過文字記載，特別是行政檔案資料變得無比龐雜，也就出現了新的問題。

　　記在人腦裡的資訊找起來非常方便。以我自己為例，雖然我的大腦裡藏著幾十億位元的資料，但我可以幾乎是立刻想起義大利首都的名字，再想起我在2001年911事件那天做了什麼，還能馬上想出從我家到耶路撒冷希伯來大學的路線。至今，大腦為何能做到這樣，仍然是謎，但我們都知道，大腦的檢索系統效率實在驚人。（只不過，找鑰匙這件事可能是例外。）

　　那麼，如果是結繩語的繩子、或是刻著文字的泥板，又該怎麼檢索資料呢？如果只有個十片、甚至一百片泥板，都還不是問題。不過，若是像漢摩拉比同時代的馬里（Mari）城邦的國王齊默里寧（Zimrilim），已經累積了數千片泥板，該怎麼辦？

　　想像一下在西元前1776年，兩個馬里人在爭論一片麥田的所

有權。雅各言之鑿鑿，說他早在三十年前，就向以掃買了這片田。但以掃不同意，說他只是把這片田地租給雅各，租期三十年，現在租期到了，他要收回土地。雙方火氣上升，開始互相叫囂推打，但他們忽然想到，可以到王室的檔案庫去查查，那裡有全王國房產地產的產權紀錄。

但是等他們抵達了檔案庫，兩人就被各部門的人，像皮球踢來踢去，叫他們先坐下來喝杯青草茶、歇一會兒，或是明天請早。好不容易終於有個承辦人員一邊碎碎唸、一邊帶著他們去找相關的泥板。承辦人員打開一扇門，來到一個巨大的房間，從地板到天花板堆積著成千上萬片泥板。也難怪承辦人員心情糟，他該怎樣才能找到記著三十年前麥田合約的那塊泥板？就算找到了，又怎麼能知道這塊三十年前的泥板就是關於這片麥田的最新合約？另外，如果找不到這塊泥板，難道就能說以掃從未出售或出租這片麥田嗎？會不會只是泥板搞丟了，或是某次下雨滲水把它給溶了？

▌官僚制度的奇蹟

顯然，光是把紀錄壓印在泥板上，並沒有辦法讓資料處理有效率、準確和方便。我們還需要有組織工具（像是編目）、快速的複製工具（像是影印機）、快速準確的檢索工具（像是電腦搜尋），而且還得有夠聰明（最好心情還能好一些）的負責人員，能夠瞭解這些工具的使用方法。

事實證明，要發明這些工具比發明書寫文字難上太多了。在許多時間和地點都相差甚遠的文化裡，都曾經各自發展出自己的文字系統。每隔幾年，總有考古學家又發現了其他某種被遺忘的文字，

甚至有些還可能比蘇美泥板更久遠。但這些文字多半就只是些新鮮卻不實用的發明,原因就在於這些文化沒能找出方法,來有效編目和檢索資料。而蘇美、古埃及、古中國和印加帝國的特殊之處,就在於這些文化都發展出了良好的技術,能夠將文字紀錄予以歸檔、編目和檢索,另外還投入資本,培養人才來負責抄寫、做資料管理和會計事務。

考古學者在美索不達米亞發現了一份當時的書寫作業,讓我們得以一窺大約四千年前的學生生活:

> 我走進去坐下,老師來檢查我的泥板。
>
> 他說:「你漏了一些東西!」
>
> 然後他就用棍子打我。
>
> 另一個管事的人說:「未經我允許,你竟敢講話?」
>
> 然後他就用棍子打我。
>
> 管秩序的人說:「未經我允許,你竟敢站起來?」
>
> 然後他就用棍子打我。
>
> 看門的說:「未經我允許,你竟敢出去?」
>
> 然後他就用棍子打我。
>
> 管啤酒壺的說:「未經我允許,你竟敢倒啤酒?」
>
> 然後他就用棍子打我。
>
> 蘇美語的老師說:「你竟敢說阿卡德語?」[4]
>
> 然後他就用棍子打我。
>
> 我的老師說:「你的字很醜!」
>
> 然後他就用棍子打我。[52]

　　古代的抄寫員不但得會讀會寫，還得知道如何查目錄、辭典、日曆、表單和表格。他們須學習並內化種種編目、檢索和處理資料的技巧，而且這些都和大腦原本內建的機制非常不同。在大腦裡，所有資料都很自由的互相連結。像是我和另一半一起去辦新家抵押貸款的時候，腦海裡就想到我倆一起住的第一個地方，又讓我想到去紐奧良度的蜜月，再想到鱷魚，再想到西方的惡龍，再想到歌劇《尼布龍根指環》，結果不知不覺就哼起了歌劇裡面齊格飛的主旋律，把銀行職員搞得一頭霧水。

　　對於官僚制度來說，各種資料必須清楚分開。一個抽屜放住宅抵押貸款，一個放結婚證書，第三個放稅務登記，第四個放訴訟案件。否則哪知道該到哪去找？而如果有某件事情同時屬於很多個抽屜（例如華格納的音樂劇究竟該算是「音樂」還是「戲劇」？還是應該另列一類？），可就頭痛了。所以，這些制度總是在不停新增、刪除和重新分配這些抽屜。

　　為了要讓工作順利，要操作這種抽屜系統的人必須接受訓練，思考的方式不能像一般人，而是得有專業文書和會計人員的樣子。從古至今，我們都知道文書和會計的想法就是有點沒人性，像個文件櫃一樣。但這不是他們的錯。如果他們不這樣想，他們的抽屜就會一片混亂，也就無法為政府、公司或組織提供所需要的服務。

　　而這也正是文字對人類歷史所造成最重要的影響：它逐漸改變了人類思維和看待這個世界的方式。過去的自由連結、整體思考，已經轉變為分割思考、官僚制度了。

---

[4] 就算當時大家都講阿卡德語，但蘇美語仍然是官方治理用的語言，因此也是各項紀錄所用的語言。立志成為抄寫員的人，就得講蘇美語。

數字的語言

幾個世紀過去，官僚制度式的資料處理方式，與人類自然思考方式的差異愈來愈大，重要性也愈來愈高。還不到九世紀的時候，發明了另一種部分表意的文字，讓儲存和處理數字資料的效率一日千里，奠下重要的里程碑。

這種部分表意的文字是由十個符號組成——由 0 到 9 這十個符號來代表數字。很容易讓人搞錯的一點在於：雖然這些符號現在稱為**阿拉伯數字**，但其實是印度人發明的。而且，現代阿拉伯人自己還用了一組和西方頗不相同的數字符號系統，就更叫人滿頭霧水了。之所以現在我們會稱為阿拉伯數字，是因為阿拉伯人攻打印度時，發現了這套實用的計數系統，再加以改良傳到中東、進而傳入歐洲。等到有幾個其他符號加入了阿拉伯數字系統，例如加號、減號、乘號，就成了現代數學記號的基礎。

雖然這整套系統仍然只是部分表意的文字符號，但這已經成為全世界的一大重要語言。幾乎所有的國家、企業、組織和機構，不管講的是阿拉伯語、印度語、英語、或是挪威語，都必須使用數學記法來記錄及處理資料。只要能將資訊轉成數學記法，儲存、傳播和處理的速度與效率，就能快到令人嘆服。

因此，如果哪個人想影響政府、組織和企業的決策，就必須學會「用數字說話」。而專家也費盡心力，甚至像是「貧窮」、「幸福」和「誠實」這些概念，都能翻譯成一個又一個的數字，成了「貧窮線」、「主觀幸福感程度」、「信用等級」。而像是物理和工程方面，幾乎整個知識領域都快要和人類的口語脫節，而由數學符號獨挑大梁，例如：

$$\ddot{\mathbf{r}}_i = \sum_{j \neq i} \frac{\mu_j (\mathbf{r}_j - \mathbf{r}_i)}{r_{ij}^3} \left\{ 1 - \frac{2(\beta + \gamma)}{c^2} \sum_{l \neq i} \frac{\mu_l}{r_{il}} \right.$$

$$- \frac{2\beta - 1}{c^2} \sum_{k \neq j} \frac{\mu_k}{r_{jk}} + \gamma \left(\frac{\dot{s}_i}{c} \right)^2$$

$$+ (1 + \gamma) \left(\frac{\dot{s}_j}{c} \right)^2 - \frac{2(1 + \gamma)}{c^2} \dot{\mathbf{r}}_i \cdot \dot{\mathbf{r}}_j$$

$$- \frac{3}{2c^2} \left[\frac{(\mathbf{r}_i - \mathbf{r}_j) \cdot \mathbf{r}_j}{r_{ij}} \right]^2 + \frac{1}{2c^2} (\mathbf{r}_j - \mathbf{r}_i)$$

$$\left. \cdot \ddot{\mathbf{r}}_j \right\}$$

$$+ \frac{1}{c^2} \sum_{j \neq i} \frac{\mu_i}{r_{ij}^3} \left\{ [\mathbf{r}_i - \mathbf{r}_j] \right.$$

$$\left. \cdot [(2 + 2\gamma) \dot{r}_i - (1 + 2\gamma) \dot{r}_j] \right\} (\dot{\mathbf{r}}_i - \dot{\mathbf{r}}_j)$$

$$+ \frac{3 + 4\gamma}{2c^2} \sum_{j \neq i} \frac{\mu_j \ddot{\mathbf{r}}_j}{r_{ij}}$$

這是根據相對論推導出來的公式，能夠計算在重力影響下，某一質量的加速度。大多數人只要見到這個公式，都只能瞠目結舌，像是鹿在路上被車燈照到一樣。這種反應其實很自然，並不代表這個人天生愚魯或是缺乏好奇心。除了極少數例外，人類大腦就是沒有思考像是相對論或是量子力學這些概念的能力。物理學家之所以能這樣思考，是因為他們拋下了傳統的人類思維方式，從頭學習如何在外部資料處理系統的協助下思考。他們的思考過程有很重要的一部分並不是在他們的腦子裡，而是在電腦裡、或是在教室黑板上。

近來，數學符號已經帶來另一種更革命性的文字系統——電腦所使用的二進位程式語言，全部只有兩個符號：0 與 1。就像現在我用鍵盤打到電腦上的所有文字，也都是由 0 和 1 的組合所呈現。

文字本來應該是人類意識的僕人，但現在正在反僕為主。電腦並無法理解智人如何書寫、說話、感覺和編織夢想，所以我們現在反而是用一種電腦能夠理解的數字語言，來教導智人如何書寫、說話、感覺和編織夢想。

人類是靠著智能與溝通，成了世界的統治者。但到最後，電腦有可能正是在這兩個領域超越人類。整個過程肇始於五千年前的幼發拉底河谷，蘇美科技宅開始把人類大腦的資料處理工作外包給黏土板；最後到了矽谷，由平板電腦大功告成。人類或許依然存在，但不再能夠真正理解這個世界。新的世界統治者，將會是一長串的零與一。

第**8**章

歷史從無正義

　　農業革命之後幾千年的歷史，可以總結為一個問題：如果人類的基因裡並沒有大規模合作的生物本能，所有的合作網路究竟是如何維繫的？簡單的講法是：人類創造出了由想像建構的秩序，並且發明了文字，以這兩者補足我們基因中的不足。

　　但是對許多人來說，這些合作網路究竟是好是壞，實在難說。網路背後那些想像的秩序，既不中立、也不公平，總是把人分成一些其實並不存在的分類，並且排出上下等級。上等人享有各種權力和特權，而下等人擁有的，只有歧視和壓迫。以《漢摩拉比法典》為例，就將社會分成上等人、平民和奴隸。上等人養尊處優，享盡一切好處；平民只能撿撿上等人用剩下的東西；而奴隸如果還敢抱怨，就等著吃苦頭了。

　　就算是1776年的〈美國獨立宣言〉，儘管把「人人生而平等」喊得震天價響，其實還是把人分成了上下等級。獨立宣言區分了男女，男性從中得利，但女性卻被剝奪了同樣的權利。獨立宣言也區分了白人、黑人和美洲原住民，讓白人享有自由民主，卻認為黑人

163

和美洲原住民是比較劣等的人類，不該享有平等的權利。當時許多蓄奴的人也簽了獨立宣言，他們簽署後並未釋放奴隸，但一點也不覺得自己言行不一。在他們看來，黑鬼哪有什麼「人」權？

美國這套秩序還區分了貧富之間的階級。當時，美國人對於有錢爸媽把遺產和家族企業留給子女，多半不覺得有什麼問題。在他們看來，所謂「平等」指的只有「法律之前人人平等」這件事，而與失業救濟、教育或健康保險無關。至於當時的「自由」，也與今天截然不同。在1776年，「自由」並不代表權利遭侵奪的人能夠取得並行使權力（至於黑人、美洲原住民或女性更是絕無可能），而只是代表著除非特殊狀況，否則國家不能沒收或處分公民的私有財產。這麼說來，美國這套秩序所奉行的就是「財富的階級」，有些人會認為這就是神的旨意，也有些人會認為這是不變的自然律。這些人會說，勤勞致富、懶惰則困窮，這是自然的賞罰原則。

想像所建構的社會階級

然而，以上所有的區別，不管是自由人與奴隸、白人與黑人、富人與窮人，都只是想像所建構出來的。（後面會另外談男女的階級問題。）歷史的鐵律告訴我們，每一種由想像建構出來的秩序，都絕對不會承認自己出於想像和虛構，而會大談自己是自然、必然的結果。舉例來說，許多贊成奴隸制度的人就認為，這是自然現象，並不是人類發明的制度。漢摩拉比認為，為人或為奴是神決定的。亞里斯多德也認為，奴隸有「奴隸的本質」，而自由人有「自由的本質」，他們的社會地位不同，只是本質的展現。

而且，如果你問一個白人至上主義者，為什麼贊成種族階級制

度？他幾乎一定能跟你滔滔不絕的來一場偽科學講座，告訴你不同種族之間本來就有生物學上的差異，像是白人的血液或基因必有什麼特殊之處，讓他們天生更聰明、更有道德感、也更勤奮。另外，如果你問一個資本主義的忠實擁護者，為什麼贊成財富階級制度？他也很可能告訴你，這正是客觀能力差異帶來的必然結果。這些人認為，有錢人之所以有錢，是因為他們能力更強、工作更認真。這樣一來，有錢人該有更好的醫療保健、更好的教育、更好的營養，也是天經地義的事。這每分每毫，都是他們應得的。

　　至於贊成種姓制度的印度人則相信，是宇宙的力量劃分了種姓階級。根據著名的婆羅門教神話，諸神是以原人普羅沙（Purusa）的身體創造了這個世界：他的眼睛化成太陽、他的大腦化成月亮、他的口化成婆羅門（祭司），他的手化成剎帝利（貴族、武士），他的大腿化成了吠舍（農民和商人等平民），而他的小腿則化成了首陀羅（僕人）。如果相信這種說法，那麼婆羅門和首陀羅的社經地位差異就再自然不過，就像太陽和月亮本來就該有所不同。[53] 而中國古代的《風俗通義》也記載，女媧開天闢地的時候要造人，一開始用黃土仔細捏，但後來沒有時間餘力，便用繩子泡在泥裡，再拉起來，飛起的泥點也化成一個一個的人，於是「富貴者，黃土人；貧賤者，引繩人也」。[54]

　　然而就我們目前所知，這些階級區別全都是人類想像的產物罷了。不管是婆羅門或是首陀羅，都不是諸神從某個原人的不同身體器官創造出來的。這兩個種姓階級的區別，不過就是大約三千年前在印度北部、由人類發明的一套法律和規範。而亞里斯多德的講法也有問題，奴隸和自由人之間並沒有已知的生物學差異，一切都是因為人類的法律和規範，才讓某些人變成奴隸、某些人變成主人。

至於黑人和白人之間，雖然有例如皮膚顏色和毛髮類型之類的客觀生物學差異，但也沒有證據顯示這些差異會影響到智力或道德觀。

大多數人都會認為，只有自己社會的階級是自然的，其他社會的階級分法都太虛假又荒謬。像是現代的西方教育對種族階級制度嗤之以鼻，如果現在有法律禁止黑人住在白人社區、進入白人學校就讀、或到白人醫院就醫，一定會引發軒然大波。但如果說的是貧富階級，有錢人住在獨立、豪華的住宅區，就讀專為有錢人提供的私立名校，能進到專為有錢人提供的高檔醫療機構，這些事對於許多美國人和歐洲人來說，卻似乎是再天經地義也不過。但事實已經證明，大多數有錢人之所以有錢，只是因為他出生在有錢家庭，大多數窮人一輩子沒錢，也只是因為他出生在貧窮家庭而已。

▌階級命定論

但不幸的是，複雜的人類社會似乎就是需要這些由想像建構出來的階級制度和歧視。當然，各種階級制度的不公不義程度不一，某些社會的歧視也比其他社會更為嚴重或極端，但至少就目前學者的研究，還沒有任何一個大型人類社會能真正免除歧視的情形。一次又一次，人類要讓社會有秩序的方法，就是將社會的成員區分成各種想像出來的階級，像是上等人、平民與奴隸，白人與黑人，貴族與平民，婆羅門與首陀羅，又或是富人與窮人。所有這些階級，就是要讓某些人在法律上、政治上或社會上高人一等，從而規範了數百萬人的關係。

階級有其重要功能。有了階級之後，陌生人不用浪費時間精力真正瞭解彼此，也能知道該如何對待對方。賣車的業務員每天面對

幾十位來店的顧客，必須能夠立刻判斷自己該在每位顧客身上投入多少心思，不可能有時間精力去做完整的身家調查，知道每位顧客個性如何、口袋又有多深。所以他得抓住某些「社交線索」，像是顧客的衣著打扮、年齡，甚至是膚色、髮色，讓業務員能夠立刻判斷這位顧客究竟是個有錢的律師，準備購入一輛頂級名車，或者是個普通上班族，只是來晃晃、做做白日夢。

　　當然，天生能力的差異也是造成社會階級的重要因素，但是種種不同的能力和性格，常常還是會受到想像的社會階級所影響。這主要有兩大方面。

　　第一、也是最重要的一點，就是大多數的能力也需要培養和發展。就算某個人天生具有某種才能，如果不經過積極培養、磨練和運用，常常也就沒什麼表現的機會。但這些機會絕非人人平等，常常都得看他們在「由想像建構出來的社會階級」身處何處而定。

　　假設在1700年的中國有一對雙胞胎，一出生就被分隔兩地。哥哥由北京的巨賈家族撫養，上學堂、逛市場、往來的都是富商大戶；弟弟則交給偏遠省份小村莊的務農人家，整天踩著稻田裡的一片泥濘。雖然兩人基因完全相同，但等他們二十歲長大成人，做生意（或是下田種稻）的能力，應該極為不同。

　　第二，就算身處不同階級的人發展出了完全一樣的能力，因為他們面對的遊戲規則不同，最終結果也可能天差地別。舉例來說，假設種稻的雙胞胎弟弟也發展出了與從商的哥哥完全相同的商業頭腦，致富的機率仍然大不相同。這場經濟遊戲，其實早就被種種法律限制和潛規則給綁手綁腳。弟弟就算到了北京，但穿著破爛、舉止粗鄙、一口城裡人聽不懂的方言，很快就會發現，在商業的世界裡，禮儀和人際關係的重要性遠遠高過基因。

人類大歷史
Sapiens

▌印度種姓制度的根源

　　雖然說所有社會的基礎，都同樣是由想像建構出來的秩序，但種種秩序卻又各有不同。這些差異的原因為何？傳統的印度社會是用種姓制度來區分階級，土耳其人則是用宗教來區分，美國用種族區分，但為何如此？這些階級制度開始時，多半只是因為歷史上的偶發意外，然而部分群體一旦取得既得利益之後，經過世世代代不斷加以延續改良，才會形成現在的模樣。

　　許多學者推測，印度種姓制度成形的時間是在大約三千年前，印度雅利安人（Indo-Aryan，屬於高加索的白人）入侵印度，征服當地居民。入侵者建立了階級森嚴的社會，可想而知，他們自己占的是最上等的位置（祭司和戰士），而當地人就只能做做僕人或奴隸。入侵者在人數上並不占優勢，很擔心失去他們的特權地位和獨特身分。為了防患未然，他們就把所有人民依種姓分類，各自需要擔任特定的職業，也各有不同的法律地位、權利和義務。不同種姓之間不僅不能有社交往來、不能結婚，甚至連一起吃飯也嚴格禁止。而且這一切除了法律規定，還成了宗教神話與儀式的重要部分。

　　統治者主張：種姓制度反映的是永恆的宇宙現實，而不是歷史的偶然。印度的宗教將「潔淨」和「不潔」視為兩大重要概念，也以此做為社會金字塔的根基。虔誠的印度教徒相信，與不同種姓的成員接觸，會造成汙染，而且汙染的不只個人，甚至還會汙染整個社會，也因此這實在是萬萬不可的社交行為。

　　然而，這種想法絕非印度教徒所獨有。縱觀歷史，幾乎所有社會都會以「汙染」和「潔淨」的概念，來做出許多社會及政治上的區隔，而且各個統治階層利用這些概念來維繫自身的特權，更是不

遺餘力。只不過，人之所以害怕汙染，並非完全只是因為祭司和統治者所捏造出來的神話。或許在人類天生的生存本能裡，看到可能帶著疾病的物體（例如病人或屍體）就會自然產生反感。所以，如果想排擠某一類的人，像是女性、猶太人、吉普賽人、同性戀者、黑人，最好的辦法就是大聲宣布：這些人有病、會造成汙染。

印度種姓制度和相關的「潔淨」概念，深植於印度文化。雖然現代印度人早已遺忘了印度雅利安人入侵的事件，但仍然堅信種姓制度，也仍然排斥種姓混合造成的「汙染」。當然，種姓並不是完全牢不可破。隨著時間過去，現在的種姓也發展出許多**副種姓**（sub-caste）。原本的四個種姓，現在已經變成三千種不同的**迦締**（jati，意為「出生」），但整個種姓系統的基本原則仍然相同，每個人出生就屬於特定階級，而破壞階級就是汙染了個人、也汙染了整個社會。一個人的迦締決定了他的職業、他的飲食、他的住處，還有他的結婚對象。一般來說，結婚對象只能來自同一個種姓階級，而他們的子女也繼承同樣的階級。

只要出現了新的職業、或是出現了一群新的人，就得先判斷他們是屬於哪一個種姓階級，才能在印度社會得到認可。而如果有一群人連被認定為種姓階級都不配，在這個階級分明的印度社會裡，他們就連在底層也稱不上。這種人叫「穢多」，他們居住的地方必須和所有其他人分開，活得充滿屈辱，只能靠著像是撿拾垃圾的方式維生。就算是種姓階級最下級的成員，也會盡可能避開穢多，不和穢多一起吃飯、避免碰觸到穢多，當然絕不可能與穢多通婚。

在現代印度，雖然民主政府竭盡全力想打破種姓的區別，告訴印度教徒跨種姓結婚往來，不會有什麼「汙染」，但無論在婚姻或職業方面，種姓制度的影響仍然揮之不去。[55]

▓ 歷史的偶然，卻落入惡性循環

現代美洲也延續著類似的種族階級制度的惡性循環。從十六世紀到十八世紀，歐洲征服者引進數百萬名非洲奴隸，到美洲做礦奴或農奴。之所以選擇非洲而非歐洲或東亞，環境因素有三：

第一，非洲與美洲地理接近，所以從塞內加爾進口奴隸，比起到越南找人更為容易。

第二，當時非洲已經發展出成熟的奴隸貿易（主要將奴隸出口至中東地區），但蓄奴在歐洲仍然非常罕見。可想而知，從現有市場買個奴隸，要比自己建立整個市場容易得多。

第三、也是最重要的一點，當時美洲的殖民農莊多半位於維吉尼亞、海地和巴西等地區，常有來自非洲的瘧疾和黃熱病侵擾。非洲人經過世世代代演化，對這些疾病已經發展出部分免疫力，但歐洲人全無招架之力，一病便倒。因此，農莊主人如果有點小聰明，就知道買奴隸或雇用工人的時候，應該挑非洲來的，而不是歐洲來的。諷刺的是，非洲人在遺傳上的優勢（免疫力）竟造成了他們在社會上的劣勢——正因為他們比歐洲人更能適應熱帶氣候，反而讓他們成了遭到歐洲主人踐踏的奴隸！由於這些環境因素，美洲的新興社會也出現了另一款種姓階級：歐洲白人的統治階層，以及非洲黑人的奴隸階級。

但是沒有人會承認，他們把某些種族或出身的人當作奴隸，只是為了經濟利益。就像征服印度的雅利安人一樣，歐洲白種人也希望自己在美洲人眼中不只是財大氣粗，而是代表著虔誠、公正、客觀的形象。於是，這時就要利用種種宗教和科學的虛構故事，來找藉口。神學家聲稱非洲人是諾亞的兒子含（Ham）的後代，而諾亞

曾詛咒含的後代要做其他兄弟的奴隸。生物學家則聲稱，黑人不如白人聰明，道德感也發展較差。醫師也聲稱，黑人居住的環境很骯髒，會傳播疾病，換句話說，就是污染的來源。

這些虛構的故事牽動著美洲文化，也影響整個西方文化。即使當初蓄奴的條件早已消失，故事卻依然存在。十九世紀初，大英帝國認定蓄奴違法，停止了大西洋的奴隸貿易，並在接下來數十年間逐步將蓄奴趕出美洲大陸。值得一提的是，這是史上第一次、也是唯一的一次，蓄奴社會自願廢除奴隸制度。然而就算奴隸已經得到自由，過去做為蓄奴藉口的虛構種族故事，卻揮之不去。無論是種族歧視的法律、或是社會的習俗，都還是維持著種族隔離的情形。

於是，這就形成了一個自為因果、不斷自我強化的惡性循環。美國南北戰爭甫落幕的南方就是一例。美國於1865年通過憲法第十三條和第十四條修正案，前者禁止蓄奴，後者明定不得因種族而剝奪公民權及受法律保護的權利。然而經過兩世紀的奴役，大多數黑人家庭的經濟和教育程度都遠遠不及白人，於是就算某個黑人在1865年出生於美國南方的阿拉巴馬州，他要得到良好教育和高薪工作的機會，絕對比不上他的白人鄰居。等到1880、1890年代，他的孩子出生了，還是得面對一樣的問題：家境貧寒、缺乏教育。

而且，黑人要面對的問題還不只經濟弱勢一項。畢竟，阿拉巴馬州並不是只有黑人窮，貧窮的白人家庭也不少，不是所有白人都是有錢的農場主人。在當時工業革命和移民潮的推動下，美國是階級流動極度快速的社會，今日窮困潦倒沒關係，處處都有能夠一夕致富的機會。這樣說來，如果黑人所面對的只是錢的問題，靠著通婚、努力打拚等種種方式，應該很快就能消弭種族之間的鴻溝。

然而真實的情況並非如此。在1865年，白人（甚至還有許多

黑人）完全相信黑人就是比較笨、比較懶、比較暴力、比較放蕩、
不在乎個人衛生，所以黑人就成了暴力、竊盜、強姦和疾病的代名
詞，換句話說，他們就是汙染。於是，就算有個黑人在1895年的
阿拉巴馬州，奇蹟似的接受了良好的教育，想申請像是銀行行員這
種受尊敬的職位，他錄取的機會仍然遠遠不及白人。「黑人」成了
一種印記，代表他們天生就是不可靠、懶惰、而且愚笨。

　　你可能會認為，人們總會漸漸明白這些印記都是虛構的、絕非
事實，隨著時間過去，黑人就能夠證明自己和白人一樣能幹、守法
且乾淨。但情況卻正相反，隨著時間，這些偏見只有愈來愈深。正
由於所有最好的工作都在白人手上，人們更容易相信黑人確實低人
一等。一個普通的白人很可能會說：「你看，黑人都已經解放這麼
久了，但幾乎所有的教授、律師、醫師，甚至是銀行出納員，都沒
什麼黑人。這豈不是明白告訴我們，黑人就是沒那麼聰明、沒那麼
努力嗎？」於是，黑人被困在這個惡性循環裡，他們申請不到白領
的工作，是因為別人以為他們笨；但證明他們笨的，又是因為白領
工作很少有黑人。

　　這種惡性循環並非到此為止，反對黑人的勢力不斷壯大，最後
形成〈黑人歧視法〉（Jim Crow laws, 1876-1965）等等法規，意在維護種
族階級制度。他們規定黑人不准投票、不准讀白人學校、不准到白
人商店買東西、不准在白人餐廳吃飯、不准到白人旅館過夜。這一
切的理由是認為黑人就是汙穢、懶惰、品行不良，所以必須隔離，
好保護白人。同樣的，白人出於害怕疾病，會避開有黑人的旅館或
餐廳；害怕孩子受欺負或被帶壞，所以也不希望孩子去上有黑人的
學校；害怕黑人既無知又沒道德觀，所以不想讓黑人在選舉中投
票。而這些憂慮甚至還有科學研究的「證明」在後面撐腰，提出黑

人平均學歷確實較低、得到各種疾病的比率確實較高，而且犯罪率更是遠高於白人。但這些所謂的「科學」研究，卻忽略了這些「事實」是出於對黑人的歧視。

到了二十世紀中葉，美國南方各州種族隔離的情形，甚至比十九世紀末更為惡化。1958年，黑人克雷農‧金恩（Clennon King）申請進入密西西比大學就讀，竟被強迫關進精神病院就醫。當時法官認為，這黑人一定是瘋了，才覺得自己能進得了密西西比大學。

對於當時的美國南方人（和許多北方人）來說，想到黑人男性居然可能和白人女性有性行為、甚至結婚，實在是萬萬難以接受的事。跨種族的性行為是所有禁忌之首，一旦做出這種行為、甚至只是涉嫌想要有這種行為，不用經過什麼審判，就會立刻遭到私刑處

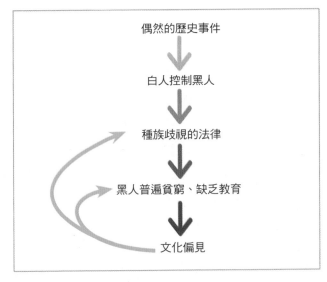

惡性循環：某個偶然的歷史事件，造成了僵化的社會制度和風氣。

置。當時出現了白人至上主義的祕密社團「三Ｋ黨」，就曾犯下多起殘殺黑人的事件。講到維護潔淨這件事，他們可真是讓印度教的婆羅門相形見絀。

隨著時間過去，種族主義還蔓延到愈來愈多的文化領域。例如美國的審美觀就是以白人的美麗做為標準，白人的特質就是美麗的標竿，例如淺色皮膚、金黃的直髮、小而翹的鼻子等等。至於典型的黑人特質，例如黝黑的皮膚、蓬鬆的黑髮、扁平的鼻子，則被視為醜陋。這些成見使得原本就由想像建構出來的階級意識，更是進到意識深層。

這樣的惡性循環可能持續幾百年、甚至幾千年，讓原本只是歷史偶發事件形成的階級制度，變得根深柢固。不公不義的歧視常常是愈來愈加劇，而不是改善。於是，富者愈富，而貧者愈貧。教育帶來進一步的教育，而無知只會造成進一步的無知。歷史上過往的受害者，很可能會再次受害。歷史上過往的特權份子，他們的特權也很可能依然存在。

大多數社會、政治階級制度，其實都沒有邏輯或生物學的實證基礎；僅僅是由歷史的偶然事件引起，再套用虛構的故事延續壯大罷了。這正是歷史值得研究的一個很好理由。如果黑人與白人、或婆羅門與首陀羅的區別，真有生物學事實根據（例如婆羅門的大腦確實比首陀羅的大腦效率高），光靠生物學就應該足以研究人類社會的種種行為。然而事實證明，不同智人群體之間的生物差異，其實小到能夠忽略不計，所以單憑生物學就是無法解釋，印度社會和美國各種族的互動為何如此複雜。想瞭解這些現象，我們只能依賴研究事件本身、環境、權力關係，看看他們是怎樣將虛構的想像變成了殘酷（而且再真實不過）的社會結構。

▌他和她

　　不同的社會，想像出的階級制度也相當不同。像是現代美國人非常注意種族，但對中世紀的穆斯林來說，就無關緊要。在中世紀的印度，種姓是生死攸關的大事，但現代的歐洲根本毫不在意。只不過，有某一種階級制度卻是在所有已知的人類社會裡，都具有極高的重要性：性別的階級！世界各地的人，多會區分男女，而且至少在農業革命以降，幾乎世界各地都是男人占盡好處。

　　甲骨文的歷史可以追溯到西元前1200年，可能是中國最早的文字，用來占卜。其中曾有一塊的卜辭寫著：「婦好娩，嘉？」（商王武丁的妻子，名叫婦好，即將臨盆，是否吉利？）而答覆是：「其惟丁娩，嘉；其惟庚娩，引吉。」（若在丁日分娩，那是吉日；若在庚日分娩，更是大吉之日。）然而卜辭最後的驗辭，語氣十分遺憾：「三旬又一日，甲寅娩，不嘉，惟女。」（三十一天之後，婦好在甲寅日分娩，不是吉日，只生出女孩。）[56] 過了三千多年，共產中國制定了一胎化政策，而對於許多中國家庭來說，仍然覺得生下女兒是一種不幸。有些時候，父母還會刻意遺棄、甚至殺害女嬰，希望能有機會再懷胎一次，看看能不能生出個兒子來。

　　在許多社會中，婦女只是男人的財產，通常屬於她的父親、丈夫或兄弟。而在許多法律體系中，強姦罪是屬於侵犯財產，換句話說，受害人不是被強姦的女性，而是擁有她的男性。因此，這些法律對於強姦罪的救濟措施，就是所有權移轉：強姦犯付出一筆聘金給女方的父親或兄弟，而她就成了強姦犯的財產。《聖經》還寫著：「若有男子遇見沒有許配人的處女，抓住她，與她行淫，被人看見，這男子就要拿五十舍客勒銀子給女子的父親；因他玷汙了這

女子，就要娶她為妻。」（〈申命記〉22:28-29）對古希伯來人來說，這是再合理也不過的安排了。

在某些地方，如果是強姦某個不屬於任何男人的女人，甚至算不上是犯罪。這就像是在人來人往的街道上撿了一枚銅板，不算是竊盜一樣。另外，如果是丈夫強姦自己的妻子，也不構成犯罪；甚至有些地方會認為，因為丈夫本來就該對妻子的性行為，有完全的控制權，所以「丈夫強姦妻子」這句話根本無法成立。說丈夫「強姦」妻子，就像說某個人偷了自己的錢包一樣不合邏輯。

這些說法聽來荒謬，但其實並不只有遠古中東地區才有這種想法。就算到了 2006 年，仍然有五十三個國家無法控告丈夫強姦他的妻子。即使在德國，也是到了 1997 年才修訂法案，認定婚姻中可能出現強姦行為。[57]

男男女女

那麼，將人類分成男女，是不是也像印度的種姓制度、或是美國的種族階級，都是想像下的產物？這一點究竟是不是有深刻的生物學基礎，認定本來就是不同？而如果這確實是一種自然的不同，生物學上又是否能夠解釋，為何男性的待遇優於女性？

在男女之間，某些文化、法律和政治上的差異，正反映著兩性明顯的生物學差異。例如男性沒有子宮，所以懷孕生子這件事一直只能是女性的工作。然而，就在這個核心差異上，每個社會又會不斷加上一層又一層的文化概念和規範，而這些就和生物學鮮有關連了。換句話說，各種社會上對於「男性化」和「女性化」特質的想法，多半沒有確實的生物學基礎。

　　舉例來說，西元前五世紀的雅典實行民主，但有子宮的人就沒有獨立的法定地位，無法參加人民議會，也無法擔任審判。除了少數例外，這種人也無法得到良好教育，不能經商、也不能參加哲學討論。所有雅典的政治領袖、哲學家、演說家、藝術家、商人，沒有一個人有子宮。那麼，難道「有子宮」這件事，真有什麼生物學的根據，證明這些人不適合從事這些行業嗎？

　　雖然古雅典人確實這麼認為，但現代雅典人可不會同意。在現今的雅典，婦女不僅能夠投票，能夠參選公職，能夠發表演講，能夠從事珠寶設計、建築設計到軟體設計等等一切的腦力工作，當然也能夠進入大學就讀。她們的子宮可沒讓她們做起這些事來，會輸給男人。確實，女性在政界和商界仍處於弱勢（希臘議會只有12％是女性），但她們要參與政治，已經沒有法律阻礙，而且多數現代希臘人也認為，女性擔任公職合情合理。

　　另一方面，在許多現代希臘人看來，也認為男人的一個重要特點就是只對女人有「性趣」、而且也只應該和異性發生性關係。但他們沒發現，「異性性行為自然、同性性行為不自然」這件事也是一種文化偏見，而不是生物學上的事實。男男相吸引這件事，大地之母其實從來也沒什麼意見。然而，在某些文化裡，如果兒子和隔壁的男孩天雷勾動了地火，他的母親可就會大發雷霆。這位母親會生氣，原因可不是出於生物的必然。

　　其實對許多人類文化來說，同性戀不僅合法，甚至還對社會有所助益，像古希臘就是最明顯的例子。在史詩《伊里亞德》裡，英雄阿基里斯與戰士普特洛克勒斯關係親密，但阿基里斯的母親西蒂斯，可沒什麼不高興。另外，馬其頓王國的女王奧林匹亞絲，可說是古代最喜怒無常、也最大權在握的女性，連她的丈夫腓力二世都

177

死在她手上。但她看到兒子（亞歷山大大帝）帶了愛人赫費斯提翁
回家吃飯，她卻是沒發半點火。

天賦自由，文化禁錮

我們究竟要如何才能判斷，什麼是真正在生物學上有所不同？
而什麼又只是人類說得煞有其事，其實只是自找藉口？

有一條很棒的經驗法則是「天賦自由，文化禁錮」。在生物學
上，（先天的）可能性幾乎無限寬廣；然而，（後天的）文化卻壓縮
在某些可能性，或禁絕了其他可能性。例如，女性天生能生小孩，
但在某些文化裡，是明白要求女性非生不可。生物學上，男人就是
能從彼此身上得到性愉悅，然而某些文化卻極力阻止他們實現這種
可能。

人總是藉口「文化」來禁止不自然的事。但從生物學的角度來
看，這世界根本沒有什麼是不自然的。只要有可能發生的事，就是
自然。真正完全不自然的事，是指違背了自然律，但這種事情根本
就不會存在，所以也沒有禁止的必要。舉例來說，沒有任何一種文
化會禁止男性行光合作用、禁止女性跑得比光速快，或禁止帶負電
荷的電子互相吸引，就是因為這講了只是白講，完全沒必要禁止。

事實上，許多人認知的「自然」和「不自然」並不是生物學
的概念，而是基督教神學的概念。神學上所謂的「自然」，指的是
「符合創造大自然的神的旨意」。基督教神學家認為，上帝創造了人
的身體，讓每個肢體和器官都有特定目的。如果我們使用肢體和器
官的方式符合上帝的設想，那就是「自然」的活動；如果不符合上
帝設想的方式，就成了「不自然」。

　　然而，演化本來就沒有唯一的目的。器官的演化也沒有唯一的目的，器官的使用方式不斷在變化。現在人體的所有器官，早在幾億年前就已經出現了原型，而現在所有器官都不只做著原型所做的事。器官之所以演化，是為了某種特定功能，但等到器官存在之後，要用做其他功能也並無不可。

　　以嘴巴為例，嘴巴之所以會出現，是因為最早的多細胞生物需要有辦法將養分送進身體裡。雖然現在嘴巴仍然具有這種功能，但我們還能用嘴來說話、親吻，藍波還能用來拔手榴彈的插銷。難道只因為我們最早那些像蠕蟲一樣的祖先，在六億年前沒有用嘴做這些事，嘴巴的這些功能就變得不自然了？

　　同樣的，翅膀也不是一開始就成了空氣動力學的奇蹟，而是從原本有其他用途的器官演化而來。有學者認為，一開始昆蟲都不會飛，翅膀是幾百萬年前，從蟲子身上突起的部分演化而來的。蟲子原本身上會有突起，是因為這樣能增加表面積、接收更多陽光，也就更能保暖。在緩慢的演化過程中，這些太陽能接收器愈長愈大。想要吸收最多陽光，就要讓突起的表面積最大、重量最輕；這種身體結構剛好對昆蟲來說也方便，蹦蹦跳跳的時候還能幫上一點忙，突起愈大的，就能幫忙跳得愈遠。有些昆蟲開始用這玩意來滑翔一下，接著只是再跨出一小步，昆蟲就真的在空中飛了起來。所以，如果下一次又有蚊子在你耳邊嗡嗡不停，記得要罵罵她真是太「不自然」了。如果她的祖先乖乖聽話，滿足於當初上帝賦予的功能，現在她的翅膀仍只能做個太陽能板。

　　這種多用途、多功能的道理，也同樣適用於我們的性器官和性行為。一開始，性行為就是為了繁殖，而求偶儀式則是為了要評估對方的健康程度。但對於許多動物來說，兩者其實都有眾多的社交

功能，可不只是為了趕快創造出自己的DNA小複本。舉例來說，黑猩猩就會用性行為，來鞏固政治聯盟、建立親密關係，化解緊張局勢。難道這也是不自然？

性與性別

所以，堅持女性生小孩才自然，或者說同性戀不自然，並沒什麼意義。各種規定男人就該如何、女人就該怎樣的法律、規範、權利和義務，反映的多半只是人類的想像，而不是生物天生的現實。

生物學上，人類分為男性和女性。所謂男性，就是擁有一個X染色體和一個Y染色體；所謂女性，則是擁有兩個X染色體。但是要說某個人算不算男人或女人，講的就是社會學、而不是生物學的概念了。在大多數人類社會裡，絕大多數情況下所謂的男人就是男性，而女人就是女性，但那些社會學的名稱負載了太多意義，真正與生物學相關的部分少之又少，甚至完全無關。

我們說某個智人「夠男人」，講的並不是具有某種生物特質，例如有XY染色體、有睪丸、有睪固酮之類，而是能在所處的社會中，找到一個符合想像的秩序的位置。每個文化背後虛構的故事，都有一些男人應該要符合的角色（像是搞政治）、擁有的權利（像是投票權），以及負起的義務（像是服兵役）。

同樣的，要說某個智人是不是「夠女人」，也不是看她有沒有兩個X染色體、子宮、或是大量的雌激素，而是她在想像建構出的人類秩序中，是女性的成員。每個社會文化也會用虛構的故事，定出一些女人應該符合的角色（像是要生兒育女）、擁有的權利（受保護不被暴力侵擾），以及負起的義務（像是服從她的丈夫）。

正由於定義男女角色、權利和責任的，並不是生物學，而只是虛構的故事，所以每個社會認為「夠男人」和「夠女人」的意義，也就大不相同。

學者為了釐清概念，通常把生物學上的區分稱為**性**（sex），而文化上的區分稱為**性別**（gender）。「性」區分的是男性和女性，屬於客觀標準，在整個歷史上未曾改變。至於「性別」區分的是男人和女人（某些文化也有其他類別），所謂「夠男人」和「夠女人」的標準，具有互為主體性的概念，而且會不斷改變。舉例來說，同樣在雅典，古代和現代對女人要求的行為、欲望、服飾、甚至是身體姿勢，都有極大的不同。[58]

人類歷史上，占主導地位的男人形象多半都是多彩炫麗，像是美洲印地安人酋長就戴著羽毛搖曳的頭飾，印度大君也會穿著華麗的絲綢、配戴亮眼的鑽石。至於在整個動物界裡，雄性往往也比雌性更豐富多彩、裝飾誇張，例如孔雀的尾巴和獅子的鬃毛。

女性　（一種生物區別）		女人　（一種文化區別）	
古代雅典	現代雅典	古代雅典	現代雅典
XX 染色體	XX 染色體	無權投票	有權投票
子宮	子宮	無權擔任法官	有權擔任法官
卵巢	卵巢	無權任公職	有權任公職
睪固酮濃度低	睪固酮濃度低	無權決定結婚對象	有權決定結婚對象
雌激素濃度高	雌激素濃度高	通常不識字	通常識字
有泌乳能力	有泌乳能力	法律上由父親或丈夫擁有	法律上獨立
古今完全相同		古今非常不同	

性的事情好解決，但性別就沒那麼容易。想成為男性再簡單也不過，只需要出生的時候，有一個X染色體和一個Y染色體就行。想成為女性也是同樣容易，出生時有一對X染色體，就大功告成。但是相反的，要當好一個男人或是一個女人，不但過程複雜，而且要求苛刻。

　　正由於「夠男人」或「夠女人」的標準多半來自文化，不是天生自然，所以沒有什麼社會是在人一生下來之後，就覺得男性夠男人、而女性夠女人。而且就算得到認可，也還不能就此鬆懈。從出生到死亡，男性必須一輩子不斷透過各種儀式和表演，來證明自己真是一條漢子。而女性也永無寧日，必須不斷說服自己和其他人，自己散發著女人味。

　　而且，這種成功沒得保證。特別是男性，總是很害怕別人覺得自己沒有男子氣概。在整個歷史上，總會看到男性願意冒險犯難、甚至犧牲生命，只為了讓人誇讚一句：「他是真正的男人！」

為何盛行父權制？

　　至少農業革命以來，大多數人類社會都屬於重男輕女的父權社會。不論這些社會對男女的定義為何，當男人總是比較優越。父權社會教育著男人就該是陽剛的男人樣、女人就該有溫柔的女人味，要是有人斗膽跨越界線，懲罰也就隨之而來。

　　但反過來說，如果都遵守了這些規範，得到的獎勵卻是男女大不同。社會通常重視陽剛的特質，勝於溫柔的特質；社會中陽剛的典範得到的獎賞，總是比溫柔的典範多。女人得到的健康和教育資源不如男人，不論在經濟、政治、甚至是遷徙的自由，也都遜於男

人。性別就像是一場競賽，但第一第二早已命中注定，有些人甚至只能爭當老三。

確實，有極少數的女人坐到了高位，像是埃及豔后克麗奧佩脫拉、中國的武則天（大約在西元700年）、以及英國的伊莉莎白一世。但她們只是例外。伊莉莎白在位的四十五年期間，所有的國會議員都是男性，皇家軍隊都是男性，法官律師都是男性，主教與大主教、神學家與神父、內外科醫師、大學裡的學生與教授、市長與警長，無一不是男性，就連寫詩撰文、哲學思辨、繪畫譜樂、研究科學，也幾乎都是男性一手全攬。

在所有農業社會和工業社會中，父權制幾乎都是常態，即便歷經各種政治動盪、社會革命、經濟轉型，依然歷久不衰。以埃及為例，過去幾個世紀的統治權不斷換手，歷經亞述、波斯、馬其頓、羅馬、阿拉伯、馬穆魯克（Mameluk）、土耳其和英國統治，但從頭到尾都是父權制。雖然埃及曾用過法老的法律、希臘的法律、羅馬的法律、穆斯林的法律、土耳其的法律和英國的法律，但一直都讓所謂「真正的男人」唯我獨尊。

正因為父權制是太普遍的現象，不可能只是某種偶然因素進入了惡性循環所致。特別值得一提的是，在1492年哥倫布抵達美洲之前，美洲和亞非的人類數千年內並無往來，但絕大多數社會依然都是採用父權制。如果說在亞非的父權制只是出於偶然，難道真的只是湊巧，讓阿茲特克和印加也同樣採用父權制？

一種更有可能的推測是，儘管「男人」和「女人」的定義在各種文化之間有所不同，但有些共通的生物因素，讓幾乎所有文化都重視陽剛勝過溫柔。我們並不知道真實的原因為何，雖然有各種理論，但沒有任何一個理論真能完全站得住腳。

15. 十八世紀的男人味：法國國王路易十四的官方肖像。請注意
路易十四戴著長假髮，穿著絲襪和高跟鞋，站得像個芭蕾舞
者，還佩帶一把巨劍。這一切在現代美國，都會被認為真是
娘娘腔（除了那把劍），但在當時，路易十四可是歐洲男子
氣概和男人味的典範。

184

16. 二十一世紀的男人味：美國總統歐巴馬的官方照片。那些假髮、絲襪、
高跟鞋和劍都去了哪？就大權在握的男性而言，這大概是有史以來最呆
板沉悶的形象。歷史上大多數時候，男性領導者都會顯得色彩鮮豔而張
揚，像是美洲原住民的酋長會戴著羽毛頭飾，印度大君也會身著絲綢並
配戴鑽石。在整個動物界，雄性通常色彩更為鮮明、也有更多裝飾，想
想孔雀的尾羽和獅子的鬃毛，就可見一斑。

▋肌肉理論

　　最常見的一種理論，是認為男人比女人強壯，於是靠著他們肌肉的力量，迫使女人就範。這種理論講得精緻一點，是認為由於男人力氣大，就能獨占那些需要較多體力勞動的工作，譬如犁地和收割，於是讓他們掌握了糧食的生產，進而轉化為政治上的影響力。

　　然而，肌肉理論有兩大問題。首先，「男人比女人強壯」只是一般情形，而非人人皆然。而且，強壯分成許多種，像是女人一般來說比男人更能抵抗飢餓、疾病和疲勞，而且也有許多女人跑得比男人更快、挑得比男人更重。第二、也是這種理論最大的問題，在於整個歷史上也有許多不需要什麼體力的工作（像是宗教、司法、政治），但女人不但沒分到這些工作，反而是在田裡、在工廠裡、在家庭中，從事艱苦的體力勞動。如果社會權力分配看的只是付出體力的多寡，女人該得到的權力絕對遠超過現在。

　　更重要的是，就人類整體來說，體力和社會權力本來就沒有直接關連。我們常看到六十幾歲的人控制著二十幾歲的人，但後者顯然體力要好得多。十九世紀中葉在阿拉巴馬州的蓄奴農莊主人，如果和他種棉花的奴隸大打出手，很可能幾秒之內，就被摔倒在地。另外，要選擇埃及法老王或天主教教宗的方式，可也不是大家來打一場。在狩獵採集社會裡，握有政治主導權的人，通常是因為社交技巧最為傑出，而不是身上肌肉最為發達。在黑道組織裡，老大常常也不是最強壯的男人，反而是老頭——他根本不用自己出手，骯髒活只要交給更年輕、體力更好的年輕小夥子就行了。如果有哪個小鬼，以為只要把老大幹掉，自己就能稱王，很可能還沒動手，就已經被做掉了。就算是黑猩猩，要坐上首領地位，靠的也是穩固的

政治聯盟，而不是盲目的暴力。

　　事實上，人類歷史顯示：肌肉的力量和社會的權力還往往是呈反比關係。在大多數社會中，體力好的反而幹的是下層的活。這可能反映著智人在食物鏈中的位置。如果真的一切只看體力，智人在食物鏈裡就只能處在中間的位置。然而，智人靠著聰明才智和社交技巧，讓自己躍升到了食物鏈的頂端。於是很自然的，在智人內部的權力鏈裡，聰明才智及社交技巧也會比體力更重要。正因如此，如果想解釋父權制這個歷史上影響最廣、最穩固不變的階級制度，要說一切只是因為男人力氣大於女人，實在聽來太不合理。

▌流氓理論

　　另一種理論認為，男性占有主導地位靠的不是力氣，而是好鬥的個性。經過數百萬年的演化，讓男性的暴力傾向遠比女性明顯。雖然女性心中也會浮起仇恨、貪婪和欺凌的想法，但是流氓理論認為，男人更願意將這些想法付諸實踐。正因如此，歷史上的各場戰爭一直就是男人主導。

　　正因男人在戰爭時期掌握了軍隊，到了太平時期也就成了民間社會的主人。控制了民間社會，就有資源發動更多戰爭；發動了愈多戰爭，男人就愈能控制社會。正是這樣的循環，解釋了為什麼戰爭無處不在，而父權制也無處不在。

　　近年來對於男女荷爾蒙與認知系統的研究也發現，男人的好鬥和暴力傾向確實比較明顯，平均來說更能勝任一般士兵的角色。然而，就算一般士兵都是男人，是不是就能合理推論：也該由男人來運籌帷幄，而且最後享有戰爭帶來的甜美果實？這仍然說不通。這

就像是說，因為所有在棉田裡工作的都是黑人，想當然耳，棉花農莊的主人也會是黑人。但實情是，工人全為黑人的農莊，常有個白人主人；那麼為什麼士兵全是男人的軍隊，就不能由女人率領？或者至少在領導階層裡，有部分是女人呢？

事實上，在整個歷史的許多社會中，很多軍方高階人員都不是從大兵做起，而是直接空降。常常軍隊的領導人從沒當過一天兵，只因為他們是貴族、富人或受過教育，高階將領的榮耀也就落在他們頭上。例如拿破崙的剋星威靈頓公爵，他十八歲進入英國軍隊，立刻接受委任成為軍官。他根本不把麾下的平民看在眼裡。與拿破崙對戰的期間，他曾寫了一封信給另一個貴族，裡面提到「我們指揮的那些大兵，就是社會上沒用的渣滓流氓」。這些大兵通常是最貧困的窮人或少數民族（如愛爾蘭天主教徒），他們想在軍中晉升的機會，可說是微乎其微。那些高階軍職，全部都是爵爺、親王和國王的專利。然而，又為什麼只能是爵爺，而不能是女爵呢？

法蘭西殖民帝國是揮灑塞內加爾、阿爾及利亞和工人階級法國人的血汗，才建立遼闊的非洲殖民地。在這些軍隊士兵中，出身法國名門的比率可說少之又少。但領導軍隊、統治帝國、享用成果的這一小撮人，法國名門的比率卻是高了又高。但同樣的問題，為什麼這些全都是法國男人，而不是法國女人？

中國長久以來，一直有文人領軍的傳統，常常將領的出身都是舞文弄墨的，而不是舞劍弄刀的。俗話說：「好男不當兵，好鐵不打釘。」講的也是聰明人該去讀書、而不是從軍。但這樣說來，為什麼所有官職都是男人占走了？

我們並不能說，就因為女人體力較弱、睪固酮濃度低，就不能做好官職、當好將軍、搞好政府。雖然運籌帷幄需要一定的體力

耐力，但不需要力大如牛、或是凶殘無比。戰爭可不是酒吧打架，戰爭需要非常複雜的組織、合作和安撫手段。真正勝利的關鍵常常是要能夠同時安內攘外，並看穿他人思維（尤其是敵國的思維）。如果挑個只有蠻力、只想猛攻的人來領軍打仗，下場往往是一敗塗地；更好的選擇是能夠合作、能夠安撫、能有不同視野的人。

真正能建立起帝國的人，做的也就是這種事。例如奧古斯都（屋大維），雖然軍事上的才幹遠不及凱撒或亞歷山大大帝，成就卻非前人能及：他建立了國祚長達一千四百多年的羅馬帝國。奧古斯都不但得到當時民眾的推崇，也得到現代史學家的讚賞——這些人都認為，奧古斯都的成就正是由於他具備了溫和寬厚的美德。

一般說來，會認為女人比男人更八面玲瓏，更懂得如何安撫他人，而且能夠有不同觀看事情的角度。如果這些刻板印象至少有部分是事實，那麼女人就該是絕佳的政治家和帝國領袖，至於戰場上的骯髒活，就交給那些睪固酮爆表、頭腦簡單、四肢發達的肌肉男即可。只不過，雖然這是一種很流行的講法，但現實世界中，卻很少成真。至於原因，目前仍然不明。

▌父權基因理論

第三種想要從生物學解釋父權制的理論，並未將重點放在暴力或蠻力上，而是認為在數百萬年的演化過程中，男人和女人發展出不同的生存和繁殖策略。對男人來說，得要彼此競爭，才能得到讓女人受孕的機會，所以男性個體想繁殖的機會，就看他能不能打敗對手、比別的男人強。隨著時間慢慢過去，傳到後世的男性基因也就是那些最具野心、最積極、最好勝的男人。

另一方面，對女人來說，要找到願意讓她受孕的男人，完全不是問題。但如果說到要讓孩子長大成人、甚至為她生下孫子孫女，除了自己得懷胎九月，還得再辛苦許多年，才能把孩子帶大。而在這段時間，她要自己取得食物的機會就變少，另外還需要許多他人的幫助，所以她需要有個男人來幫忙。為了確保自己和孩子能夠生存下去，女人只好同意男人提出的各種條件，好換取他一直待在身邊，分擔生計重擔。隨著時間慢慢過去，傳到後世的女性基因也就是那些最順從、願意接受他人照顧的女人。至於花了太多時間爭權奪利的女人，就沒有機會讓那些好勝的基因萬世流芳。

　　根據這個理論，由於有不同的生存策略，男人的基因就傾向是野心勃勃、爭強好勝，善於從政經商；女人的基因則是傾向趨吉避凶，一生養育子女就心滿意足。

　　只不過，這種理論似乎在經驗證據上也說不通。最有問題的一點在於：這裡認為女人需要協助的時候，總是依賴男人，並不依賴其他女人，而爭強好勝的男人就能在社會上占據領導地位。但有許多種動物，例如大象和巴諾布猿，雖然也需要依賴其他雌性、以及爭強好勝的雄性，但是發展出來的卻是母權社會。正由於大象和巴諾布猿的雌性需要外部幫助，所以牠們更需要發展社交技巧、學習如何合作，給予彼此撫慰。於是，牠們建構起全為雌性的社會網絡，幫助彼此養育後代。而這個時候，雄性動物還是繼續把時間花在彼此打鬥爭勝上，所以社交技巧和社會關係依舊低落。因此，在巴諾布猿和大象的社會中，便是由互相合作的雌性組成強大的網絡主導全局；至於自我中心而又不合作的雄性，只能滾到一邊去。雖然雌性的巴諾布猿一般來說力氣不如雄性，但如果雄性的巴諾布猿做得過火了，就會被成群的雌巴諾布猿聯合起來教訓一番。

　　如果巴諾布猿和大象都做得到這一點，為什麼智人做不到？相較之下，智人這種動物的力氣又更弱，優勢就在於能夠大規模合作的能力。如果真是如此，就算女性確實需要依賴他人，而且就算女性確實需要依賴男人，她們也應該能運用較高明的社交技巧，來互相合作，進而運用策略，勝過並操縱打敗更具鬥性、更自行其事、更自我中心的男人們。

　　究竟是為什麼，在一個以「合作」為成功最大要素的物種裡，居然是比較沒有合作精神的一方（男人）控制著應該比較善於合作的另一方（女人）？到目前為止，我們還沒有很具說服力的答案。也許我們的預設是錯的？搞不好，雄性智人的主要特點並不在於體力、鬥性或爭強好勝，反而是擁有更佳的社交技巧、更善於合作？這點在目前依然沒有定論。

　　但我們確實知道：人類的性別角色在二十世紀有了翻天覆地的變化。現在有愈來愈多社會，不但讓男女在法律、政治和經濟上享有平等的地位、權利和機會，也徹底重新思考性與性別的概念。雖然性別差距依然顯著，但情況正以驚人的速度在改變。1913 年，女性投票權在美國還是大眾斥為荒唐的概念，要說會出現女性閣員或大法官，真是讓人難以想像；當時同性戀還是禁忌話題，連談都不該談。但時至 2013 年，女性投票權已成了理所當然，女性閣員再正常不過；而且美國最高法院的五位大法官（三女兩男）投下贊成票，支持同性婚姻合法化，否決了另外四位男性大法官的反對票。

　　正是這些戲劇性的變化，讓性別的歷史叫人看也看不清。現在我們已經清楚看到，父權制其實並沒有生物學上的基礎，而只是基於毫無根據的虛構概念。但這麼一來，又該怎麼解釋它為何如此普遍，而且如此穩固、難以撼動？

第三部
人類的融合統一

17. 朝聖者繞行麥加聖寺內的卡巴聖堂（Ka'aba）。

第9章

歷史的方向

農業革命之後，人類社會的規模變得更大、更複雜，而維繫社會秩序的虛構故事也更為細緻完整。人類幾乎從出生到死亡，都被種種虛構的故事和概念圍繞，讓他們以特定的方式思考，以特定的標準行事，追求特定的事物，也遵守特定的規範。就是這樣，讓數百萬計的陌生人，能遵照這種人造而非天生的直覺，合作無間。這種人造的直覺，就是「文化」。

在二十世紀前半，學者認為每種文化都自成一格、和諧共存，而且都有獨特的不變本質。每一群人都會有自己的世界觀和社會、法律及政治體系，各自運作順暢，就像是行星繞著太陽一樣。就這種觀點，文化只要獨立不受影響，就不會有所改變，而會依照原本的步調，朝向原本的方向持續下去；直到出現了外界力量干預，才會造成改變。所以人類學家、歷史學家和政治學家講到薩摩亞文化（Samoan Culture）或塔斯馬尼亞文化（Tasmanian Culture）的時候，語氣都彷彿這些形塑薩摩亞和塔斯馬尼亞的信仰、規範和價值，從頭到尾不曾改變過。

█ 各式各樣的矛盾

但現在，多數的文化學者都認定事情正好相反。雖然每種文化都有代表性的信仰、規範和價值，但是會不斷的流變。只要環境或臨近的文化改變了，該社會就會有所因應，導致文化有所改變。

除此之外，社會的內部也會形成一股造成文化改變的動力。就算是環境完全與外界隔絕、生態也十分穩定，還是無法避免改變。如果是物理定律，絕不會因地因時而異，但既然文化、風俗、信仰都是人類自己想像創造出來的秩序，社會內部就會有各式各樣的矛盾。整個社會一直試圖調和這些矛盾，因此就會促成文化改變。

舉例來說，中世紀歐洲貴族既信奉天主，又要遵守騎士精神。典型的貴族清晨就上教堂，聆聽神父滔滔不絕講述聖人一生行誼。神父會說：「虛榮、虛榮，一切都是虛榮。財富、色慾和榮譽都是極危險的引誘，你絕不可同流合汙，你要跟隨耶穌的腳步。要像祂一樣謙和，要避免暴力和奢侈，而且如果有人打你的右臉，連左臉也轉過來由他打。」於是這位貴族回家的時候，滿懷謙和與自省；但接著他就換上了最好的絲質衣服，前往領主的城堡參加宴會。城堡裡觥籌交錯，飲酒如流水，吟遊詩人歌詠著中世紀的愛情故事，賓客聊著下流的笑話和血淋淋的戰場情節。爵爺大聲宣告說：「一旦受辱，寧死不屈！如果有人竟敢質疑你的榮譽，就只有血能洗淨這種侮辱。人生至樂，豈不就是要讓敵人聞風竄逃、讓他們美麗的女兒在你腳下顫抖？」

這種價值觀的矛盾，從來沒辦法完全解決，但是歐洲的貴族、教士、平民試圖處理這些問題的時候，他們的文化也就隨之改變。其中一次嘗試處理，結果引發了十字軍東征。對於這些騎士來說，

東征既能一展軍事長才，也能展現自己對宗教的虔敬，可說是一石二鳥。同樣的矛盾，也帶來了種種騎士修會的成立，像是聖殿騎士團和僧侶騎士團，想讓基督宗教和騎士理想嵌合得更為緊密。中世紀藝術和文學也常談到這種矛盾，像是亞瑟王與聖杯的傳奇，便是一例。亞瑟王的宮廷難道不是總想告訴我們，優秀的騎士也該是虔誠的基督徒，而虔誠的基督徒也能成為最優秀的騎士？

另一個例子是現代的政治秩序。自從法國大革命之後，全球人民逐漸同意「自由」和「平等」都是基本的價值觀。然而這兩者根本就互相牴觸！想要確保「平等」，就得節制那些較為突出的人、削弱那些人的自主權和自由；而要保障人人都能獲得如他所願的「自由」，也就必然會影響到所有人的平等。自從1789年法國大革命以來，全球政治史可說就是講述著要如何解決這種矛盾。

只要讀過狄更斯的小說，就知道十九世紀的歐洲自由政體將個人自由奉為圭臬，即使這讓付不出錢的貧困家庭只能犯罪被關、孤兒被迫加入扒手集團，也在所不惜。只要讀過索忍尼辛的小說，也就知道共產主義所推崇的平等理想，最後培養出的是殘虐的暴君，意圖掌握人民生活的所有層面，限縮人身自由。

就算到了現代美國，政治還是不脫這種矛盾。民主黨人希望社會更加平等，就算為了協助老弱病殘，而必須增稅因應，也在所不惜。但這樣一來，豈不是違反了民眾自由支配收入的權利？如果我想把錢拿來供小孩讀大學，為什麼政府逼我非買健康保險不可？另一方面，共和黨人希望讓人人都享有最大的自由，就算會加大貧富差距、許多美國人將無力負擔健保，也在所不惜。但這樣一來，平等也就成為空談。

正如中世紀無法解決騎士精神和基督宗教的矛盾，現代社會

也無法解決自由與平等的衝突。但這也不是什麼缺點。像這樣的矛盾，本來就是每個人類文化都無法避免的，甚至還可說是文化發展的引擎，為人類帶來創意、提供動力。只要能察覺到彼此有不同的想法、概念和價值觀，就能逼迫我們思考、批評、重新評價。一切要求一致，反而讓心靈呆滯。歷史上偉大的藝術品，不都是由衝突出發？

如果說每個文化都需要有些緊張、有點衝突、有無法解決的兩難，才能讓文化更加精采，那麼不管是身處在哪一種文化薰陶下的個人，腦中必然並存了互相衝突的信念，以及互相格格不入的價值觀。正因為這種情況實在太普遍，甚至還有個特定的名詞來形容：**認知失調**（cognitive dissonance）。一般認為，認知失調是人類心理上的一種問題，但這其實是一項重要的特性，如果人真的無法同時擁有互相牴觸的信念和價值觀，很可能所有的文化都無從建立，也將無以為繼。

因此，如果一位基督徒真的想瞭解附近那些在清真寺裡祈禱的穆斯林，該做的不是去研究所有穆斯林都同意的教條，反而應該看看在穆斯林文化裡有什麼難解的矛盾，看看有哪些規定根本是自打嘴巴。必須觀察到穆斯林自己都會感到左右為難的情境，你才能真正瞭解穆斯林的文化。

歷史大道上的小小顛簸

人類文化一直流動不休。但這種流動究竟是完全隨機，或者其實有一個整體模式？換句話說，歷史有個大方向嗎？

答案是肯定的。幾千年來，我們看到規模小而簡單的各種文化

逐漸融入較大、較複雜的文明中，於是世界上的大型文化數量逐漸減少，但是規模及複雜程度遠勝昨日。當然，這是從宏觀層面來看的粗略說法，如果從微觀層面來看，每次有幾個文化融合成大型文化的時候，後來也可以看到大型文化的破碎解離。就像蒙古帝國，雖然曾經雄霸亞洲、甚至征服了部分歐洲，但最後還是分崩離析。又像基督宗教，雖然信眾數以億計，但是也分裂成無數教派。拉丁文亦是如此，雖然一度流通中西歐，最後還是轉化成各種當地的方言，演化出各國的國語。

然而，合久必分只是一時，分久必合才是不變的大趨勢。

想觀察歷史的方向，重點在於要用哪種高度。如果是普通的鳥瞰高度，看著幾十年或幾世紀的發展走向，可能還很難判斷歷史趨勢究竟是分是合。要看更長期的整體趨勢，鳥瞰的高度便有不足，必須拉高到類似太空間諜衛星的高度，看的不是幾世紀，而是幾千年的時間跨度。這種高度能夠讓我們一目瞭然，知道歷史趨勢就是走向分久必合。至於前面基督宗教分裂或蒙古帝國崩潰的例子，就像是歷史大道上的小小顛簸罷了。

▌天下大勢，分久必合

想要清楚看到歷史的大方向，最佳的辦法就是數數看不同時期地球上究竟有多少種同時共存的文化。我們現在常認為，整個地球就是一個單位，但在歷史上的大多數時間，地球其實像是星系，各個人類文明各自構成不同的星球。

讓我們以澳洲南方的塔斯馬尼亞島為例，這是一個中等大小的島嶼，原本和澳洲大陸相連，但是大約在一萬年前，冰河期結束、

海平面上升，於是它也成了島嶼。當時，數千名狩獵採集者就這樣留在島上，和其他人類都斷了連結。一直到十九世紀歐洲人抵達之前，有一萬兩千年的時間，沒有其他人類知道塔斯馬尼亞人存在，塔斯馬尼亞人也不知道外面有其他人類。島上的人自己有自己的戰爭，有自己的政治衝突，也有自己的文化發展。然而，如果你是當時中國的皇帝或美索不達米亞的統治者，對你來說，塔斯馬尼亞的概念其實就像是木星；總之，就是另外一個世界。

美洲和歐洲也是如此，長久以來，多半對彼此毫無所悉。西元378年，羅馬皇帝瓦倫斯在阿德里安堡戰役，被哥德人擊敗喪生。同年，提卡爾（Tikal）的統治者大豹爪（Chak Tok Ich'aak），被提奧蒂華甘（Teotihuacan）軍隊擊敗喪生。（提卡爾是一個重要的馬雅城邦，提奧蒂華甘是當時美洲最大的城市，居民近二十五萬人，規模與同時代的羅馬平起平坐。）然而，羅馬遭擊敗與提奧蒂華甘的崛起之間，完完全全毫不相干。羅馬和提奧蒂華甘的區別，就像分別位於火星和金星上一樣。

地球上，到底曾經有多少不同的人類文明共存？大約在西元前10000年，地球上有數千個人類文明。但是到了西元前2000年，這個數字已經只剩下數百，最多也只有上千個。至於到了西元1450年，這個數字更是急遽下降。當時即將進入歐洲探險時代，地球上仍然有許多像是塔斯馬尼亞這樣獨立的「小世界」，但將近九成的人類都已經緊密相連了，活在由亞洲和非洲組成的**亞非世界**（Afro-Asian World）裡。當時，絕大部分的歐亞非（包括撒哈拉沙漠以南的一大片地區）已經有了緊密的文化、政治和經濟連結。

至於全球剩下的其他大約一成人口，大致上還能夠分成四個具有相當規模和複雜程度的世界：

1. 中美洲世界：涵蓋大部分中美和部分北美。
2. 安地斯世界：涵蓋大部分南美西部。
3. 澳洲世界：涵蓋澳洲大陸。
4. 大洋洲世界：涵蓋大部分太平洋西南的島嶼，
　　　　　　從夏威夷到紐西蘭。

　　接下來三百年間，巨大的亞非世界吞噬了所有其他世界。首先在1521年，西班牙征服了阿茲特克帝國，兼併了中美洲世界。

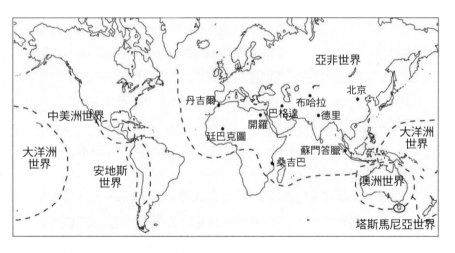

地圖3：西元1450年的地球。

亞非世界裡提到的地點，都是穆斯林旅行家白圖泰（Ibn Battuta）曾經到訪的地方。白圖泰出生於摩洛哥的丹吉爾（Tangier），曾經前往西非的廷巴克圖（Timbuktu）、東非的桑吉巴（Zanzibar）、南俄羅斯、中亞、印度、中國和印尼。白圖泰行經的各地，正是即將跨入現代、由亞洲和非洲所組成的世界。

同一時期，麥哲倫的環球航行開始染指大洋洲世界，不久便徹底征服。1532年，西班牙征服者打倒印加帝國，於是安地斯世界也不復存在。1606年，歐洲人首次登上澳洲大陸，而等到1788年英國殖民開始，這個質樸的世界也宣告終結。十五年後，英國人在塔斯馬尼亞島上設了第一個殖民地，於是最後一個原本獨立的人類「小世界」，也就此併入了亞非的影響圈。

▌全球文明單一化

確實，亞非世界這個巨人，花了幾百年，才慢慢消化它吞下的所有世界，但這個過程已經永遠無法回頭。今天，幾乎所有人類都接受同一套地緣政治體系（整個地球劃分為國際公認的近兩百個國家），使用同樣的經濟制度（就算是地球上最偏遠的角落，也受到資本主義市場的形塑），採用一樣的法律制度（至少在理論上，人權和國際法放諸四海皆準），也接受同樣的科學體系（不管在伊朗、以色列、澳洲或阿根廷，專家對於原子結構或肺結核療法的意見都會相同）。

然而，全球文化雖然單一，卻非同質。就像是單一的生物有許多不同的器官和細胞，單一的全球文化也包含許多不同類型的人和生活方式，既有紐約的股票經紀人、也有阿富汗的牧羊人。但不論如何，他們彼此都是密切相關，而且會以許多不同方式相互影響。雖然也會有各種爭鬥，但他們爭辯用的是同一套概念，戰鬥用的是同一套武器。

嚴格來說，真正的「文明衝突」其實是聾子式的對話（dialogue of the deaf），也就是雙方都不知道對方在講什麼。而像今天，伊朗

200

和美國雖然針鋒相對、劍拔弩張，但他們講的都是民族國家、資本主義經濟、國際權利、以及核物理學這套語言。

我們也常說有某些文化比較「純正」，但如果所謂「純正」指的是從頭到尾的發展都從未有外界干擾、只有當地最古老的傳統，那麼全球早已沒有純正的文化。在過去幾世紀中，全球化浪潮翻騰洶湧，幾乎讓所有文化全部改頭換面，再也難窺原貌。

全球化最有趣的一個例子，是可代表各國的風味餐。在義大利餐廳，似乎就該看到番茄義大利麵；在波蘭和愛爾蘭餐廳裡，就該有很多馬鈴薯；在阿根廷餐廳，就該有幾十種牛排可以選；在印度餐廳，就該什麼都要加辣椒；在瑞士咖啡館裡，就該有熱巧克力、上面蓋著像阿爾卑斯山一樣高的打發奶油。

只不過，上述食物沒有一項的原產地在這些國家。番茄、辣椒和可可的原產地都在墨西哥，是西班牙人征服墨西哥之後，才傳到亞非。至於羅馬帝國的凱撒大帝和義大利詩人但丁，也從來沒用叉子捲起番茄義大利麵（當時甚至連叉子也還沒發明！）。瑞士農民英雄威廉泰爾，從來沒吃過巧克力。印度的佛陀也未曾在食物裡加過辣椒。馬鈴薯一直要到四百年前，才傳到波蘭和愛爾蘭。在1492年，阿根廷完全沒有牛排，只有駱馬排。

好萊塢電影裡，平原印地安人總是英勇騎著馬，衝向歐洲人的蓬車，大無畏的守護祖靈的傳統。然而，「騎著馬的美國原住民」可不是純正古老的傳統形象，是在十七、十八世紀，歐洲馬傳到了北美之後，才讓整個北美平原的軍事和政治起了翻天覆地的變化。1492年，美洲還沒有馬。雖然蘇族和阿帕契人在十九世紀有許多看來威風八面的特色，但這其實是現代文明、全球化的產物，說不上什麼「純正」。

世界一家

　　從實際觀點，全球融合最關鍵的階段就是過去這幾個世紀。各大帝國成長、全球貿易強化，亞洲、非洲、歐洲、美洲、澳洲和大洋洲的人類形成緊密連結，於是印度菜裡出現了墨西哥的辣椒，阿根廷的草原上漫步著來自西班牙的牛。但從意識型態觀點，西元前的一千年間慢慢發展出「世界一家」的觀念，這點的重要性也絕對不遑多讓。在這之前的數千年間，歷史確實是朝向全球融合統一的方向慢慢邁進，但對大部分人來說，還是難以想像世界一家、全球為一的概念。

　　智人從認知革命之後，懂得區分「我們」和「他們」。自己身邊的這群人就是「我們」，而所有其他人就是「他們」。事實上，世界上沒有什麼社會性動物會在意所屬物種的整體權益。沒有哪隻黑猩猩在意整體黑猩猩物種的權益，沒有哪隻蝸牛會為了全球蝸牛社群舉起一支觸角，沒有哪隻獅群首領會說要成為全球的獅子王，也沒有哪個蜂窩會貼標語寫道：「全球的工蜂站起來！」

　　但是在認知革命開始以後，智人在這方面就和其他動物大不相同了。與完全陌生的人合作，成了家常便飯，而且還可能覺得這些人就像是「兄弟」或是「朋友」。只不過，這種兄弟情也有限度。可能只要過了隔壁山谷、或是出了這座山，外面的人就還是「他們」。大約在西元前3000年，美尼斯（Menes）統一埃及，成了第一位法老王。對埃及人而言，「埃及」有明確的邊界，外面都是些奇怪、危險、不值得注意的「野蠻人」，大不了就是擁有一些土地或自然資源（前提是埃及人想要，否則也不算資源）。然而，所有這些想像出的邊界，其實都是把全人類的一大部分排除在外。

▌三種全球秩序

西元前的一千年間，出現了三種有可能達到全球一家概念的秩序。一旦相信了這些秩序，就有可能相信全球的人類都屬於同一個大團體、都由同一套規則管轄，讓所有人類都成了「我們」（至少有這個可能），「他們」也就不復存在。

這三種全球秩序，首先第一種是經濟上的貨幣秩序，第二種是政治上的帝國秩序，第三種則是宗教上的全球性教派，像是佛教、基督宗教和伊斯蘭教。

商人、征服者和各教先知是最早跳出「我們」和「他們」這種二元區分的人。對商人來說，全球就是一個大市場，所有人都是潛在的客戶。他們想建立起的經濟秩序應該要全體適用，無處不在。對征服者來說，全球就是一個大帝國，所有人都可能成為自己的子民。對各教先知來說，全球就該只有一個真理，所有人都是潛在的信徒，所以他們也是試圖要建立起某種秩序，希望每個地方、每個人都能依循。

在過去的三千年間，人類有愈來愈多雄心勃勃的計畫，想要實現這種世界一家的概念。接下來的三章之中，我們就要逐一討論貨幣、帝國和全球宗教是如何傳播，又如何建立起全球一家的基礎。第一個要談的，就是歷史上最偉大的征服者；這位征服者極端包容異己，手段又靈活無比，於是得到了所有智人的擁護。這位征服者就是金錢！

在這世界上，大家講到不同的神，就易有爭執，說到不同的王，也可能大打出手，但用起不同的錢，卻是有志一同（只要講定兌換比率即可）。

例如賓拉登，他恨美國文化、恨美國宗教、恨美國政治，但用起美元倒是十分順手。究竟金錢有什麼魔力，竟然能完成連神和君王都做不到的事？

第**10**章

金錢的氣味

1519年，墨西哥原本還是遺世獨立的人類社會，但來自西班牙的殖民者科爾特斯（Hernán Cortés）一行人大舉入侵。這裡的原住民（後世稱為阿茲特克人）很快就發現：那些外來的西班牙人看到某種黃色金屬，眼睛就為之一亮，思思念念，三句不離。阿茲特克人也不是不懂黃金。黃金色澤美麗、又容易加工，所以他們常用來製作首飾和雕像。阿茲特克人偶爾也用金粉來交易，但一般想買東西的時候，通常還是用可可豆或布料來付帳。所以，看到西班牙人對黃金如此痴迷，令他們一頭霧水。畢竟，黃金不能吃、不能喝、不能織，想當作工具或武器，質地又太軟，究竟為什麼西班牙人如此為之瘋狂？面對當地人的疑惑，科爾特斯表示：「我們這群人有一種心病，只有金子能醫。」[59]

對於這些西班牙人出身的亞非世界來說，對黃金的痴迷還確實是一種流行病。就算是最針鋒相對的死敵，都同樣貪戀這種黃色金屬。在入侵墨西哥的三個世紀前，科爾特斯一行人的祖先，曾對伊比利亞半島和北非的穆斯林王國發動一場血腥的宗教戰爭。基督和

阿拉的子民互相殘殺，死亡數以千計，田野和果園滿目瘡痍，繁華的城市成了餘燼中的廢墟。而據說，這一切都是為了榮耀基督、或是榮耀阿拉。

隨著基督徒逐漸占上風，他們宣告勝利的方式不只是摧毀清真寺而蓋起教堂，還發行了新的金幣銀幣，上面印有十字架符號，也標注著感謝主幫助他們打倒異教徒。然而除了新貨幣之外，這些勝利的基督徒還鑄造了另一種方型硬幣，稱為**米拉雷斯**（millares），上面的訊息稍有不同，用阿拉伯文寫著：「阿拉是唯一的真神，穆罕默德是阿拉的使者。」（但這可是基督徒征服者所鑄！）甚至在法國南部，天主教位於莫吉奧（Melgueil）和阿格德（Agde）的主教也發行了當地流行的穆斯林硬幣。雖然這些天主教徒敬畏天主，但用起這些穆斯林硬幣來，可沒有半點的心理障礙。[60]

而對另一邊的人而言，自然也是同樣寬容大方。在北非的穆斯林商人也使用基督宗教的硬幣，例如義大利佛羅倫斯發行的弗羅林（florin）、威尼斯發行的達克特（ducat），以及那不勒斯發行的吉里亞托（gigliato）。就算是那些高喊要發動聖戰、打倒異教基督徒的穆斯林統治者，收稅的時候也還是十分樂意收到印著耶穌和聖母瑪利亞的硬幣。[61]

這帳要怎麼算？

狩獵採集者完全沒有金錢貨幣的概念。每個遊群自給自足，不管是從肉類到藥物、鞋子到巫術，有需要就自己去獵、自己去採、自己去做。雖然不同的遊群成員可能有不同的專長，但他們用人情和義務組成經濟體系，分享著種種產品和服務。像是拿一塊肉雖然

不用付錢，但以後還是得有像是免費治病之類的對等回饋。每一個遊群都是獨立的經濟體；只有少數當地無法取得的稀有物品，例如貝殼、顏料、黑曜石，才需要從陌生人那裡取得。而且通常可以用簡單的以物易物方式：「我們把這些漂亮的貝殼給你們，你們就把上好的燧石給我們。」

農業革命一開始，情況並沒有多大改變。大多數人的生活型態仍然是小而緊密的社群，一如狩獵採集的遊群，每個村莊都是自給自足的經濟體，靠的就是互相幫忙、互通人情，再加上一點點與外界的以物易物交易。可能有某位村民特別擅長做鞋、某位又特別懂得治病，所以村民都知道沒鞋穿或不舒服的時候該找誰。只不過，各個村莊的經濟規模都太小，養不起專職的鞋匠或醫生。

等到城市和王國興起、交通基礎設施改善，終於開始了專業化的新契機。人口稠密的城市開始能夠養活專業工作者，除了鞋匠、醫生，還能有木匠、牧師、戰士、律師等等。有些村莊開始因為生產美酒、品質佳的橄欖油、或是精緻的陶器而聞名，他們也發現只要專精此道，再與其他村莊交換貨品，就足以讓他們生活無虞。

這太有道理了。本來各地的氣候和土壤就不同，如果自家後院釀出的酒就是粗劣平庸，而從其他地方買來的酒更香醇柔順，何樂而不為？而自家後院的黏土，如果能做出更堅硬、更美麗的陶盆，就能拿它來交易。並且，還能養出專職的釀酒師和陶藝家，醫生和律師更不在話下，他們能夠不斷磨練專業知識，最後就能造福全人類。但是隨著專業化，也出現了一個問題：各種不同專家製作的貨品，究竟該怎麼交易？

如果今天是一大批的陌生人聚在一起要合作，光靠人情義務的經濟制度，就再也行不通了。給兄弟姊妹或是鄰居幫幫忙，當然沒

問題，但如果是外鄉人、外國人，就算這次幫助了他，可能再也見不到面，也就得不了回報。面對這種情形，一種做法是回到以物易物。只不過，這只有在貨品數量有限的時候比較有效，而無法成為複雜經濟制度的基礎。[62]

為了說明以物易物的局限性，我們假設你住在某座山上，這是附近最適合種蘋果的地方，種出的蘋果又脆又甜，無人能比。你整天都在果園裡辛苦工作，鞋子都穿破了。於是你把驢套上驢車，前往河邊的市集。鄰居說市集南邊有個鞋匠，上次跟他換的鞋真是堅固耐穿，足足穿了一年多才壞。因此，你找到這位鞋匠的店面，告訴他，想用蘋果跟他換一雙鞋。

但鞋匠這時面露難色。他不知道自己到底該收多少蘋果。每天他都會有幾十個客人找上門，有人帶的是幾麻袋的蘋果，有人帶的是小麥、山羊或布匹，而且品質高下不一，並不穩定。甚至有些人說自己能換的是幫他向國王說情、或是幫他治治背痛。上次鞋匠用鞋換蘋果，已經是三個月前的事了，當時是三袋蘋果換一雙鞋？還是四袋？他都快忘了。不過仔細一想，上次那些蘋果是種在專產酸蘋果的山谷，而這次的可是種在絕佳的山上啊。還有，上次那些蘋果換的是一雙小的女鞋，但這傢伙要的可是大男人穿的靴子呢。此外，最近幾個星期，附近的羊都病倒了，能用的羊皮愈來愈少。皮匠說，現在想要一樣數量的皮革，得拿兩倍的鞋子來換。這是不是也該列入考慮？

在以物易物的經濟體系裡，不管是鞋匠、還是種蘋果的果農，每天都得搞清楚幾十種商品的相對價格。如果市場上有100種不同的商品，把兌換率都條列出來，就足足有洋洋灑灑的4,950條。而如果市場上有1,000種不同的商品，兌換率更是足足有499,500條！[63]

這叫人怎麼可能全記得起來呀？

　　而且這還不算最糟的。就算真讓人算出了幾袋蘋果值一雙鞋，以物易物還不一定成功。畢竟，想要交易，也得雙方合意。如果現在鞋匠不想吃蘋果，而正忙著找人幫忙打離婚官司，該怎麼辦？確實，種蘋果的可以找個喜歡吃蘋果的律師，達成一椿三方交易。但如果律師也吃夠蘋果了，現在是想剪個頭髮，又要怎麼辦？

　　某些社會的解決方式，就是建立起集中的以物易物系統，分別從各個專業的農夫和製造商那裡取得產品，再統一分配到最需要的人手上。這種社會，規模最大、名聲最響亮的就是蘇聯；不過最後可說是悽慘收場。原本聲稱要讓人人「各盡所能、各取所需」，但結果是「各盡所能的最小值、各搶所需的最大值」。

　　其他地方也曾經有些比較中庸、結果也比較成功的試行制度，像是印加帝國便是一例。然而，大多數社會都是用一種更簡單的方法，在各個專家之間建立連結：他們發明了「錢」的概念。

▌貝殼和香菸也是錢

　　曾經在許多地方、許多時間點，人類都曾發明過錢的概念。這需要的不是什麼科技上的突破，而是想法上的革新。可以說是又創造了另一個互為主體性的新概念，只存在於人們共同的想像之中。

　　這裡說的錢，指的是概念，而不只是硬幣或鈔票。不論任何物品，只要是人類願意使用、能夠有系統的代表其他物品的價值，以做為物品或服務交換之用，就可以說是符合了錢的概念。錢讓我們能夠快速、方便的比較不同商品的價值（例如蘋果、鞋子、甚至離婚這件事），讓我們能夠輕鬆交換這些事物，也讓我們容易累積財

富。錢的類型很多,我們最熟悉的是硬幣,也就是上面印了文字或圖像的圓形標準化金屬片。但早在硬幣發明之前,錢的概念早已存在,許多文化都曾經以其他物品當作錢來使用,包括貝殼、牛隻、獸皮、鹽、穀物、珠子、布料,以及欠條。大約四千年前,整個非洲、南亞、東亞和大洋洲,都是用貝殼來交易的。就算到了二十世紀初,英屬烏干達還是能用貝殼來繳稅!

至於在現代監獄和戰俘營裡,常常是用香菸來當作錢。在那些封閉的地方,就算你不抽菸,也會願意接受別人用香菸來付帳,或是用香菸計算各種商品和服務的價值。一位納粹奧許維茲集中營的倖存者,就描述過集中營裡如何用香菸當作貨幣:「集中營裡有自己的貨幣——香菸,而且沒人覺得不合理。所有東西都用香菸來計價……『正常』的時候(也就是大家進毒氣室的頻率穩定的時候),一條麵包是12支香菸,一包300公克的乳瑪琳是30支,一只錶值80支到200支;一公升的酒可得花上400支!」[64]

金錢的基本特性:人人都想要

事實上,就算是現在,大部分的錢也不是以硬幣或鈔票的方式存在。目前,全球金錢總和為60兆美元,但所有硬幣和鈔票的金額加起來還不到6兆美元。[65] 換句話說,所有的錢有超過九成(超過50兆美元!)都只是顯示在電腦上的數字而已。

正因如此,大多數的商業交易,其實只是把某臺電腦裡的電子資料搬到另一臺去,完全沒有任何實體金錢的交換。大概只有逃犯要買房子的時候,才會提著一大皮箱的錢出現。而只要大家都願意接受電子數據交易,就會比閃亮的硬幣或簇新的鈔票更方便,不僅

更輕、更易攜帶，還更容易記錄留存。

出現了複雜的商業系統之後，金錢的概念更是不可或缺。有了金錢的概念，鞋匠只要記得哪種鞋開價多少，不用一一記住鞋子換成蘋果或山羊之間的兌換率。而且，因為金錢人人都想要，所以蘋果達人也不用再去逐一詢問附近哪個鞋匠想吃蘋果。或許「人人都想要」正是金錢最基本的特性。人人都想要錢，是因為其他人也都想要錢，所以有錢幾乎可以換到所有東西。鞋匠之所以永遠都樂意收錢，是因為不管他當時想要什麼（蘋果、山羊、或是離婚），只要有錢，幾乎都換得到。

於是，金錢就成了共通的交易媒介，幾乎任何東西之間都能完成交換。志願役軍人退伍的時候，拿著退職金去上大學，可以說就是用體力來換腦力。男爵出售土地城堡來養活家臣手下，就是用物業來換忠誠。醫師拿病人看病的錢來聘任律師（或是賄賂法官），就是用他人的健康來換取所謂的正義。甚至像是十五世紀的妓女，她們先和男人上床取得報酬，再用錢來買天主教教會的贖罪券，就是用性來換取救贖。

理想的金錢類型不只能用來交換物品，還能用來累積財富。各種貴重的事物當中，有的根本無法儲存（像是時間或美貌），有的只能儲存一段很短的時間（像是草莓）。也有的雖然能久放，但卻得占用大量空間，或是需要昂貴的設備和照顧。舉例來說，穀類雖然可以保存多年，但需要有大型的穀倉，還得小心防鼠、防黴、防水、防火、防賊。而有了錢之後，不管用的是鈔票、電腦資料或是貝殼，都能解決這些問題。像是貝殼，既不會腐爛、老鼠啃不太動、不怕火燒，而且也小到可以輕鬆鎖在保險箱裡。

然而，有了財富之後，不只要儲存累積，更要能用得愉快，所

以往往需要從一地帶到另一地。某些形式的財富（如房地產）完全無法帶到另一個地方，而像是小麥和稻米之類的產品，要運送也有一定的難度。想像一下，如果有個富有的農民，住在一個沒有金錢概念的國家，正打算搬到另一個遠方省分。他的財富主要就是房子和農地，不過這要怎麼帶得走？就算把地全換成了好幾噸的稻米，想要帶走不但十分笨重，很可能還得為此付出一大筆代價。有了金錢概念，就能解決這些問題。農民可以把一大片土地換成一袋貝殼，這下子不管到哪裡，都能方便攜帶。

　　正因為有了金錢概念，財富的轉換、儲存和運送，都變得更容易、也更便宜，後來才能發展出複雜的商業網路，以及蓬勃的市場經濟。要是沒有錢，市場和商業網路的規模、活力和複雜程度，都必然相當有限。

▌金錢是互信系統

　　不管是貝殼或是美元，它們的價值都僅只存在於我們共同的想像之中。光是它們的化學結構、顏色或是形狀，並無法帶來那些價值。換句話說，金錢並不是物質上的現實，而只是心理上的想像。所以，金錢的運作就是要把「物質上的現實」轉變為「心理上的想像」。不過，究竟為什麼這能成功？原本擁有的是一大片肥沃的稻田，為什麼會有人願意換成一小把根本不實用的貝殼？為什麼有人會願意辛苦煎漢堡排、拉保險、或是幫忙照顧三個精力過剩的小屁孩，只為了換來幾張彩色的紙？

　　人們之所以願意如此，正是因為他們接受了這個集體的想像。「信任」正是所有金錢最基本的原料。如果有個富裕的農民賣掉房

舍田產、換來一袋貝殼，還帶著這袋貝殼前往遠地的省分，那是因為他相信抵達之後，其他人會願意用稻米、房屋、田地，和他交換這些貝殼。所以，可以說金錢就是一種相互信任的系統，而且還不是隨隨便便的某種系統：**金錢正是有史以來最普遍、也最有效的互信系統。**

在這種信任的背後，有著非常複雜而長期的政治、社會和經濟網路。為什麼我會相信貝殼、金幣或美元？原因就在於：我的鄰居都信。正因為我的鄰居都信，所以我也信。而我們都信的原因在於我們的國王也信，國王要求用這些東西來納稅；還有我們的牧師也信，牧師要求用這些東西來繳什一稅。拿一張1美元的鈔票來仔細瞧瞧，會發現這只是一張色彩豐富的紙，一面有美國財政部長的簽名，另一面則寫著「In God We Trust」（我們信神）。我們之所以願意接受以美元付款，正是因為我們相信神、也相信美國財政部長。正因為「信任」這件事如此關鍵，就可以知道為什麼金融體系會與政治、社會和意識體系如此緊密相連，為什麼金融危機往往是由政治發展引發，以及為什麼光是股票交易商某個早上的感覺，就能影響股市的漲跌。

一開始最早發明錢的時候，人們還沒有這種信任，所以要當作錢的事物，本身就得有實際的價值。史上最早的金錢制度是蘇美人的「麥元」制度，就是一個很好的例子。麥元制度的出現時間大約是西元前3000年，與文字出現的時間地點正好相同。前面提過，文字的出現是為了因應行政活動日益頻繁，而麥元的出現則是為了因應經濟活動日漸活絡。

所謂的麥元，其實也就是大麥，將固定量的大麥穀粒做為通用單位，用來衡量和交換其他各種貨物和服務。當時最普遍的單位是

「席拉」（sila），大約等於1公升。當時大量生產了1席拉標準容量的碗，每當人民要買賣東西的時候，就能很方便的量出所需要的大麥數量。另外，薪水也是以席拉為單位，用大麥來支付。每名男工一個月可以賺60席拉，而女工則是賺30席拉。至於領班則可領到1,200至5,000席拉。當然，就算是最會吃的領班，一個月也吃不了5,000公升的大麥，但多餘的大麥就能用來購買各種其他商品，像是油、山羊、奴隸，還有購買除了大麥以外的食物。[66]

雖然大麥本身也具有價值，但還是很難說服民眾將大麥視為貨幣，而不只是另一種商品。要解釋這點，可以想像一下，如果你扛著一麻袋的大麥，走到附近的百貨公司，說你想買件襯衫或者吃一片披薩，會發生什麼事。店家很可能馬上就大叫保全趕人了。儘管如此，以大麥來當作第一種貨幣、建立信任關係，還算是簡單合理的選擇，畢竟再怎樣，大麥也還是有它生物學上的價值：人類可以吃。但另一方面，講到儲存和運送，大麥就還是有局限性。

金錢貨幣史上真正的突破，就是人類終於開始相信某些貨幣形式，雖然它們本身沒什麼固有價值，但卻能方便儲存與運送。這樣的金錢制度，大約出現於西元前2500年的美索不達米亞：銀舍客勒制度。

舍客勒並不是某種貨幣，而是指8.33公克的銀子。《漢摩拉比法典》提到，如果某個上等人殺了一個女奴，就要賠償20舍客勒的銀子——這裡指的就是大約166公克的銀，而不是20個某種銀幣。《舊約聖經》裡的金錢交易多半用的也是銀子，而不是硬幣。例如約瑟的哥哥把他賣給以實瑪利人的時候，價錢就是20舍客勒，或說是166公克的銀子（與女奴的命一樣便宜，畢竟當時約瑟也只是孩子）。

但與先前的麥元制度不同之處，在於銀舍客勒本身並沒有什麼實用價值。銀子不能吃、不能喝、不能穿，質地也太軟，無法做成什麼有用的工具（如果做成犁或是劍，簡直就像用鋁箔做的一樣薄弱）。真正要用的時候，白銀和黃金只會做成首飾、皇冠、以及各種象徵地位的物品；換言之，都是在特定文化裡，社會地位高的人所擁有的奢侈品。黃金白銀的價值，完全只是因為文化賦予而來。

硬幣誕生

像這樣為貴金屬定出重量單位，最後終於發展出了硬幣。大約在西元前640年，土耳其西部呂底亞王國（Lydia）的國王阿耶特斯（Alyattes）鑄造出史上第一批硬幣。這些硬幣使用金或銀的材質，有標準重量，並且刻有識別印記。印記有兩種意義：首先，印記指出硬幣裡含有多少貴金屬。第二，印記能證明發行者的身分，進而確保硬幣成分。幾乎所有現在的硬幣，都可說是呂底亞硬幣的後代子孫。

過去的金錠銀錠沒有任何印記，有印記的硬幣相較之下，有兩大優點。第一，錠狀金屬每次交易都得重新稱重。第二，光是稱重還不夠，譬如鞋匠要怎麼才知道，客人拿來買鞋的銀錠貨真價實，而不是一塊鉛塗了一層薄薄的銀？硬幣就能解決這些問題。一旦印上印記，就確認了硬幣的價值，所以鞋匠的收銀檯上就不用再擺放一臺秤了。更重要的是，硬幣上的印記代表著某些政治權力，能夠確保硬幣的價值。

雖然這些硬幣上的印記大小和形狀曾經多次調整，但重點訊息從來未曾改變：「我，偉大的國王某某某保證，這個扁扁圓圓的金

屬，含有五克黃金，不多也不少。若有人膽敢偽造此幣，即為偽造本王簽章，有辱於本王名聲。此等罪孽，必處極刑。」

正因如此，鑄造偽幣的罪行一直比其他詐欺行為判得更重。因為造偽幣不只是單純的詐欺，更是對主權的挑戰，直接冒犯了國王的權力和尊嚴。用法律術語來說，就是「lèse majesté」（冒犯君主），通常會經過一陣凌虐懲罰，最後處死。

只要人民相信國王的權威和人格，就會相信他所發行的硬幣。例如古羅馬的**德納累斯**（denarius）銀幣，印有羅馬皇帝的名字和圖像，而正因為民眾相信皇帝的權威和人格，就算是未曾謀面的陌生人，也不會懷疑這枚銀幣的價值。

相對的，羅馬皇帝的權力也得靠德納累斯銀幣來建立與維持。可以想像一下，如果羅馬帝國沒有硬幣，每次收稅或支薪都得處理一堆的大麥小麥，會是多麼困難的事情。如果得在敘利亞蒐集一堆大麥做為稅入，先運到羅馬的國庫裡，再運到英格蘭去支付給各個軍團，根本是不可能的任務。除此之外，如果只有羅馬居民接受這些硬幣，但高盧人、希臘人、埃及人和敘利亞人還是用貝殼、象牙珠或布匹來計價，羅馬帝國的整個財稅制度也絕對無法成功。

▌黃金福音

羅馬的硬幣廣受信任，甚至在帝國以外，大家收起德納累斯銀幣也是毫不手軟。在西元一世紀，甚至連印度市場也願意接受羅馬硬幣——但最靠近印度的羅馬軍團，也還有數千公里之遙，武力根本威脅不到印度。只能說，印度人十分信任德納累斯銀幣的幣值，信任銀幣上的圖像所代表的羅馬皇帝。所以等到當地領主鑄造硬幣

的時候，他們不僅模仿德納累斯銀幣的外型，甚至連羅馬帝國皇帝的肖像也依樣畫葫蘆！「德納累斯」當時也成了硬幣的通稱。穆斯林的哈里發（Caliph，伊斯蘭政教合一的領袖）把這個名稱再阿拉伯語化，發行了**第納爾**（dinar）貨幣。直到現在，像是約旦、伊拉克、塞爾維亞、馬其頓、突尼西亞等國，還是以第納爾做為貨幣的正式名稱。

呂底亞王國式的硬幣從地中海傳到印度洋，而與此同時，中國發展出另一種略有不同的金錢制度，用的是銅幣和沒有印記的金銀元寶。然而，東西方的兩種金錢制度還是有相當的共通性（特別是都以黃金和白銀為本位），因此，中國與呂底亞王國式硬幣的流通地區，也能建立起密切的金融和商業關係。於是，穆斯林和歐洲商人及征服者，就這樣逐漸將呂底亞金錢系統和這則「黃金福音」，傳到了地球上的每個角落。到了現代，全世界已經成了單一的金錢貨幣區，起初用黃金和白銀，後來再轉變成少數幾種有公信力的貨幣，如英鎊和美元。

出現了跨國家、跨文化的貨幣區之後，終於奠定整個亞非世界一統的基礎，最後讓全球都成了單一經濟和政治領域。雖然各地的人們還是繼續講著不同的語言、服從不同的統治者、敬拜不同的神靈，但都信服著同樣的黃金白銀、金幣銀幣。要不是大家有這項共同的信念，全球貿易網幾乎絕無可能成真。

西班牙征服者於十六世紀在美洲發現黃金和白銀，讓歐洲商人能夠到東亞購買絲綢、瓷器和香料，同時促進了歐洲和東亞的經濟發展。這些黃金和白銀產自墨西哥和安地斯山脈，一離開歐洲人之手，就進了中國絲綢商和瓷器商的口袋。如果中國人沒有患上像科爾特斯一行人同樣的「心病」，拒絕歐洲人用黃金和白銀付帳，情

況會是如何？中國人、印度人、穆斯林和西班牙人分屬不同文化，在大部分事情上都意見相左，但究竟為什麼大家都同樣相信黃金有價？為什麼不是西班牙人相信黃金、穆斯林相信大麥、印度人相信貝殼、中國人相信絲綢？

經濟學家已經提出現成的答案。在貿易連接兩個區域的時候，只要是能夠運送的貨品，就會受到供需力量的影響，讓價格達到平衡。讓我們用一個假設來解釋。假設在印度與地中海地區首次開始貿易的時候，印度人對黃金興趣缺缺，所以黃金幾乎一文不值。但在地中海，黃金卻是人人垂涎的地位象徵，價值非凡。接下來會有什麼情況？

往來於印度和地中海之間的商人，開始注意到黃金的價差，於是在印度便宜購入黃金，再回到地中海高價出售。如此一來，印度市場上的黃金需求很快暴增，價格跟著水漲船高。與此同時，在地中海黃金供給大量增加後，價格因此下降。不用多久，黃金在印度和地中海的價格就相去無幾。正因為地中海人相信黃金有價，就會讓印度人也開始跟著相信。就算黃金對印度人來說仍然沒有實際用途，光是因為地中海人重視黃金，就足以讓印度人跟著重視起來。

以此類推，就算有些人是我們憎惡、討厭、嘲笑的對象，如果他們相信貝殼、美元或電子數據的價值，就足以讓我們也跟著相信這些事物有價值。所以，就算是在宗教上水火不容的基督徒和穆斯林，也可以在金錢制度上達成同樣的信仰。原因就在於宗教信仰的重點是「自己相信」，但金錢信仰的重點是「別人相信」。

千百年來，哲學家、思想家和宗教人物都對錢嗤之以鼻，聲稱錢為萬惡的根源。但就算真是如此，錢同時也是所有人類最能接受的東西。比起語言、法律、文化、宗教和社會習俗，錢的心胸更為

開闊。所有人類創造的信念系統中，唯有金錢能夠跨越幾乎所有文化鴻溝，不會因為宗教、性別、種族、年齡或性取向而有所歧視。也多虧有了金錢制度，才讓人就算互不相識、不清楚對方人品，也能攜手合作。

金錢的價格

金錢制度有兩大普世通用的原理：

第一、萬物可換：錢就像是煉金術，可以讓你把土地轉為手下的忠誠，把正義轉為健康，把暴力轉為知識。

第二、萬眾相信：有了金錢做為媒介，任何兩個人都能合作進行各種計畫。

就是因為這兩大原理，讓數百萬的陌生人能夠合作拓展各種貿易和產業。然而，這些看似無害的原理還是有黑暗的一面。如果一切都能換成金錢，而大家相信的又是不具名的硬幣和貝殼，就可能傷害到地方上的傳統、親密關係和人的價值，讓冷酷無情的供需法則取而代之。

一直以來，人類社會和家庭的維繫，靠的是「無價之寶」，像是榮譽、忠誠、道德和愛。這些本來都不會放上市場，也不應該用金錢衡量。就算市場開出天價，有些事情就是不該做。像是父母絕不該販子為奴；虔誠的基督徒絕不該犯下那些滔天大罪；忠誠的騎士絕不該背叛主人；而部落先祖留下的土地，也絕不該落入外國人手中。

然而，金錢一直試圖打破這些限制，就像是水不斷滲入大壩的裂縫。有些父母最後還是把幾個孩子賣給人口販子，才能養活其他

孩子。有些虔誠的基督徒殺人越貨、偷竊、詐欺，再用這些髒錢向
教堂購買救贖。想大展身手的騎士，把自己的忠誠賣給了出價最高
的領主，再用這筆錢來購買自己跟班的忠誠。部落的土地被賣給來
自世界另一邊的外國人，好買到進入全球經濟體系的門票。

　　金錢還有更黑暗的一面。雖然金錢能建立起陌生人之間共通的
信任，但人們信任的不是人類、社群或某些神聖的價值觀，而只是
金錢本身、以及背後那套沒有人性的系統。我們不信任陌生人，但
我們現在也不信任隔壁的鄰居，而只是信任他們手上的錢。沒錢，
就沒有信任。等到錢滲透沖垮了社會、宗教和國家所構成的大壩，
世界就成了巨大而無情的市場。

　　於是，人類的經濟史就像是跳著微妙的舞步。我們用金錢來促
進與陌生人的合作，但又害怕這會破壞人的價值和親密關係。一方
面，我們也想打破那些限制金錢和商業流動的社會大壩；但是另一
方面，我們又不斷築起新的大壩，希望保護社會、宗教和環境，免
受市場力量的奴役。

　　現在常有人說市場力量終會獲勝，無論是國王、宗教或社會，
他們建起的大壩終將不敵金錢的狂潮。但這是天真的說法。一直以
來，總會有勇猛的戰士、狂熱的宗教份子、關心政治的人物，多次
打倒了工於心計的商人，甚至是讓整個經濟重新洗牌。所以，說到
人類終將一統，絕不只是純粹經濟的過程。想知道原本成千上萬的
獨立文化是如何逐漸相連、形成今天的地球村，固然黃金和白銀影
響深遠，但也別低估了刀劍的力量。

第**11**章

帝國的願景

　　古羅馬也常打敗仗。但就像大多數歷史上最偉大的帝國統治者一樣，雖然他們可能輸掉幾場小戰役，卻能贏得最後的整場戰爭。如果一個帝國連一場戰役都輸不起，又怎麼稱得上是帝國？

　　然而，西元前二世紀中葉，從伊比利亞半島傳來的戰報，卻是讓羅馬人都覺得芒刺在背。在這裡有一座微不足道的小山城努曼提亞（Numantia），住著土生土長的凱爾特人，而他們竟敢擺脫羅馬的控制。當時，羅馬已經是整個地中海區域不容置疑的霸主，打倒了馬其頓和塞琉西（Seleucid）王國，征服了驕傲的希臘城邦，還一把火讓迦太基城成了廢墟。努曼提亞什麼都沒有，只有對自由的熱愛，以及一片荒涼的家園。然而，他們卻讓羅馬各個軍團再三遭到挫敗，不是只能投降，就是帶著恥辱撤退。

　　終於，到了西元前134年，羅馬再也忍無可忍。元老院決定派出最勇猛的小西庇阿（Scipio Aemilianus，曾攻下迦太基城），率領大軍前往努曼提亞，軍士超過三萬。小西庇阿不敢小看努曼提亞人的奮戰精神和戰技，也希望能減少手下士兵無謂的傷亡，因此他直

接用強化的防禦工事包圍了努曼提亞，阻擋他們與外界接觸；小西庇阿試圖讓飢餓成為最強大的武器。一年多後，努曼提亞人糧食耗盡，他們發現大勢已去，便放火焚城。根據羅馬歷史記載，努曼提亞人多半寧可自殺殉難，也不願成為羅馬的奴隸。

後來，努曼提亞成了西班牙獨立和勇氣的象徵。《唐吉訶德》的作者塞萬提斯（Miguel de Cervantes）就曾寫過一篇名為〈努曼提亞圍城〉的悲劇劇本，雖然是以努曼提亞的毀滅作結，但也預示著西班牙未來的偉大願景。詩人用詩歌讚頌努曼提亞人的情操，畫家也在畫布上重現努曼提亞人的英勇。1882年，努曼提亞遺址列為「國立紀念遺址」，成為西班牙愛國者必定造訪的朝聖地。在1950年代到1960年代，西班牙最流行的漫畫既不是超人、也不是蜘蛛人，而是一個來自伊比利亞半島的虛構英雄賈巴托（El Jabato），起身抵抗羅馬帝國壓迫的冒險漫畫。直到今日，努曼提亞仍然是西班牙英雄主義和愛國主義的典範、年輕人心中的楷模。

然而，西班牙人歌頌努曼提亞用的西班牙文，卻是源自小西庇阿使用的拉丁文，屬於凱爾特語系的努曼提亞語已經失傳。塞萬提斯也是用拉丁文寫下〈努曼提亞圍城〉，而且這齣悲劇用的還是希臘羅馬的藝術模式；努曼提亞本身並沒有劇場。至於那些緬懷努曼提亞英雄主義的西班牙志士們，往往也是羅馬天主教會的信徒，除了教廷就位於羅馬，那位神也是拉丁文的愛用者。同樣的，現代的西班牙法律源於羅馬法；西班牙政治是以羅馬帝制為基礎；西班牙美食和建築多半根源於羅馬，而不是伊比利亞半島上的凱爾特人。在現今的西班牙，努曼提亞除了遺址之外，其實已經沒有什麼真正留下。就算是這則故事本身，還是憑藉羅馬歷史學家的著作，才留傳下來。故事經過修飾潤色，符合羅馬觀眾最愛看的「熱愛自由的

野蠻人」情節。正因為羅馬在努曼提亞大獲全勝，所以這些勝利者才會保留下戰敗者的那些記憶。

這種情節不太符合我們的品味，我們愛看的是反敗為勝，是小人物的勝利。然而，歷史就是沒有正義。多數過去的文化，早晚都是遭到某些無情帝國大軍的蹂躪，最後在歷史上徹底遭到遺忘。就算是帝國本身，最後也將崩潰，只是常常留下豐富而流傳千古的遺產。在二十一世紀，幾乎所有人的祖先都曾經屬於某個帝國。

帝國究竟是什麼？

帝國是一種政治秩序，有兩項重要特徵。第一，帝國必須要統治許多不同的民族，每個民族各自擁有不同的文化認同和獨立的領土。但多少民族才算數？兩、三個民族還不夠，而二、三十個就算很多；成為帝國的門檻，大概就介於兩者之間。

第二，帝國的特徵是疆域可以靈活調整，而且可以幾乎無限制的擴張。帝國不需要改變基本架構和認同，就能納入更多其他國家和領土。說到今天的英國，如果不改變基本架構和認同，就很難再突破現有的疆界。但是在一個世紀前，全世界幾乎任何地方，都有可能成為大英帝國的一部分。

像這樣的文化多元性和疆界靈活性，不僅讓帝國獨樹一格，更讓帝國站到了歷史的核心。正是因為這兩項特徵，讓帝國能夠在單一的政治架構下，納入多元的族群與生態區，讓愈來愈多人與整個地球逐漸融合為一。

這裡要特別強調，帝國的定義就只在於文化多元性和疆界靈活性兩項，至於起源、政府形式、領土範圍或人口規模，並非重點。

並不是一定要有軍事征服，才能有帝國。像是雅典帝國的起源，就只是有一群人自願結成聯盟，哈布斯堡王朝（歐洲歷史上統治領域最廣的王室）則是因為許多精心安排的聯姻，交織形成如蜘蛛網般的關係。

帝國也不一定要有專制的皇帝。像是史上規模最大的大英帝國，就屬於民主政體。其他採用民主政體（或至少是共和政體）的帝國，還包括現代的荷蘭、法國、比利時和美國，以及前現代的諾夫哥羅德（Novgorod）、羅馬、迦太基和雅典。

此外，帝國的規模也並非重點。就算規模小之又小，也可能符合帝國的定義。譬如雅典帝國，就算在國力的巔峰，面積和人口還是遠遠不及今日的希臘。還有阿茲特克帝國，面積也不如今天的墨西哥。儘管如此，以上兩者還是足以稱為帝國，反而是現代的希臘和墨西哥不合定義。原因就在於雅典和阿茲特克都降服了幾十個、甚至數百個不同的政體，而希臘和墨西哥並未做到。其中，雅典統治了超過一百個曾經獨立的城邦，而阿茲特克帝國如果其稅收紀錄可靠，更是統治了三百七十一個不同的部落和民族。[67]

這些區域在現今也就不過是普通大小的國家，當時怎麼可能有這麼多民族？原因在於：當時世界上民族的數量比今天多得多，但每個民族的人口數都較少、領地範圍也較小。像是從地中海到約旦河岸，今天光是要滿足僅僅兩個民族的野心，就已經搞得烽火遍地了，但是在《聖經》初始的年代，這裡可是養活了數十個國家、部落、小型王國和城邦。

帝國正是造成民族多樣性大幅減少的主因之一。帝國就像一臺壓路機，將許多民族獨特的多樣性逐漸夯平（例如努曼提亞人的例子），整合製造出更大的新群體。

邪惡的帝國？

在我們這個時代，政治上有各種難聽的字眼，而「帝國主義」大概只在「法西斯」之後，排名第二。現代對於帝國的批評，通常有兩種：

第一、帝國制度就是行不通。長遠來看，征服吸納了許多不同的民族，統治起來一定難有效率。

第二、就算能夠有效統治，這種做法也不道德，因為帝國正是造成各種毀滅和剝削的邪惡引擎。每個民族都有自決的權利，不該受到其他民族控制。

從宏觀歷史的角度看，以上第一點完全沒道理，第二點也滿是問題。

就事實而言，帝國在過去兩千五百年間，一直就是全球最常見的政治組織形式，大多數人在這段時間都是活在帝國政體之下。此外，帝國政體其實非常穩定，多半時候要打倒反叛軍，根本不成問題。帝國之所以會傾覆，通常都是因為有外部侵略、或是內部統治菁英的內鬥。相對而言，說到要被征服者起身追求自由、對抗帝國統治，向來紀錄都很差，他們多半都是持續臣服長達數百年之久。通常，這些民族就是慢慢被帝國消化，最後自己獨特的文化也煙消雲散。

舉例來說，西羅馬帝國在西元476年遭到日耳曼人推翻，但是他們過去數百年來征服的努曼提亞人、阿爾維尼人、赫爾維提人、薩莫奈人、盧西塔尼亞人、安布利亞人、伊特魯里亞人，以及其他數百個已經遭到遺忘的民族，並沒有從帝國的餘燼中恢復重生，而是就這樣默默消失。這些民族雖然各自有過自己的國家認同、講著各

自的語言、敬拜各自的神、流傳各自的神話，但現在他們血緣上的後代無論在思想、語言、信仰上，都已經是不折不扣的羅馬人。

很多時候，某個帝國崩潰了，並不代表屬民就能獨立。反而是每在帝國瓦解或遭到驅逐之後，就會由新的帝國取而代之，繼續統治。

這一點，最明顯的例子就在中東。現在中東地區同時存在各種獨立的政治實體，彼此之間的邊界也模模糊糊，但這是過去幾千年間幾乎未曾有過的情形。上一次中東情勢如此曖昧不明，已經是西元前八世紀、將近三千年前的事了！自從西元前八世紀興起新亞述帝國，一直到二十世紀中葉、英法帝國解體，中東地區一直是像接力棒一樣，由一個帝國傳給下一個帝國。而在英法終於掉棒之後，之前亞述人征服的亞蘭人、亞捫人、腓尼基人、非利士人、摩押人、以東人和其他民族，早已消失不見。

確實，現在的猶太人、亞美尼亞人、喬治亞人都提出了某些證據，證明自己是古代中東民族的後裔。然而，這些都只是例外，反而證明了帝國的「壓路機」特質；而且這些族裔的宣稱，不無誇大不實的嫌疑。

舉例來說，我們無須多言，也知道現代猶太人的政治、經濟和社會措施，多半來自過去兩千年間的帝國政體，不是來自古老的猶太王國。如果大衛王穿越時空，來到今天最正統的猶太教堂，卻看到信眾穿的是東歐的衣服、講的是德國的方言（意第緒語）、不斷爭論由巴比倫文字寫成的教條（猶太法典），想必也是十分傻眼。遠古的猶太王國既沒有猶太會堂、也沒有猶太法典，甚至連重要的《摩西五經》（摩西律法）也還不存在。

帝國統治下的恩怨

　　要建立和維繫帝國，確實常有慘烈的屠殺，而倖存者也會受到殘酷無情的壓迫。帝國的標準配備，經常包括戰爭、奴役、驅逐和種族屠殺。羅馬人於西元 83 年入侵蘇格蘭，遭到當地加里多尼亞人（Caledonian）的激烈反抗，結果就是讓這個地方成為一片廢墟。羅馬人曾經試圖和談，但加里多尼亞的首領卡爾加庫斯（Calgacus）在回應中，大罵羅馬人是「世界的流氓」，並說「燒殺擄掠成了帝國的代名詞；他們讓一切成了沙漠，還說這就是和平。」[68]

　　然而，帝國也不是完全有害無益。如果說帝國就是樣樣不行、所有相關的事物都該拋棄，那世界上大多數的文化便不該存在。帝國四處征服、掠奪財富之後，不只是拿來養活軍隊、興建堡壘，同時也贊助了哲學、藝術、司法和公益。現在人類之所以有許多文化成就，很弔詭的，背後常常靠的就是剝削戰敗者。

　　例如，要不是羅馬帝國如此繁榮興盛，西塞羅、塞涅卡、聖奧古斯丁就不可能有錢有閒能夠思考寫作；要不是蒙兀兒帝國（1526-1858，成吉思汗後裔巴卑爾，入侵印度建立的帝國）剝削印度人、徵斂財富，就不可能蓋起泰姬瑪哈陵；要不是哈布斯堡王朝從那些講著斯拉夫語、匈牙利語和羅馬尼亞語的省分徵稅，又怎麼付得起海頓和莫札特的佣金？而且，就算是卡爾加庫斯的這番話，也不是倚靠加里多尼亞的作家把它流傳下來。我們之所以還知道這些話，仰仗的是羅馬歷史學家塔西佗（Tacitus）。但事實上，這些話可能根本就是塔西佗自己講的。今天多數學者都認為，塔西佗不僅捏造了這段話，甚至連卡爾加庫斯這個首領都是他捏造出來的，只是為了要表達自己和其他羅馬上層階級對自己國家的看法。

就算我們不要只看菁英文化和高級藝術，而將重點轉向一般人的世界，還是會發現帝國遺緒在現代文化幾乎無所不在。今天大多數人說話、思考和做夢的時候，用的都是過去曾拿刀對著我們祖先的征服者的語言。

像是多數東亞人講話和做夢的時候，用的是漢帝國的語言。而在南美和北美，不管各地的人民祖先來自何方，從阿拉斯加最北的巴羅半島、到南美最南的麥哲倫海峽，幾乎所有人都講著以下四種語言之一：西班牙語、葡萄牙語、法語、英語。

現在的埃及人說阿拉伯語，認為自己是阿拉伯人，也認同阿拉伯帝國（伊斯蘭帝國）；然而，阿拉伯帝國其實是在西元七世紀征服了埃及，而且多次以鐵腕手段，鎮壓了企圖反抗的埃及人民。至於在南非，大約有一千萬祖魯人，還緬懷著十九世紀祖魯最光榮的年代；但其實大部分祖魯人祖先的部落，都曾經奮死抵抗祖魯帝國的侵略，最後是在血腥的軍事行動下，才融為一體。

▌這是為你們好！

由薩爾貢大帝（見第129頁）所建立的阿卡德帝國（大約西元前2250年）是我們最早有確切資料的帝國。薩爾貢發跡於美索不達米亞的基什（Kish），是這個小城邦的邦主。經過短短幾十年，他不僅征服了所有美索不達米亞的城邦，還奪下美索不達米亞中心地帶以外的大片領土。他所統治的區域從波斯灣延伸到地中海，涵蓋現在伊拉克和敘利亞的大部分地區，還包括一部分的伊朗和土耳其。薩爾貢曾誇口說，自己已經征服了全世界。

阿卡德帝國在薩爾貢逝世後不久，便隨之崩潰，但這個帝國的

外殼卻開始一手傳著一手。接下來的一千七百年間,亞述帝國、巴比倫帝國和西臺(Hittite)帝國的國王,都以薩爾貢為榜樣,吹噓著自己也征服了全世界。到了大約西元前550年,波斯帝國的居魯士大帝更是吹牛皮,吹得讓人印象深刻。

亞述帝國的歷任國王始終自稱為亞述國王。就算聲稱統治了全世界,顯然也是為了發揚偉大的亞述帝國,沒什麼不好意思的。但居魯士就不同了,他不僅聲稱自己統治整個世界,還說自己是為了全人類的福祉!這些波斯人對外邦說:「我們之所以征服你們,是為了你們好。」居魯士希望他統治的屬民都愛戴他、覺得能成為波斯帝國的臣民是再幸運不過的事。他希望其他國家民族也都願意臣服在波斯帝國之下,而他最著名的創舉,就是允許遭流放到巴比倫的猶太人返回猶太家園、重建聖殿,甚至還提供經濟援助。居魯士自認為不只是統治猶太人的波斯國王,也是猶太人的國王,因此他也要照顧猶太人的福祉。

這種「統治全世界、為所有人類福祉而努力」的想法,讓人耳目一新。一直以來,演化讓智人也像其他社會性哺乳動物一樣,從來都是排外的生物。智人在本能上就會將人類分成「我們」和「他們」。所謂的「我們」,有共同的語言、宗教和習俗,我們對彼此負責,但「他們」就不干我們的事。「我們」與「他們」不同,而且也不欠他們什麼。在我們的土地上,我們不想看到他們,也半點不關心他們的土地上發生了什麼事。甚至,我們還不太把「他們」當人看。

譬如在蘇丹的丁卡人(Dinka),他們說的「丁卡」就是「人」的意思。所以如果不是丁卡人,就不算是人。而丁卡人的死對頭是努爾人(Nuer)。努爾語言中的「努爾」又是什麼意思呢?它的意

思是「原來的人」。而在距離蘇丹沙漠有幾千公里遠的阿拉斯加凍原及西伯利亞東北部,住著尤皮克人(Yupik)。「尤皮克」在尤皮克語裡又是什麼意思?它的意思是「真正的人」。[69]

然而,居魯士的帝國思想與這些排外的民族相反,展現的是包容,而且無所不包。雖然居魯士還是會強調統治者和被統治者之間的種族和文化差異,但他認為整個世界基本上為一體,同樣一套原則可以適用於所有時間、所有地點,而且所有人類應當互相負責。於是,人類就像是一個大家庭——父母享有特權,但同時也要負責孩子的幸福。

這種嶄新的帝國思想,從居魯士大帝和波斯人傳給了亞歷山大大帝,再傳給希臘國王、羅馬皇帝、穆斯林哈里發、印度君主,最後甚至還傳給蘇聯總書記和美國總統。這種良性的帝國思想,讓帝國的存在合理化,不僅讓屬民打消了反抗的念頭,就算獨立的民族也不再反抗帝國的擴張。

除了波斯帝國之外,其他地區也各自獨立發展出類似的帝國思想,特別是在中美洲、安地斯地區、以及中國。根據中國傳統的政治理論,人間的種種政治權威都來自於「天」。老天會挑選最優秀的個人或家族,賦予「天命」,讓他們統治天下,為黎民百姓謀福利。這樣說來,所謂君權就該能夠行遍天下。如果沒得到天命,別說是天下,就連統治一座城池的權力也沒有。而如果統治者享有天命,就該有義務將正義與和諧,傳播到整個中華大地。天命同時期只能歸於一人,所以中華大地不能同時存在許多個獨立的國家。

秦始皇完成了史上第一次中國統一大業,號稱「六合之內,皇帝之土。西涉流沙,南盡北戶。東有東海,北過大夏。人跡所至,無不臣者。功蓋五帝,澤及牛馬。莫不受德,各安其宇。」[70] 於

是，不論在中國政治思想或是歷史記憶當中，帝國時期似乎都成了秩序和公義的黃金時代。現代西方認為，所謂公義的世界，應該是由各個獨立的民族國家組成；然而古代中國的概念卻正好相反，認為政治分裂的時代不僅動盪不安，而且公義不行。這種看法對中國的歷史產生深遠的影響。每次一個帝國崩潰、一個朝代結束，這種政治理論的主流會讓各方競逐的勢力不安於各自為政，而一心追求統一。而且事實證明，最後總能統一，只是時間早晚的問題。

▌使「他們」成為「我們」

在許多小文化合併到少數大文化的過程中，帝國的影響居功厥偉。思想、人口、貨物和技術的傳播，在帝國境內要比分屬不同政權的治理區域來得方便迅速。而且，常常正是帝國本身刻意加速傳播各種思想、制度、習俗和規範。原因之一，是統治起來更容易。如果帝國的每個小地區都各有一套法律、文字、語言和貨幣，治理就非常困難。標準化絕對可說是皇帝的一大福音。

第二個原因的重要性也不容小覷，帝國積極傳播共同的文化，就能強化它們的統治正當性。至少從居魯士和秦始皇開始，帝國不管是造橋鋪路、或是鎮壓屠殺，都會為自己的所作所為，找到冠冕堂皇的藉口，有的說是傳播較高等的文化，也有的說：這對於被征服者而言，是利大於弊，獲得的好處比起征服者本身更多。

至於這些好處，有時候確實顯而易見（例如治安、國土規劃、統一度量衡），但有些時候也十分可疑（像是稅收、徵兵、崇拜皇帝）。只不過，多數帝國菁英仍然一心相信，自己是為了所有帝國子民的整體福利而努力。在中國的統治階層眼中，各個鄰國及四

方諸侯都是生活在水深火熱之中的蠻夷之邦，天朝中國應該澤披四方、廣傳華夏文化。所謂的天命，為的不是剝削掠奪整個世界，而是要教化萬民。

同樣的，羅馬人也聲稱自己的統治理所當然，因為他們讓野蠻人開始有了和平、正義，生命也更為高貴。像是他們說日耳曼民族生性野蠻，高盧人會畫各種戰妝、生活骯髒、為人無知，一直要到羅馬人到來，才用法律馴化了他們，用公共浴室讓他們身體潔淨，也用哲學讓他們思想進步。

至於西元前三世紀的孔雀王朝（古印度摩揭陀國的王朝），也認為自己必須負起責任，將佛法傳播到無知的世界。穆斯林哈里發也肩負神聖的使命，要傳播先知的啟示，雖然最好是以和平的方式，但必要時也不惜一戰。至於西班牙帝國和葡萄牙帝國，也聲稱自己到印度和美洲不是為了財富，而是要讓當地人改信真正的信仰。號稱日不落國的大英帝國，也是號稱傳播著自由主義和自由貿易這兩大福音。

蘇聯人更是覺得責無旁貸，必須協助推動這個歷史的必然——從資本主義走向無產階級專政的烏托邦。至於現代許多的美國人，也認為美國必須負起道義責任，讓第三世界國家同樣享有民主和人權，就算這得靠巡弋飛彈和 F-16 戰機，也是在所不惜。

▌「他們」依然不是「我們」

帝國所傳播的文化理念，很少只來自那一小群的統治菁英。正由於帝國的願景不僅在於「這是為你們好！」，也在於「使他們成為我們」，所以帝國的統治菁英往往也比較容易吸納不同的概念、

規範和傳統，而不會死硬堅持蕭規曹隨的陳習。

　　雖然也有些皇帝試圖要回歸自己的根源，讓帝國的文化單純一些，但多數帝國都已經從征服的民族吸收了太多文化，而形成混合的文明。像是羅馬帝國的文化，裡面希臘文化的成分幾乎不亞於羅馬文化。阿拔斯王朝（750-1258，阿拉伯帝國史上最輝煌的王朝）的文化也揉合了波斯、希臘和阿拉伯。蒙兀兒帝國文化幾乎就是中國的翻版。至於對美國這個現代帝國來說，有著肯亞血統的總統歐巴馬，可以一邊吃義大利披薩，一邊觀看他最愛的英國史詩電影《阿拉伯的勞倫斯》，那講的還是阿拉伯反抗土耳其的故事。

　　對於被征服者而言，就算有了文化大熔爐，文化同化也不見得容易。雖然帝國文明很可能四方征服各個民族、融合他們的文化，但對帝國絕大多數成員來說，混合的成果仍然令他們感到陌生。同化的過程常常帶著痛苦和創傷。要放棄熟悉且深愛的地方傳統並不容易，而要瞭解及採用新的文化也同樣困難、且令人深感壓力。雪上加霜的是，等到帝國屬民千辛萬苦終於接受了帝國文化，可能還得再花上數十年、甚至數百年，才能讓帝國的菁英把他們視為「我們」。從征服到臣服之間的數個世代，就這樣成了失落的一群。他們已經失去了自己心愛的當地文化，但在新加入的帝國世界裡，卻還沒有一個平等的地位，反而只是繼續被視為化外之民。

　　想像一下，在努曼提亞滅亡後一世紀，出身良好的伊比利亞人會過著什麼樣的生活。首先，他雖然還是跟父母講著當地的凱爾特語，但因為要做生意、要與當權者溝通，所以他也是一口流利的拉丁語，只是稍微有點口音。他的妻子就像其他當地婦女一樣，還是保留著一些凱爾特人的品味，喜歡各種裝飾華美的小玩意。雖然他對妻子寵愛有加、樣樣照辦，但心裡還是希望她能夠喜歡那些簡單

233

高雅的首飾，就像羅馬總督夫人一樣。他自己穿著羅馬的束腰寬外衣，而且因為他對羅馬的商業法律十分嫻熟，讓他成了販賣牛隻的大商人，能夠蓋起一間羅馬風格的豪宅。然而，就算他甚至還能夠背誦古羅馬詩人維吉爾（Virgil）的《農耕詩》，羅馬人仍然覺得他就是半野蠻人。他滿腹委曲，知道自己一輩子也無法取得公職，也不可能在露天劇場拿到真正好的位子。

在十九世紀末，許多受過教育的印度人也學到了同樣的一課，只是這次另一方換成英國主人。就有一則著名的軼事，講的是有個印度人雄心勃勃，把英語學得無懈可擊，還上過西式舞蹈課程，甚至養成用刀叉進食的習慣。他把這一切學好之後，前往英格蘭，在倫敦大學學院讀法律，還成為一名合格的律師。然而，後來這個讀法律的年輕人到了英屬南非，穿著西裝、打著領帶，卻因為堅持自己該坐頭等車廂，而不是像他一樣「有色人種」該坐的三等車廂，便被趕下火車。這個人就是甘地。

▎帝國遺風

在某些案例，文化的涵化（acculturation）與同化（assimilation）終於打破了新成員和舊菁英之間的障礙。被征服者不再認為帝國是外來占領他們的政體，而征服者也真心認為這些屬民是自己的一員。終於所有的「他們」都成了「我們」。

譬如羅馬的臣民，在幾百年的帝國統治之後，終於都得到了羅馬公民權。非羅馬人也能成為羅馬軍團的高階軍官，或是進入元老院。在西元48年，羅馬皇帝克勞狄烏斯（Claudius）任命幾位高盧賢達人士進入元老院，並在一次演講中提到這些人「不論是習俗、

文化和婚姻關係，都已經和我們合而為一。」還是有些食古不化的
元老，看到過去的敵人竟能進入羅馬政治核心，便大聲抗議。但克
勞狄烏斯提醒他們：元老自己的家族，多半都來自一些也曾經反抗
羅馬的義大利部落，後來才取得羅馬公民權。皇帝還提醒他們：就
連皇帝自己的家族，也是來自義大利中部的薩賓人（Sabine）。[71]

在西元二世紀，羅馬帝國的皇帝是出生於伊比利亞半島的人，
血管裡很可能至少也流著幾滴伊比利亞的血液。羅馬帝國從圖拉真
（Trajan, 98-117在位）到馬可奧里略（Marcus Aurelius, 161-180在位）的
時期，這幾任皇帝都來自伊比利亞半島，而一般也認為這是羅馬的
黃金時代。在這之後，已經完全沒有任何民族的隔閡了。後來的羅
馬皇帝塞維魯（Septimius Severus, 193-211在位）是利比亞的迦太基人
（Punic，意為反叛）後裔。埃拉伽巴路斯（Elagabalus, 218-222在位）是
敘利亞人。菲利普（Philip, 244-249在位）一般還稱為「阿拉伯的菲利
普」。帝國的新公民熱切擁抱羅馬帝國的文化，所以即使帝國已經
崩潰了上百年、甚至上千年，他們還是講著帝國的語言、信仰帝國
從地中海東部發揚來的基督教上帝，也繼續遵守帝國的律法。

阿拉伯帝國也有類似的過程。阿拉伯帝國在西元七世紀中葉成
立的時候，階層分明：上層是執政的阿拉伯穆斯林菁英，下層被壓
制的則是埃及人、敘利亞人、伊朗人和柏柏人（Berber），都既非阿
拉伯人、也非穆斯林。慢慢的，許多帝國的屬民改信伊斯蘭教、講
著阿拉伯語，也接受了混合的帝國文化。舊世代的阿拉伯菁英對於
這些後起新秀深懷敵意，害怕會因此失去獨特的地位和身分。至於
歸化的人也還不能得意，還需要不斷爭取在帝國和伊斯蘭世界裡的
平等地位。最後，他們終於成功了。愈來愈多人將埃及人、敘利亞
人、美索不達米亞人都視為「阿拉伯人」。至於阿拉伯人，不管是

「純正」來自阿拉伯、或是由埃及和敘利亞新移入的阿拉伯人,也愈來愈常被非阿拉伯人的穆斯林所統治,特別是伊朗人、土耳其人和柏柏人。阿拉伯帝國計畫最成功的地方,在於它所創造的帝國文化深受非阿拉伯人全心愛戴,即使是原本的帝國早已崩潰、阿拉伯民族也早已失勢,帝國文化仍然能持續發展,傳播不休。

中國的帝國大計執行得更為成功徹底。中華大地原本有許許多多多不同的族群和文化,全部統稱為蠻族,但經過兩千年之後,已經成功統合到中國文化裡,都成了中國的漢族(以西元前206年到西元220年的漢朝為名)。中國這個帝國的最高成就,在於它迄今依然生龍活虎。有些人可能會質疑現代中國究竟算不算帝國,因為除了偏遠的西藏、新疆等地,現在有超過九成的中國人口無論是自認、或是在他人眼中,都算是漢族了。

帝國循環

過去幾十年間**去殖民化**(decolonization)的**趨勢**,其實也蘊含一樣的道理。時間到了現代,歐洲人以「傳播卓越西方文化」的幌子征服了全球,而且他們傳播得如此成功,讓數十億人都開始接受西方文化的幾項重要元素。例如印度人、非洲人、阿拉伯人、中國人、毛利人,就學了西方的法語、英語和西班牙語等等。他們開始相信人權和民族自決的原則,也接受了西方的意識型態,像是自由主義、資本主義、共產主義、女性主義和民族主義。

到了二十世紀,殖民地接受西方價值觀之後,開始以其人之道還治其人之身,用同一套價值觀,向殖民者要求平等的權利。許多反殖民鬥爭高舉著民族自決、社會主義和人權的大纛,這些概念正

是來自西方。過去，埃及人、伊朗人和土耳其人採納並調整了來自阿拉伯征服者的帝國文化，今天的印度人、非洲人和中國人，也是接受了許多過去西方帝國占領後留下的文化，並且各依自己的需求和傳統調整吸納。

帝國循環：

不同階段	羅馬帝國	阿拉伯帝國	歐洲帝國主義
(1) 一小群人建立一個大帝國	羅馬人建立羅馬帝國	阿拉伯人建立阿拉伯帝國	歐洲人建立歐洲帝國
(2) 形成帝國文化	希臘羅馬文化	阿拉伯穆斯林文化	西方文化
(3) 帝國文化得到屬民認同	屬民採用拉丁文、羅馬法、羅馬政治思想等等	屬民講阿拉伯語、信仰伊斯蘭教等等	屬民採用英語法語、民族主義、人權、社會主義等等
(4) 屬民以帝國共同價值為名，要求平等地位	伊利里亞人、高盧人和迦太基人，以羅馬的價值觀，要求與羅馬人享有平等地位	埃及人、伊朗人和柏柏人，以穆斯林價值觀要求與阿拉伯人平起平坐	印度人、中國人、非洲人以西方價值觀如民族主義、人權、社會主義等，要求與歐洲人享有平等地位
(5) 帝國開國者失去主導地位	羅馬人不再高高在上，帝國的控制權轉移到由多民族的菁英組成的群體	阿拉伯人失去了對穆斯林世界的控制權，形成多民族的穆斯林菁英族群	歐洲人失去了全球的控制權，形成多民族的菁英族群，多半信奉西方價值觀和思維
(6) 帝國文化繼續蓬勃發展、發揚光大	伊利里亞人、高盧人和迦太基人，繼續發揚他們接受的羅馬文化	埃及人、伊朗人和柏柏人繼續發揚他們接受的穆斯林文化	印度人、中國人、非洲人，繼續發揚所接受的西方文化

歷史上的好人和壞人

我們很容易想把所有人簡單分成好人和壞人，而所有的帝國大概都會被歸為壞人。畢竟，幾乎所有帝國都是建立在鮮血之上，並且透過壓制和戰爭來維持權力。然而，現今的文化又有大多數都是帝國的遺風。如果帝國從定義上就是壞東西，那我們又成了什麼？

有些學說和政治運動主張：要把人類文化裡的帝國主義成分全部洗淨，只留下所謂純淨、真正的文明，不要受到帝國主義原罪的玷汙。這種想法頂多就是一廂情願；至於最壞的情況，則根本就是粗暴的民族主義和偏執狂，只是套上一層偽裝。

或許我們可以說，在歷史曙光乍現的時候，有部分文化確實曾經純淨，沒有受到帝國主義原罪和其他社會的玷汙。但就在那道曙光之後，已經沒有任何文化能夠再提出這種主張了，因為地球上現存的文化已經沒有任何所謂純淨的文化。現存的所有人類文化，至少都有一部分是帝國和帝國文明的遺緒，任何以學術或政治為名的手術，如果想把所有帝國的部位一次切除，病人也就必然魂歸離恨天。

舉例來說，可以想想現在獨立的印度與之前英屬印度之間的愛恨情仇。英國征服占領印度的時候，數百萬印度人因而喪命，更有上億印度人遭到凌辱和剝削。然而，還是有許多印度人熱切接受了像是民族自決和人權的西方思想；等到英國拒絕遵守這些價值觀、拒絕給予印度人平等權利的時候，印度人自然更是大為不滿。

然而，現代的印度仍然像是大英帝國的孩子。雖然英國人殺害、傷害、迫害了印度人，但也是英國人統一了印度大陸上原本錯綜複雜而互相交戰的王國、公國和部落，建立起共同的民族意識，

並形成一個聯邦制的國家。英國人奠定了印度司法體系的基礎，創立了印度的行政架構，還建立了對經濟整合至關重要的鐵路網。

西方民主體制以英國為代表，而印度獨立後也是以西方民主制度做為政府體制。直到現在，英語仍是印度大陸的通用語言，讓以北印度語、泰米爾語、馬拉雅拉姆語為母語的人，都可以用這種中性的語言來溝通。印度人熱中於板球運動，也愛喝茶，而這兩者都是英國留下的風俗。（印度要到十九世紀中葉，才由英國的東印度公司引進商業茶園。正是那些勢利眼的英國「閣下」，將喝茶的習慣傳遍印度大陸。）

今天會有多少印度人認為，為了去除帝國的一切，就該讓大家來投票，看看是否應該拋棄民主、不說英語、拆除鐵路網、廢除司法體系、不玩板球、不喝茶？就算真的成案了，光是「投票」這件事，不也得感謝過去殖民者的教導？

就算我們真的要完全去除掉某個殘暴帝國的遺緒，希望能夠重建並維護在那之前的「純正」文化，很有可能最後恢復的，也不過是更早之前、沒那麼殘暴的帝國留下的文化。就像是有些人對於英國閣下在印度留下的文化十分反感，一心除之而後快，但在無意中恢復的，卻是同屬征服者的蒙兀兒帝國、以及德里蘇丹國（1206-1526）。而且，如果想再驅除這些阿拉伯帝國的影響，恢復「純正印度文化」，恢復的又是笈多王朝（320-540）、貴霜帝國（30-375）和孔雀王朝的文化。如果極端印度民族主義者，要摧毀所有由英國征服者留下的建築（像是孟買火車站），那像是泰姬瑪哈陵這種由穆斯林征服者留下的建築，又該如何處理？

沒有人真正知道該如何解決文化遺緒這個棘手的問題。無論採取哪一種方式，第一步就是要認清這種兩難的複雜程度，知道歷史

就是無法簡單分成好人和壞人兩種。當然，除非我們願意承認，我們自己常常就是跟著走壞人的路。

全新的全球帝國

自西元前200年左右，大多數人類都已經活在各種帝國之中。看來，未來很可能所有人類也是活在單一的帝國之下。但這個帝國不一定是由單一國家或民族所統治，而是類似晚期的羅馬帝國或中國歷朝各代，由多種族的菁英出於共同的利益與文化而攜手共治。

二十一世紀初，全球大致還分成大約兩百個國家。但是這些國家並非真正獨立，而是必須互依共存。各國的經濟共同形成單一的

18. 印度孟買（Mumbai）的「賈特拉帕蒂・希瓦吉」火車站。
　　一開始，在孟買還稱為Bombay的時候，它叫作「維多利亞車站」，由英國建造，採用十九世紀晚期英國流行的新哥德式建築。雖然車站是由外國來的殖民者建造，但是後來具有民族主義思想的印度政府，就算改了城市的名字、改了車站的名字，卻還是保留了這座宏偉的建築，並未將它剷平。

19. 泰姬瑪哈陵。
　　這究竟算是純正的印度文化，還是外來的阿拉伯帝國主義建築？

全球貿易和金融網路，形塑的力量在於洶湧的資本、勞力與資訊流動。不論是中國出現經濟危機、或是美國推出新的技術，都有可能立刻讓地球另一端的經濟翻天覆地。

　　文化潮流也同樣如閃電般傳播。現在幾乎不管走到哪，你都能嘗到印度咖哩、看到好萊塢電影、踢到英式足球、聽到最新的韓流歌曲。一個超越個別國家的多民族全球社會，正在成形。全球的企業家、工程師、金融家與學者，都用著同一種語言，也有相似的觀點與興趣。

最重要的是，這兩百個國家愈來愈得面對同樣的全球問題。洲際彈道飛彈和原子彈可不分什麼國界，只靠任何單一國家也無法阻止核戰爆發。而氣候變遷讓全人類的繁榮與生存受到威脅，但也不是光有哪個政府出面，就能力挽狂瀾。

另一個更沉重的議題，則是生物工程、人工智慧等新技術所造成的挑戰。最後一章〈智人末日〉會提到，這些技術不但能用來重新設計武器與車輛，還能用來重新設計人體與思想。事實上，甚至是創造出全新的生命形式，改變未來的演化進程。這種崇高的創造力量，究竟該由誰來決定如何運用？

人類想要應對這些挑戰，幾乎唯有全球合作一途。但該如何達成，還有待觀察。有可能還是得靠暴力衝突，建立起一個征服四方的新帝國；但也有可能會找到更和平的團結方式。從居魯士大帝以來的兩千五百年裡，許許多多的帝國都曾承諾，要為了全人類的利益而打造出普世共有的政治秩序，但他們都撒了謊，也都以失敗收場。到頭來，沒有任何帝國真正能打造出普世共有的秩序，也沒有任何帝國服務的是全人類的利益。未來的帝國，就能做得更好嗎？

第**12**章

宗教的法則

　　歷史古城撒馬爾罕（Samarkand）位於中亞的一片綠洲。中世紀時，這裡的市場上有敘利亞商人，手指撫著滑順的中國絲綢；也有來自東非草原的粗魯部落男子，帶來最新一批頭髮亂如稻草、來自遠西的奴隸；至於店主的口袋裡則滿滿是閃亮的金幣，印有異國的文字和不知哪來的國王肖像。這裡在中世紀可說是南來北往、東西交流的主要十字路口，各方人類的融合在這裡稀鬆平常。

　　而在1281年，忽必烈揮軍欲跨海攻擊日本，也看得到相同的情形。蒙古騎兵穿著毛皮，身邊就是中國步兵戴著斗笠，還有高麗來的援軍，與來自南海而有紋身的水手一言不合、打了起來；另外還有歐洲冒險家講著故事，讓來自中亞的工兵聽得張大了嘴。所有這些兵士，都是聽命於同一位帝王。

　　於此同時，在麥加聖寺內的卡巴聖堂，人類也以另一種方式融合。如果你在西元1300年前往麥加朝聖，繞行這個伊斯蘭教最神聖的聖地，你可能會發現身邊有美索不達米亞人，他們的長袍在風中飛舞，眼神熾烈而狂喜，嘴裡唸著真神的九十九個大名。就在前

面,你可能也會看到一個飽經風霜、來自貧草原的土耳其族長,手拿枴杖、步履蹣跚,還若有所思的摸著鬍子。在另一邊,有黃金首飾在黝黑的皮膚上閃耀著,可能是一群來自非洲馬利王國(Mali)的穆斯林。至於一聞到丁香、薑黃、荳蔻和海鹽的香氣,就知道這群兄弟大概來自印度,又或是更東邊神祕的香料群島。

我們今天常認為宗教造成的是歧視、爭端、分裂,但在金錢和帝國之外,宗教正是第三種讓人類一統的力量。正因為所有的社會秩序和階級都只是想像的產物,所以它們也十分脆弱,而且社會規模愈大,反而愈脆弱。在歷史上,宗教的重要性就是讓這些脆弱的架構,有了**超人類**(superhuman)的正當性。有了宗教之後,就能說律法並不只是人類自己的設計和想像,而是來自一種無可置疑的最高權柄。這樣一來,至少某些基本的律法便不容動搖,從而確保社會穩定。

因此,我們可以說:**宗教是一種人類的規範及價值觀的體系,建立在超人類的秩序之上。**這裡有兩大基本要素:

第一、宗教不能只是某項獨立的習俗或信念,而是一整套關於規範與價值觀的體系。所以,「敲敲木頭求好運」不能算是宗教。就算是「相信轉世重生」這種概念,只要不會因此形成某種行為標準,同樣也不算是宗教。

第二、對於這一整套關於規範與價值觀的體系而言,想要被視為宗教,就必須聲稱自己是根據某些超人類的秩序,而不是出於人類的決定。例如,職業足球就不是宗教,因為雖然足球也有許多規則、儀式和古怪常規,但大家都知道是人類發明了足球,也知道國際足總(FIFA)隨時可能開會決定把球門變大、或是取消越位規則。

　　雖然宗教有可能讓各種社會秩序和政治秩序正當化，但並不是所有宗教都能做到這點。某個宗教如果想要將幅員廣闊、族群各異的人類都收歸旗下，還必須具備另外兩項特質。首先，它信奉的超人類秩序必須普世皆同，不論時空而永恆為真。第二，它還必須堅定鼓吹這種信念，試圖傳播給每一個人。換句話說，宗教必須同時具備「普世特質」和「鼓吹特質」。

　　像是伊斯蘭教和佛教這些最為人知的宗教，就同時具備普世特質和鼓吹特質，但也常讓我們誤以為所有宗教都是如此。但其實，多數古代宗教反而是具備了「地方特質」與「封閉特質」，信眾只信奉當地的神靈，也沒有意願將信仰推己及人。據我們所知，要等到西元前一千年間，才開始出現具備普世特質和鼓吹特質的宗教。這可以說是史上最重要的革命之一，對於人類的融合有重大貢獻，絕不亞於帝國或金錢。

▌讓羔羊變得沉默

　　在過去以泛靈信仰（見第77頁）為主要信仰體系的時候，人類的規範和價值觀不能只想到自己，還必須考慮到其他動物、植物、精靈和鬼魂的想法和利益。像是在恆河流域的某個採集遊群，可能會禁止砍倒某棵特別高大的無花果樹，以免無花果樹的樹神生氣報復。但是在印度河流域的另一個採集遊群，可能會禁止獵捕白尾的狐狸，因為過去曾經有一隻白尾狐狸帶著遊群的先知，發現了珍貴的黑曜石。

　　像這樣的宗教往往單純以地方為考量，只著重當地的位置、氣候和現象。畢竟，多數採集遊群畢生的活動範圍不會超過一千平方

公里。為求生存，住在某個特定山谷裡的居民，需要瞭解的就是關於這個山谷的超人類秩序，並因應調整自己的行為，當然也就沒有必要試著說服某些遙遠山谷裡的居民，來遵循相同的規則。譬如印度河遊群的人，就絕不會派傳教士到恆河遊群，去鼓吹別獵捕白尾狐狸。

農業革命開始，宗教革命便隨之而來。狩獵採集者採集植物、獵捕動物，但認為動植物和人類擁有平等的地位。雖然人類獵殺綿羊，但並不代表綿羊就不如人類；就像是老虎獵殺人類，並不代表人類就不如老虎。所以，萬物眾生都是直接與彼此「溝通、協商」關於這個共同棲息地的種種規則。相較之下，農民是擁有、控制著農場上的動物和植物，可不會紆尊降貴，去和自己的財產「溝通、協商」。因此，農業革命最初的宗教意義，就是讓動植物從與人類平等的生物，變成了人類的所有物。

然而，這又造成了一大難題。農民希望能對自己的羊有絕對的控制權，但他們也很清楚，自己的控制能力十分有限。雖然他們可以把羊圈起來、可以把公羊閹了、可以強迫羊配種，但還是無法保證母羊能懷孕，無法保證母羊一定會生下健康的羔羊，也不能阻止致命流行病的爆發。

那到底要怎樣，才能確保羊群繁衍壯大呢？講到「神」這種概念的起源，一種主要理論就認為：神之所以重要，正在於祂們可以解決這個重大問題。在人類不再認為可以和動植物直接溝通之後，就開始出現掌管生育、掌管氣候、掌管醫藥的各種神靈概念，好代替人類，和這些沉默的動植物溝通協商。很多古代神話其實就是一種法律契約，人類承諾要永遠崇敬某些神靈，換取人類對其他動植物的控制權，例如《聖經》〈創世記〉第1章，就是一個典型的例

子。在農業革命幾千年後，宗教禮儀主要就是由人類將羔羊、酒、糕點，犧牲獻祭給神靈，換取神靈保佑五穀豐登、六畜興旺。

　　一開始，農業革命對於泛靈信仰系統的其他成員，像是石神、水神、鬼魂和惡魔，幾乎沒什麼影響。然而，隨著人類喜新厭舊，這些神也逐漸失去地位。過去人類一輩子的生活範圍大概就是幾百平方公里，多數需求只要靠著當地的神靈就能解決。但隨著王國和貿易網的擴展，單靠地方神靈已經力有未逮，人類需要的神力必須涵蓋整個王國或整個貿易網。

　　因應這種新需求，**多神教**（polytheism，源自希臘文：poly是多、theos是神）信仰便應運而生。這些宗教認為：世界是由一群神威浩蕩的神靈控制的，有的掌管生育、有的掌管雨水、有的掌管戰爭。人類向這些神靈祈禱，而神靈得到奉獻和犧牲酒醴之後，就可能賜予人類子嗣、雨水和勝利。

　　多神教出現之後，泛靈信仰並未完全消失。幾乎所有的多神教都還是會有惡魔、精靈、鬼魂、聖石、聖泉、聖樹之類的神靈，雖然這些神靈的重要性遠不及那些重要的大神，但對於許多一般人民的世俗需求來說，祂們也還算實用。某個國王可能在首都獻上幾十隻肥美的羔羊，祈求打敗野蠻人，贏得勝利；但同時，某個農夫是在自己的小屋裡，點一根蠟燭，向某位無花果樹仙禱告，希望祂能治好兒子的病。

　　然而，出現了大神之後，影響最大的不在於羔羊或惡魔，而在於智人的地位。對泛靈信仰者來說，人類只是地球上眾多生物的一種。但對多神教徒來說，整個世界就像是反映了神和人類的關係。人類的禱告、獻祭、罪孽和善行，就會決定整個生態系的命運。所以，光是因為幾個愚蠢的智人做了些讓神生氣的事，就可能引發大

洪水，消滅了數十億的螞蟻、蝗蟲、烏龜、羚羊、長頸鹿和大象。所以，多神教提高的除了神的地位，還有人的地位。至於遠古那些泛靈信仰的神靈，有些比較不幸的，就失去了祂們的地位，在這場人神關係的大戲裡，成了臨時演員，甚至只是沉默的裝飾品。

多神教很少迫害異教徒

經過**一神教**（monotheism）為時兩千多年的洗腦，讓大多數西方人都認為，多神教就是一些無知幼稚的偶像崇拜。但這是一個不公平的刻板印象。想瞭解多神教的內在邏輯，必須先瞭解這種同時信仰多位神靈的中心思想。

多神教並不一定認為宇宙沒有單一的權柄或法則。大多數的多神教、甚至泛靈信仰，都還是認為有一個最高的權柄，高於所有其他神靈、惡魔，或是神聖的石頭公。在古希臘多神教的神話中，不管是天帝宙斯、天后希拉、太陽神阿波羅、或是祂們的同事，都還是得臣服於神威無窮、無所不在的命運女神（Moira 或 Ananke）。北歐諸神也逃脫不了命運的掌握，最後在「諸神的黃昏」（Ragnarök）這場災難中滅亡。在西非約魯巴人（Yoruba）的多神信仰中，所有神靈都是至上神（Olodumare）所生，而且臣服於祂。印度教屬於多神教，但也是以「梵」這個宇宙的終極，主宰著無數神靈、人類、以及生物世界和物質世界。梵指的是整個宇宙、每個人與每個現象的永恆本質或靈魂。

真正讓多神教與一神教不同的觀點，在於多神論認為：主宰世界的最高權力不帶有任何私心或偏見，因此對於人類各種世俗的欲望、擔心和憂慮，毫不在意。所以啦，要向這個最高權力祈求戰爭

勝利、健康或下雨，可說是完全沒有意義，因為從祂全知全觀的角度來說，某個王國戰爭輸贏、某個城市興衰盛敗、又或是某個人的生老病死，根本不構成任何差別。希臘人不會浪費祭品去祭拜命運女神，而印度教徒也並未興建寺廟來祭拜梵。

要接近這個宇宙至高的權力，就代表要放下所有的欲望，接受禍福共存的事實，坦然面對失敗、貧窮、疾病和死亡。因此，印度教徒有一種苦行僧，奉獻自己的生命，希望能與梵合而為一，達到「梵我一如」的境界。苦行僧以梵的觀點來看這個世界，認識到從永恆的角度來看，所有世俗的欲望和恐懼都如夢幻泡影。

只不過，大多數的印度教徒都不是苦行僧，依然深深陷在世俗的考量之中，但這下梵就幫不上什麼忙了。講到這種問題，印度教徒還是得找那些專精某些領域的神才行。這些神只專精某些領域，而不是無所不包，所以有象頭神、財神和智慧神等等，但祂們都還是各有私心和偏見。這樣一來，人類就可以和這些神談談交易，靠祂們的幫助來贏得戰爭、打倒疾病。像這樣的低位神靈數量繁多，因為只要把全知全能、位階最高的權柄切分開來，可以想見，必會分出不只一位神靈。於是多神教於焉誕生。

從多神教的概念向外推導，結果就是影響深遠的宗教寬容。一方面，多神教徒相信有一個至高無上、完全無私的神靈；但另一方面，多神教徒也相信許多各有領域、心有偏見的神靈。所以對於某個神的信徒來說，很容易就相信有其他神靈存在，而且也相信其他神靈同樣神通廣大。多神教本質上就是心胸開放、包容異己，很少迫害異教徒。

就算多神教征服了其他大帝國，也未曾要求屬民改變信仰。像是埃及人、羅馬人和阿茲特克人，都不曾派遣傳教士到異地鼓吹

崇拜冥王歐西里斯、天帝朱彼特、或是太陽神維齊洛波奇特利（祂是阿茲特克文明的主神），當然也就更不可能派軍隊前去鎮壓異教徒。帝國當然有自己的眾多守護神和宗教儀式，保護著帝國、維繫其正當性，所以帝國的屬民也應該要尊重這些神靈和儀式，只是無須放棄自己當地的神靈和儀式。

以阿茲特克帝國為例，雖然屬民必須建造敬拜維齊洛波奇特利的神廟，但這些神廟是與崇拜地方神靈的神廟同時共存，而不是取而代之。很多時候，帝國菁英本身也會接受地方屬民的神靈和儀式。例如羅馬人，就讓來自亞洲的眾神之母希栢利（Cybele）和來自埃及的女神伊西斯（Isis），都進了他們的萬神殿。

聖巴塞洛繆節慘案

羅馬人唯一長期不願接受的，只有屬於一神信仰、並堅持要傳福音的基督教。羅馬帝國並未要求基督徒放棄他們的信仰和儀式，只希望他們同時尊重帝國的守護神，並承認皇帝也有神性——這點可說是在政治上忠誠的聲明。然而基督徒強烈拒絕，並且完全沒有任何妥協空間，這對於羅馬人來說，就是在政治上搞顛覆的舉動，必須加以鎮壓。

但即使如此，這些鎮壓多半也只是表面形式。從基督被釘死在十字架上、到羅馬皇帝君士坦丁改信基督教，這三百多年間，羅馬皇帝所發起對基督徒的大型迫害，不過四次。至於地方長官和總督也曾經另外發起一些反基督教的暴力行為。

事實證明，就算把這些迫害的所有受害者全部加總起來，在這三個世紀期間，多神教羅馬處決基督徒的人數不超過幾千人。[72] 可

是相對的，在接下來的一千五百年間，雖然基督教號稱主張愛與憐憫，卻僅僅因為對信仰的詮釋有些差異，就引發基督徒自相殘殺，死亡人數達到數百萬。

其中最惡名昭彰的，就是在十六、十七世紀間，席捲歐洲的天主教與新教徒之戰。所有這些人都相信基督的神性，也相信祂關於愛和憐憫的福音，只是對於愛的本質意見不合。新教徒認為，神如此愛著世人，所以讓自己化為肉體，容許自己受到折磨、釘死在十字架上，從而贖了原罪，並對那些信祂的人打開了天堂的大門。而天主教徒認為，雖然信仰是必要的，但光這樣還不夠，想要進入天國，信徒還必須參加教堂禮拜，而且要多行善事。這點讓新教徒無法接受，認為這樣形同交易，對於神的愛和偉大是一種貶抑。如果進不進天堂必須取決於自己的善行，豈不是放大了自己的重要性，而且暗示基督在十字架上為人類受的苦、以及神對人類的愛，都還不足夠？

這些神學爭論愈演愈烈，天主教徒和新教徒彼此殺紅了眼，造成幾十萬人喪命。1572年8月23日，強調個人善行的法國天主教徒襲擊了強調上帝之愛的法國新教徒。這場攻擊稱為「聖巴塞洛繆節慘案」（St. Bartholomew's Day Massacre），短短二十四小時裡，就有五千到一萬個新教徒遭到屠殺。

消息從法國傳到羅馬的天主教教宗國瑞十三世耳裡，叫他滿心歡喜，立刻安排舉行慶典，還委託畫家瓦薩里，在梵蒂岡的一個房間裡，將這場大屠殺繪成壁畫，以資紀念（目前這個房間禁止遊客參觀）。[73]

不過才二十四小時，基督徒自相殘殺的人數，就已經超過了整個羅馬帝國曾經殺害的基督徒人數。

多神教衍生出一神教

隨著時間過去，某些多神教徒開始對自己的某位神靈愈來愈虔誠，也慢慢遠離了基本的多神信仰，開始相信只有那位神靈是唯一的神，相信祂是宇宙的最高權柄。不過，他們還是認為神有私心和偏見，讓人類可以和神談談條件。於是，在這種背景形成的一神教裡，信徒就能夠直接祈求宇宙至高無上的權力，來幫忙治病、中樂透、或是打贏戰爭。

目前所知的第一個一神教，出現於西元前1350年，埃及法老阿肯那頓（Akhenaten）宣布，當時在埃及眾神裡，位階並不高的小神阿頓（Aten）其實是宇宙至尊。阿肯那頓將他對阿頓的崇拜，制度化為國教，還打算打壓民眾對其他神的崇拜。然而，阿肯那頓的宗教革命並未成功。阿肯那頓去世後，獨尊阿頓的信仰遭到廢黜，又回到過去的情形，眾神同列仙班。

不論在何處，多神教都不斷衍生出各種一神教，但由於這些宗教無法放下唯我獨尊的中心思想，所以一直只能處於邊陲地位。以猶太教為例，仍然認為全宇宙至高的神還是有私心和偏見，而且關愛的眼神全在一小撮猶太民族和以色列這蕞爾之地。於是對其他國家來說，信奉猶太教幾乎是有弊而無利，而且猶太教一直也沒有到其他地方宣教的打算。這種階段可以稱為「本地一神教」。

到了基督宗教，終於有了重大突破。基督宗教一開始只是猶太教的一支神祕教派，想說服猶太人，拿撒勒人耶穌就是他們期待已久的彌賽亞。這個教派最早的領導者之一，是來自大數（Tarsus）的保羅，他認為宇宙的至高神有私心偏見，但是對人類並非漠不關心，祂甚至化為肉身，為了人類的救贖，被釘死在十字架上，這種

事不該只有猶太人知道，應該要讓全人類都瞭解。於是，就有必要將關於耶穌的好事（也就是福音），傳到世界各地。

　　保羅的這個想法開枝散葉，基督徒開始組織起了對所有人類的傳教活動。而在一場史上最意想不到的轉折下，這個猶太神祕教派接掌了強大的羅馬帝國。

　　基督宗教的成功，在七世紀的阿拉伯半島成了另一個一神教的典範：伊斯蘭教於焉而生。就像基督教，伊斯蘭教一開始也只是地球上某個偏遠角落的小宗教，但它以更意想不到、更快速的腳步，打破了阿拉伯沙漠的隔絕，收服了幅員從大西洋一直延伸到印度的龐大帝國。自此之後，一神信仰就在世界歷史上扮演了重要角色。

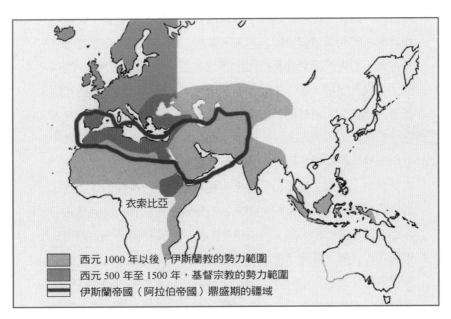

地圖4：基督教和伊斯蘭教的傳播

一般而言，一神教徒比多神教徒更為狂熱、更熱中傳教。畢竟如果某個宗教願意承認其他信仰，情況只有兩種：第一種本來就認為世上沒有唯一的神，而是有許多神同時共存；第二種認為雖然有一位最高的神，但下面分成許多小神祇，信仰每位神祇，可以說是看到了部分的真相。

　　但由於一神教徒通常認為自己信奉的就是唯一的神，也認為只有自己看到了完整的真相，自然就會批評其他所有宗教都不可信。在過去兩千年間，一神教徒多次發動以暴力消滅其他競爭對手，目的就是要強化自己的掌控力。

　　這招必殺技很有效。在西元一世紀初，世界上幾乎沒有任何一神教徒。到了西元500年左右，基督宗教已經收服了全球最大的羅馬帝國，傳教士忙著將基督宗教傳播到歐洲的其他地區、以及亞洲和非洲。等到第一個千禧年結束，歐洲、西亞和北非多半都已信奉一神教，從大西洋到喜馬拉雅山脈都主張上帝或真主是唯一的神。到了十六世紀初，除了東亞和非洲南部，一神教已掌控了亞非絕大部分人的信仰，而且開始向南非、美洲和大洋洲發展。到了今天，除了東亞以外的大多數人，不論信仰為何，多半都屬於一神教，而且全球政治秩序也正是以一神論為基礎而建立。

　　然而，就像是泛靈信仰會在多神教裡延續，多神信仰也會在一神教裡延續。理論上來說，如果我們相信宇宙只有一個至高的神、而祂也願意關心你，那又何必崇拜某些只掌管特定領域的神呢？如果你可以大搖大擺走進總統府要總統幫忙，又何必請託某個低階小公務員呢？確實，一神教的神學認為只有一個至高的神，其他任何神祇都是虛假，如果竟有人敢崇拜偽神，地獄的火焰和硫磺就會在他們身上燃燒。

　　然而，神學理論和歷史現實一向大不相符。大多數人很難完全接受一神教的想法，還是繼續把世界分為「我們」和「他們」，也覺得所謂至高的神實在太遙遠，管不到自己世俗的需求。最後的情況就是：一神教徒大張旗鼓把其他神祇從大門趕了出去，卻又從旁邊的小窗把祂們接了回來。以基督宗教為例，就由天主教宗冊封了不少聖人——祂們所受到的禮敬，可說和多神教的諸神殊無二致。

　　正如羅馬帝國的主神是朱彼特、阿茲特克帝國的主神是維齊洛波奇特利，每個基督宗教國家也有自己的守護聖人，協助解決困難及贏得戰爭：英格蘭的守護聖人是聖喬治，蘇格蘭是聖安德魯，匈牙利是聖史蒂芬，法國是聖馬丁。而不論是大城、小鎮、職業，甚至疾病，也都各有負責守護的聖人，像是：義大利米蘭有聖安布魯瓦茲負責守護，威尼斯有聖馬克負責照料；聖弗羅里安守護著煙囪清潔工的安全，聖馬修撫慰收稅員的煩惱。還有，如果你頭痛，該找聖亞賈西亞；但如果痛的是牙，聖阿波羅尼亞就更對症下藥。

　　這樣看來，基督宗教的聖人和多神教的眾多神明，也沒什麼不同；而且很多時候還不只是相像而已，根本就是這些神明的偽裝。舉例來說，在信奉基督宗教之前，愛爾蘭的主神是女神布里吉德。等到愛爾蘭被基督教化，就連布里吉德也彷彿受了洗一般，成了聖布里吉德，直到今天，還是天主教愛爾蘭最受尊崇的聖人。

▌ 善惡之戰

　　多神教除了演變出一神教，也演變出二元論的宗教。二元論宗教信奉著「善」與「惡」這兩股對立力量的存在。二元論宗教與一神教不同之處在於：他們相信「惡」也是獨立存在，既不是由代表

「善」的神所創造，也不歸神所掌管。二元論宗教認為，整個宇宙就是這兩股力量的戰場，世間種種就是兩方鬥爭的體現。

二元論之所以成為一種深具魅力的世界觀，原因就在於人類有一個揮之不去的「惡的難題」（Problem of Evil），苦苦無法解決。「為什麼世上會有邪惡？為什麼有苦難？為什麼會有壞事發生在好人身上？」如果神真的是如此無所不知、無所不能、至善至美，又怎麼會允許世上有這麼多的苦難？

這讓一神論者傷透了腦筋。一種很流行的解釋認為：神藉著這種方式，讓人類擁有了自由意志；因為如果沒有邪惡，人類就無法在善惡之間做選擇，也就沒有了自由意志。

然而，這種解釋非但拐彎抹角，還立即引發了許多新的問題。有自由意志，也代表可選擇邪惡。而且，根據標準的一神論說法，還真有許多人選擇了邪惡的道路，於是神不得不施加懲罰。然而，如果神真的能夠事先知道，某個人會用自己的自由意志走上邪惡的道路，而且又會因此受到懲罰、永遠在地獄受苦，那麼神一開始為何要創造這個人？

神學家為了回答這些問題，已經寫了無數著作，有些人覺得已經找到了答案，也有些人覺得差得還遠。但無法否認的是，一神論面對「惡的難題」可說是吃盡苦頭。

對於二元論者來說，要解釋為什麼有壞事並不難。答案就是：因為整個世界不只是由某位善神獨自掌理；世上仍然有個不受控制的「惡」，而所有的壞事正是來自於它。

二元論觀點還是有些缺漏。雖然能解決「惡的難題」，卻又再遇上「律令的難題」（Problem of Order）。如果世上只有一個善神，當然就不難理解世界為何如此井井有條，萬事都遵守同樣的律令。

但如果世上就是有善惡兩股力量在拉扯，又是誰來出面執行雙方都該遵守的律令？舉例來說，如果說兩國交戰，基礎就在於它們存在於同一個時空，而且受同樣的物理定律規範——譬如巴基斯坦發射地對地飛彈，之所以能打到位於印度的目標，那是因為重力定律對交戰雙方都同樣適用。但如果我們說的是善與惡的互鬥，現在又有什麼律令來規範？這些律令又是誰訂出來的呢？

所以，一神論能夠解釋「律令的難題」，遇上「惡的難題」卻綁手綁腳；二元論能夠解釋「惡的難題」，但遇上「律令的難題」卻一籌莫展。但其實，有一種解釋能夠同時處理這兩大難題，而且完全合乎邏輯：世上確實有某個全能的神創造了全宇宙，而且祂就是惡神！只是古往今來，總沒有哪個自命為名門正派的宗教，說自己信的是這一套。

綜攝的宗教

二元論宗教興盛了超過一千年。在大約西元前1500年到西元前1000年之間，中亞有一位名叫瑣羅亞斯德（Zoroaster，又名查拉圖斯特拉）的先知，相當活躍。他的信念代代相傳，最後形成了二元論宗教的代表：祆教（Zoroastrianism，又稱拜火教、波斯教）。

祆教認為整個世界就是善神阿胡拉·馬茲達（Ahura Mazda）和惡神安格拉·曼紐（Angra Mainyu）之間的戰爭，在這場戰爭中，人類必須站在善神這方給予協助。祆教在阿契美尼德王朝（波斯第一帝國，西元前550-330）已經舉足輕重，到了薩珊王朝（波斯第二帝國，224-651）更成為國教，幾乎影響了所有後來在中東及中亞的宗教，並催生了許多二元論宗教，例如諾斯替教和摩尼教。

在西元三世紀和四世紀，摩尼教涵蓋了中國到北非，一度聲勢大好，似乎將取代基督宗教在羅馬帝國的地位。然而，摩尼教徒在羅馬敗給了基督徒，祆教波斯第二帝國敗給了一神教的穆斯林，於是二元論宗教的波瀾也逐漸退去。到現在，只剩下印度和中東還有少數人信奉二元論宗教。

不過，就算一神教聲勢看漲，二元論宗教卻未真正消失。猶太教、基督宗教和伊斯蘭教這些一神教，吸收了大量的二元論信仰和習俗，許多我們以為是一神教的基本概念，多是出自二元論宗教的本質和精神。例如有無數的基督徒、穆斯林和猶太人，都相信有某個強大的邪惡力量（例如基督宗教的魔鬼或撒旦），祂自行其事，與善神作對，興風作浪、不受神的控制。

如果根據純粹的一神教義，怎麼可能會相信這種二元的概念？（順道一提，《舊約聖經》裡壓根就找不到這些情節。）這在邏輯上根本不通。真要合理的話，要嘛是相信確實有一個全能的神，不然就是要相信有兩種對立的力量，而兩者皆非全能。然而，儘管如此不合理，人類還是能接受這種矛盾的概念。因此，看到有幾百萬虔誠的基督徒、穆斯林和猶太人居然相信「既有全能的神、又有獨立行事的魔鬼」，倒也不用太驚訝。更有甚者，無數的基督徒、穆斯林和猶太人居然還能想像「善神需要人類的協助，好與魔鬼對抗」，由此再推導引發了聖戰和十字軍東征。

另一個很關鍵的二元論概念（特別在諾斯替教和摩尼教），是認為身體和靈魂、物質和精神是有清楚區隔的。諾斯替教和摩尼教認為：善神創造了精神和靈魂，而惡神創造了物質和身體。根據這種觀點，人就成了善的靈魂和惡的身體之間的戰場。從一神教的角度來看，這完全是無稽之談。何必要把身體和靈魂、或物質與精神

做出這種區分？又為什麼要說身體和物質是惡的呢？畢竟對一神教來說，善神創造了一切，而一切都是美好的。然而，正因為這種二元論的論點可以幫助他們解決「惡的難題」，所以一神教還是忍不住接受了這個概念。於是這種對立的概念，最後也成了基督宗教和穆斯林思想的基石。此外，如果相信有天堂（善神的國度）和地獄（惡神的國度），這也是一種二元論的概念。（然而《舊約聖經》裡從來沒提過這種概念，也從來沒提到人的靈魂會在身體死去後繼續存在。）

　　縱觀歷史，一神教就像是萬花筒，把一神信仰、二元論概念、多神教義和泛靈信仰，都收納在同一個神聖論述之下。結果就是：基督徒大致上是信奉一神教的上帝，相信二元論宗教的魔鬼，也如同多神教徒一樣禮敬眾多聖人，還相信泛靈信仰的鬼魂。像這樣同時擁有不同、甚至矛盾的思想，而又結合各種不同來源的儀式和做法，宗教學上有一個特別的名稱：綜攝（syncretism）。很有可能，綜攝才是全球最大的單一宗教。

▌自然律

　　我們目前為止討論到的所有宗教，都有一個共同的重要特徵：相信的都是神靈、或是其他超自然對象。這對西方人來說，實在理所當然，畢竟西方人主要就屬於一神與多神信仰。

　　但事實上，世界宗教史並不只是神的歷史。西元前1000年，亞非大陸開始出現全新的宗教及信仰類型。這些新型的宗教信仰，包括印度的耆那教和佛教，中國的道教和儒教，以及地中海的犬儒主義（cynicism）和享樂主義（epicureanism），共同特徵就是崇拜的

並非神祇。這些新型宗教信仰也認為：有某種超人類的秩序，控制著這個世界，但這些信仰所崇拜的秩序是**自然律**（natural law），而不是什麼神明的意志。這些自然律的宗教信仰，雖然某些也相信有神祇存在，但認為神祇就和人類、動物和植物一樣，會受到自然律的節制。雖然可以說，神祇在這個生態系中有其優勢（就算是大象或豪豬，也各有優勢），但祂們也像大象一樣，無法改變自然律。最典型的例子是佛教，這可說是最重要的古代自然律宗教，而且到今天仍然興盛。

佛教的核心人物釋迦牟尼，不是神，而是人，俗名喬達摩·悉達多。根據佛教經典，釋迦牟尼大約在西元前500年是喜馬拉雅山區小國的王子，看到身邊的人深深陷於苦難之中，而心生不忍。他

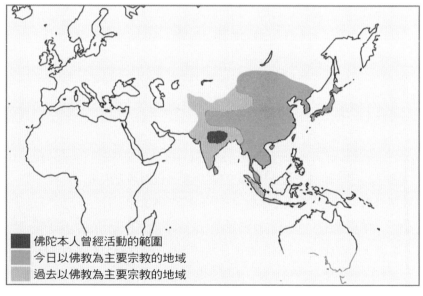

地圖5：佛教的傳播

看到人不分男女老幼，不僅三不五時受到戰爭和瘟疫等災難襲擊，還無法免於種種焦慮、沮喪和不滿的情緒，似乎這一切都是人生難以避免的事。人類追求財富和權力，取得知識和財富，生兒育女，建起宮殿和房屋。但不論取得多少成就，卻仍然無法滿足。窮人夢想著要變富，有一百萬的想要兩百萬，有兩百萬的想要一千萬。而且就算真的有錢了、有名了，他們還是不滿意，還是有無盡的煩惱和憂慮，無法從生老病死中解脫。至死，一切如夢幻泡影消失，生命就像是毫無意義的追尋。然而，這個輪迴該怎樣才能跳出？

在二十九歲時，釋迦牟尼半夜離宮，拋下了財富家人，流浪走遍印度北部，希望為這一切痛苦尋找出路。他前往各個修院修行，聆聽各個大師講道，但還是無法完全感到解脫。可他並未絕望，決心反求諸己，直到找到徹底解決的法門為止。他入禪六年，思索人類各種苦痛的本質、原因和解決方式。最後他體會到：一切苦難並非來自厄運、社會不公、或神祇的任性，而是出於每個人自己心中的思想模式。

釋迦牟尼認為：人遇到事情通常就會產生欲念，而欲念總是會造成不滿。遇到不喜歡的事，就想趕開；遇到喜歡的事，就想維持並增加這份愉快。但正因如此，人心就永遠不滿、永遠不安。這點在碰上不悅的時候，格外明顯，像是感覺疼痛的時候，只要疼痛持續，我們就一直感到不滿，用盡辦法想要解決。然而，就算是遇上歡樂的事，我們也從來不會真正滿足，而是一直擔心這種歡樂終將結束、或是無法再持續或增強。有些人多年來一直在尋找愛情，但等到真的找著了愛情，卻還是不滿足。有的人開始整天擔心對方可能會離開；有的又覺得自己太過屈就，應該再找更好的人（而且，我們知道別人也會這樣心猿意馬，也會這樣盤算）。

雖然上天可以賜雨、社會機制可以提供公平正義和衛生保健、有好的運氣就可以變成百萬富翁，但不論如何，我們的基本心態都不會改變。因此，就算是最偉大的國王也無法避免焦慮，得不斷逃避著悲傷和痛苦，也總是想要追尋更多的快樂。

釋迦牟尼找到一種方法可以跳出這種惡性循環。在事物帶來快樂或痛苦的時候，重點是要看清事物的本質，而不是著重在它帶來的感受，於是就能不再為此所困。雖然感受悲傷、但不要希望悲傷結束，於是雖然仍有悲傷，也能不再為此而困——即使仍然悲傷，也是一種豐碩的經驗。雖然感受快樂、但不要希望快樂繼續，於是雖然仍有快樂，也能不失去心中的平靜。

但要怎樣才能讓心裡接受事物的本質，放下種種欲求，知道苦即為苦、樂即為樂？釋迦牟尼制定一套冥想的技巧，能夠訓練心靈感受事物的本質，排除種種欲求。透過訓練，心靈專注在「我現在是什麼感受？」而不是問「為什麼是我？」

這種境界很難達到，但並非不可能。

▌苦由「欲」起

釋迦牟尼將冥想落實在各種道德規範上，好讓信眾更能專注在實際的感受，不落入各種欲求和幻想之中。他要求信眾不殺生、不邪淫、不偷盜，因為這些作為一定會讓欲望如野火燎原，一心追求權力、感官享受或財富。等到這些火焰徹底撲滅，原本的欲求就換成了圓滿和寂靜，稱為**涅槃**（nirvana），梵文原義是「熄滅」。達到涅槃，也就是解脫了所有苦痛，能夠無比清晰的感受身邊的現實，沒有什麼幻想幻象。雖然很有可能還是會遇到苦痛，但苦痛已經不

再能影響我們。畢竟，無欲則無苦。

根據佛教經典，釋迦牟尼本人就達到了涅槃，從痛苦中完全解脫。而在這之後，他就稱為「佛陀」，意為「覺悟者」。接著，佛陀一生前往各地普傳佛法，希望讓所有人離苦得樂。佛陀的教誨一言以蔽之：痛苦來自於欲望；要從痛苦中解脫，就要放下欲望；而要放下欲望，就必須訓練心智、體驗事物的本質。

對佛教徒來說，這條「佛法」就是舉世皆同的自然律，「痛苦來自於欲望」這件事舉世皆同，就像在近代物理學中，E 總是等於 mc^2。所以，所謂的佛教徒，就是相信「苦由欲起」這條定律、並將這條定律落實在一切日常活動中的人。另一方面而言，是不是信仰某個神靈，對佛教徒來說，就不是那麼重要。

一神教的最高原則是「唯一真神確實存在，那麼祂想從我這裡要到什麼呢？」佛教的最高原則，則是「痛苦確實存在，我該如何逃離呢？」

佛教並不否認有神祇存在，佛教認為祂們有強大的神通，能帶來降雨和勝利，然而神祇對於「苦由欲起」這條定律無能為力。如果人能夠無欲無求，任何神祇都無法讓人感到痛苦。相對的，如果人有了欲望，任何神祇也無法拯救他脫離痛苦。

但也如同一神教，佛教這種前現代的自然律宗教還是無法擺脫神祇崇拜。佛教告訴信眾，他們應該不斷追求涅槃境界，不要為了名利停下腳步。然而，99％的佛教徒都無法達到這個境界，而且就算他們一心希望最後能達成這個目標，日常生活裡多半都還是追求著世俗的成就。於是，佛教徒還是崇拜著各種神祇，像是在印度的佛教徒膜拜著印度的神，西藏的佛教徒膜拜著本教（Bon）的神，日本的佛教徒膜拜著神道教的神。

此外，佛教的幾個教派也隨著時間發展出滿天的諸佛菩薩。諸佛菩薩是人也非人，祂們已經能夠達到涅槃、解脫痛苦，但為了救度還在輪迴中的芸芸眾生，因而倒駕慈航、迴入娑婆。所以，佛教徒崇拜的並不是神祇，而是這些已經開悟、但尚未成佛的人，除了希望祂們協助眾生達到涅槃境界，也希望祂們幫忙處理一些世俗問題。於是，我們就看到整個東亞有許多佛陀或菩薩得負責降雨、醫病，甚至保佑殺敵求勝，而信眾也虔心祈禱，為祂們焚香、獻上各色鮮花、米食和甜品。

當崇拜的對象變成了人

常有人說，過去三百年來世界愈來愈世俗化，宗教影響力日漸下滑。這一點對於有神論（見第78頁）的宗教來說，大致上確實如此。但如果把自然律的宗教也納入討論，就會看到現代其實充滿了強烈的宗教熱情，宣教力度無與倫比，更發生了一樁又一樁史上最血腥的宗教戰爭。這些新型的自然律宗教信仰，包括了自由主義、共產主義、資本主義、民族主義和納粹主義。它們不喜歡被稱為宗教，而說自己是「意識型態」。但這就只是修辭罷了。我們前面曾說宗教就是「一種人類的規範及價值觀的系統，建立在超人類的秩序之上」，這麼一來，蘇聯的共產主義便與伊斯蘭教同樣符合宗教的定義。

當然，伊斯蘭教和共產主義幾乎全然不同，伊斯蘭教認為控制一切的超人類秩序是某個全能的真主，相對的，蘇聯共產主義並不相信神的概念。然而，佛教信的也不是神，我們卻常常認定佛教屬

於宗教。共產黨人也像佛教徒一樣，相信有一套自然、不可改變的超人類秩序，引導著人類的行為。佛教相信這一套自然律是由釋迦牟尼所發現，而共產黨人則認為是馬克思、恩格斯和列寧找出了他們那一套自然律。

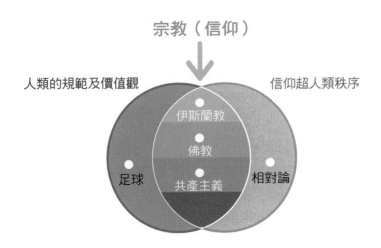

宗教是一種人類的規範和價值觀的系統，並且是以相信某種超人類秩序為基礎。以相對論為例，由於至少目前為止，還沒有人依此建立起對人類的規範和價值觀，所以就稱不上是宗教。足球也不算宗教，因為沒有人認為足球規則反映了某種超人類的教條。至於伊斯蘭教、佛教和共產主義，之所以落入宗教範疇，是因為它們都奠基在某種超人類秩序上，發展出一套人類的規範和價值觀。

（請注意：「超人類」並不等於「超自然」。佛教的自然律和馬克思主義的歷史法則之所以稱為「超人類」，指的是它們並非由人類制定。但這並不是某種超自然現象。）

相似處還不只如此。共產主義就像其他宗教一樣，有過自己的聖經和預言書，例如馬克思的《資本論》就預言歷史很快會走向無產階級的必然勝利。共產主義還有自己的節慶，像是五一勞動節，以及十月革命的紀念日。共產主義的「神學家」嫻熟馬克思主義的辯證法，蘇聯軍隊的每個單位也都有它的「牧師」，稱為政委，來檢查士兵和軍官夠不夠虔誠。共產主義同樣有殉道者、有聖戰，也有像是托洛茨基主義（Trotskyism）這種異端學說。由此可見，蘇聯共產主義確實就是一種狂熱並熱中宣教的宗教。虔誠的共產主義信徒，就不可能是基督徒或佛教徒，而且還可能為了傳播馬克思和列寧的福音，願意犧牲自己的生命。

這一串論述下來，有些讀者可能會感覺很不舒服。如果有人仍然認為共產主義只能叫「意識型態」，而不是宗教，其實這也無傷大雅。另一種做法就是把各種教義分成兩種，一種是宗教，以神祇為中心；一種是意識型態，以自然律為中心。但如果採用這種分類法，像是佛教、道教和斯多葛教派，就應該歸為意識型態，而不是某種宗教。

此外我們也該注意，許多現代意識型態都隱含「相信神明」的概念，如果捨棄這項元素，就會變得毫無意義，其中又以自由主義為最。

三種人本主義宗教

至於現代各種新型自然律宗教的教義，由於它們之間並沒有明顯的界線，我們在此也就不可能逐一檢視它們的歷史。這些新型自然律宗教「綜攝」的情形，並不少於一神教和盛行的佛教。就像佛

教徒也能膜拜印度教的神祇、一神教徒也相信撒旦的存在，現在典型的美國人也能既是民族主義者（相信有美國國族存在，而且相信它在歷史上有重大作用）、又是自由市場資本主義者（相信社會繁榮的最佳方法就是公開競爭、追求自我利益），也是自由人本主義者（相信造物主賜給人類若干不可剝奪的權利）。民族主義將在第18章〈一場永遠的革命〉裡討論。最成功的現代宗教：資本主義，會在第16章〈資本主義教條〉專章探討，闡述資本主義的主要信念和儀式。至於本章的其餘篇幅，我們就繼續討論人本主義宗教。

有神論的宗教，崇拜的是神；至於人本主義宗教，崇拜的就是人，或者講得更明確，是崇拜智人。人本主義的基本信念，就是認為智人是獨特的、神聖的，從本質上便和其他所有現代動物有所不同。對人本主義者來說，智人的獨特性是世界上最重要的事情，決定了宇宙間一切事物的意義。所謂的「至善」，講的是對智人好。全球所有其他物種和生命，都只為了智人這一物種的利益而存在。

雖然所有人本主義者都崇拜**人性**（humanity），但對於人性的定義卻不見得都相同。就像基督宗教的各個教派對於「神」會有不同定義，人本主義對「人性」的定義，大致上分成三種對立的教派。今天最重要的人本主義學派就是**自由人本主義**，它認為人性就在於每一個人的自我特質，因此個人自由也就變得神聖不可侵犯。根據這些自由主義者的說法，每個智人都有著人性的神聖本質。正是每個人的內心，讓全世界有了意義，而且這也是各種道德及政治正當性的來源。如果碰上道德或政治的困境，就該內省，聽聽自己內心的聲音，也就是人性的聲音。因此，自由人本主義最重要的誡命就是要保障這種「內心聲音」的自由，不受外界的侵擾或傷害。而這些誡命統稱為「人權」。

舉例來說，這正是自由主義者反對酷刑和死刑的原因。在近代早期的歐洲，犯下殺人罪的人，會被視為違反破壞了宇宙秩序。為了讓宇宙回歸平衡，就須對罪犯施以酷刑、並公開處決，好讓所有人民都看到宇宙已經重返秩序。在莎士比亞和莫里哀的時代，倫敦人和巴黎人最愛的消遣，就是現場直擊殘忍的處決畫面。但在今天的歐洲，死刑被看作侵害了人性的神聖。雖然一樣是為了維護秩序，但現今的歐洲不會對罪犯施以酷刑處決，反而是要以盡可能「人性化」的方式來加以懲罰，才能維護、甚至重建人類的尊嚴。藉著表彰兇手的人性，人人都想起了人性的神聖，於是秩序才得以恢復。像這樣保護兇手，我們才能改正兇手他做錯的事。

雖然自由人本主義將人性神聖化，但並不否認有神的存在，而且根本就是源自於一神論的信念。像是相信每個人的本質自由而神聖，就是直接源於傳統基督教相信靈魂自由而永恆的概念。要是沒有永恆的靈魂和造物主的概念，自由主義者想要解釋究竟個別的智人有何特別，就很難講得清楚。

人本主義的另一個重要教派就是**社會人本主義**。社會主義者認為所謂「人性」是集體而非個人的概念，因此他們認為神聖的不是每個個人心中的聲音，而是由所有智人構成的整體。自由人本主義追求的，是盡可能為個人爭取更多自由；而社會人本主義追求的，則是讓所有人都能平等。對社會主義者來說，「不平等」就代表著偏重人類的某些邊緣特質、認為這比人類的普遍本質更重要，這樣一來可說是對人類神聖性最嚴重的褻瀆。舉例來說，如果富人比窮人有特權，就代表重視「金錢」超過了人類的普遍本質（不論貧富，人類的本質應該全部相同）。

和自由人本主義一樣，社會人本主義也是以一神論的信念為基

礎。像是人人平等這個概念，就是來自於一神論認為：在神的面前所有靈魂一律平等。唯一不是來自傳統一神論的人本主義教派，就是**進化人本主義**，以納粹為最著名的代表。真正讓納粹和其他人本主義教派不同的地方，在於他們深受演化論影響，對「人性」有不同的定義。相對於其他人本主義者，納粹相信人類並非處處相同、也不是永恆不變，而是一個會進化或退化的物種。人可以進化成超人，也可以退化成非人。

納粹的目標主要是希望保護人類，避免退化，並鼓勵漸進的演化。正因如此，納粹黨徒才會主張應該要好好保護、養育雅利安人（Aryan，他們認為這是最進步的智人類型），至於猶太人、吉普賽

人本主義宗教：崇拜「人性」的宗教

智人擁有獨特且神聖的本質，和其他生物有根本上的不同。所謂的「至善」，講的是對整體人性有好處。		
自由人本主義	社會人本主義	進化人本主義
「人性」是個人主義的概念，存在於每個智人心中	「人性」是整體的概念，存在於所有智人整體之中	「人性」可變，可能退化成非人，也可能進化成超人類
最重要的使命，是保護每個智人內心的自由	最重要的使命，是保護智人這個物種每個人都能平等	最重要的使命，是保護人類、避免退化成非人，並且鼓勵進化成超人類

人、同性戀者和精神病患，這些被認為是退化的智人類型，則必須
隔離、甚至滅絕。納粹的辯白是：智人一開始能夠勝出，本來就是
因為演化留下了這種「較優異」的遠古人種，而淘汰了某些「較低
劣」的人種，例如尼安德塔人就從此消失。一開始，不同的人種不
過也就是不同的種族，但後來就走上不同的演化道路。很有可能，
這還會再次發生。納粹認為，智人已經分化出幾個不同的種族，各
有獨特的特質，而雅利安人擁有各種最優秀的特質：理性、美麗、
誠信、勤奮。因此，雅利安人擁有讓人類進化為*超人*的潛力。至於
像猶太人和黑人這些種族，特質不佳，可說是現代的尼安德塔人。
如果讓他們任意繁衍、甚至還和雅利安人通婚，豈不是汙染了整體
的人類物種，即將造成智人滅絕嗎？

　　生物學家已經戳破了納粹的種族理論。特別是1945年以後的
基因研究，已經證明：不同人類譜系之間的差異遠遠小於納粹的假
設。但這些結論只是最近的事，考量到1933年的科學知識，納粹
當時會這麼相信，也不難想像。許多西方菁英都相信有不同人種的
存在，相信白人較為優越，也相信應該要保護、培養這個高貴的種
族。例如在許多最具盛名的西方大學裡，一直以來，總是有學者用
最新的正統科學方法，發表研究報告，宣稱證明了白人比起非洲人
或印第安人更聰明、更有道德，更具備高超的技能。而在華盛頓、
倫敦和坎培拉的政客，也一心相信自己必須負責避免白色人種受到
玷汙而墮落，所以得要設下重重限制，避免像是中國甚至義大利的
人民，移居到美國、澳洲這種「雅利安人」的國家。

　　像這些立場，就算在新的科學研究發表之後，也並未改變。想
要造成改變，純科學的力量還是遠不及社會運動和政治力。以這個
意義來說，希特勒不只把自己送上絕路，也讓種族主義跟著一同送

葬。在希特勒發動第二次世界大戰的時候，他的敵人被迫涇渭分明的區分出「我們」和「他們」的不同。而在這之後，因為納粹思想就是大張旗鼓的種族主義，讓種族主義在西方再也抬不起頭來。

然而，改變還是需要時間。至少到1960年代，白人至上仍然是美國政治的主流意識型態。限制只有白人才可以移居澳洲的白澳政策，一直到1966年才廢除。澳洲原住民要到1960年代，才享有平等的政治權利，而且大多數還是被認為不足以發揮公民的功能，所以無法在選舉中投票。

納粹並不是反人性。他們之所以和自由人本主義、人權和共產主義站在對立面，反而正是因為他們推崇人性、相信人類有巨大的潛力。他們順著達爾文演化論的邏輯，認為必須透過天擇，淘汰不

20. 一幅納粹的宣傳海報，右邊是「純種雅利安人」，左邊是「混種」。納粹顯然十分崇拜人體，害怕「低等種族」汙染人性、讓人性墮落。

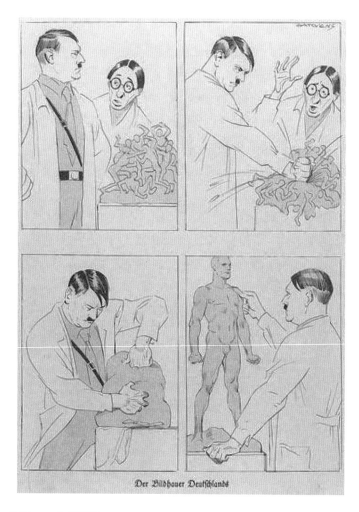

Der Bildhauer Deutschlands

21. 納粹 1933 年的漫畫。

漫畫將希特勒描繪成要創造完美人類的雕塑家。至於旁邊戴眼鏡的自由主義知識份子，則因為過程中需要用到暴力，而怯怯懦懦，驚慌失措。（也請注意，畫中的希特勒，對人體有著情色的崇拜。）

適合的個人，只留下適者，才能讓人類繼續生存繁衍；而自由主義和共產主義卻是要保護弱者，不僅讓不適者生存下來，還給了他們繁衍的機會，這樣就破壞了天擇的秩序。如此一來，就算是最適者的人類，也不免被一群墮落的人類淹沒，變得愈來愈趨近不適者，代代傳衍下去就可能導致滅絕。

　　一本1942年版的德國生物課本，就有一章〈自然律與人類〉，認為自然界的最高法則，就是讓所有生物都必須在無情的鬥爭中求生存。書裡講到植物如何為了土地而奮鬥、甲蟲如何為了交配而奮鬥，最後課本的結論是：「這場生存之戰，艱辛而無情，但這是讓生命延續的唯一道路。這場鬥爭能夠消除一切不適合生存者，並挑選出適合生存的……這些自然律不容置疑；目前還存活的生物就是明證。這些生物冷酷無情，抵抗者就會遭到消滅。生物學不只告訴我們關於動植物的事，還告訴我們生活中必須遵守的法則。我們要堅定志向，依照這些法則生存下去、抵抗下去。生命的意義，就是鬥爭。違抗這些自然律，則終必致禍。」

　　課本裡接著又從希特勒的《我的奮鬥》引了一段：「想要違抗自然鐵律的人，也就是違抗了那些他應該感謝、讓他得以為人的原則。與自然對抗，只會帶來人類自己的毀滅。」[74]

▎生命科學帶來衝擊

　　我們剛剛踏入第三個千禧年，進化人本主義的未來仍未明朗。在對抗希特勒的戰爭結束後七十年間，想將人本主義和演化論結合起來、用生物學方式讓智人「升級」的想法，依然是禁忌。但是直到今天，這種想法並未煙消雲散。雖然已經沒有人說要淘汰劣等種

族或民族,但許多人正思考著:如何利用更先進的人類生物學知識來創造完美的人類。

但與此同時,自由人本主義和最新的生命科學研究成果之間,已經出現一條鴻溝,我們很快就無法忽視,必須直接面對。我們的自由政治和司法體系之所以存在,是因為相信每個人都有一種神聖無法分割、無法改變的內在本質,這點讓世界有了意義,也是一切道德和政治正當性的來源。但這個概念的前身,正是傳統的基督教信念:相信每個人的身軀裡,都有一個自由而不朽的靈魂。

然而,過去兩百年間,生命科學已經徹底顛覆了這個信念。科學家研究人類這個生物的內部運作,並未找到靈魂的存在。愈來愈多科學家認為:決定人類行為的不是什麼自由意志,而是荷爾蒙、基因和神經突觸;也就是說,我們和黑猩猩、狼和螞蟻並無不同。

我們的司法和政治制度碰上這些發現,多半視而不見、不願面對。但坦白說,現在堵在生物學以及法律和政治學之間的這道牆,究竟還能維持多久?

第**13**章

成敗的祕密

因為商業、帝國和全球性的宗教，最後終於將幾乎每個智人，都納入了我們今天的全球世界。這個擴張和一統的過程並不是完全直線發展、一帆風順。但縱觀大局，可以看到從許多小文化、到少數大文化、再到最後的全球單一文明，應該是人類歷史無法避免的結局。

然而，雖然我們說全球無法避免成為單一文明，但它並不見得會是現在世界上的任何一種文化。我們當然可以想見其他可能性。為什麼現在的全球語言是英語，而不是丹麥語？為什麼世界上有大約二十億基督徒、十二億五千萬穆斯林，但祆教只有十五萬人、摩尼教已經完全消失？

如果我們能反覆回到一萬年前，讓一切重新開始，是不是能一再看到一神教的興起、二元論宗教的衰落？

這種實驗非人力可及，所以我們確實無從確定。但我們可以檢視歷史學的兩種重要特質，讓我們得到一點線索。

歷史學的特質之一：馬後炮的謬誤

歷史的每一個時間點，都像是叉路口。雖然我們回首來時路，從過去到現在已經只剩下單行道；但是未來卻還有無數的叉路等待我們。其中某些路比較寬、比較平坦、路標比較明確，所以也是比較可能的選擇。然而，歷史有時候就是選擇了一些完全出人意表的道路。

像是在西元四世紀初期，羅馬帝國可以用各種方式解決宗教問題，也可以堅持傳統，維持多元的多神論環境。但羅馬當時的皇帝君士坦丁回顧過去一百年無止境的宗教紛擾，似乎是覺得如果能有單一宗教、明確的教義，就能協助他統一各種族。而且，當時可能成為國教的選項眾多，像是摩尼教、崇拜眾神之母希栢利或埃及女神伊西斯的教派、崇拜太陽神的密特拉教（Mithraism），還有猶太教、祆教，甚至佛教，都有可能。為什麼他最後選了耶穌？是他在哪方面被基督教神學打動？或是基督教有哪方面的教義讓他覺得便於利用？是他真的受到什麼宗教感召，還是有哪個大臣認為基督教正在迅速擴張，不如趕快搭上順風車？

歷史學家雖然可以推測，但無法提供任何明確的答案。他們可以描述基督教**如何**（how）拿下了羅馬帝國，但他們無法解釋**為何**（why）能達成這項創舉。而**如何**與**為何**之間有何不同？描述**如何**的時候，是要重建一連串從一點演變到另一點的事件順序。至於要解釋**為何**的時候，則是要找出因果關係，看看究竟為什麼發生的是這一連串的事件，而不是另一連串的事件。

確實，有些學者會針對像是「基督教興起」這種事件，提出一些斬釘截鐵的解釋，把人類歷史簡化成各種生物、生態或經濟力量

的運作。他們認為：羅馬帝國時代的地中海地區在地理或經濟方面有某些特殊之處，那裡的人民在基因方面也有某些特殊之處，因此必然促成了一神教興起。然而，對大多數歷史學家來說，對於這種斬釘截鐵的理論還是抱持著懷疑。這正是歷史成為一個學門的特點之一：對某個時代的瞭解愈透澈，反而就愈難解釋為什麼發生了這個事件、而不是發生那個事件。但如果對某個時期只是一知半解，就很容易受到結果影響，只看到那些最後成真的可能性。於是，他們就用後見之明，來解釋為什麼現在的結果是無法避免的。

事實上，必須要真正更深入瞭解這些時期，才能真正看到那些最後並未發生的可能結果。

其實，真正最知道當時情況的人（也就是活在當時的人），正是最看不出歷史走向的人。譬如，對君士坦丁統治下的羅馬人民來說，未來就像是霧裡看花。**歷史的鐵則就是：事後看來無可避免的事，在當時看來總是毫不明顯。**直到今天，情況仍是如此。我們已經走出全球經濟危機了嗎？還是前面有更大的打擊？中國會不會繼續成長、成為全球第一的超級大國？美國會不會喪失霸主地位？一神論基本教義派會成為全球的主流，或者不過是地方的小騷動、在未來不值一哂？我們走向的是生態的災難、還是科技的天堂？

以上所有的走向，評論家都各自有一套很完整的論述，但我們就是無法確定何者將成真。但如果過了幾十年後再回顧，我們就會覺得答案真是太明顯了。

特別要強調的是，那些在當代看來最不可能發生的事，常常就是最後成真的事。君士坦丁大帝在西元306年即位的時候，基督教不過就是神祕的東方教派。如果當時有人說基督教會成為羅馬的國教，一定會引來哄堂大笑，就像說美國人會在2050年全部信仰印

度的哈瑞‧奎師那（Hare Krishna）教派，一樣荒誕無稽。

在1913年10月，布爾什維克黨還只是一個很小的俄羅斯激進黨派。任何理性的人都想不到，不過短短四年後，他們就接掌了俄羅斯。

在西元600年，如果說一小群住在沙漠裡的阿拉伯遊群，會征服從大西洋到印度的遼闊土地，更是如痴人說夢。而事實上，如果當時拜占庭軍隊能夠抵抗住第一波猛攻，伊斯蘭教很有可能至今仍然只是邊陲的異教組織，只有一小群信眾。在這種時候，如果學者要解釋為什麼某個中年麥加商人得到的天啟，沒能成為熱門信仰，簡直是再簡單不過了。

但這也不是說一切都有可能發生。地理、生物和經濟力量確實會造成限制。但限制之下仍然有許多發展空間，目前還看不出來有任何能夠統攝一切的決定性法則。

對於許多希望看到「歷史必然性」的人來說，這種說法大概有些令人失望。畢竟，宿命論的引人之處，就在於覺得這個世界和我們的信念都是歷史上自然且必然的產物。於是，我們似乎是自然而然就發展出民族國家，自然而然就遵循著資本主義的運作原理，也是自然而然的堅信著人權的概念。如果承認歷史並非必然，等於就是承認了現在的民族主義、資本主義和人權都只是偶然的產物。

▋革命是無法預測的

然而，歷史就是這樣的一團混沌，歷史就是無法解釋得斬釘截鐵、無法預測得十拿九穩。在同一時間，有多方力量互相影響、互相牽制，只要某方力量有了極小的改變，結果就會有巨大的不同。

　　不僅如此，歷史還是所謂的**二階混沌系統**（"level two" chaotic system）。混沌系統可分成兩種，一階混沌指的是「不會因為預測而改變」，例如天氣就屬於一階混沌系統。雖然天氣也是受到無數因子影響，但是我們可以建立電腦計算模型，不斷加入愈來愈多因子，讓天氣預報也愈來愈準確。

　　至於二階混沌系統，指的是「會受到預測的影響而改變」，因此就永遠無法準確預測了。例如市場就屬於二階混沌系統。假設我們開發出一個電腦程式，能夠完全準確預測明天的油價，情況會如何呢？可以想見，油價會立刻因應這個預測而波動，最後也就不可能符合預測。例如，假設目前石油價格是每桶90美元，而有個絕對準確的程式預測，明天會漲到100美元。商人就會立刻搶進，好在預期的漲價中獲利。但結果就是油價會在今天就漲到100美元，而不是明天才漲。那明天究竟會如何？這件事就沒人知道了。

　　同樣的，政治也屬於二階混沌系統。很多人批評研究蘇聯的學者沒能預測到1989年的革命，也嘲笑中東專家沒有料到2011年會爆發阿拉伯之春革命。但這是不公平的。從定義上，**革命就是無法預測。如果真能預測有革命，革命就永遠不會成真。**

　　原因何在？假設在2010年，有某些天才政治學者與某個電腦鬼才合作，開發出某種絕對準確的演算法、還有個漂亮的介面，號稱能夠預測是否發生革命。於是，他們向埃及總統穆巴拉克兜售這項服務，換取了一大筆可觀的酬勞。他們告訴穆巴拉克，隔年在埃及必然爆發大規模革命。

　　穆巴拉克會如何反應？最有可能的是他會立刻降稅，用數十億美元補助人民，順便也大幅加強祕密警察部隊，細密偵防，以防萬一。於是，這一切的準備工作發揮了效果。一年很快就過去，並

沒有發生革命。真是太讓人意想不到了，不是嗎？於是，穆巴拉克
要求退款。他向電腦鬼才大吼大叫：「你這套演算法是騙人的！要
不是你這套東西，我才不會把錢都拱手送人，我大可多蓋一座宮
殿！」電腦鬼才會辯白道：「可是，正是因為我們預測到了，革命
才沒有發生啊！」「你是說，你們預測到了，只是沒有發生？」穆
巴拉克一邊說，一邊示意警衛把他們全部抓起來。「這種神棍，開
羅的市場到處都有！」

　　這麼說來，究竟為什麼要學歷史？歷史不像是物理學或經濟
學，目的不在於做出準確預測。**我們之所以研究歷史，不是為了要
推知未來，而是要拓展視野，要瞭解現在的種種絕非「自然」，也
並非無可避免。**未來的可能性遠超過我們的想像。舉例來說，研究
歐洲人究竟是如何控制了非洲人，我們就知道種族歧視絕非自然或
無可避免，而且知道世界大有可能是完全不同的樣貌。

▌歷史學的特質之二：盲目的歷史女神克麗歐

　　雖然我們無法解釋歷史做出的選擇，但有一點可以確定：歷史
的選擇絕不是為了人類的利益。隨著歷史演進，毫無證據顯示人類
的福祉必然提升。沒有任何證據，證明對人類有益的文化就會成功
擴張，而對人類無情的文化就會消失。沒有任何證據，證明基督教
是比摩尼教更好的選擇，或證明阿拉伯帝國比波斯帝國對人類更有
利。

　　沒有任何證據可證明歷史是為了人類的利益而進展，原因就在
於「利益」並沒有客觀的衡量標準。不同的文化對於「善」的定義
不同，而且並沒有客觀標準可以決定何者為佳。當然，所謂成王敗

寇，勝利者永遠相信自己的定義才正確。但我們又為什麼要相信他們呢？基督徒相信，基督教擊敗摩尼教對全人類有益；但如果我們不接受基督教的世界觀，就沒有理由同意他們的想法。穆斯林也認為，穆斯林攻下波斯帝國對人類有益；但也只有在我們接受穆斯林世界觀的前提下，才會覺得確實如此。很有可能，如果基督教和伊斯蘭教都徹底消失，人類社會反而安和樂利。

　　甚至還有學者認為：文化就像是精神感染或寄生蟲，而人類就是毫不知情的宿主。寄生蟲或病毒就是這樣住在宿主體內，繁殖、傳播，從一個宿主到另一個宿主，奪取養分、讓宿主衰弱，有時甚至喪命。只要宿主能夠活到讓寄生蟲繼續繁衍，寄生蟲就很少關心宿主的情況。

　　至於文化，其實也是以這種方式，寄生在人類的心中。它們從一個宿主傳播到另一個宿主，有時候讓宿主變得衰弱，有時候甚至讓宿主喪命。任何一個文化概念（像是基督教在天上的天堂，或是共產主義在地球上的天堂），都可能讓某人畢生致力於傳播這種想法，甚至為此犧牲生命。於是，人死亡了，但想法持續傳播。根據這種說法，文化並不是像馬克思主義者所認為的，是某些人為了剝削他人而設計出的陰謀，而是因為種種機緣巧合所出現的心理寄生蟲，從出現之後就開始剝削所有受到感染的人。

　　這種說法有時稱為**迷因學**（memetics）。迷因學假設：就像是生物演化是基於基因（gene）這種生物資訊單位的複製，文化演化則是基於**迷因**（meme）這種文化資訊單位的複製。[75] 而所謂成功的文化，就是特別善於複製其迷因，而絲毫不論這對於宿主人類的成本或利益。

　　多數人文學者看不起迷因學，認為這只是非專業人士用了一個

粗糙的生物學類比，試圖解釋文化的進程。然而，同樣這批人文學者卻有許多人擁抱了迷因學的雙胞胎兄弟：**後現代主義**。對於後現代主義思想家來說，文化的基石不是迷因，而是「話語」。只是他們也同意，文化傳播時並不考慮人類的利益。

例如，後現代主義思想家將民族主義形容成一種致命的瘟疫，於十九世紀到二十世紀在全世界流傳，引起戰爭、壓迫、仇恨和種族滅絕。只要有某個國家的人受到感染，鄰國的人就也有可能感染這種病毒。雖然民族主義病毒讓自己看起來對全人類有利，但其實主要還是對自身有利。

在社會科學領域中，**賽局理論**（game theory）也常有類似的論點。賽局理論告訴我們，在有多位參與者的時候，某些概念和行為模式可能對「所有」參與者都有害、無一倖免，但這些概念和行為模式就是有辦法繼續存活下去。

軍備競賽就是一個著名的例子。很多時候，各國的軍備競賽只會拖垮所有彼此對立的國家，並不會真正改變軍事力量的平衡。巴基斯坦買了先進戰機，印度就立刻跟進。印度發展核彈，巴基斯坦也有樣學樣。巴基斯坦擴編海軍，印度就立刻仿效。在這一切過程結束的時候，雙方權力平衡很可能根本和過去沒什麼改變，但原本可用於教育或醫療的數十億美元經費，就這樣浪費在武器上了。然而這種軍備競賽的發展，勢難抗拒。軍備競賽就是一種行為模式，像是病毒一樣，從一個國家傳播到另一個國家，傷害了所有的人，只對行為模式本身有利，符合演化論上繁衍、複製的要求。（在此一提，軍備競賽也像「自私的基因」一樣，本身並沒有意識，並不是自覺的在尋求生存和繁殖。其傳播是在難以阻擋的發展下，一個意外的結果。）

於是，無論我們把歷史發展的動力稱為賽局理論、後現代主義或迷因學，「提升人類福祉」絕不是主要目標。並沒有證據顯示，史上最成功的文化就一定是對智人最好的文化。而就像演化一樣，歷史的演進並不在意生物個體是否幸福。至於對個別的人類來說，即使受到了歷史演進的影響，但通常一方面太過無知、一方面又太過軟弱，因此無力改變。

█ 歷史的偶然

歷史就這樣，從一個叉路走到下一個叉路，而選擇走某條道路而非另一條的原因，總是神祕而不得而知。

大約在西元1500年，歷史做出了最重大的選擇，改變的不只是人類的命運，而是地球上所有生命的命運。我們將它稱為「科學革命」。

科學革命始於西歐，這裡可說只是亞非大陸的一個巨大半島，在這之前並未在歷史上發揮重大作用。但為什麼科學革命是出現在西歐，而不是出現在中國、或印度？又為什麼是第二個千禧年的中葉，而不是兩百年之後、或是三百年之前？這一切，我們都不知道。學者已經提出數十個理論，但都不特別具有說服力。

歷史有太多的可能性，而許多的可能性最後都未成真。我們不難想像，歷史其實很有可能就這樣一代又一代的過去，從未發生科學革命。我們也不難想像，就算沒有基督教、沒有羅馬帝國、沒有金幣，歷史還是會繼續發展下去。

第四部
科學革命

22. 美國新墨西哥州阿拉莫戈多（Alamogordo），1945年7月16日早上
5點29分53秒。這是第一顆原子彈引爆八秒後的影像。核物理學家
歐本海默在看到這場爆炸之後，引述了《薄伽梵歌》的詩文：「現
在我成了死神，世界的毀滅者。」

第 **14** 章

發現自己的無知

假設有個西班牙農民，在西元 1000 年沉沉睡去，等到他醒來的時候，已經過了五百年。雖然這時哥倫布的水手已經登上新大陸，但他看看四周的世界，還是會感到十分熟悉。這時的科技、禮儀和國界都有許多不同，但這位做了個李伯大夢的中世紀農民，仍然能有家的感覺。然而，如果是某位哥倫布的水手做了這場大夢，醒來的時候聽到的是二十一世紀的 iPhone 鈴聲，他會發現自己處在一個完全陌生、無法理解的世界。他很可能會問自己：「這是天堂嗎？還是地獄？！」

在過去五百年間，人類的力量有了前所未有的驚人成長。西元 1500 年時，全球智人的人口大約有五億，今天已經到了七十億。[76]人類在 1500 年生產的商品和服務，總共約折合現值二千五百億美元，[77]但今天每年生產的總值約為六十兆美元。[78]在 1500 年，全人類每天總共約消耗十三兆卡路里，然而今天每天要消耗一千五百兆卡路里。[79]（看看上述這些數字：人口增加了十四倍，生產增加二百四十倍，消耗的能量增加了一百一十五倍。）

285

假設有一艘現代戰艦回到了哥倫布的時代，只要幾秒鐘就能摧毀整支哥倫布的船隊，更能輕鬆擊沉當時所有世界強權的海軍，自己連個刮痕都不會有。只要有五條現代的貨櫃船，就能承載當時全世界所有船隊所運的貨物。[80] 只要有一部現代電腦，就能儲存中世紀所有圖書館裡全數抄本和卷軸的資訊，而且還剩下許多空間。就算把所有現代之前的王國的財產數量全部相加，也比不上現在世界上任何一家大型跨國銀行的資產。[81]

　　在西元1500年，有幾個城市人口已經超過十萬，多數建材使用泥土、木材和稻草；只要有三層樓的建築，就已經是摩天大樓。街道是有車轍的泥土路，夏天塵土飛揚、冬天泥濘不堪，街上滿滿的是行人、馬匹、羊隻、雞隻，以及少數的運貨馬車。城市裡最常聽到的噪音是人聲和動物聲，偶爾還會聽到錘子和鋸子的聲響。日落時分，城市景觀是一片黑，只有偶爾能見到幾點燭光，或是火把閃爍。如果這種城市的居民看到了現在的東京、紐約或孟買，他會怎麼想？

　　在十六世紀以前，從來沒人繞地球航行一周。直到1522年，麥哲倫的船隊歷經七萬二千公里的旅程，終於回到西班牙，才完成環球壯舉。這趟旅程耗時三年，幾乎所有探險隊員都在途中喪生，麥哲倫也是其中一員。而到了1873年，在科幻小說家凡爾納（Jules Verne）的想像中，富有的英國探險家福格（Phileas Fogg）可以只花八十天就環遊世界一周。然而到了今天，只要有中產階級的收入，任何人都能夠在四十八小時內，輕鬆又安全的完成環球大業。

　　在西元1500年，人類還被局限在地面上。雖然可蓋起高塔、爬上高山，但天空仍然是專屬於飛鳥、天使和神的領域。而到了1969年7月20日，人類登陸月球。這不只是一項歷史成就，更是一

項演化上、甚至是宇宙間的壯舉。在過去三十八億年地球生命演化期間，沒有任何生物能夠離開大氣層，更不用談要在月球上留下手印或足跡了。

在地球上，微生物占了全部生物大約99.99％，但人類要到非常晚近，才對微生物有所認識。這並不是因為微生物與我們無關，相反的，我們每個人身上都有數十億個單細胞生物，而且還不只是搭搭便車的關係。微生物可說是我們最好的朋友，但也常是最致命的敵人。有些微生物可以幫助消化、清理腸道，而有些則會造成感染、導致疾病。一直要到1674年，才有人第一次真正看見微生物。當時，荷蘭商人雷文霍克（Anton van Leeuwenhoek）自製了一臺顯微鏡，用來觀察一滴水，看到裡面有許多小生物動個不停，讓他大吃一驚。在隨後的三百年間，人類才開始認識了許許多多微生物的物種。時至今日，我們已經能夠治療大多數由微生物造成的致命傳染病，也能夠將微生物用於醫療和產業用途，譬如我們可以用細菌來製藥、生產生物燃料，或是殺死寄生蟲。

然而，如果要在過去五百年間，挑出最重大、最具代表性的一刻，必定就是1945年7月16日上午5點29分45秒。就在這一秒鐘，一群美國科學家在新墨西哥州阿拉莫戈多，引爆了第一顆原子彈。從這時開始，人類不僅有了改變歷史進程的能力，更有了結束歷史進程的能力。

▓ 共生循環

將人類帶到阿拉莫戈多、帶上月球的這段歷史進程，正是「科學革命」的一部分。在這場革命中，人類因為將資源投入科學研究

而取得了巨大的新力量。之所以說這是一場革命,是因為一直到大約西元1500年之前,全球人類還不相信自己能在醫療、軍事和經濟方面再有什麼突破。政府和富有的贊助者雖然也會將資金投入教育和獎學金,但一般來說只是為了維持現有能力,而不是取得新的能力。典型的「前現代」統治者會贊助牧師、哲學家和詩人,目的是請他們讓他的統治基礎正當化,並且維護社會秩序,而不是要他們發明新的藥物、武器,或是刺激經濟成長。

但是在過去的五百年中,人類愈來愈相信,可以倚靠投資科學研究來提升人類的能力。而且這不只是盲目的信仰,而是經過了反覆的證明。隨著證據愈來愈多,手中握有資源的富人和政府也就愈來愈願意投資科學。如果沒有這些投資,人類永遠不可能在月球上漫步,不可能操縱微生物,更不可能分裂原子。以美國政府為例,最近數十年投入數十億美元從事核物理研究。靠著相關研究,美國得以興建核電廠,為美國產業提供廉價的電力,而產業又能納稅給美國政府,政府再撥其中一部分經費,繼續研究核物理。

科學革命的回饋循環。科學需要的不只是研究本身要有進展,更需要科學、政治和經濟,彼此相互強化。如果沒有政治和經濟組織提供資源,科學研究幾乎就不可能成功。反過來說,科學研究也為贊助者帶來新的能力,讓他們能夠取得新的資源,而部分就會再用來研發新的能力。

為什麼現代人愈來愈相信，自己能夠靠著研究取得新的能力？又是什麼促成了科學、政治和經濟的結合？本章先著重在現代科學的獨特性，以提供部分解答。接下來的兩章會再探討科學、歐洲帝國、資本主義經濟，三者之間如何形成聯盟。

「無知」的革命

至少在認知革命之後，人類就很希望能瞭解這個世界。我們的祖先投入大量時間精力，希望能找出支配自然界的法則。然而，現代科學與先前的知識體系有三大不同之處：

第一、願意承認自己的無知。現代科學的基礎就是拉丁文字首ignoramus-，意為「我們不知道」。從這種立場，我們承認了自己並非無所不知。更重要的是，我們也願意在知識進展之後，承認過去相信的可能是錯的。於是，再也沒有什麼概念、想法或理論，是神聖不可挑戰的。

第二、以觀測和數學為中心。承認無知之後，現代科學還希望能獲得新知。方式則是透過蒐集各種觀測數據，再用數學工具整理分析，形成理論。

第三、取得新能力。光是創造理論，對現代科學來說還不夠。它希望能夠運用這些理論來取得新的能力，特別是發展出新技術。

科學革命並不是「知識的革命」，而是「無知的革命」。真正讓科學革命起步的偉大發現，就是發現「人類對於最重要的問題，其實毫無所知」。

對於像是伊斯蘭教、基督教、佛教、儒教這些前現代知識體系來說，它們假設世上所有重要的事情都已經為人或為神所知。這些

全知者可能是某些偉大的神祇、某個全能的神、或是某些過去的智者，透過經典或口傳，將這些智慧傳給後人。對於尋常百姓而言，重點就是要鑽研這些古籍和傳統，正確加以理解，就能獲得知識。在當時，如果說《聖經》、《古蘭經》或《吠陀經》居然漏了某些宇宙的重大祕密，而這祕密又居然能被一般血肉之軀的人給發現，簡直是不可思議的事。

對於古老的知識體系來說，只會承認兩種無知。第一種，「個人」可能不知道某些重要的事。要取得必要的知識，他該做的就是去問問那些更聰明的人，而不是去尋找什麼還沒有人知道的事。例如，如果有一位十三世紀在約克郡的農夫，想知道人類究竟是怎麼來的，他會認為基督教知識體系一定能有明確的答案。所以，他該做的就是去請問當地的牧師。

第二種無知，是「整個知識體系」可能不知道一些「不重要」的事。就當時的定義來說，偉大的神祇或智者都懶得告訴我們的，一定是不重要的事。例如，假設我們這位約克郡農夫又想知道蜘蛛是怎麼結網的，他去問牧師也沒用，因為任何的基督教經典都不會提到這個問題的答案。然而，這絕對不代表基督教有什麼缺陷，反而是代表蜘蛛怎麼結網這件事根本不重要，人類無須知道。畢竟，上帝一定知道蜘蛛怎麼結網，而如果這件事這麼重要、會影響到人類的繁榮和救贖，上帝怎麼可能不在《聖經》裡面有完整的解釋？

基督教並不會禁止民眾研究蜘蛛。但研究蜘蛛的學者（如果中世紀歐洲真的有人研究蜘蛛的話）就必須有心理準備，知道自己在社會裡就是處於邊緣角色，而且不管研究結果為何，基督教永遠都是對的。所以，不管學者研究的是蜘蛛、蝴蝶，還是加拉巴哥雀，都只會被視為無關痛癢的事，並不會影響到社會、政治和經濟的基

本真理。然而，事情永遠沒有那麼簡單。就算是最虔誠、最保守的時代，還是會有人認為，一定有什麼「重要的事」，是「整個知識體系」不知道的。但這種人常常就會被邊緣化或遭到迫害；但也有可能，他們就會開創一個新的知識體系，開始宣稱只有他們才知道所有該知道的事。

舉例來說，穆罕默德宗教生涯的第一步，就是譴責他的阿拉伯同胞，說他們對於真正神聖的真理一無所知。但很快的，穆罕默德就宣稱只有自己知道全部的真相，而信眾也開始稱呼他為「先知的封印」(意為最後一位先知)。於是，所有的啟示當然也就是到了穆罕默德為止，再也沒什麼重要的了。

▋不知為不知，是知也

現代科學是一套獨特的知識體系，獨特之處就在於公開承認這「整套體系」都對一些「最重要的問題」一無所知。達爾文從來沒有說過自己是「生物學家的封印」、說自己已經完全解開了生命的謎團。經過幾個世紀的大規模科學研究，生物學家承認，他們還是無法完整解釋為什麼大腦能夠產生意識。物理學家也承認，他們不知道什麼引起了宇宙大霹靂，也不知道如何讓量子力學與廣義相對論能夠統合起來。

也有些時候，因為不斷有新證據出現，各種科學理論也就互相交鋒、戰火熱烈。一個典型的例子，就是究竟哪一種計量經濟模型最好。雖然每個計量經濟學家都可能會說自己的模型最恰當，但每次出現金融危機和股市泡沫，我們就會看到主流改變；目前一般公認，我們還是不知道最佳的計量經濟模型究竟為何。

還有些時候，因為現有的證據強力支持某些理論形成主流，於是其他理論就遭到冷落。雖然我們一般認定主流理論為真，但每個人也都同意，如果新證據出現、而與主流理論相違背，主流理論也就需要修正、甚至是淘汰。

　　現代科學願意承認自己的無知，使得它比所有先前的知識體系更具活力、更有彈性、也更有求知欲。這一點大幅提升了人類理解世界如何運作的能力，以及創造新科技的能力。然而，這也給人類帶來一個祖先多半無須面對的嚴重問題。就現在這個體系而言，我們假設自己並非無所不知、現有的知識也並未拍板定案；但這也同樣適用於那些讓數百萬人得以有效合作的虛構故事。如果證據顯示許多這些故事都大有問題，社會豈不是要崩潰了？要怎樣才能讓社會、國家和國際體系繼續維持運作？

　　正因如此，現代世界想要繼續維持社會和政治秩序的穩定，只能倚賴兩種不科學的方法，別無其他選擇：

　　第一、雖然採用科學理論，但必須違反一般科學的做法，對外宣稱這就是絕對的真理。納粹和共產黨就是採用這種方式，前者聲稱他們的種族政策是來自生物學事實的推論，後者則聲稱馬克思和列寧已經得到了絕對的經濟真理，絕不可能被推翻。

　　第二、不採取科學方法，直接訴諸「非科學的絕對真理」。這一直是自由人本主義（見第267頁）的策略。自由人本主義的基礎在堅持主張天賦人權，但很尷尬的是，對智人的科學研究並不認同這種看法。

　　但我們也不該太過驚訝。畢竟，科學還是得倚靠種種宗教和意識型態的信仰，才能取得經費，並將研究正當化。

　　不論如何，現代文化已經比過去任何文化，都更願意承認自己

的無知。而現代社會之所以還能夠維繫，原因之一就在於對科技和科學研究方法的信任，這幾乎成了類似宗教的信仰，甚至在一定程度上，也取代了對「絕對真理」的信念。

科學教條

現代科學沒有需要嚴格遵守的教條，但是研究方法有一個共同的核心：蒐集各種實驗觀測資料（或至少是用我們的感官觀察到的現象），並以數學工具整理。

人類從歷史一開始，就不斷進行觀察和觀測，但成果常常十分有限。畢竟，如果我們覺得已經有了所有問題的答案，為什麼還要浪費資源進行新的觀測？

然而，隨著現代人們開始承認自己在某些非常重要的問題上幾近無知，就會覺得需要尋找取得全新的知識。因此，主流的現代研究方法就會預設舊知識有所不足，而且這時候的重點不在於研究舊的知識體系，而是要強調新的觀測、進行新的實驗。如果現在觀測到的現象與過去的傳統知識體系相衝突，我們會認為現在的觀測結果才是正確的。

當然，如果是研究遙遠星系的天文學家、研究青銅時期城市的考古學家、或是研究資本主義誕生過程的政治學家，就不會忽略傳統知識體系。他們會研究過去的智者究竟寫了什麼、說了什麼。但不論是想當天文學家、考古學家、還是政治學家，在就讀大學的第一年，就會有教授殷切的告訴他們，要把目標放在*超越*愛因斯坦、施利曼（Heinrich Schliemann, 1822-1890）和韋伯（Maximilian Weber, 1864-1920）所告訴我們的知識上。

使用數學語言

然而，光是觀測並不足以成為知識。為了要瞭解宇宙，我們必須整理各種觀測數據，整理分析成為完整的理論。早期的知識體系常常是用「故事」構成理論，而現代科學用的則是「數學」。

例如在《聖經》、《古蘭經》、《吠陀經》或是儒家經典裡，我們很少看到有圖表或計算公式。傳統的神話、各家經典裡，講到所謂放之四海皆準的通則，都是用文字敘述，而不是用數學公式。舉例來說，摩尼教提出的基本原則認為：世界是善與惡的戰場，惡的力量創造了物質，善的力量創造了精神，而人類就處於這兩股力量之間，應該從善棄惡。然而，摩尼教的先知摩尼（Mani）並沒有用什麼公式來告訴我們，善惡兩方各自擁有多少力量、人類應該據以做出什麼選擇。摩尼從來沒有計算過什麼「作用在人身上的力量，等於精神的加速度乘以身體的質量」。

但這正是科學家的目標。在1687年，牛頓發表了《自然哲學的數學原理》，這本書可說是劃時代的最重要著作。牛頓在書中提出三大運動定律，只要用三個非常簡單的數學公式，就能夠解釋和預測宇宙中所有物體的運動，包括從樹上掉落的蘋果、或是墜落人間的流星：

(1) $\sum \vec{F} = 0$

(2) $\sum \vec{F} = m\vec{a}$

(3) $\vec{F}_{1,2} = -\vec{F}_{2,1}$

從此之後，任何人想要瞭解炮彈或行星是如何運動、又會落向

何方，只要測量一下物體的質量、運動方向、加速度、作用力，把這些數據填入牛頓的方程式，答案簡直就像魔術一樣躍於眼前。一直要到十九世紀末，科學家才觀測到有某些狀況並不符合牛頓運動定律，於是帶來下一波物理理論的革命：相對論和量子力學。

牛頓告訴我們，大自然這本書所用的書寫語言是數學。某些章節（例如物理學）可以總結成某一條明確的方程式。也有些學者想仿照牛頓，將生物學、經濟學和心理學整理成簡單的公式，卻發現這些領域實在太複雜，不可能依樣畫葫蘆。然而，這並不代表他們就放棄了數學。在過去兩百年間，為了處理現實中更複雜的層面，數學發展出一個新的分支：統計學。

1744年，有兩位蘇格蘭長老會的教士——韋布斯特（Alexander Webster）和華萊司（Robert Wallace），打算成立一支壽險基金，為神職人員的遺孀和孤兒提供補助。他們建議教會的每一位牧師都將收入提撥一部分進入基金，基金用這筆錢從事投資。如果牧師過世，遺孀就能從基金的獲利中取得分紅，她的餘生也有了保障。然而，兩位教士必須先知道基金規模多大，才足夠完成這種目標。韋布斯特和華萊司必須預測每年大約會有多少牧師過世、留下幾位孤兒寡母，以及這些寡婦在丈夫過世後還會活幾年。

我們先來提一下這兩位教士「沒有做」什麼。他們沒有向上帝祈求告訴他們答案，沒有在《聖經》或古代神學家的作品中遍尋解答，也沒有提出抽象的哲學爭論。畢竟，蘇格蘭人本來就是很務實的民族。那他們「有做了」什麼？他們聯絡了愛丁堡大學數學教授馬克勞林（Colin Maclaurin）；他們蒐集了民眾過世年齡的資料，用以計算在某一年裡可能有幾位牧師過世。

這些計算要歸功於當時不久以前，發生在統計與機率等領域的

幾項突破。其中之一是雅各‧白努利（Jacob Bernoulli）的**大數法則**（Law of Large Numbers）。白努利認為：雖然某些單一事件（例如某個人死亡）難以準確預測，但只要有了許多類似事件，用平均結果來預測，就能相去不遠。換句話說，雖然馬克勞林無法用數學預測韋布斯特和華萊司是不是明年就會過世，但只要有足夠的資料，他就能告訴韋布斯特和華萊司，明年很可能有多少位蘇格蘭長老教會牧師過世。幸運的是，他們手上已經有現成的數據。哈雷（Edmond Halley）在五十年前，就已經發表了相關的精算表，正好派上用場。（哈雷分析了德國布雷斯勞市的1,238件出生、1,174件死亡紀錄，讓我們看到某個二十歲的人死在某一年的機率是1：100，而五十歲的人則是1：39。）

整理這些數字之後，韋布斯特和華萊司取得結論：平均而言，蘇格蘭通常有930位長老教會牧師，每年過世27位，而其中有18位會留下遺孀。在沒有留下遺孀的幾位中，有5位會留下孤兒，至於有遺孀的，也有2位可能有不到十六歲的孩子。他們還計算出遺孀有可能在多久之後過世、或再婚（這種時候便停止補助）。有了這些數據之後，韋布斯特和華萊司就能判斷，加入基金的牧師每人每年該提撥多少錢，為自己的親人打算。當時，如果牧師年繳2英鎊12先令又2便士，他的遺孀便能一年得到10英鎊，這在當時可是一大筆錢。而如果投保的牧師認為這還不夠，可以選擇年繳6英鎊11先令3便士，遺孀一年就能得到25英鎊，生活將更為優渥。

根據他們的計算，到了1765年，這個「蘇格蘭教會牧師遺孀及孩童撫卹基金」總資本會有58,348英鎊。事後證明，他們的計算準確到不可思議。到了這一年，基金總資本為58,347英鎊，只比預測少了1英鎊！這可是比所有宗教先知的預言都準確太多了。時至今

日，他們的基金簡稱為「蘇格蘭遺孀基金」（Scottish Widows），是全球最大的退休金和保險公司之一，總資產高達1,000億英鎊。現在任何人都能夠購買該公司的保單，而不是只保障蘇格蘭的遺孀。[82]

這兩位蘇格蘭神職人員所用的機率計算，後來不僅成了精算學的基礎（這是退休金和保險業務的核心），也成了人口統計學的重要概念（人口統計學是由聖公會的牧師、提出《人口論》的馬爾薩斯所建立）。接著，人口統計學又成了達爾文（他也差點成了英國聖公會的牧師）建立演化論的基礎。雖然沒有公式能夠預測某種條件下什麼樣的生物可能演化，但遺傳學家還是能夠利用機率計算，瞭解某個特定族群產生特定突變的可能性。

這樣的機率模型已經成了經濟學、社會學、心理學、政治學和其他社會科學及自然科學的基礎。就算是物理學，以牛頓為代表的古典力學在解釋電子的運動狀態時，也是力有未逮，必須以量子力學的「機率雲」概念來說明。

▌走向精確科學

只要看看教育的歷史，就能知道數學和統計學的進展對人類有多大的影響。一直以來，數學就是一門深奧的學問，就算是知識份子，也很少真的全心投入。在中世紀的歐洲，教育的核心是邏輯、語法、修辭，而數學教育通常就只是簡單的算術和幾何學。沒有人研究統計學這件事。而神學無疑是所有學科中的王道。

但到了今天，修辭學乏人問津，邏輯只剩哲學系繼續捧場，神學只剩神學院大力支持。但有愈來愈多的學生有興趣、或是被迫得修習數學。走向**精確科學**（exact science）的趨勢，勢不可擋，而所

謂「精確」，正是因為使用了數學工具。就算是語言學或心理學這種傳統上屬於人文領域的學門，現在也愈來愈依賴數學，並試圖讓自己看起來有精確科學的樣子。統計學現在已經不只是物理系和生物系的必修課，連心理系、社會系、經濟系和政治系也同樣需要。

譬如在我任教的希伯來大學，心理系列出的第一項必修課就是「心理學研究之統計學與方法論概論」。到了第二年，心理系學生還必修「心理學研究之統計方法」。如果你告訴孔子、釋迦牟尼、耶穌和穆罕默德，要先學會統計，才能瞭解人的心靈、治癒人的疾病，他們一定會覺得一頭霧水。

知識就是力量

對大多數人來說，要消化瞭解現代科學並不容易，因為對人腦來說，這種數學語言很難掌握，而且其結果常常與一般常識互相牴觸。在全球七十億人口中，有多少人真的瞭解量子力學、細胞生物學或總體經濟學？儘管如此，因為科學為人類帶來太多新的能力，也就享有崇高的地位。雖然總統和將軍可能自己不懂核物理，但他們對於核彈能做什麼事，可是瞭若指掌。

1620年，培根發表了名為《新儀器》的科學宣言，提出「知識就是力量」。對於「知識」的考驗，不在於究竟是否真實，而在於是否能讓人類得到力量或權力。科學家一般公認，沒有任何一種理論百分之百正確。因此用「真實」與否來為知識評分，並不妥當。真正的考驗就是實用性。能讓我們做出新東西來的，就是知識。

幾個世紀以來，科學為人類提供了許多新的工具。有些是思考的工具，像是能夠用於預測死亡率和經濟成長率；但更重要的是技

術工具。科學（science）和技術（technology）的關連實在太過密切了，往往讓許多人將這兩者混為一談。我們常常會認為，沒有科學研究，就無法發展出新技術，而如果不會產生新技術，科學研究也就沒有意義。

但事實上，科學和技術是在最近才開始緊密相連的。西元1500年以前，科學和技術還是兩個完全不相干的領域。培根在十七世紀將這兩者接軌的時候，其實是革命性的想法。兩者的關係在十七世紀和十八世紀更趨緊密，但要到了十九世紀，才真正孟不離焦。即使到了1800年，當時多數的統治者都希望能有一支強大的軍隊，多數的商業大亨也都希望能擁有蓬勃的企業，但他們都還完全不會想到要為物理學、生物學、經濟學等研究提供資金。

當然，史上並不是沒有例外。只要是優秀的歷史學家，絕對都能找出例外情況；但如果是更優秀的歷史學家，就會知道這些例外只是出於某些人一時的好奇，不應該因此影響對大局的判斷。一般來說，前現代的統治者和商人想取得新技術的時候，多半並不是將資金投入研究宇宙的本質，而多數的思想家也不會想把他們的發現發展成技術上的小工具。統治者資助教育機構，目的只是為了傳播傳統知識、強化現行秩序。

雖然在過去也常有人發展出新技術，但通常是一些未受過教育的工匠、不斷嘗試錯誤而產生，而不是學者經由系統化的科學研究得到的成果。運貨馬車的製造商，每年會用一樣的材料製作出一樣的車，並不會把每年賺錢的一定比例，投入研發新型馬車。雖然馬車的設計偶爾也會有改善，但通常是因為當地某個木匠天縱英才，而且他常常一步也沒踏進過大學，很可能大字也不識一個。

不僅民間如此，公部門也一樣。在現代國家裡，從能源、醫療

到廢棄物處理，國家幾乎都會要求由科學家提出解決辦法，然而這在古代的王國裡很少出現。古今比較，最明顯的差別就在於武器裝備。1961年，即將卸任的美國總統艾森豪，對於軍事與產業的結合（所謂「軍工複合體」）、勢力不斷膨脹的情形，提出了警告，但他的說法並不完整。除了軍事和產業，科學也是其中一份子，因為今日的武器正是科學的產物。許多科學研究和技術發展，正是由軍事所發起、資助及引導。

在第一次世界大戰陷入無止境的壕溝戰時，雙方都是寄望科學家能夠打破僵局，拯救自己的國家。這些穿著實驗衣的人，響應了這項號召，從實驗室裡大量推出各種令人咋舌的新式武器：戰機、毒氣、坦克、潛艇，比以往效能更高的機槍、大炮、步槍和炸彈。

到了第二次世界大戰，科學的重要性更是一日千里。1944年底德國節節敗退，戰敗已經近在眼前。一年前，德國人的主要盟友義大利，也已經推翻了墨索里尼，向同盟國投降。然而，即使英美俄三國聯軍步步進逼，德國還是不斷頑強抵抗。之所以德國軍民還是能夠維持一線希望，就是因為他們相信德國科學家，即將推出如同奇蹟般的新武器，像是V2火箭和噴射機，力挽狂瀾。

不過，德國人在研發火箭和噴射機方面雖然頗有成果，美國曼哈頓計畫卻已經將原子彈研發成功。1945年8月初，原子彈製造完成，雖然德國已經投降，但日本還在負隅頑抗。美國軍隊作勢攻入日本本土。日本誓死抵抗，準備決一死戰，而且這絕非裝腔作勢。美國將領告訴杜魯門總統，如果真要攻入日本本土，必然有超過百萬美國士兵喪命，戰爭也必然會拖進1946年。於是，杜魯門決定使用這款新型炸彈。8月6日及8月9日，兩枚原子彈分別投下廣島與長崎，之後日本宣布無條件投降，戰爭就此結束。

▌只是奇技淫巧？

　　然而，科學除了是攻擊性武器，也可能提供防禦的功能。今天有許多美國人相信，解決恐怖主義的關鍵不在政治，而是科技。他們相信，只要在奈米科技產業再投入幾百萬美元，美國就能研發出類似仿生間諜蒼蠅的裝置，前往每個阿富汗的山洞、葉門的碉堡、或是北非的軍營。只要夢想成真，賓拉登的繼任者就算只是泡杯咖啡，中情局的間諜蒼蠅也能瞭若指掌，立刻將這個重要訊息傳回中情局本部。美國人也相信，只要在大腦研究再投入幾百萬美元，就能在每座機場配備超精密的腦波掃描器，偵測種種憤怒和仇恨的思想。

　　這些科技會成真嗎？沒有人知道。開發這些間諜蒼蠅或思想掃描器，真的是明智的做法？這也在未定之數。儘管如此，就在你讀著這幾行字的時候，美國國防部很可能就投入了數百萬美元，研發相關的奈米技術、資助相關的大腦實驗，推動相關的種種研究。

　　從坦克、原子彈到仿生間諜蒼蠅，一般人可能想不到的是，這種對於軍事科技的迷戀，其實到了近代才出現。在十九世紀以前，軍事上的主要變革都在於組織，而不是科技。在不同文明第一次接觸時，科技差距有時候影響重大，但即使如此，卻很少人認真想過要刻意製造科技差距或擴大科技差距。大多數的帝國之所以興起，並不是因為有了形同巫術般的科技，而且統治者也並未認真思考要提升科技。阿拉伯人能夠打敗波斯帝國，並不是因為弓或劍更為優良；土耳其人能夠打敗拜占庭，並不是科技上占了什麼優勢；蒙古人征服中國，靠的也不是什麼巧妙的新武器。事實上，以上這些戰敗國的軍事和民生科技，其實都有過之而無不及。

羅馬軍隊是特別好的例子。這是當時最強的軍隊,但就科技上來說,羅馬並不比迦太基、馬其頓或塞琉西王國占有優勢。羅馬軍隊的優點在於有效率的組織、鐵一般的紀律,以及龐大的後備人力。羅馬軍隊從來沒有研發部門,在幾世紀間,所用的武器大致上並無不同。前面提過,小西庇阿(見第221頁)曾在西元前二世紀率大軍攻下努曼提亞,將迦太基夷為平地,而如果他的軍隊穿越時空,來到五百年後的君丁坦丁在位期間,小西庇阿戰勝的機率仍然很高。然而想像一下,要是讓幾世紀前的某位將領(例如拿破崙)領軍對抗現代軍團,雖然拿破崙用兵高明、手下軍士驍勇善戰,但面對現代武器裝備,絕對不堪一擊。

　　無論是在古羅馬或是古中國,多數的將領和哲學家都不認為研發新武器是自己的責任。然而,中國歷史上最偉大的發明就包括了火藥。而就目前所知,火藥的發明其實是一場意外,原本的目的是道士想煉出長生不老藥。而從火藥後來的發展,就更能看出這種趨勢。有人可能會認為,有了這些道教煉丹術士,中國就要稱霸全球了。但是火藥這種全新化合物,在中國的主要用途只是鞭炮而已。就算是蒙古大軍已經兵臨城下,也沒有哪個宋朝皇帝急著建立起中世紀的曼哈頓計畫,發明某種末日武器來拯救宋朝。一直要到大約十五世紀(火藥發明約六百年後),大炮才成了亞非大陸上,戰爭勝敗的決定性因素。

　　打從一開始,火藥就有了能夠攻城略地的潛力,但為什麼要花這麼久,才付諸軍事用途?原因就在於:火藥剛發明的時候,不論是皇帝、文人或是商人,都沒有想到新的軍事科技能夠救國、或是致富。

　　情況一直要到十五、十六世紀才有所改變,但又要再過兩百年

後，才有證據顯示統治者確實已經願意將資金投入新武器的研發。在當時，後勤對戰爭的影響仍然遠大於科技。拿破崙在1805年的奧斯特利茨（Austerlitz）戰爭大破俄奧聯軍，但他所用的武器其實和不久前被送上斷頭臺的路易十六，並無太大不同。拿破崙本人雖然是炮兵出身，卻對新武器的興趣不大。科學家和發明家曾想說服他撥款研發飛行器、潛艇和火箭，他仍然意興闌珊。

　　一直要到資本主義體制和工業革命登場，科學、產業和軍事科技才開始了水乳交融的關係，從此世界急速全然改觀。

▊ 科技扮演現代救世主

　　在科學革命之前，多數人類文化都不相信人類還會再進步。他們覺得黃金時代屬於過去，整個世界只會停滯不前，最擔憂的是世風日下、人心不古。如果恪遵祖宗智慧，或許能夠再次喚回過去的美好時光；如果發揮今人智慧，或許也能勉強改善日常生活某些面向。然而，一般都不相信人類知識能夠克服世界上最重大的問題。如果連穆罕默德、耶穌、釋迦牟尼、孔孟聖賢這些全知者都沒辦法解決饑荒、疾病、貧窮和戰爭，我們這些平凡人又怎麼做得到呢？

　　許多信仰相信，總有一天會出現某位救世主，解決一切戰爭、饑荒、甚至死亡。但是如果說到人類可以靠著發現新知識、發明新工具就解決一切問題，就會被認為不只是可笑，更是狂妄自大。無論是《聖經》〈創世記〉中的巴別塔、希臘神話的伊卡魯斯、或是猶太傳說的活假人（Golem），這些神話故事都一再告誡人類，不要企圖超越人類的極限，否則只會災難加身。

　　等到現代文化承認自己對許多重要的事還一無所知，又發現科

303

學研究可以帶給我們新力量，人類開始思索，覺得確實還有可能真正進步。隨著科學開始解決一個又一個過去認為無法解決的問題，許多人也開始相信，只要取得並應用科學新知，人類就能解決所有的問題。貧困、疾病、戰爭、饑荒、年老和死亡，看來都已不再是人類必然的命運，而只是無知造成的限制。

　　一個著名的例子就是閃電。在許多文化裡，都認為閃電是憤怒的雷神之錘，用來懲罰罪人。但在十八世紀中葉有了一場科學史上最著名的實驗，富蘭克林在一陣雷雨中放風箏，希望驗證閃電是否只是一道電流。透過富蘭克林的實證觀測，再加上他對電力特性的知識，讓他發明了避雷針，於是雷神繳械認輸。

　　貧窮又是另一個例子。在許多文化裡，都認為貧窮是這個不完美世界裡不可避免的一部分。根據《新約聖經》，在耶穌被釘在十字架之前不久，有個女人拿著一瓶珍貴的香膏來澆在耶穌的頭上，香膏足足價值300德納累斯銀幣。耶穌的門徒認為這麼大一筆錢可以用來賑濟窮人，不該如此浪費，因此有些生氣。但耶穌則為她辯護，說道：「常有窮人和你們同在，要向他們行善隨時都可以；只是你們不常有我。」（〈馬可福音〉14:7）。然而到了今天，就算是基督徒，也愈來愈少人會同意耶穌的說法。就現在看來，貧窮愈來愈像是可以處理的技術問題。一般認為，只要以農學、經濟學、醫學、社會學的最新發現為基礎，制定相關政策，就能消滅貧窮。

　　而且確實，世界上許多地方已經不再有最惡劣的貧窮形式。縱觀歷史，社會上有兩種貧窮：第一種是社會性的貧窮，指的是某些人掌握了機會，卻不願意釋出給他人；第二種是生物性的貧窮，指的是因為缺乏食物、飲水和居住所，而使人的生存受到威脅。或許社會性的貧窮永遠都會存在，無法根除，但是在全球許多國家中，

生物性的貧窮都已經成了過去式。

在不久之前，大多數人的生活還十分接近生物貧窮線，只要一落到這條線以下，就代表無法得到足以維持生命的熱量。於是，只要稍微失算或是一時不幸，就很容易落到線下，面臨餓死的危機。而無論是天災或是人禍，都很可能讓一大群人共同落入這個深淵，造成數百萬人死亡。

但是到了今日，全球大多數人民都有一張安全網——可能是健康保險，可能是社會福利，也可能是當地的慈善團體或國際非政府組織的救援，能讓他們免遭不幸。即使某一地區遭遇重大災難，全球動員的救災工作通常也能避免情況惡化到無可挽回。雖然民眾還是會碰上一些落魄、恥辱、貧病交錯的窘境，但在多數國家裡，都不會再發生飢餓至死的慘劇。事實上，許多社會現在的問題是營養過剩，胖死比餓死的機率更高。

▌吉爾伽美什計畫

人類所有看來無法解決的問題裡，有一項最為令人煩惱、卻很有趣且重要：死亡。在近代晚期之前，大多數的宗教和意識型態都想當然的認為，死亡是無可避免的命運。此外，多數的信仰也以死亡做為生命意義的主要來源。

想像一下，如果沒有死亡，伊斯蘭教、基督教或是古埃及宗教會變得如何？這些宗教告訴信眾，他們應該和死亡達成一種協議，將重點放在來世，而不是在今生試圖克服死亡、尋求永生。當時最聰明的人才，想的是如何給死亡賦予意義，而不是逃避死亡。

這個主題也出現在現存最古老的神話裡：蘇美人的吉爾伽美什

（Gilgamesh）神話。這則神話的主角是烏魯克（Uruk）的國王吉爾伽美什，他英勇善戰，無人能敵。有一天，他最好的朋友恩基杜過世，他坐在遺體旁陪著他許多天，直到看到朋友的鼻孔裡掉出一隻蛆來。那一刻，吉爾伽美什感到極度驚恐，下定決心要設法戰勝死亡。他接著踏上旅程，前往世界的盡頭，途中擊敗獅子、與蝎人作戰，還找到方法進到陰間。到了陰間，他打碎了擺渡人烏夏納比身邊幾個神祕的「石頭玩意」，最後找到經歷巴比倫大洪水仍倖存的烏特納比西丁。然而，最後吉爾伽美什的努力仍告失敗，空手而歸。雖然一樣無法避免死亡，但是他增添了幾分智慧。吉爾伽美什體會到，從神創造人類的時候開始，死亡就是人類必然的命運，必須學會接受。

　　如果是進步主義的信徒，就不會接受這種失敗主義的態度。對信奉科學的人而言，死亡絕非必然的命運，不過是科技問題罷了。人之所以會死，可不是什麼神的旨意，而是因為各種技術性問題，像是心臟病、癌症、感染。而每個技術性的問題，都可以找到技術性的解決方案。心律失常的時候，可以用起搏器加以刺激；末期心臟衰竭的病患，可以移植新的心臟；癌症肆虐的時候，可以用藥物或放射治療；細菌感染的時候，可以服用抗生素來解決。

　　確實，現在我們還無法解決所有技術問題。然而，我們正在努力。現在所有最優秀的人才，可不是浪費時間為死亡賦予意義，而是忙著研究各種與疾病及老化相關的生理、荷爾蒙和基因。他們也在開發新的藥物、革命性的新療法、以及各種人造器官，這都能讓人的壽命延長，甚至有一天終能擊敗死神。

　　不久之前，不論是科學家或任何人，都還不敢把話說得如此大膽。他們會說：「打敗死亡？！這話太誇張了。我們只是想醫好癌

症、肺結核和阿茲海默症而已。」人們避談死亡，是因為這個目標似乎太虛無縹渺，為什麼要有不合理的盼望呢？然而，現在我們已經可以坦然承認：科學革命的一大計畫目標，就是要給予人類永恆的生命。

▍平均壽命大幅增長

如果覺得永生不死似乎還是太遙遠的目標，可以回想一下，我們現在的醫藥成就，早就是幾世紀以前絕對不敢想像的。1199年，獅心王理查一世不過是被箭射中了左肩。對今天的醫療水準來說，這不過是輕傷。但是在1199年，沒有抗生素、也沒有有效的殺菌方法，於是輕微的皮肉傷造成感染，形成壞疽。十二世紀的歐洲阻止壞疽的唯一方式就是截肢，但感染在肩膀上，連截肢也不可行。於是，壞疽就這樣在獅心王的身體裡蔓延，眾人無能為力。不過兩星期之後，他就在極度的痛苦中駕崩。

就算到了十九世紀，當時最高明的醫師仍然不知道如何預防感染、避免組織壞死。在戰場上，就算士兵只是肢體受了輕傷，軍醫常常還是立刻截肢，以免壞疽造成嚴重的後果。而且，當時不論是截肢或是其他任何醫療程序（如拔牙），都還沒有麻醉劑可用。最早的麻醉藥（乙醚、氯仿和嗎啡）都是到十九世紀中葉之後，才正式用於西方的醫療方法之中。在氯仿問世之前，每次要進行截肢，就得用上四名士兵，把受傷的人牢牢壓住才成。1815年滑鐵盧之役隔日清早，野戰醫院旁邊就因為截肢而有了手腳成堆的景象。在那些時候，徵召入伍的木匠和屠夫常常給調派到軍醫院，畢竟手術需要的不過就是刀鋸，再無其他。

然而在滑鐵盧之役兩百年後，一切已經截然不同。我們具備各式各樣的藥丸、針劑和複雜的手術，任君挑選，許多在過去必然會造成死亡的疾病和傷口，現在只是小事一件。此外，對於前現代的民眾來說，有許多疾病和疼痛無法可治，只能當作生活中的一部分來接受，但是現在也得以藥到病除。全球人類的平均壽命已經從不到四十歲，躍升為六十七歲左右，已開發國家的平均壽命更是高達八十歲。[83]

　　死神軍團受到最大的挫敗，在於兒童死亡率。二十世紀之前，農業社會裡有四分之一到三分之一的孩童，無法活到成年。他們多數都死於兒童期疾病，例如白喉、麻疹和天花。十七世紀的英國，每1,000個新生兒就有150個無法活到一歲，而且有三分之一的兒童無法活到十五歲。[84] 今日，英國每1,000個新生兒只有5個無法活到一歲，只有7個無法活到十五歲。[85]

　　如果我們先把統計學放在一旁，來講講故事，或許就更能體會到這些數字背後的全貌。有一個很好的例子是英格蘭國王愛德華一世（1237-1307）和埃莉諾王后（1241-1290）一家。他們的孩子可說享有中世紀歐洲的最佳照料，住在宮殿裡，想吃什麼就吃什麼，有足夠的禦寒衣物，有供給無虞的溫暖壁爐，有當時最乾淨的用水，有許許多多僕人能使喚，還有最好的皇家醫師。而以下的資料列出了埃莉諾王后從1255年到1284年之間，所生的16個孩子：

　　一個女兒，不知姓名，出生於1255年，出生時夭折。
　　一個女兒，取名凱瑟琳，一歲或三歲時夭折。
　　一個女兒，取名瓊安，六個月時夭折。
　　一個兒子，取名約翰，五歲時夭折。

一個兒子，取名亨利，六歲時夭折。

一個女兒，取名埃莉諾，得年二十九歲。

一個女兒，不知姓名，五個月時夭折。

一個女兒，取名瓊安，享年三十五歲。

一個兒子，取名阿方索，十歲時夭折。

一個女兒，取名瑪格麗特，享年五十八歲。

一個女兒，取名貝倫加麗亞，兩歲時夭折。

一個女兒，不知姓名，出生後不久夭折。

一個女兒，取名瑪麗，享年五十三歲。

一個兒子，不知姓名，出生後不久夭折。

一個女兒，取名伊莉莎白，享年三十四歲。

一個兒子，取名愛德華。

這個小兒子愛德華，不僅是第一個得以活過危險童年的兒子，而且在父王駕崩之後即位，成為英格蘭國王愛德華二世。

換句話說，埃莉諾王后嘗試了16次，才終於完成了英格蘭王后最重要的使命：讓丈夫能有一位男性繼承人。埃莉諾王后想必是耐心卓絕、毅力過人的女性。只不過，愛德華二世挑的王后——法國的伊莎貝拉，就不是這種善良人了。她在愛德華二世四十三歲的時候，將他謀殺。[86]

據我們所知，埃莉諾王后和愛德華一世兩人都十分健康，並沒有將什麼致命的遺傳性疾病傳給子女。然而他們的16個孩子，還是有10個（63％）未能活過兒童期。只有6個活過十一歲，而只有3個（19％）活過四十歲。而且，除了這些確實出生的孩子之外，埃莉諾王后很有可能還曾經幾次流產。平均而言，愛德華和埃莉諾

大約是每三年就有一個孩子夭折。這種喪子喪女之痛、之頻繁,對今天的父母而言,簡直難以想像。

長生而非不死

這項想追求不死的吉爾伽美什計畫,會需要多久的時間,才能達成目標?一百年?五百年?一千年?

我們回頭看看,在1900年的時候,我們對人體幾乎是一無所知,而在二十世紀這一百年裡,竟已得到了多麼大量的知識,因此我們確實有樂觀的理由。

基因工程專家最近已經成功的將**秀麗隱桿線蟲**(*Caenorhabditis elegans*)的平均壽命延長了一倍。[87] 這在智人身上,是不是也行得通?奈米科技專家也正在研發使用數百萬個奈米機器人,打造仿生免疫系統,讓這些奈米機器人住在我們的身體裡,就能打通阻塞的血管、抵抗病毒和細菌、消滅癌細胞,甚至逆轉老化的進程。[88]

有幾位學者很樂觀的認為,到了2050年就已經能夠讓某些人達到**長生**(a-mortal)的狀態──這不等於**不死**(immortal),不死是指完全沒有死亡的可能,但只要不是因為意外而受到致命性傷害,就能將生命無限延長。

不論這項吉爾伽美什計畫是否會成功,從歷史的角度來看,就會發現許多近代晚期的宗教和意識型態,已經不再強調死亡和來世這兩項元素。在十八世紀之前,各個宗教仍然認為死亡及其影響是生命意義的核心。但從十八世紀開始的宗教和意識型態,像是自由主義、社會主義、女權主義,就已經對來世完全失去興趣。對於共產主義者來說,死後會如何?資本主義者呢?女權主義者呢?如果

想從馬克思、亞當・斯密、或是西蒙波娃的著作中，找到以上問題的解答，無疑是緣木求魚。唯一讓死亡仍然占據核心的現代意識型態，就是民族主義。在那些絕望到極點、但又充滿詩意的時刻，民族主義就會向人承諾，就算你犧牲了生命，但你會永遠活在國家整體的永恆記憶裡。只不過，這項承諾實在太虛無縹緲，恐怕大多數民族主義者也不知道這究竟說的是什麼意思。

▌科研的恩客

我們活在一個科技時代。許多人相信：有了科技，就能找出所有問題的解答。只要讓科學家和技術研發人員繼續努力，總有一天我們能在地球上創造天堂。然而，科學活動並不是處於某個更高的道德和精神層面，而是也像其他的文化活動，都受到經濟、政治和宗教利益的影響。

科學活動所費不貲。如果生物學家想研究人類免疫系統，就需要實驗室、試管、化學藥品和電子顯微鏡，更別提還需要實驗室助理、水電技師和清潔工人。如果經濟學家想模擬金融市場，就得購買電腦、建立龐大的資料庫，還需要開發複雜的數據處理程式。如果考古學家想瞭解古老的狩獵採集行為，就必須長途跋涉、挖掘遺址，還得為所有的骨骼化石和文物標記日期。這一切都需要經費。

現代科學之所以能在過去五百年間，取得如同奇蹟般的成果，有很大程度必須歸功於政府、企業、基金會和私人捐助者，願意為此投入數十億美元的經費。這數十億美元對於繪製世界地圖、宇宙星圖、以及將整個動物界編目的貢獻，其實遠超過哥倫布、伽利略和達爾文個人。因為就算這幾位天才大師從未出生，遲早也會有人

得到與他們相同的見解。但如果沒有適當資金，就算再怎麼天縱英明，也是有力難施。舉例來說，如果達爾文從未出生，提出演化論的榮耀就會落到華萊士（Alfred Russel Wallace）頭上，他在不知道達爾文理論的情況下，不過幾年之後，也想出了演化論。然而，如果歐洲列強並未資助世界各地的地理學、動物學和植物學研究，不論是達爾文或華萊士，都無法得到提出演化論背後所需的實證資料，很有可能他們連做夢都想不到生物會演化。

究竟為什麼會有數十億美元的資金，從政府和企業流進實驗室和大學？在學術界，許多人還天真的相信，這一切都是為了純粹的科學和學術自由。他們認為，政府和企業是基於利他的心態，於是提供經費給他們從事任何他們有興趣的研究。但關於科學研究經費的現實，絕非如此。

科學研究之所以能得到經費，多半是因為有人認為，這些研究有助於達到某些政治、經濟或宗教的目的。例如在十六世紀，國王和銀行業者對於前往世界各地進行地理探勘，可說是揮金如土，但講到要研究兒童心理學，可就一毛不拔了。原因就在於：國王和銀行家認為新的地理知識能夠讓他們征服新的土地、成立貿易帝國，但他們在兒童心理學這一塊，看不到任何利益。

1940年代，美國和蘇俄也投入大量資金研究核物理，而不是水下考古。根據他們推測，研究核物理有助於發展核武，而水下考古對於贏得戰爭，大概沒什麼幫助。科學家本身並不一定會察覺到各種控制金錢流動的政治、經濟和宗教利益；許多科學家確實只是純粹為了求知而研究。然而，真正控制科學發展進度表的，很少是科學家。

就算我們希望贊助純科學研究，避免受到政治、經濟或宗教利

益干擾，很有可能還是無法成功。畢竟，人類的資源有限。如果要求美國國會議員，為美國國家科學基金會多撥一百萬美元，好從事基礎研究，國會議員一定會理直氣壯的質問：這筆錢拿來做教師培訓、或是補助他選區某間陷入困境的工廠，不是更能把錢花在刀口上嗎？正因為資源有限，我們就必須回答像是「什麼更重要？」和「怎樣才算花得適當？」這種問題。但這些都不是科學問題。科學能解釋的，是這個宇宙存在些什麼、事物如何運作，以及未來可能出現什麼。就定義來說，科學不會假裝自己知道未來「一定」會出現什麼；只有宗教和意識型態會聲稱自己知道這些答案。

▍與意識型態掛勾

　　請考慮以下的兩難情境：有來自同一系所的兩位生物學家，**擁有同樣的專業技能**，都想申請上百萬美元的研究經費。甲教授想研究一種會感染乳牛乳房、造成產乳量降低一成的疾病。乙教授想研究的則是乳牛被迫與後代分開時，是否會造成憂鬱。假設經費很有限，不可能兩者都補助，那麼哪位教授該得到這筆經費？

　　這個問題沒有出於科學的答案，只有出於政治、經濟和宗教的答案。在目前，顯然甲教授更有可能得到經費。這並不是因為研究牛乳房疾病比牛的心理在科學上更有趣，而是因為能夠從這項研究得益的乳品業，背後的政治和經濟影響力遠大於關心後者的動物保護團體。

　　或許，如果是在視牛為聖物的印度，或是在某個致力於保護動物的社會裡，乙教授就有更大的勝出機會。然而，如果他所在的社會更重視的是牛奶的商業利益及人民健康安全，而不那麼重視乳牛

的情感需求，他最好還是改寫一下研究計畫，以迎合社會的主流心態。舉例來說，計畫書可以寫道：「乳牛憂鬱將導致產乳量下降。若能瞭解乳牛的心理狀態，便可開發精神疾病藥物，改善其心情，進而提高一成的產乳量。本人估計，全球乳牛精神疾病藥物的市場可達每年二億五千萬美元。」

科學無力決定自己的優先順序，也無法決定如何使用其發現。舉例來說，從純科學的角度來看，雖然我們已經愈來愈瞭解基因和遺傳學，但我們還不知道該如何妥當應用。是優先用這些知識來治癒癌症？創造出超人種族？還是要培育有特大號乳房的乳牛？很明顯的，就算是完全相同的科學研究，交給民主開放的政府、共產黨政府、納粹政府、或是資本主義的商業公司，都會有完全不同的用途，而且並沒有任何「科學的」理由，告訴我們誰才是對的。

總之，科學研究一定得和某些意識型態聯手，才有蓬勃發展的可能。意識型態能夠讓研究所耗的成本合理化，代價就是意識型態能夠影響科學的進程表，並且決定如何使用研究成果。因此，如果想知道人類究竟是怎樣做出核彈、怎樣登上月球，光是研究物理學家、生物學家和社會學家的成就還不夠；我們還必須考慮到當時的思想、政治和經濟力量，看看這些力量如何形塑了物理學、生物學和社會學，將它們推往某些特定的方向。

其中，有兩股力量特別值得關注：帝國主義和資本主義。在過去五百年間，科學、帝國和資本之間的回饋循環，無疑正是推動歷史演進的主要引擎。以下章節就會分析其運作。首先，我們先看看科學和帝國這兩具渦輪引擎是如何搭配的，再看看它們又如何再掛上資本主義的推進器。

第 **15** 章

科學與帝國的聯姻

地球到太陽距離有多遠？許多早期的天文學家想方設法、尋求解答，特別是哥白尼主張宇宙的中心是太陽而非地球之後，就吵得沸沸揚揚。不少天文學家和數學家都想解出這道難題，但眾家得出的答案卻有極大的差異，無法達成共識。終於，有人在十八世紀中葉提出了可靠的測量方法：每隔幾年，金星就會從太陽和地球之間直接通過，形成看似金星從太陽表面劃過的「金星凌日」現象。而根據從地球各處觀看金星的角度有些微不同，能夠觀測到金星凌日的時間長短也有所不同。只要從地球上不同的大洲觀測同一場金星凌日，用簡單的三角函數，就能算出太陽到地球的準確距離。

當時天文學家預測，下一次金星凌日是在1761年和1769年。於是歐洲人派出船隊前往地球四方，希望能盡量從各個最遠的角落來觀測金星凌日。在1761年，科學家從西伯利亞、北美、馬達加斯加和南非觀測。時近1769年，歐洲科學界更是不遺餘力，遠途前往加拿大北部和現今的美國加州（當時還是一片荒野）。但是英國皇家學會認為這還不夠。為了得到最準確的結果，他們認為絕對

有必要，特地派一位天文學家到西南太平洋。

於是，英國皇家學會出資出力毫不吝惜，派了一位傑出的天文學家格林（Charles Green）前往大溪地。然而，既然這趟航程如此昂貴，如果目的只有一次天文觀測，豈不是太過浪費？因此，除格林之外，同行的還有八位其他領域的科學家，領隊是植物學家班克斯（Joseph Banks）和索蘭德（Daniel Solander）。在這支遠征隊裡還有幾位畫家，專門負責繪製途中必然會遇到的新土地、植物、動物和人類。船隊配備了英國皇家學會所能買到最先進的科學儀器，船長則是庫克（James Cook），他不僅是老練的水手，更是聲名卓著的地理學家和民族誌學者。

這支遠征隊於1768年離開英國，1769年在大溪地觀測到金星凌日，接著前往偵察一些太平洋島嶼，抵達了澳洲和紐西蘭，最後在1771年回到英國。這趟遠征帶回來數量驚人的天文學、地理學、氣象學、植物學、動物學和人類學資料，成了以後許多學門得以發展的重要基礎，並引發歐洲人對南太平洋的諸多想像，也啟發了後世的博物學家和天文學家。

醫藥就是得益於庫克船長這趟遠征的領域。當時，講到要航行至遙遠的彼岸，大家都有心理準備，有一半以上的船員無法抵達終點。他們的最大剋星並不是憤怒的原住民、敵人的戰艦、或是思鄉情切，而是當時還一無所知的壞血病。得了壞血病，人就會變得慵懶昏沉、心情沮喪，而且牙齦等軟組織還會出血。等到疾病惡化，就會開始掉齒、出現傷口且無法癒合，病人開始發燒、黃疸，難以控制四肢。在十六世紀到十八世紀之間，壞血病估計奪走了兩百萬船員的生命。當時沒有人知道壞血病的病因，而且不管採取什麼療法，水手還是大批死亡。

　　直到1747年，終於有了轉機，英國醫生林德（James Lind）以罹患壞血病的水手進行了一場實驗，分成控制組和各個對照組，各給予不同的治療。其中一組採用的是當時治壞血病的民俗療法：吃柑橘類水果，而這組病人也迅速康復了。雖然當時林德還不知道究竟柑橘類水果裡有什麼是水手所需要的，但我們現在已經知道正是維生素C。當時典型的船上飲食都明顯缺乏維生素C，遠航的水手通常只啃食餅乾和牛肉乾，幾乎沒有水果或蔬菜可吃。

　　雖然英國皇家海軍並未採信林德的實驗結果，但是庫克船長信了。他決心證明這位醫生是對的。於是，庫克的船隊帶著大量的酸菜，並且每次只要靠岸登陸，就下令水手必須多吃新鮮蔬菜水果。在庫克手下的所有水手，沒有任何人因為壞血病而喪命。接下來的十年裡，世界上所有的海軍都改採庫克的海上飲食，拯救了無數水手和乘客的生命。[89]

科學遠征隊？武力遠征軍？

　　然而，庫克遠征隊還有另外一個遠非良性的影響。庫克除了是經驗老道的水手和地理學家，也是海軍軍官。雖然遠征的絕大部分經費來自英國皇家學會資助，但船舶本身是由皇家海軍提供。海軍調派八十五位裝備精良的水手和士兵同行，船舶上也配備大炮、步槍、火藥等武器。畢竟，遠征取得的大部分資料，尤其是天文、地理、氣象和人類學資料，都具有明顯的政治和軍事價值。

　　有了壞血病的療法之後，英國便能派出海軍，前往地球最遠的另一端，英國對全球各大洋的控制力也隨之大增。對於庫克遠征隊「發現」的許多島嶼，庫克都聲稱從此歸英國所有，其中最重要的

就是澳洲。庫克這趟遠征，奠定了英國占領西南太平洋的基礎：征服了澳洲、塔斯馬尼亞（見第197頁）和紐西蘭，讓數百萬歐洲人殖民到新的土地；但也造成當地許多文化滅絕，原住民幾近滅種。[90]

　　在庫克遠征後的一個世紀間，澳洲和紐西蘭最肥沃的土地都被歐洲移民掠奪強占。原住民不僅人數銳減90％，倖存者也嚴重受到種族歧視迫害。對於澳洲原住民來說，庫克遠征隊帶來的是幾近毀天滅地的災難，至今尚未完全復原。至於紐西蘭毛利人的境遇，也只是略好一些。

　　而在塔斯馬尼亞島上的原住民，遭遇甚至更加悲慘。他們原本遺世獨立，生存繁衍長達上萬年，但在庫克抵達後短短一百年間，就幾乎慘遭滅族。歐洲殖民者起初只看上島上最肥沃富裕的地點，接著就連荒野之地也不肯放過，有組織有計畫的殺害所有原住民。一批最後的倖存者被趕到一座新教的集中營，傳教士一片好意（但心胸並不特別開闊），循循善誘，希望灌輸他們現代世界的生活方式。傳教士要塔斯馬尼亞原住民信仰基督教，學習閱讀、寫作，以及各種「有用的技能」，像是縫補衣物和耕作。但是這批塔斯馬尼亞原住民拒絕學習，甚至變得愈來愈憂鬱，不再願意生育後代，對生命完全放棄希望，最後終於踏上一條唯一能逃離這個「科學與進步」之現代社會的退路：死亡。

　　令人不勝唏噓的是，就算死後，「科學與進步」並未就此放過他們。幾具塔斯馬尼亞人的遺體，被人類學家和博物館長以科學之名取走，進行解剖，測量長度和重量，再分析發表成所謂的科學論文。接著，他們的頭骨和骨架再被陳列在博物館裡，成了人類學的收藏品。一直到1976年，塔斯馬尼亞博物館才終於願意鬆手，讓楚格尼尼（Truganini，常被認為是最後一位純種塔斯馬尼亞人）的

遺骨得以安葬，此時她已經去世了一百年之久。英國皇家外科醫師學會更是拖到2002年，才歸還她的皮膚和頭髮標本。（今日，塔斯馬尼亞島上和某些地方，仍然有一些人帶有塔斯馬尼亞原住民的血緣，特別是塔斯馬尼亞島上的帕拉瓦社區和利波塔社區。）

所以這樣說來，庫克的船隊究竟是有武力保護的科學遠征隊？還是有幾個科學家隨行的武力遠征軍？這個問題就像是問車子的油箱該說是半滿還是半空一樣，其實兩者皆是。科學革命與現代帝國主義的關係密不可分。對於像是庫克船長和植物學家班克斯來說，科學和帝國根本就是一家。就連倒楣的楚格尼尼也分不出這兩者的概念有何不同。

▌歐洲本是邊陲之地

如果我們看看，從北大西洋的一座大島，一群人竟出發征服了遠在澳洲南邊的另一座大島，這可以說是史上最不可思議的事件之一了。在庫克遠征之前不久，不列顛群島和西歐還不過就像是地中海世界荒廢偏遠的後院，從沒聽說過有任何重要性。就算是前現代唯一上得了檯面的羅馬帝國，財富也多半是來自北非、巴爾幹和中東的行省。當時羅馬帝國的各個西歐行省，還只是一片荒涼的大西部，除了礦產和奴隸之外，並沒有什麼重要性。至於北歐更是偏遠荒涼又野蠻，毫無征服的價值。

一直要到十五世紀末，歐洲才成為各種軍事、政治、經濟、文化發展的搖籃。在1500年到1750年期間，西歐意氣風發，成為「化外世界」（Outer World，指南北美洲大陸和各大洋）的主人。但就算在當時，面對亞非大陸的超級強權，歐洲還是小巫見大巫。歐洲人

之所以能成功征服美洲、在海上稱王，主因是亞非帝國對這些地方興趣缺缺。地中海的鄂圖曼帝國、波斯的波斯帝國、印度的蒙兀兒帝國，以及中國的明朝與清朝，在近代初期也是蓬勃發展，領土顯著擴張，人口及經濟發展幅度前所未見。在1775年，亞洲占了全球經濟總額八成的比重。光是印度和中國，就占了全球生產量的三分之二。相較之下，歐洲就像個經濟侏儒。[91]

一直要到1750年到1850年間，歐洲在一系列戰爭中，將傳統亞洲大國打得抬不起頭，征服了亞洲的大片土地，全球的權力中心才移轉到歐洲。在1900年左右，歐洲已經緊緊掌握著世界經濟和全球多數的土地。到了1950年，西歐加美國的生產量已占全球超過一半，而中國只剩5％。[92]

在歐洲主持下，出現了嶄新的全球秩序。雖然我們常常不願意承認，但現在全球所有人的穿著、想法和品味，幾乎都是歐洲的穿著、想法和品味。雖然有些人嘴上大力抨擊歐洲，但幾乎所有人都是採用歐洲萌生的觀點，在看待政治、醫學、戰爭和經濟，既聽歐洲風格的音樂，也會講來自歐洲的語言、會寫歐洲使用的文字。就算是今天中國經濟突飛猛進，很可能即將回歸霸主地位，繁榮富強的基礎仍然是源自歐洲的生產模式和金融模式。

歐洲原本就像是處在世界的一個偏遠角落，氣候還凍到讓人手指僵硬，他們究竟是怎麼一躍而出、征服世界？常常有人認為，最大的功臣就是歐洲的科學家。確實，從1850年起，歐洲之所以能夠稱霸世界，很大程度靠的就是產軍學的合作，以及如同巫術般神妙的科技。所有強盛的近代帝國都積極發展科學研究，希望能夠取得科技上的創新，而許多科學家也投入大半時間，為帝國主人研發各種武器、醫藥和機器設備。

歐洲軍隊面對非洲人抵抗時，常有一種說法：「不論怎樣，我們有機槍，他們沒有。」但是民生科技的重要性也絕不在話下。像是罐頭食品能夠讓軍隊不餓肚子，鐵路和輪船方便軍事調動人力和物資，再加上各種新藥能夠醫治士兵、水手和工兵。歐洲之所以能夠征服非洲，這些先進後勤物流的貢獻，甚至更勝於武器機槍。

為什麼是歐洲崛起？

然而在1850年以前，情況並非如此。當時，產軍學的結合還剛起步，科學革命的科技成果也尚未成熟，歐亞非國家之間的科技差距微乎其微。譬如在1770年，雖然庫克船長的科技肯定遠超過澳洲原住民，但是對上中國和鄂圖曼土耳其，卻也占不了上風。那究竟是為什麼，最後征服澳洲的是庫克船長，而不是康熙的福建水師提督萬正色、或是土耳其的名將帕夏（Hussein Pasha）？更重要的是，如果歐洲人在1770年對上印度人和中國人並不占科技優勢，為什麼他們能在接下來的短短一個世紀間，讓自己和世界其他地區，拉開這麼大的差距？

為何這種產軍學組織只在歐洲開花結果，而在印度無聲無息？為何在英國突飛猛進之後，法國、德國和美國立刻起身直追，但中國卻是欲振乏力？為何在工業化成了明顯的政經進步因素之後，俄羅斯、義大利和奧地利能夠成功縮小落差，但是波斯、埃及和鄂圖曼土耳其卻無力回天？畢竟，第一波工業化的科技相對而言並不複雜。難道對於中國或鄂圖曼土耳其來說，要設計蒸汽機、製造機槍、鋪設鐵路，真有那麼困難？

全球第一條商業鐵路於1830年在英國啟用。到了1850年，西

方國家已有將近4萬公里的鐵路縱橫交錯，但在整個亞洲、非洲和拉丁美洲，鐵路總長只有0.4萬公里。在1880年，西方鐵路長度堂堂超過35萬公里，但全球其他地區還只有大約3.5萬公里而已（而且大多數是英國在印度所鋪設）。[93]

中國甚至要到1876年，才建了第一條鐵路，全長25公里、由歐洲人所建；但是隔年就遭到中國政府拆除。所以，就算到了1880年，中國這個龐大的帝國連一條鐵路也沒有。

波斯的第一條鐵路要到1888年才完工，連接了伊朗首都德黑蘭和南方約十公里遠的一處穆斯林聖地，由一家比利時公司興建及經營。在1950年，波斯的鐵路網總長仍然只有0.25萬公里，但這個國家的國土面積可是足足有英國的七倍大。[94]

中國和波斯其實並不缺乏像是製造蒸汽機的科技（當時要照抄或是購買，都完全不成問題），他們缺少的是西方的價值觀、共同相信的虛構故事、司法體系和社會政治結構，這些在西方花了數個世紀才萌生及成熟，就算想要照抄，也無法在一夕之間內化。之所以法國和美國能夠很快跟上英國的腳步，是因為他們本來就和英國共用一套最重要的虛構故事和社會結構。中國和波斯追趕不及，正是因為整個關於社會的想法和組織完全不同。

用這種概念，就能以新的觀點來看待1500年到1850年。雖然這段期間，歐洲對亞洲在科技、政治、軍事、經濟上並不具有明顯的優勢，但卻是在厚植累積獨特的潛力，直到1850年左右才終於爆發。雖然歐洲、中國和穆斯林世界在1770年看起來，還沒有什麼差異，但這其實只是假象。這就像是有兩家建商同時開始興建高樓，一家使用的是木材和泥磚，另一家使用鋼筋和混凝土。一開始，兩個工地無論興建速度或是建築高度，都相去無幾，看起來這兩種建

築工法也就沒什麼高下之分。但等到一過了某個樓層，木材和泥磚蓋的高樓就再也無力支撐，於是頹然傾塌，而鋼筋混凝土蓋的高樓卻還是屹立不搖，甚至繼續向上伸展到人類目光的極限。

究竟歐洲在近代初期是培養了什麼潛力，讓它能在近代晚期稱霸全球？這個問題有兩個答案，相輔相成：現代科學和資本主義。一開始，科學和資本主義的思考方式還沒有什麼明顯優點，但歐洲人就已經習慣順著這兩個理路來思考。所以，等到科技發展成熟，就像是取之不盡的大礦藏，而歐洲人開採這處礦藏的能力，也遠勝於其他地方的人。不難想像，在二十一世紀這個「後歐洲世界」，科學和資本主義就成了歐洲帝國主義最重要的遺產。雖然歐洲和歐洲人不再是世界的統治者，但科學和資本主義還是繼續茁壯。

關於資本主義的勝利，我們留到下一章再討論。這一章還是先繼續談談歐洲帝國主義和現代科學之間的浪漫愛情故事。

▌自認無知的征服者

現代科學在歐洲帝國蓬勃發展，而且也是因為有歐洲帝國才得以發展。現代科學起初明顯承繼像是古希臘、中國、印度和伊斯蘭的古老科學傳統，直到近代初期，隨著西班牙、葡萄牙、英國、法國、俄羅斯和荷蘭等帝國的擴張，才開始形成自己獨特的內涵。

在近代初期，中國、印度、穆斯林、美國原住民、玻里尼西亞人都還是對科學革命貢獻良多。像是穆斯林經濟學者的觀點，影響了亞當‧斯密和馬克思；美國原住民有些獨步全球的醫療方式，後來也進入了英國的醫療研究；玻里尼西亞人提供的資料，更是徹底改變了西方人類學。但是在二十世紀中葉以前，唯一蒐集整理這些

無數科學發現、從這過程中打造出各個科學學門的人，就是歐洲各帝國的知識菁英。雖然遠東和伊斯蘭世界也有同樣聰明、同樣好奇的人，然而在1500年到1950年之間，這些地區完全沒有人提出能夠與牛頓物理學或達爾文生物學相提並論的研究。

這並不是說歐洲人有什麼獨特的科學基因，又或是物理學和生物學研究永遠就是歐洲人的天下。正如伊斯蘭教，原本是阿拉伯人的專利，但後來交棒給土耳其人和波斯人；現代科學雖然原本專屬於歐洲，但現在也已經開枝散葉，成了許多民族擅長的事業。

所以，問題又回到：現代科學和歐洲帝國的歷史鍵結，究竟是怎麼產生的？雖然科技在十九世紀和二十世紀大放異采，但是在近代的早期並不突出。

這裡真正的關鍵因素在於：不管是想尋找植物的植物學家、或是想尋找殖民地的海軍軍官，都有一種共同的心態。他們共同的出發點就是承認無知，都會說「我不知道那裡有什麼」。於是他們都很好奇，都覺得有走出去、尋找新發現的必要；而且他們都希望這樣取得的新知識，能夠讓他們成為世界的主人。

為了新疆域，也為了新知識

歐洲帝國主義和先前的所有帝國完全不同。過去的帝國主義者都認為自己已經瞭解整個世界，「征服世界」只是為了要利用及傳播他們自己對於世界的看法。

以阿拉伯人為例，他們征服埃及、西班牙和印度，並不是為了想找出什麼自己不知道的事。羅馬人、蒙古人和阿茲特克人之所以積極四方征討，為的是權力和財富，也不是為了新知。相較之下，

歐洲帝國主義之所以要前往遙遠的彼岸，除了要擴張新領土，也是
為了新知識。

　　庫克船長並不是第一位這麼想的探險家。十五、十六世紀的葡
萄牙和西班牙航海家，就已經是抱持著這種信念。葡萄牙的航海家
亨利王子（Henry the Navigator）和達伽馬（Vasco da Gama）一面探索
非洲海岸，一面奪下各個島嶼和港口的控制權。哥倫布「發現」美
洲之後，立刻宣稱這片土地歸西班牙國王所有。麥哲倫除了找出環
繞世界的航道，同時也奠定了西班牙征服菲律賓的基礎。

　　隨著時間過去，對知識的追尋和對領土的追尋，變得愈來愈緊
密交織。在十八和十九世紀，幾乎每一趟從歐洲出發的軍事遠征隊
都必定有科學家同行，科學家的目的不在打仗，而是科學研究。例
如拿破崙1798年進攻埃及的時候，就帶了一百六十五位學者。這群
學者的一大成就，便是建立了一個全新的學門「埃及學」，並且在
宗教、語言學、植物學方面有重大貢獻。

　　1831年，英國皇家海軍派出小獵犬號（HMS Beagle），前往繪
製南美、福克蘭群島和加拉巴哥群島的海岸圖。有了這些知識，海
軍才能讓英國把南美洲抓得更牢。小獵犬號的船長自己也是業餘科
學家，他決定再帶上一位地質學家，研究一路上可能碰到的地層構
造。然而，好幾位專業地質學家都拒絕了他的邀約，最後是由一位
年僅二十二歲的劍橋畢業生接下任務，他就是達爾文。

　　達爾文曾經差點成了英國聖公會的牧師，但他對地質學和自然
科學的興趣，遠比對《聖經》來得濃厚，於是他抓住這個機會，開
創了後世無人不知的這段歷史。在這趟航程中，船長就這麼繪製著
軍用地圖，而達爾文也就這麼蒐集著各種實證資料、發展想法，最
後形成他的演化論。

1969年7月20日，美國太空人阿姆斯壯（Neil Armstrong）和艾
德林（Buzz Aldrin）踏上了月球表面。在登陸前的幾個月，阿波羅
十一號的太空人都是在美國西部一處類似月球的沙漠裡受訓。當地
也是幾個美國原住民部落的居住地，而有這麼一個故事（或說傳
說），講的是太空人有一次碰到一個當地人的情形：

　　有一天，太空人受訓的時候，剛好碰到一位頗有年紀的美國原
住民。老人問他們在那裡做什麼。太空人說他們屬於一支研究探險
隊，不久之後就要上月球了。聽到他們這麼說，老人沉吟了一會，
問他們能不能幫個忙。

　　「要幫什麼忙呢？」他們問。

　　「是這樣的，我們族人都相信我們的聖靈住在月亮上。不知道
你們能不能為我們族人帶個重要的口信？」老人問。

　　「要帶什麼話呢？」太空人問。

　　這位老人用族語說了一串，並要求太空人重複再三，直到確定
他們背得滾瓜爛熟為止。

　　「這是什麼意思？」太空人問。

　　「啊，這個是族人和月亮上的聖靈之間的祕密。」

　　等到太空人回到發射基地，好不容易才找到一位會講當地族語
的人，希望能翻譯這段話的意思。他們把這段話嘰哩咕嚕背出來，
讓這位翻譯員簡直笑翻了。等到翻譯員好不容易平靜下來，太空人
問他這段話究竟是什麼意思。翻譯員說，這些太空人費盡心力背下
來的這句話是：「不管這些人跟您說什麼，千萬別相信他們。他們
只是要來偷走您的土地。」

地圖上的空白

　　現代這種「探索與征服」的心態，從世界地圖的演變可以看得一目瞭然。早在歷史進到現代之前，許多文化就已經有了自己的世界地圖。當然，當時並沒有人真正知道全世界是什麼樣子，住在亞

23. 西元1459年歐洲人的世界地圖。歐洲在左上角，下面是地中海與非洲，
　　而亞洲在右邊。可以看到地圖上似乎巨細靡遺，就算是當時歐洲人根本
　　一無所知的南非地區，都有密密麻麻的資訊。

非大陸上的人對美洲一無所知，美洲文化也不知道亞非大陸上的情形。但碰到不熟悉的地區，地圖上不是一筆未提、就是畫上了想像出來的怪物和奇景。這些地圖上並沒有空白的空間，這讓人覺得全世界就在自己的掌握之中。

在十五、十六世紀，歐洲人的世界地圖開始出現了大片空白。從這點可以看出科學心態的發展，以及歐洲帝國主義的動機。地圖上的空白，可說是在心理及思想上的一大突破，清楚表明歐洲人願意承認自己對於一大部分的世界還一無所知。

轉捩點在1492年，哥倫布從西班牙出發向西航行，希望能找到一條前往東亞的新航線。哥倫布當時相信的仍是舊的世界地圖，以為全世界在地圖上一覽無遺。哥倫布從舊地圖推算，日本應該位於西班牙以西大約七千公里遠。但事實上，從西班牙到東亞的距離要超過兩萬公里，而且中間還隔著他並不知道的美洲大陸。1492年10月12日大約凌晨2點，哥倫布一行人與這片未知大陸有了第一次接觸。皮塔號（Pinta）的瞭望手伯梅霍（Juan R. Bermejo）從桅杆上看到了現在的巴哈馬群島，高聲呼喊：「有陸地！有陸地！」

哥倫布當時相信這個小島就位於東亞海外，屬於「Indies」（印度地方，包含今日印度、中南半島及東印度群島等地），所以他把當地人稱為「Indians」（這正是為何美國原住民稱為印第安人）。一直到過世，哥倫布都不認為自己犯了一個大錯。不論是對他、或是許多當代的人來說，說他發現了一個完全未知的大陸，這根本難以想像。畢竟千百年來，不管是那些偉大的思想家和學者、甚至是不可能犯錯的《聖經》，都只知道有歐洲、非洲和亞洲。怎麼有可能他們全錯了呢？難道《聖經》居然漏了大半個世界，隻字未提？這種情況，就好像是說：在1969年阿波羅十一號要前往月球的途

中，居然撞到了另一個從來沒人看到的月亮。

而正因為哥倫布不願意接受自己的無知，我們可以說他仍然是中世紀的人，深信自己已知道全世界，所以就算已經有了如此重大的發現，也無法說服他。

發現美洲

至於第一個成為「現代人」的，其實是義大利商人兼航海家亞美利哥‧韋斯普奇（Amerigo Vespucci），他曾在1499年到1504年，多次航行前往美洲。而在1502年到1504年間，歐洲有兩篇描述這些航程的文章發表，一般相信就出於韋斯普奇之手。這兩篇文章指出，哥倫布發現的小島旁邊的陸地，應該不是東亞，而是一整個大陸，而且不管是《聖經》、過去的地理學者或是當時的歐洲人，先前都不知道這塊大陸的存在。

1507年，地圖繪製大師瓦爾德澤米勒（Martin Waldseemüller）相信了這種說法，出版了新版的世界地圖。於是，這片西班牙船隊向西航行所碰上的土地，終於首次以一塊獨立大陸的姿態，出現在地圖上。既然要畫，瓦爾德澤米勒就得給它取個名字，但他誤以為發現美洲的人是亞美利哥‧韋斯普奇；為了向他致敬，這片大陸就命名為「America」（美洲）。瓦爾德澤米勒的地圖洛陽紙貴，許多地圖繪製師也跟著有樣學樣，因此「美洲」這個名詞就這樣廣為流傳開來。

說來也算是老天有眼，到頭來，全球有四分之一的陸地、七大洲之中的兩洲，名字就是來自一個不太有名氣的義大利人，而他唯一做的事，就只是有勇氣說出「我們不知道」。

發現美洲，對於科學革命是一大奠基事件。這不但讓歐洲人知
道實際的觀測比過去的傳統更重要，而且想征服美洲的欲望，也讓
歐洲人開始求知若渴。他們如果真想控制這片廣大的新疆域，就一
定得蒐集所有相關地理、氣候、植物、動物、語言、文化、歷史的
龐大資料。在這些時候，不管是《聖經》、過時的地理書籍、或是
古老的口傳知識，都無用武之地。

　　從此之後，不只是歐洲地理學家，歐洲幾乎所有知識領域的學
者，都學會了「留白」這一套，誠實面對自己有太多無知之處，並
試著加以填補。他們開始承認自己的理論還不完美，一定還有什麼
尚未得知的重要資訊。

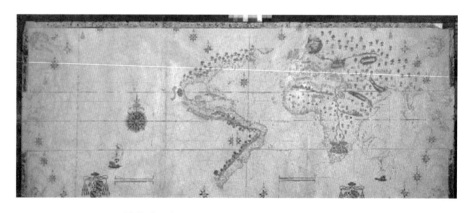

24. 西元 1525 年的薩維亞提世界地圖（Salviati World Map）。
　　1459 年版的世界地圖上畫滿了各個大陸和島嶼，還有詳細的解釋，但薩
　　維亞提地圖則有大片留白。我們可以看到美洲的海岸線一路向下之後，
　　接著就是一片空白。任何人只要有一點點好奇心，看到這份地圖之後必
　　定會問「在那後面有什麼呢？」地圖上沒有答案。這就像是一份邀請，
　　請讀者親身起航，一探究竟。

▌征服異域之心從何而來？

　　地圖上的空白就像一塊磁鐵，讓歐洲人前仆後繼，希望填補這些空白。在十五、十六世紀，歐洲探險隊繞行了非洲、深入美洲、越過太平洋和印度洋，在世界各地建起基地和殖民地的網路。這是全球性帝國的真正首次登場，也是首次出現全球性的貿易網。歐洲帝國的遠征，改變了世界的歷史：原本是一些獨立的民族和文化各自發展，現在則整合成單一的人類社會。

　　正因為我們已經太熟悉歐洲這些「探索與征服」的過程，常常忘了這件事其實非常特殊。在這之前，世上從來沒發生過這種事。要這樣千里迢迢去征服別人，絕不是什麼自然的舉動。縱觀歷史，大多數人類社會光是處理地方衝突、鄰里爭吵，就已經無暇他顧，從來沒想過要前往遠方探索、征服遙遠的國度。絕大多數的大帝國向外侵略，只著眼於鄰近地區，之所以最後幅員廣大，僅是因為帝國不斷向鄰近地區擴張而已。

　　像是羅馬人在西元前350年至300年征服伊特魯里亞（Etruria，約為現代義大利中西部），目的只是為了保衛羅馬的安全。接著在西元前200年左右，征服波河流域（Po Valley，義大利北部），目的只是為了保衛伊特魯里亞。然後在大約西元前120年，他們又征服了普羅旺斯，以保衛波河流域；大約西元前50年征服高盧，以保衛普羅旺斯，最後在西元50年左右，再征服了不列顛，以保衛高盧。羅馬帝國從羅馬延伸到倫敦，總共花了四百年。在西元前350年，沒有羅馬人會打算直接乘船揚帆去征服不列顛。

　　雖然偶爾會有某個雄心勃勃的統治者或冒險家，展開長途的征討或探險，但通常都是順著早已成形的帝國道路或商業路線行進。

以亞歷山大大帝為例,他並未建立新的帝國,而是推翻並接手了原本就已存在的波斯帝國。最接近現代歐洲帝國的例子,在古代是雅典和迦太基這兩大海上帝國,至於中世紀則是位於現今印尼泗水一帶、曾在十四世紀掌控大半印尼地區的滿者伯夷(Majapahit)海上帝國。但就算是這些帝國,也很少會貿然前往未知的海域,如果和現代歐洲人的全球大航海相比,可說只是地方事業。

許多學者認為:中國明代鄭和下西洋,不但時間早於歐洲,而且規模也有過之無不及。1405年到1433年間,鄭和七次下西洋,最遠抵達了印度洋彼端。規模最大的一次,艦隊有將近三百艘船、成員近三萬人。[95] 他們曾抵達印尼、斯里蘭卡、印度、波斯灣、紅海和東非。中國船隻曾經停靠在沙烏地阿拉伯一帶主要的港口吉達(Jedda),也曾停泊在肯亞沿海的馬林迪(Malindi)。相較之下,哥倫布在1492年的船隊只有三艘小船,帶了一百二十個水手,簡直就像是小蚊子碰上大飛龍。[96]

然而,這兩者有一項關鍵的區別。鄭和下西洋四處探訪,對擁護大明王朝的各國君主提供協助,但並未試圖攻占或殖民他國。此外,鄭和的遠征並沒有深厚的中國政治文化基礎,因此在明宣宗朱瞻基下令鄭和第七次下西洋(1430-1433)之後,便突然告終(鄭和於返航期間,於1433年2月在印度西海岸古里去世)。曾經叱咤一時的偉大艦隊遭到解散,珍貴的技術和地理知識亡佚,從此再也沒有具備此等眼界及資源的航海探險家,從中國出航。接下來數百年間,中國的君王依循先前數百年的做法,興趣和野心僅僅及於四方鄰國而已。

從鄭和下西洋得以證明,當時歐洲並未占有科技上的優勢。真正讓歐洲人勝出的,是他們無與倫比而又貪得無厭、不斷「探索與

征服」的野心。在過去，雖然某些帝國可能也有能力做到，但是羅馬從未試圖征服印度或北歐，波斯從未試圖征服馬達加斯加或西班牙，中國也從未試圖征服印尼或非洲。中國歷代以來，甚至對一海之隔的日本，幾乎都無征服之心（元朝皇帝忽必烈，兩度派大軍征伐日本，皆遇颱風而潰敗）。

原本，這一切就是如此自然。真正奇怪的是：近代初期的歐洲人，忽然有了這股狂熱，啟航前往遙遠而完全陌生、充滿異國文化的地方，不僅踏上他人的海岸，還立刻大聲宣告：「此疆已歸吾王所有！」

如同來自外太空的侵略者

大約在1517年，原本待在加勒比海群島的西班牙殖民者，開始聽到傳言，似乎在墨西哥內陸有個強大的帝國。但不過短短四年之後，阿茲特克帝國的首都就只剩下悶燒的廢墟，整個帝國成了過去式。墨西哥成了西班牙帝國的殖民地，掌理一切的就是科爾特斯（見第205頁）。

而且，西班牙人並沒有停下腳步來慶賀，甚至可說連喘口氣的時間也不浪費，立刻向四方展開了同樣的「探索與征服」行動。不論是阿茲特克人、托爾特克人（Toltecs）或是馬雅人，在超過兩千年的期間，這些中美洲過去的統治者幾乎不知道有南美洲的存在。然而，西班牙人征服墨西哥之後短短不到十年，皮薩羅（Francisco Pizarro）不但發現了南美的印加帝國，還在1532年就把它滅了。

如果阿茲特克人和印加人當時對於周遭的世界多一點好奇，知道西班牙人把自己的鄰居給怎麼了，就有可能更積極而成功的抵禦

西班牙的入侵。從哥倫布第一次抵達美洲（1492年）到科爾特斯登陸墨西哥（1519年），西班牙人已經征服了大多數的加勒比海群島，建立起新的殖民島鏈。對於受奴役的當地人來說，這些殖民地就像是人間地獄。殖民者既貪婪又無情，以鐵腕政策逼迫他們在礦場或農場工作，只要他們敢有一絲反抗，立刻會遭到殺害。不論是因為極度惡劣的工作環境、或是搭上征服者便船而來的歐洲疾病，當地原住民快速大量死亡。不到二十年，整個加勒比地區的原住民幾近滅絕。西班牙殖民者開始得從非洲進口奴隸，來填補空缺。

這場種族滅絕的浩劫，可說就發生在阿茲特克帝國的家門口，但等到科爾特斯終於踏上帝國東海岸的時候，阿茲特克人對這一切仍然一無所知。對他們來說，西班牙人的到來，幾乎就像是有外星

地圖6：西班牙入侵時的阿茲特克帝國和印加帝國。

人來訪。阿茲特克人深信自己早就認識了全世界，而且相信絕大多數都在阿茲特克帝國的控制之下。對他們來說，帝國以外竟然還有像西班牙人這種玩意，簡直無法想像。所以，等到科爾特斯和部下來到今天的韋拉克魯斯（Vera Cruz）一帶，登上陽光明媚的海灘，這是阿茲特克人第一次碰到了完全陌生的人類。

　　他們完全不知道該如何反應，連這些陌生人究竟算是什麼，也無法確定。對他們來說，這些陌生人與所有已知的人類都長得不太一樣，有蒼白的皮膚、濃密的臉部毛髮、如陽光色澤的頭髮，而且還臭得難以想像。（阿茲特克的衛生水準遠高於西班牙。西班牙人第一次來到墨西哥的時候，不論到了哪裡，當地人都派人帶著薰香隨行。西班牙人原本以為這是代表無上的榮耀。但我們從當地文獻發現，這其實是因為當地人覺得這些新來的人實在臭不可當。）

　　此外，這些外來客的物質文明，更是讓阿茲特克人深感迷惑。像是西班牙人乘的大船，阿茲特克人想也沒想過，更別提親眼見過。西班牙人會騎乘高大而恐怖的動物，移動迅疾如風。西班牙人還拿著閃閃發亮的金屬棍子，發出閃電和雷聲。此外，西班牙人還有光亮的長劍、堅不可摧的鎧甲，當地的木劍和燧石矛完全無法相提並論。

　　所以，有些阿茲特克人覺得這些人一定是神；但也有人認為這些人是惡魔、死靈、或是強大的巫師。於是，阿茲特克人並未立刻舉全國之力消滅這些西班牙人，而是打算先想一想、等一等、談一談。他們並不覺得有什麼著急的必要。畢竟，科爾特斯一行總共還不到五百五十人，帝國人口高達百萬之譜，哪有什麼好擔心的呢？

　　雖然科爾特斯對於阿茲特克人也同樣一無所知，但他和手下占了一項顯著的優勢。阿茲特克人面對這些長相奇怪、氣味嗆人的外

來者，毫無過去經驗得以參考；但是西班牙人早就知道，地球上有各種未知的人類疆域，而且講到入侵他人國土、應付未知情況，他們可算是行家中的行家。現代歐洲的征服者心態，正如同當時的科學家，對於未知充滿興奮。

所以，科爾特斯在1519年7月踏上那片灑滿陽光的海灘時，完全沒有一絲猶豫。就像是科幻小說裡，外星人走出太空船一樣，他向那些驚呆的當地人宣告說：「我們是為了和平而來。帶我們去見你們的首領。」科爾特斯說自己是西班牙偉大國王的和平使者，希望能和阿茲特克的統治者蒙提祖馬二世（Montezuma II）進行外交對談。（這是一個無恥的謊言。科爾特斯所率領的，是由一群貪婪的冒險家組成的獨立探險隊。西班牙國王根本沒聽說過科爾特斯，也沒聽說過阿茲特克人。）

從當地與阿茲特克人敵對的部落，科爾特斯得到了嚮導、食物和一些軍事援助，接著他就大搖大擺，走向阿茲特克的首都——繁華熱鬧的特諾奇蒂特蘭（Tenochtitlan）。

不識狼子野心

阿茲特克人就這樣，讓這群外來者一路來到首都，還恭恭敬敬的引導他們去見皇帝蒙提祖馬二世。謁見到中途，科爾特斯一聲令下，配備鐵製武器的西班牙人殺光了蒙提祖馬二世的守衛（他們畢竟只配有木棍和石刀）。原本的嘉賓，就這樣讓主人成了階下囚。

這時，科爾特斯的處境十分微妙。雖然皇帝在他手上，但他位於一處幾乎一無所知的大陸，還被幾萬個憤怒的戰士、幾百萬個與他敵對的平民團團包圍。他能夠依賴的只有幾百名西班牙手下，另

外最接近的西班牙援軍在古巴，足足有一千五百公里之遙。

科爾特斯將蒙提祖馬二世囚在宮中，安排得似乎皇帝仍然可自由活動，掌管一切，而他這位「西班牙大使」就是客人。因為阿茲特克帝國屬於權力極度集中的政體，這種前所未有的局面讓整個帝國陷入癱瘓。表面上看來，蒙提祖馬二世仍然統治著帝國，阿茲特克人貴族菁英也繼續聽他號令，但其實就是科爾特斯挾天子以令諸侯。這種情況為期數個月之久，而在這段時間，科爾特斯一面審問蒙提祖馬二世和他的侍從，一面訓練各種當地語言的翻譯員，還向四面八方派出許多西班牙人探險小隊，熟悉阿茲特克帝國的各個部落、民族和城市。

最後，阿茲特克人的貴族菁英終於起身反抗科爾特斯和蒙提祖馬二世，他們推舉了新皇帝，一舉將西班牙人趕出特諾奇蒂特蘭。然而，原本堅不可摧的巍然帝國已經出現許多裂縫。靠著蒐集來的資訊，科爾特斯得以利用帝國內部的嫌隙，進一步加以裂解。科爾特斯說服了許多帝國的屬民，和他一起對抗阿茲特克的貴族菁英。這些屬民可說是大大失算。雖然他們也痛恨阿茲特克人的統治，但他們既不認識西班牙人，更不知道發生在加勒比海地區的種族滅絕慘劇，只是天真的以為，有了西班牙人幫助，就能擺脫阿茲特克貴族的枷鎖。他們從沒想過，最後只是統治者從阿茲特克換成了西班牙人。（而且他們也相信，就算科爾特斯這幾百個人心懷不軌，自己可以輕鬆把他們處理掉。）於是，這批人為科爾特斯提供了數以萬計的當地軍隊，讓科爾特斯得以圍攻特諾奇蒂特蘭城，最後成功加以占領。

到了這時候，開始有愈來愈多西班牙士兵和殖民者陸續抵達，有些來自古巴，也有人是直接從西班牙遠道而來。等到當地居民終

於看清真相，為時已晚。就在科爾特斯踏上韋拉克魯斯海灘之後的一個世紀間，中美洲原住民人口銳減九成，主因是這些入侵者帶來的疾病。就算是倖存者，也發現自己落在一群貪婪無比、充滿種族歧視的人手中，比起阿茲特克國遠遠有過之而無不及。

科爾特斯登上墨西哥的十年後，皮薩羅抵達印加帝國的海岸。他的人手甚至比科爾特斯更少，總數只有一百六十八個人！然而，有了先前入侵的知識和經驗，讓皮薩羅勝券在握。相對的，印加帝國對阿茲特克人的命運依舊一無所知。皮薩羅完全抄襲了科爾特斯那一套伎倆。他先聲稱自己是西班牙國王派來的和平使者，請求謁見印加國王阿塔瓦爾帕（Atahualpa），接著國王便遭到綁架。接下來，皮薩羅同樣靠著與當地部落結盟，先癱瘓、再征服了整個印加帝國。

如果印加帝國的屬民知道墨西哥那邊人民的下場，想必不會如此輕信這些侵略者。然而，他們就是不知道。

▓ 視野狹隘的後果

因為視野狹隘而得付出沉重代價的，並不只有中南美洲原住民而已。在亞洲當時的各大帝國（鄂圖曼土耳其、波斯帝國、蒙兀兒帝國、以及中國）很快就聽說歐洲似乎有了重大發現。然而，他們對這件事卻沒有什麼興趣，還是繼續相信這個世界是以亞洲為中心在旋轉，完全沒打算和歐洲人爭奪美洲、或是爭奪大西洋和太平洋的新航道。當時，甚至像蘇格蘭和丹麥這種國力不振的歐洲王國，都曾經幾次前往美洲探索征服，但伊斯蘭世界、印度和中國卻是無動於衷。

所有的非歐洲政權中，第一個派出軍事遠征隊前往美洲的是日本。時間已來到1942年6月，一支日本的遠征軍占領了阿留申群島的吉斯卡島（Kiska）和阿圖島（Attu），這兩座島嶼位於阿拉斯加海岸，而占領過程中還俘虜了十名美軍士兵和一條狗。但日本就再也沒有向北美洲大陸更進一步了。

有人說鄂圖曼帝國或中國就是因為距離太遠，或是缺乏相關的科技、經濟或軍事工具和手段。但這種說法實在很難說得通。鄭和早在1420年代就已經能遠赴東非，理論上要到達美洲也並非難事。可見中國確實就是不感興趣而已。像是在中國發行的地圖上，一直要到1602年才終於出現了美洲，而且這地圖還是歐洲傳教士畫的。

整整三百年間，無論在美洲、大洋洲、大西洋、太平洋，都是由歐洲人完全宰制。就算出現任何值得一提的衝突，也只是歐洲列強之間的內鬥。於是，歐洲人積累大量財富和資源，終於讓他們也有能力入侵亞洲、擊敗各大帝國，再進行歐洲人之間的分贓作業。等到鄂圖曼、波斯、印度和中國終於驚覺情勢不對，為時已晚。

一直要到二十世紀，歐洲以外的各個文化才真正有了正確的全球觀。而這正是讓歐洲霸權崩潰的關鍵因素之一。像是在阿爾及利亞獨立戰爭裡（1954-1962），雖然法國軍隊具備了壓倒性的人數、科技和經濟優勢，卻還是遭到阿爾及利亞游擊隊擊敗。原因在於：阿爾及利亞人一方面得到了全球性的反殖民網路支持，一方面也學會如何引導全球媒體的傾向（包括法國本身的輿論）。

另外，小小的北越居然能擊敗如巨人般的美國，也是基於類似的戰略。

我們從這些游擊隊可以看到，就算是超級強權，也可能在某個當地抵抗活動成為全球事件之後，敗下陣來。有趣的是，我們可以

假設一下，如果蒙提祖馬二世當時能夠操縱在西班牙的輿論，取得西班牙敵對國（葡萄牙、法國或鄂圖曼帝國）的支持，情況會如何不同？

罕見的蜘蛛，被遺忘的文字

　　現代科學和現代帝國背後的動力，都是一種不滿足，覺得在遠方一定還有什麼重要的事物，等待他們去探索、去掌握。然而，科學和帝國之間的鍵結還不僅如此而已。兩者不只動機相同，連做法也十分類似。對現代歐洲人來說，建立帝國就像是一項科學實驗，而要建立某個科學學門，也像是一項建國大業。

　　穆斯林征服印度的時候，並沒有帶上考古學家、地質學家、人類學家或動物學家，來好好研究印度的歷史、文化、土壤和動物。但換成英國征服印度之後，一切都不同了。1802年4月10日，英國開始印度大調查，足足持續長達六十年。期間動用數以萬計的當地勞工、學者和導遊，精心繪製了整個印度的地圖，標示出邊界、測量出距離，甚至埃佛勒斯峰和其他喜馬拉雅山峰的精確高度，也是在此時完成測量。雖然英國確實四處探勘印度各邦的軍事及金礦資源，但他們同時也不辭勞苦，蒐集了關於罕見印度蜘蛛的資訊，為各種色彩斑斕的蝴蝶編目，追查已經失傳的印度語言源頭，以及挖掘一處又一處遭到遺忘的廢墟。

　　在印度河流域文明之中，曾有一座大城摩亨佐達羅（Mohenjo-daro，印度語「死亡之谷」），在大約西元前3000年一片繁華，但到了西元前1900年卻遭到摧毀。在英國之前，不管是孔雀王朝、笈多王朝、德里蘇丹國，或是偉大的蒙兀兒帝國，這些印度統治者從來

沒對這片廢墟多瞧上一眼。然而，英國一項考古調查在1922年發現了這片遺跡，派出考古小組加以挖掘。就這樣發現了印度最早的偉大文明。而這點在之前，沒有任何印度人曾有意識。

另一項可看出英國科學好奇心的，是楔形文字的破譯過程。楔形文字曾是中東地區長達三千年左右主要使用的文字，但可能在第一個千禧年開始的時候，能夠識讀這種文字的人就都過世了。從那時之後，雖然當地居民常常看到刻有楔形文字的紀念碑、石碑、古蹟和碎鍋碎盆，但從來不知道該怎麼讀懂這些長相怪異、有稜有角的文字，而且據我們所知，他們也從來沒有任何嘗試。

直到1618年，歐洲人開始發現楔形文字。當時西班牙在波斯的大使前往古代城市波斯波利斯（Persepolis）的遺跡參觀，看到了這些文字，而且居然沒有人能向他解釋。歐洲學者口耳相傳，知道發現了一種未知的文字，讓他們好奇心大作。1657年，歐洲學者發表了第一份來自波斯波利斯的楔形文字抄本。後續的抄錄愈來愈多，接下來的兩個世紀間，許多西方學者都為了試圖破譯而大傷腦筋，但都沒有人成功。

直到1830年代，一名英國軍官羅林森（Henry Rawlinson）被派往波斯，協助波斯以歐洲的方式來訓練軍隊。羅林森於閒暇時間，在波斯四處遊覽。某天，當地嚮導帶他來到札格羅斯山脈的一處懸崖，讓他看看巨大的貝希斯敦銘文（Behistun inscription）。這則銘文大約高十五公尺、寬二十五公尺，是在大約西元前500年由波斯國王大流士一世下令刻在這處懸崖上，而且分別使用了三種楔形文字：古波斯文、埃蘭文（Elamite）和巴比倫文。雖然當地民眾人人都知道有這處銘文，但沒人讀得懂。羅林森相信，只要能破譯這些文字，他和其他學者就能夠瞭解，當時在中東各地大量出土的文字

究竟是什麼意思,將可說是打開了一扇大門,能夠前往遠古被遺忘的世界。

想要破譯這些文字,第一步就是要能精確的加以抄錄,好傳回歐洲。於是,羅林森冒著生命危險,爬上這處懸崖,把這些奇怪的字母全部抄了下來。羅林森也雇用幾位當地民眾,其中特別是一個庫德族男孩,得爬到那些最難抵達的地方,好抄下銘文的上半部。1847年,這項完整並準確的抄錄終於完成,送往歐洲。

羅林森並未就此滿足。雖然他身為軍官,有軍事和政治上的任務要完成,但一到空暇時刻,他就不斷研究這份神祕的文字,想方設法,終於讓他成功破譯了一部分古波斯文的碑文。這項工作之所以相對簡單,是因為古波斯文和現代波斯文的差別並不太大,而羅林森對現代波斯文知之甚詳。瞭解了古波斯文的部分之後,就讓他掌握了破譯埃蘭文和巴比倫文碑文的關鍵。

於是,這扇大門終於敞開,讓我們彷彿聽到了古代喧囂繁忙的聲音,有蘇美市集的人聲鼎沸、亞述國王的宏亮宣告,以及巴比倫官僚之間的種種爭論。如果沒有羅林森這種現代歐洲帝國主義者,許多古代中東帝國的命運,就不會像現在這樣為人所知。

揚己之善,隱己之惡

另一位重要的帝國主義學者是瓊斯(William Jones)。他在1783年9月抵達印度,擔任孟加拉最高法院的法官,從此對印度深深著迷,不到半年就成立了亞洲學會。這個學術組織致力於研究亞洲的文化、歷史和社會,其中又特別以印度為重。兩年後,瓊斯發表了他對梵語的觀察,成為現代比較語言學的先驅。

　　梵語是一種古老的印度語言,後來成為印度教神聖儀式中所用的語言。但瓊斯指出,梵語竟然和希臘語、拉丁語有驚人的相似之處,而且這些語言也都和哥德語、凱爾特語、古波斯語、德語、法語和英語若合符節。例如梵語的「母親」是「matar」,而古凱爾特語則是「mathir」。據瓊斯推測,所有這些語言一開始必定有共同的來源——來自古老而已遭遺忘的祖先。就這樣,瓊斯成為第一個發現後來稱為「印歐語系」的人。瓊斯的研究之所以重要,除了因為他提出一項大膽而且正確的假設,也是因為他發展出一套能夠系統化比較語言的過程。其他學者也採用了這套研究方法,於是就能開始系統化研究世界上所有的語言發展。

　　語言學研究得到帝國的熱烈支持。歐洲各帝國相信,要讓殖民統治更有效,就必須瞭解這些屬民的語言和文化。當時,英國派駐印度的官員必須在加爾各答的一所學校上課三年,上課內容除了英國法律,也得讀印度法律和穆斯林法律;除了希臘語和拉丁語,也得學梵語、烏爾都語和波斯語;除了數學、經濟學和地理學,也必須學習泰米爾文化、孟加拉文化和印度文化。學習語言學之後,對於瞭解當地語言的結構和語法,大有助益。

　　有了瓊斯、羅林森等人的研究後,歐洲征服者對於帝國轄下的風俗民情瞭若指掌,不僅超過以往所有征服者,甚至連當地民眾都自嘆弗如。而更多知識也帶來明顯的實際利益。印度人口有數億之多,英國在印度的人數相較之下少得荒謬;要不是因為他們所擁有的知識,英國不可能得以掌握、壓迫和剝削這麼多印度人,達兩個世紀之久。從整個十九世紀到二十世紀初,倚賴不到五千人的英國官員、大約四萬到七萬名英國士兵,再加上大約十萬個英國商人、幫傭、妻小等等,英國就征服並統治了全印度大約三億人口。[97]

然而，帝國之所以資助語言學、植物學、地理學和歷史學，並不只是為了實用而已。另一項同樣重要的原因，在於資助科學研究能夠改變帝國子民的思想和意識型態，讓帝國的擴張統治合理化、正當化。近代歐洲人開始相信「學習新知」必定是好事，正是因為帝國不斷產生新知識，讓他們自以為自己國家的對外擴張和殖民統治，就代表著進步與正面。

　　就算到了今天，講到地理學、考古學和植物學的歷史，還是不能不提歐洲帝國直接或間接的支助。例如講到植物學的歷史，很少會提到澳洲原住民為此受盡折磨，而只是大肆讚揚庫克船長和植物學家班克斯的貢獻。

　　此外，帝國取得新知之後，至少理論上應該也有益於當地被征服的民族，讓他們享受到「進步」的好處。例如獲得醫療和教育、修築鐵路和運河，以及確保司法公正、經濟繁榮。帝國主義人士聲稱，他們的管理不是毫無節制的剝削行為，而是利他的舉動，是要照顧這些非歐洲民族。以英國作家吉卜林（Rudyard Kipling）的話來說，這是一種「白人的承擔」：

　　　挑起白人的承擔

　　　派出最佳的子民

　　　讓自己的子嗣形同流放

　　　只為了滿足俘虜的需要；

　　　穿戴所有重裝備

　　　服務那些煩躁野蠻、

　　　新擄獲、性格陰沉的人民

　　　他們一半是魔鬼，一半是幼稚的小孩。

當然,事實往往會戳破這些虛構的故事。1764年英國征服孟加拉,當時這是印度最富有的省分。這批新的統治者除了橫征暴斂之外,並無心治理,所採行的經濟政策簡直是災難,短短幾年便導致孟加拉大饑荒爆發。大饑荒始於1769年,在1770年達到頂峰,而且持續到1773年才結束。在這場災難中,有一千多萬人口死亡,相當於全孟加拉三分之一的人口。[98]

事實就是:不管是只講到英國的壓迫和剝削,或是只講到「白人的承擔」,都不是完全的事實。畢竟,歐洲各帝國以這麼大的規模做了這麼多事,不管是想站在哪一邊,都可以找到許許多多的事件得以佐證。你覺得這些帝國就是邪惡的怪物,在全球各地四處散播死亡、壓迫和歧視嗎?隨便把他們的罪行列出來,就足以編成一部百科全書了。你覺得這些帝國其實為屬民提供了新的醫藥、更佳的經濟環境、更多的安全嗎?隨便把他們的成就列出來,也足以編成另一部百科全書。

正因為帝國與科學密切合作,就讓歐洲的帝國有了如此強大的力量,讓整個世界大為改觀;也是因為如此,我們很難簡單斷言這些帝國究竟是善是惡。正是帝國創造了我們所認識的世界,而且,其中還包含我們用以判斷世界的意識型態。

從印歐語系,到種族主義

然而,科學也被帝國主義者用於某些邪惡的用途。不論生物學家、人類學家、甚至語言學家,都提出了某些科學證據,證明歐洲人優於其他所有民族,因而有權力(或許也是責任?)統治他人。

自從瓊斯提出所有印歐語言同源同宗、來自某一個特定的遠古

語言，學者們便前仆後繼，渴望找出究竟是誰曾經說著這種語言。他們注意到，最早的梵語族群是在大約三千年前，從中亞入侵印度的，他們自稱為「雅利亞」（Arya）。而最早的波斯語族群，則自稱為「艾利亞」（Airiia）。於是歐洲學者推測：這些講著梵語和波斯語（以及希臘語、拉丁語、哥德語、凱爾特語）原始語言的人，一定是某種**雅利安人**（Aryan）；會不會真這麼巧，偉大的印度文明、波斯文明、希臘文明和羅馬文明，都是「勤勉的雅利安人」所創？

接下來，英法德各國學者開始把有關「勤勉的雅利安人」的語言學理論，與達爾文的天擇理論結合，認為所謂的雅利安人不只是語言族群，而是某種生物族群，也就是一個種族。而且，這可不是什麼隨隨便便的種族，而是一個上等種族，身材高大、金髮碧眼、工作勤奮、而且極度理性，他們就這樣從北方的迷霧中走出來，奠定了全世界文化的基礎。但遺憾的是，入侵印度和波斯的雅利安人開始與當地原住民通婚，於是不再有白晰的膚色與金髮，也失去了理性和勤奮。於是，印度和波斯的文明每況愈下。但在歐洲可就不同了，雅利安人還是維持著純潔無汙染的種族特性。正因如此，歐洲人必須要征服世界，而且他們最適合擔任世界的統治者；不過可得小心，別遭到其他劣等種族混血汙染。

▌借殼「文化主義」上市

有好幾個世代，這款種族主義理論甚囂塵上、廣受尊崇，成了西方征服世界的理由藉口。但到了二十世紀晚期，在西方帝國頹然傾倒之際，這種理論也成了科學家和政治家不敢再提的禁忌話題。然而，這種對於西方優越性的信念並未消逝，只是換了一種樣子：

過去的種族主義改用**文化主義**（culturism）借殼上市了。

目前這個名詞尚未明確定義，但差不多是可以提出這個概念的時候了。對於今日許多菁英份子而言，要比較判斷不同人群的優劣對比，幾乎講的總是歷史上的文化差異，而不再是種族上的生物差異。我們不再說「這就存在他們的血液裡」，而是說「這就存在他們的文化裡」。

因此，就算是反對穆斯林移民的歐洲右翼政黨，也會小心翼翼避開種族歧視的用語。以法國極右派政黨「民族陣線」為例，黨魁勒龐（Marine le Pen）絕不可能在電視上大聲表示：「我們不希望這些下等的閃族人，汙染我們的雅利安人血統，破壞我們的雅利安人文明。」

然而，不管是法國的民族陣線、荷蘭的自由民主黨、或是奧地利的奧地利未來聯盟，都認為：西方文化根植發展於歐洲，具有民主、寬容、性別平等的特質，而穆斯林文化根植發展於中東，具有階級政治、宗教狂熱、歧視女性的特質。正因為這兩種文化如此不同，而且許多穆斯林移民不願（或許也不能）採納西方的價值觀，因此不應允許他們移居進入西方社會，以免造成內部衝突，破壞了歐洲的民主和自由主義。

這些文化主義者的論點，自有一套人文社會科學在背後支持，強調的是所謂的文化衝突、以及不同文化之間根本上的差異。但並不是所有歷史學家和人類學家都接受這些理論，或是支持它們在政治上的應用。

雖然，現在的生物學家已經可以指出「現有人類族群之間的生物差異，小到可以忽略不計」，從而輕鬆推翻種族主義的論調；然而對於歷史學家和人類學家來說，要推翻文化主義卻沒那麼簡單。

畢竟，如果人類文化之間的差異真是那麼微不足道，我們又為什麼要付錢給歷史學家和人類學家，請他們研究分析？

▍沒有錢，萬萬不能

科學家為帝國提供了各種實用知識、思想基礎和科技工具，要是沒有他們，歐洲人能否征服世界仍是未定之數。至於征服者報答科學家的方式，則是提供各種資訊和保護，資助各種奇特迷人的研究，而且將科學的思考方式傳到地球上的每一個偏遠角落。如果沒有帝國的支持，科學能否發展得如此蓬勃，也在未定之天。

絕大多數的科學學門一開始的目的，都只是為了讓帝國繼續發展，而且許多發現、收藏、硬體設施和獎助金，也都多虧了陸海軍及帝國統治者的慷慨協助。

但很顯然，這還不是故事的全貌。除了帝國之外，還有其他因素支持著科學的發展。而且，歐洲各個帝國能夠蓬勃興盛，原因也不僅僅是科學而已。不論是科學或帝國，它們能夠迅速崛起，背後都還潛藏著一股特別重要的力量：資本主義。

要不是因為商人想賺錢，哥倫布就不會抵達美洲，庫克船長就不會抵達澳洲，阿姆斯壯也就沒辦法在月球上，跨出他那重要的一小步。

第**16**章

資本主義教條

　　不論是要建立帝國或是推廣科學，沒有錢都是萬萬不能。不管是現代軍隊、又或是大學實驗室，都還是得靠著銀行才活得下去。然而，金錢究竟是這些作為的最終目標，或者只是要命的必需品？

　　我們很難掌握金錢在現代歷史中，究竟扮演了什麼角色。雖然已經有許多著作，告訴我們各個國家是如何成也金錢、敗也金錢，也看到金錢是如何為人類展開新視野、但也讓數百萬人遭受奴役，如何推動著產業的巨輪、但又讓數百種的物種慘遭滅絕。然而，想要瞭解現代經濟史，其實重點就只有一個詞：成長。不論結果是好是壞、究竟是生病還是健康，現代經濟就像是一個荷爾蒙過盛的青少年，不斷成長，吞噬著它看到的一切，而且成長的速度叫人完全趕不上。

　　歷史上大多數時候，經濟規模並沒有太大的改變。雖然確實全球產值會增加，但多半是因為人口成長、移居到新的土地，而每人平均產值則維持不變。然而到了近代，一切都已改觀。在西元1500年，全球商品和服務總產值約是2,500億美元；而今天是大約60兆

美元。更重要的是,在1500年,每人年平均產值約為550美元,但今天不論男女老幼,每人年平均產值高達8,800美元。[99]這種驚人的成長該如何解釋?

經濟學向來就是出了名的複雜。為了方便解釋,讓我們假設一個簡單的例子:

有一位精打細算的金融家A先生,在加州開了一間銀行。

另外有一個裝潢承包商B先生,才剛完成一件大案子,賺到了100萬美元的現金。他把這筆現金存進了A先生的銀行。於是這家銀行目前擁有了100萬美元現金的資金。

這時,有一位經驗豐富但資金不足的麵包師傅C小姐,覺得她看到了一個大好的商機:這座城市還沒有一間真正好的麵包店。只不過,她自己的錢還不足以買到全套需要的設備,像是專業烤箱、流理臺、鍋碗瓢盆之類。於是,她到銀行向A先生提出商業計畫,說服他這項計畫值得投資。A先生就用轉帳的方式,將100萬美元的貸款轉到C小姐的銀行帳戶,帳面上她就有了100萬美元。

接著,C小姐請承包商B先生來蓋她的麵包店,價格剛好又是100萬美元。

等到她開了一張支票給B先生,B先生又拿去存在A先生的銀行。所以,現在B先生戶頭裡有多少錢?沒錯,200萬美元。

然而,銀行的保險庫裡實際上到底有多少現金?也沒錯,100萬美元。

事情繼續發展。就像一般常見的情形,B先生這位承包商在兩個月之後告訴C小姐,因為某些無法預期的問題和物料上漲,麵包店的裝潢承包費用得漲到200萬美元。雖然C小姐非常不高興,但

動工到一半，已經無法喊停了。於是她只好再次到銀行，又說服了A先生再貸給她100萬美元。

於是，A先生又另外轉了100萬美元到她的帳戶裡。而她也再將錢轉到了承包商B先生的帳戶。

這樣一來，現在B先生戶頭裡有多少錢？已經來到300萬美元了。但銀行裡實際上呢？其實一直就只有100萬美元的現金。而且事實上，這100萬美元現金從來就沒有出過銀行。

根據目前的美國銀行法，這種作業還可以再重複7次。所以，就算銀行的保險庫從頭到尾就只有100萬美元，但這位承包商的戶頭最後可以達到1,000萬美元。銀行每次真正持有1元的時候，就能夠放款10元；換句話說，也代表我們銀行戶頭上看到的那些金錢，有超過九成其實只是數字，而沒有實體的硬幣或鈔票。[100] 舉例來說，如果今天匯豐銀行的所有存戶都忽然要求結清戶頭、提領現金，匯豐銀行就會立刻倒閉（除非政府介入拯救）。而且，就算是產業龍頭的英國駿懋銀行（Lloyds）、德意志銀行、花旗銀行，世上任何銀行都是如此。

這聽起來就像是巨大的龐氏騙局（俗稱老鼠會），不是嗎？但如果你覺得這就是騙局一場，那麼可以說整個現代經濟就只是一場騙局。但事實上這不是詐騙案，而是另一次人類想像力的驚人發揮。真正讓銀行（以及整個經濟）得以存活、甚至大發利市的，其實是我們對未來的信任。「信任」就是世上絕大多數金錢的唯一後盾。

在這個麵包店的例子裡，之所以「承包商戶頭裡的金額」與「銀行裡實際現金的金額」會出現落差，是因為這個落差就在於C小姐的那間麵包店。A先生把銀行的這筆錢投入這項資產，是因為

相信終有一天有利可圖。雖然現在麵包店連一條麵包都還沒烤，但不管是C小姐或是A先生，都相信只要假以時日（例如一年後），店家生意就會一飛沖天，每天賣上幾千個麵包、蛋糕、餅乾之類，賺得可觀的利潤。這麼一來，C小姐就能連本帶利清償貸款，如果那個時候B先生想把現金領走，A先生也能輕鬆應對。因此，我們可以看到，這整個運作就是基於信任著一種想像的未來——銀行家和創業者相信麵包店能夠成功，承包商也相信銀行未來一定能把錢再還給他。

預支未來，打造現在

前面我們已經提過，金錢是一種十分特殊的概念，可以代表許許多多不同的事物，而且也可以協助將幾乎所有的東西互相交換。然而，在歷史來到近代之前，這種交換的能力還十分有限。原因就在於：當時金錢只能代表一些「實際存在於當下」的物品。這與「創業」的概念無法相容，因此也就很難促進經濟成長。

讓我們回到麵包店的例子。如果金錢只能代表有形、實際的物品，C小姐還有辦法開麵包店嗎？

絕無可能。在目前，雖然她有許多夢想，但缺少有形的資源。她想開麵包店的唯一辦法，就是得要找到某個願意立刻開工、但幾年後才收錢的承包商，而且到時候麵包店究竟賺不賺錢還很難說。然而，這樣的承包商幾乎是世界級的珍稀品種。於是，這下子咱們的創業者就陷入困境。如果沒有麵包店，她就不能烤麵包。不能烤麵包，就賺不了錢。賺不了錢，就雇不了承包商。雇不了承包商，就沒有麵包店。

創業者的困境：

人類就這樣，在這種困境裡困了幾千年。結果就是經濟成長停滯。一直要到近代，基於對未來的信任，我們發展出一套新的系統，才終於有辦法跳出這個困境。在這項新系統中，人類發展出「信用」這種金錢概念，代表著目前還不存在、只存在於想像中的財貨。正是「信用」的概念，讓我們能夠預支未來、打造現在。而這背後有一項基本假設，就是未來的資源肯定遠超過目前的資源；只要我們使用未來的收入來投資當下，就會帶來許多全新而美好的商機。

現代經濟的奇妙循環：

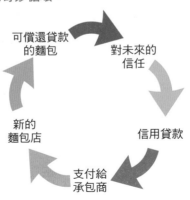

如果「信用」這個概念真是如此美妙，為什麼古代從來沒有人想到呢？當然，古人其實早就想到了。在所有已知的人類文明中，信用的概念都曾經以不同的形式出現，至少早在蘇美人的時代就已經存在。過去的問題不在於有沒有信用的概念、又或是知不知道如何使用這種概念，而是因為當時的人並不相信「明天會更好」，所以並不願意延展信用。畢竟在當時的概念，總覺得黃金時代已經過去，未來頂多就是維持現況，而且可能更糟。

用經濟學的概念來講，也就是他們認為財富的總量有限，而且還可能萎縮。因此，當時不論是講到個人、王國、或是世界，大家普遍並不相信過了十年竟能生產出更多的財富。商業看起來就像一場零和遊戲：開了一家麵包店之後，確實可能會取得利潤，但一定是因為搶了隔壁麵包店的利益。如果威尼斯蓬勃發展，一定是搶了熱那亞的資源。如果英國國王錢財滾滾，一定是瘦了法國國王的荷包。整個世界就像是一塊大餅，切法各有不同，但總之就只有一塊餅，不可能變得更大。

正因如此，許多文化都認為賺大錢是罪惡。耶穌就說：「駱駝穿過針的眼，比財主進神的國還容易呢！」（〈馬太福音〉19：24）。如果整個餅就是這麼大，而我又拿了一大塊，一定就是對其他人不公平。於是，富人一定得把他們多賺的財富拿出一些，捐給慈善機構做為贖罪。

這麼說來，如果全球經濟這塊大餅也只有固定大小，信用貸款並無利可圖。畢竟，信用就是「今天的餅」和「明天的餅」之間的價差，如果餅的大小不會改變，信用貸款也就沒有意義。除非你相信向你借錢的麵包師（或國王）會從對手那裡搶來更大的切塊，否則借他錢的風險豈不是太大了嗎？因此，在進入近代之前，想要貸

款難如登天，就算真的貸到一筆款項，通常也是小額、短期、高利率。這樣一來，想創業的麵包師覺得前途茫茫，而如果是國王想籌措蓋宮殿或發動戰爭的資金，除了增稅之外，幾乎別無他途。這對國王來說問題不大（只要屬民還肯乖乖聽話就行），但如果是某個廚房裡的女傭，就算有了開麵包店的偉大夢想、希望力爭上游賺大錢，就只能繼續刷地打掃，做著白日夢。

　　這其實是雙輸的局面。因為信用有限，想要籌資創業就難上加難。因為創業停滯，經濟就不會成長。因為經濟沒有成長，大家就認為經濟不可能成長，即使是手上確實有資金的人，也不願意提供信用貸款給別人。於是，對於經濟停滯的預期，就確實造成了經濟停滯的結果。

▍會變大的餅

　　接著，歷史上出現了科學革命和關於「進步」的概念。所謂的進步，是在承認我們的無知之後，認為只要投資進行科學研究，一切就能變得更好。很快的，這個想法就應用到了經濟上。只要是相信「進步」的人，就會相信：透過各種地理發現、科技發明和組織發展，能夠提升人類生產、貿易和財富的總量。發現了大西洋的新航道而大發利市，並不需要犧牲過去在印度洋的舊航道。推出新的產品時，也不一定就代表要減少舊產品的產量。

　　舉例來說，我們開了一家法式麵包店，並不代表過去的傳統麵包店必然關店大吉。民眾會培養出新的喜好、吃得更多。我賺錢，不代表你就賠錢；我變壯了，不代表你就得餓死。全球的這塊餅，可以有變大的潛力。

在過去五百年間，這種關於進步的概念，說服了全球人民，將愈來愈多的信任交付給未來。正是這種信任，創造了信用貸款；而信用貸款帶來了實實在在的經濟成長；正因為有成長，我們就更信任未來，也就願意提供更多的信用貸款。這種改變並非一夕之間，經濟比較像是雲霄飛車，而不是熱氣球。雖然途中起起伏伏，但大方向十分明確。現在全球的信用貸款如此盛行，不管是政府、工商企業或個人，大都能輕鬆取得大額、長期、低利率的信用貸款，金額遠遠超過他們現有的收入。

胡桃裡的世界經濟史：

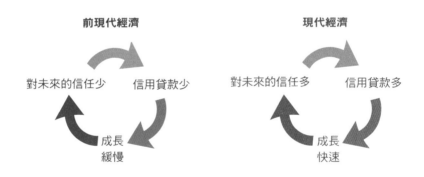

由於相信全球經濟這塊大餅可以不斷變大，最後終於產生了一場革命。1776年，蘇格蘭經濟學家亞當‧斯密出版了《國富論》，可說是史上最重要的經濟學著作。在《國富論》的第一卷第八章，亞當‧斯密提出了以下的創新論述：如果地主、織工或鞋匠賺得的利潤高於養家活口基本所需，就會雇用更多助手，好進一步提高自己的利潤。利潤愈高，能雇的助手也愈多。由此可見，民間企業的

獲利正是社會整體財富和繁榮的基礎。

目前聽到這種說法可能覺得十分普通、了無新意，但這是因為我們就活在一個資本主義的世界裡，亞當・斯密的理論早就是生活的一部分了。電視新聞每天都可以聽到類似的主題，以各種不同的形式出現。然而，亞當・斯密明確提出：**人類全體財富的基礎，就在於希望增加個人利潤的自私心理。**這一點可說是人類歷史上最革命性的概念，而且還不只是從經濟的角度，也包括道德和政治的角度。亞當・斯密其實告訴我們：貪婪是好的，而且我們讓自己過得好的時候，不只是自己得利，還能讓他人受益。利己就是利他。

於是，亞當・斯密讓我們認為經濟是一種雙贏的局面，我獲利就是你獲利。這樣一來，我們不僅可以同時享受這份變大的大餅，而且正因為我這塊變大了，你那塊也會跟著變大。而如果我變窮，我就買不起你的產品或服務，你賺不到錢了，也會變窮。如果我有錢，你就能把東西賣給我，所以你也就跟著富裕。

亞當・斯密推翻了傳統上認為財富與道德彼此對立的概念，這下子，天堂的大門也會為富人而敞開，而有錢也就是有了道德——在亞當・斯密這個版本的故事裡，人會變得富有，並不是因為剝削其他人，而是因為讓整塊大餅變大了。隨著大餅變大，人人都能受益。這麼一來，可說正是有錢人推動了經濟成長的巨輪，讓人人都能得利，他們可真是整個社會裡利他、仁厚的典範了。

然而，這一切的立論基礎必須取決於富人是不是用這些利潤來新建工廠、雇用新員工，而不是將利潤浪費在無生產力的活動上。所以，亞當・斯密不斷強調的是「利潤增加時，地主或織工就會雇用更多助手」，而不是說「利潤增加時，守財奴就把錢全部藏得死死的，只有算錢的時候才拿出來」。現代資本主義經濟的一大重點

就在於出現了一種新的道德標準：**應該要把利潤拿出來，繼續投資生產**。這樣一來，才能帶來更多的利潤、再重新投入生產、再帶來更多的利潤，如此不斷循環。

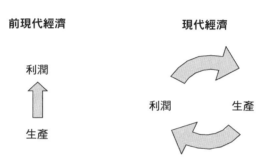

所謂投資，可以分成很多種：擴建工廠、從事科學研究、開發新產品……。但不論如何，重點就是要增加產量，轉為更多的利潤。在新的資本主義教條裡，最神聖的開宗明義第一條就是：生產的利潤，必須再投資於提高產量。

█ 資本主義者

資本主義之名，正是由此而來。所謂的**資本主義**（capitalism），認為**資本**（capital）與**財富**（wealth）有所不同。資本指的是投入生產的各種金錢、物品和資源，而財富指的則是那些埋在地下或是浪費在非生產性活動的金錢、物品和資源。

例如，如果有位法老王，把所有的資源拿來打造一座不具生產

力的金字塔，他並不是資本主義者。某個海盜劫掠了一條西班牙運寶船，把一整箱閃閃發光的金幣，埋到加勒比海的某座小島上，他也不是資本主義者。但如果是某個辛勤工作的工廠工人，把收入的一部分拿去投資股票，他就算是資本主義者。

現在說到「生產的利潤，必須再投資於提高產量」，可能覺得平凡無奇。然而對於人類歷史來說，大部分時候並沒有這種概念。像是在前現代時期，當時認為生產水準並不會有太大的改變。所以如果不管做什麼，產量也不會增加太多，又何必把利潤重新投入生產？因此，中世紀貴族所信奉的倫理就是要為人慷慨、奢華消費，把所有收入用來舉辦各種比賽和宴會、資助戰事、投入慈善，以及興建宮殿和教堂。很少有貴族會將利潤投資於提升莊園的產量、尋找更佳的小麥物種，或是尋找新的市場。

但是到了現代，貴族已經被新菁英份子取代了，這批新人都是資本主義教條的信徒。過去的公爵侯爺黯然退位，取而代之的是董事、金融家、實業家。這些商業巨賈的富有程度，讓中世紀貴族瞠乎其後，但他們對於各種奢侈消費的興趣遠低於過去，所有利潤只有非常小的部分是用於非生產性活動。

中世紀的貴族，穿著由金絲和絲綢織成的華麗長袍，大把時間都是用來參加宴會、嘉年華和種種盛大的賽事。相較之下，現代的執行長都作西裝打扮，簡直成了制服，看來就像一群烏鴉；而且他們幾乎沒什麼享樂的時間。一般來說，典型的風險投資者就是趕赴一場又一場的商務會談，努力想找出該把自己的資金投入市場的哪一塊，或是嚴密監督手上股票債券的上下波動走勢。確實，他穿的可能是凡賽斯西裝、搭乘的可能是私人飛機，但與他投入提高人類生產力的投資相比，這只是九牛一毛。

而且，會投資提高生產量的，可不只有這群穿著凡賽斯西裝的商業大亨。就算是一般民眾或政府機構，想法也都十分類似。有多少次，我們聚會聊天的話題，總會提到該把錢拿來買哪一支股票或債券基金，哪塊地或房子後勢看漲？各國政府也努力將稅收轉投資到某些具生產力的計畫，希望能增加未來的稅收。例如興建一座新碼頭，讓工廠更容易出口產品，就能讓廠商賺到更多的應稅所得，最後也就能增加政府的稅收。或者，政府可能覺得投資於高等教育更好，因為有了大量接受良好教育的人才，就能支撐獲利豐厚的高科技產業，不必興建港口邊的加工出口區，就能取得大筆稅收。

▌經濟成長至上

　　一開始，資本主義只是關於經濟如何運作的理論。這套理論不僅描述了整件事會如何運作，也提出相關的規範。像是它解釋金錢的運作模式，也認為將利潤再投資於生產，就能帶來快速的經濟成長。然而，資本主義的影響範圍逐漸超越了單純的經濟領域，現在它還成了一套倫理，告訴我們該有怎樣的行為、該如何教育孩子、甚至該如何思考問題。

　　資本主義的基本原則在於：由於不論是快樂、自由、甚至正義都必須依賴於經濟的成長，所以可說經濟成長就是至善（或至少十分接近）。如果你找來一位資本主義者，問他該如何為辛巴威或阿富汗這些地方，帶來正義和政治自由，他很可能就會滔滔不絕的告訴你，想要有穩定的民主制度，就必須要有蓬勃的經濟、健全的中產階級，所以重點就是該讓當地人具備自由企業、儲蓄、自力更生這些價值觀。

　　這種新的宗教對於現代科學的發展，也產生了決定性的影響。科學研究背後的金主，幾乎都是政府或私人企業。而信仰資本主義的政府和企業，想投資某一項特定的科學研究計畫時，第一個問題常常就是「這項研究會提高產量和利潤嗎？會促進經濟成長嗎？」科學研究計畫如果沒辦法應付這些問題，想取得研究經費的可能性就微乎其微。要談到現代科學史，資本主義絕對是不得不談的重要因素。

　　另外，如果不談科學，就會覺得資本主義能夠發展，真是莫名其妙。資本主義認為經濟可以無窮無盡的發展下去，但是這和我們日常生活觀察到的萬事萬物的現象，完全背道而馳。例如，對於狼群來說，如果覺得能做為獵物的羊群會無限制擴大，豈不是荒謬至極？然而，人類的經濟在整個現代時期，就是這樣不可思議的持續成長。唯一的原因就在於科學家總是能每隔幾年，就提出另一項發明、取得另一項發現，像是美洲大陸、內燃機引擎，或是運用基因工程複製的羊。印鈔票的是銀行和政府，但最後買單的是科學家。

　　在過去幾年裡，我們看到銀行和政府瘋狂印製鈔票。每個人都擔心經濟危機會讓經濟停滯、不再成長，於是他們就這樣無中生有的印了數兆的美元、歐元和日元，讓金融體系裡憑空出現一大筆便宜信貸，只盼望科學家、技術人員和工程師能夠在經濟泡沫破滅之前，設法搞出得以力挽狂瀾的創世發明或發現。一切指望，就寄託在學校實驗室或產業實驗室裡的人身上。像是在生物科技、人工智慧的新發現，就可能開創出全新的產品或產業，帶來龐大的利潤，於是，就能拿來打平銀行和政府從2008年以來，虛擬創造出的幾兆金錢數字。然而，如果實驗室的腳步不敵泡沫破滅的速度，可以想見，經濟前景就十分堪慮了。

哥倫布也需要金主

　　資本主義不只左右了近代科學的興起，也影響了歐洲帝國主義
的發展。而且，正是歐洲帝國主義創造了資本主義的信貸制度。當
然，信用貸款的概念並不是直到近代的歐洲才發明，早在幾乎所有
的農業社會就已經出現了。

　　近代初期，歐洲資本主義的興起，可說與亞洲的經濟發展密切
相關。這裡要請讀者諸君留意：直到十八世紀晚期，亞洲仍然是全
球的經濟強權；換句話說，歐洲人手上的資金還是遠不及中國人、
印度人或穆斯林所擁有的財富。

　　然而，在中國、印度和穆斯林世界的社會政治制度下，信用貸
款只稱得上是次要角色。像是在土耳其的伊斯坦堡、伊朗的伊斯法
罕（Isfahan）、印度德里或中國北京，雖然商人和銀行家也可能有
資本主義的思想，但這些商人和商業思維卻往往遭到君王和將領的
輕視。近代初期的非歐洲帝國，建立者多半是偉大的征服者，譬如
建立八旗帝國的努爾哈赤、建立伊朗阿薩德王朝的納德國王（Nader
Shah）；非歐洲帝國的治理者，多半是技術官僚和軍事菁英，例如
清朝和鄂圖曼土耳其帝國。這些掌權者主要靠掠奪和稅收（兩者的
差異其實很細微）取得資金，很少需要用到信用貸款，更不用提是
否關心銀行家和投資者的利益。

　　但是在歐洲，情況就有所不同，這裡的國王和將領也逐漸採用
商業的思維模式，後來甚至是由商人和銀行家直接成為統治菁英。
歐洲人征服世界的過程中，所需資金的來源從稅收逐漸轉為信用貸
款，而且也逐漸改由資本家主導，一切的目標就是要讓投資取得最
高的報酬。

於是，由穿著西裝、戴著帽子的銀行家和商人所建立的帝國，就這樣打敗了由穿金戴銀、披著閃亮盔甲的國王和貴族所建立的帝國。這些**重商**（mercantile）帝國，取得資金進行征服的效率，硬是高出一截。畢竟，沒人喜歡繳稅，但人人都樂於投資。

1484年，哥倫布前往謁見葡萄牙國王，希望國王資助他的船隊向西航行，尋找前往東亞的新航道。像這樣的探索不僅危險重重，而且需要龐大資金。從造船、購買補給、支付水手和士兵的薪餉，都需要一大筆錢，而且這種投資能不能得到報酬，都還大有問題。於是，哥倫布遭到葡萄牙國王拒絕。

但也就像是現在的創業家，哥倫布並沒有放棄。他又把他的構想，拿去向義大利、法國、英國的可能投資者遊說，甚至再回到葡萄牙兜售一次，但是每次都遭到回絕。最後，哥倫布決定到剛剛統一的西班牙，找當時的國王斐迪南二世和女王伊莎貝拉一世，碰碰運氣。哥倫布聘請了一批經驗豐富的說客，終於說服伊莎貝拉女王投資。接著就像大家知道的，伊莎貝拉女王如同買中了大樂透。哥倫布的發現新大陸，讓西班牙人征服了美洲，除了開採金礦銀礦，還種起甘蔗和菸草，讓西班牙的國王、銀行家和商人，簡直美夢成真。

一百年後，這些王公貴族和銀行家不僅荷包滿滿，而且碰上哥倫布的接班人時，願意提供的信用貸款金額也遠超過以往。這一切都是奠基於從美洲搜刮而來的財富。同樣重要的一點是：王公貴族和銀行家對於探勘探險的潛力，信心大增了，也更願意投入自己的金錢。

這就是帝國資本主義的奇妙循環：信用貸款資助新發現；新發現帶來殖民地；殖民地帶來利潤；利潤建立起信任；信任轉化為更

多的信用貸款。不管是努爾哈赤或是納德國王，帝國擴張幾千公里之後就後繼無力。但是對資本主義的創業者來說，從一次到另一次的征服，都讓經濟的動力更加強大。

然而，這些探險仍然很倚靠運氣，所以整個信貸市場還是顯得小心翼翼。許多探險隊最後常是兩手空空的回到歐洲，沒有什麼有價值的發現。舉例來說，英國人就曾浪費大筆資金，試圖尋找從北極通往亞洲的西北航道。而且，還有很多探險隊就這麼一去不回，有的撞上冰山，有的遇上熱帶風暴，有的慘死於海盜之手。

於是，為了增加可能投資者的人數並減少每個人承擔的風險，探險家就開始找上股份有限公司。這麼一來，不再需要有某個投資人把自己所有的錢都押在某一條船上，而是由公司從許多投資人手中集資投資，每個人只需要負擔自己資金的那一小塊風險。這樣一來，風險減少，但可能的利潤無上限。只要挑對了船，就算只有少許投資，也可能讓你變成百萬富翁。

時間就這樣十年十年過去，西歐發展出一套複雜的金融體系，可以在極短時間內籌措大筆信貸基金，提供民間企業或政府發展之用。探索征服隊伍如果想取得資金，這套體系的效率遠超過任何王國或帝國。而從荷蘭及西班牙之間的激烈爭鬥，也可以看出這種信貸體系的新力量。

在十六世紀，西班牙是全歐洲最強大的國家，在全球的幅員遼闊廣大，統治著大部分的歐洲、北美、南美、菲律賓群島，而且沿著非洲和亞洲海岸，還建立起一連串的基地。每年都有大批船隊，帶著大量美洲和亞洲的稀世珍寶，滿載而歸。至於荷蘭，國土就是一片沼澤，地小風疾、缺乏資源，原本只是西班牙領地的一個偏遠角落罷了。

荷蘭崛起之路

1568年，主要信奉新教的荷蘭，決定起身抵抗他們的天主教西班牙統治者。一開始，這些反叛軍就像是唐吉訶德，只是徒勞無功的衝向不可能打敗的風車。但經過八十年之後，荷蘭不僅成功脫離西班牙而獨立，甚至還取代西班牙和他們的盟友葡萄牙，成為全球海上霸主，建立起全球性的荷蘭帝國，並成為歐洲最富有的國家。

荷蘭人成功的祕訣，就在於信用貸款。荷蘭人對於陸戰興趣缺缺，因此就付錢雇了傭兵，來負責和西班牙人打仗。至於荷蘭自己則是船愈建愈大，開始往海上發展。雖然傭兵或大型戰船都所費不貲，但當時荷蘭人取得了歐洲新興金融體系的信任（同時，西班牙國王則恣意背叛這種信任），於是比強大的西班牙帝國更容易取得資金，提供給各支遠征隊。金融家提供荷蘭足夠的信用貸款，讓他們得以建立軍隊和艦隊；這些軍隊和艦隊讓荷蘭控制了全球貿易路線；這樣一來，就產生了極可觀的利潤。有了這些利潤，荷蘭人能夠償還貸款，也更加強了金融家對他們的信任。很快的，阿姆斯特丹不僅成了歐洲首屈一指的港口，更是歐洲的金融聖地。

荷蘭到底是如何贏得了金融體系的信任？首先，他們堅持準時全額還款，讓貸款人借款給他們的風險降低。其次，荷蘭司法獨立，而且保護個人權利，特別是保障私有財產權。相較之下，獨裁國家不願保障個人權利和私有財產，於是資本也就一點一滴離開，流向那些願意遵守法治、保護私有財產的國家。

假設你是德國某個銀行世家的子嗣，父親看到了一個機會，想在歐洲主要城市開設分行，拓展業務。他把你和弟弟分別送到阿姆斯特丹和馬德里，每人給你們一萬金幣的資金。你弟弟決定借給西

班牙國王,讓他召募一支軍隊向法國國王開戰。至於你,則決定借給某個荷蘭商人,據說那商人看上了北美洲某處的荒涼小島,想買下島上南邊的一塊土地。那商人相信,等到旁邊的哈德遜河成了一大貿易動脈之後,這個叫做曼哈頓的小島,地價必然扶搖直上。兩者的貸款都規定,要在一年內償還。

一年很快就過去了。荷蘭商人把他那塊地賣了個高價,照約定連本帶利將錢還給你,讓你的父親可真是眉開眼笑。但在馬德里的弟弟就尷尬了。雖然西班牙國王和法國交戰打了勝仗,但國王現在又捲入與土耳其人的衝突,他需要把手上的每一分錢都投入這場新戰爭,覺得這比依約還錢重要太多了。雖然你弟弟不斷寄信到皇宮催促還款,又拜託宮廷裡的熟人,但一切都無濟於事。最後,你的弟弟不但沒有賺到約定的利息,連本金都要不回來。這下父親可沒那麼開心了。

接著還有更糟的,國王派了一位財務大臣去找你弟弟,直截了當的說,國王還需要再借一萬金幣,而且立刻就要。你弟弟手頭沒錢,只好寫信回家,試著讓父親相信這次國王會遵守約定。畢竟老么還是得人疼,父親一時心軟,勉強同意。結果就是另一筆一萬金幣再次一去不回,永遠消失在西班牙的國庫裡。

與此同時,你在阿姆斯特丹的事業卻是經營得有聲有色,你可以為這些積極進取的荷蘭商人提供愈來愈多的貸款,而且他們總是準時全額還款,絕不拖欠。然而,畢竟運氣也不可能只好不壞。有一位老客戶覺得荷蘭木鞋一定能在巴黎掀起風潮,所以想向你借款在巴黎開一間木鞋賣場。但不幸的是,你借錢給他之後,木鞋實在不符合法國女性的品味,結果商人大賠一筆,也不願意償還貸款。

這下父親可是大發雷霆,命令你們兩個都馬上去找律師解決。

於是，你弟弟在馬德里向法院控告西班牙國王，而你在阿姆斯特丹向法院控告這位木鞋大師。在西班牙，法院可以說是國王開的，法官會揣度上意，免得遭到雷霆之怒。至於在荷蘭，法院是政府的一個獨立部門，並不需要看人民或親王的臉色辦事。結果，馬德里法院駁回了你弟弟的訴訟，但阿姆斯特丹法院判你勝訴，讓你取得對那位木鞋商人的動產留置權，好逼他還錢。這下，你父親可是好好上了一課。他知道，應該要和商人來往，而不要跟國王來往，而且最好是在荷蘭做生意，不要去西班牙談買賣。

而且，你弟弟的厄運還沒結束。因為西班牙國王還迫切需要更多資金來養軍隊，而且又一心認定你父親手上還有錢，就用莫須有的叛國罪，起訴了你弟弟，表示如果不立刻交出兩萬金幣，就會把他丟到地牢裡關一輩子，等著在牢裡腐爛。

你父親受夠了，付了贖金換回自己心愛的么子，但發誓永遠不再和西班牙做生意。於是他收掉了馬德里分行，把你弟弟調到鹿特丹。現在，把兩家分行都開在荷蘭，也像是大好的主意，他甚至還聽說，連西班牙的資本家都正在偷偷把資金抽離西班牙。因為連他們都意識到，如果想讓自己的錢財不被西班牙國王搶走，而且能創造更多的財富，最好是把家當都搬到真正能實行法治、尊重私有產制的地方，例如荷蘭。

荷蘭東印度公司霸業

就是像這類的事，讓西班牙國王逐漸失去了投資者的信任，而荷蘭商人則贏得了投資者的信心。而且，真正建立起荷蘭帝國的，也是這群荷蘭商人、而不是荷蘭的官方。西班牙國王為了維持出征

的腳步,雖然民眾不滿的情緒已經日益升高,但他還是不斷加徵各種稅收。

相對的,荷蘭商人為遠征軍籌資的方式是透過貸款,而且也慢慢開始採用出售公司股份的方式,讓債權人也能夠享有部分的公司獲利。這下子,荷蘭這些股份公司成了荷蘭帝國的中流砥柱;謹慎的投資者絕不會把錢借給西班牙國王,就算要借給荷蘭政府也得思量思量,但講到投資這些荷蘭的股份公司,可是樂意之至。

如果你覺得投資某家公司能賺大錢,但當時所有股份都已經賣完了,你還可以從其他的股份持有人那裡去買,只是可能付的價錢會比當初他們買的時候高。至於如果你買了股份,卻發現公司前景堪慮,也可以試著用較低的價格賣出股份。這些買賣大行其道,最後的結果,就是在歐洲各大主要城市幾乎都設立了證券交易所,進行股票交易。

最著名的荷蘭股份公司就是荷蘭東印度公司(VOC),在1602年得到特許而成立,當時荷蘭才剛擺脫了西班牙的統治,甚至就在離阿姆斯特丹不遠的地方,還能聽到西班牙大炮的聲響。荷蘭東印度公司透過出售股票,取得建船的資金,再派船前往亞洲,帶回中國、印度和印尼的特產貨物。此外,荷蘭東印度公司也資助旗下船艦的軍事行動,打擊競爭對手與海盜;最後,荷蘭東印度公司更是提供資金,直接攻下印尼。

印尼是世界上規模最大的群島,島嶼數目上萬,在十七世紀初分別由幾百個不同的王國、公國、蘇丹國(亦即阿拉伯王國或伊斯蘭王國)和部落統治。荷蘭東印度公司的商人在1603年,首次來到印尼,當時純粹只是為了商業目的。但為了保護商業利益、讓股東取得最高利潤,荷蘭東印度公司開始攻擊那些提高關稅的當地政權,

另外也與來自歐洲的競爭對手交戰。荷蘭東印度公司開始在商船上配備大炮，從歐洲、日本、印度、印尼召募傭兵，建起堡壘，展開全面的戰爭和圍城行動。

這家公司的做法，我們今天聽起來可能覺得有些不可思議，但在近代初期，民間公司雇用的常常不只傭兵，還包括將軍、大炮、軍艦，甚至雇用整支編制完整的現成軍隊。所以，等到像這樣由一間大型民間企業建立起一整個帝國的時候，國際社會可是覺得理所當然，見怪不怪。

荷蘭東印度公司就這樣攻占了一座又一座島嶼，印尼群島大部分都成了他們的殖民地，自此統治印尼近兩百年。直到1800年，印尼才改由荷蘭政府統治，在接下來的一百五十年間，成為荷蘭這個國家的殖民地。

在今天，有人大聲疾呼，認為二十一世紀的民間企業已經掌握太多權力。但從近代初期的歷史來看，我們早已看過放縱追求自我利益，能達到什麼境界！

荷蘭東印度公司在印度洋威風八面的時候，荷蘭的西印度公司（WIC）也在大西洋大展身手。為了掌控哈德遜河這個重要商業通道，荷蘭西印度公司在河口的一座小島上，開拓了殖民地，名為「新阿姆斯特丹」。這個殖民地不斷遭受美洲原住民威脅，英國人也多次入侵，最後在1664年落入英國手中。英國人將這個城市改名「紐約」（New York，即「新約克」，約克為英國郡名）。

當時，荷蘭西印度公司曾在殖民地築起一道牆，用來抵禦英國人和美洲原住民，這道牆的位置，現在成了世界上最著名的街道：華爾街（Wall Street，直譯為「牆街」）。

密西西比泡沫事件

隨著十七世紀走向尾聲，由於荷蘭人過於自滿，戰爭成本又過於高昂，讓他們不僅失去了紐約，也無法再維持歐洲金融和帝國引擎的地位。法國和英國成了這個地位的強力競爭對手。一開始，似乎法國的贏面較大，畢竟它面積大於英國，更富有，人口也更多，而且軍隊的規模和經驗也勝出許多。然而，最後是由英國贏得了金融體系的信任，而法國只證明自己還不配得到這個地位。

關鍵的轉捩點是在十八世紀初，歐洲爆發了密西西比泡沫事件（Mississippi Bubble），這是當時歐洲最大的金融危機，法國王室也在這次事件中，臭名遠播。這個故事同樣也是由一間打算建立帝國的股份公司開始。

1717年，成立於法國的密西西比公司，在美洲的密西西比河下游谷地開拓殖民地，紐奧良（New Orleans）也是在此時開始成形。為了取得這項龐大計畫的資金，這家與路易十五宮廷關係良好的公司，便在巴黎證券交易所上市、出售股份。公司所有人約翰‧羅（John Law）當時身兼法國中央銀行總裁，還得到國王任命為總審計長，大約等於現代的財政部長。

在1717年，密西西比河下游河谷其實大約只有沼澤和鱷魚，但密西西比公司卻撒了漫天大謊，把這個地方描述得金銀遍地、無限商機。許多法國貴族、商人和城市裡那些冷漠的中產階級，都信了這套謊言，於是密西西比公司股價一飛沖天。公司上市的股價是500里弗（livre）。1719年8月1日，股價來到2,750里弗。8月30日，股價已經飆到4,100里弗；9月4日升上5,000里弗。等到12月2日，密西西比公司的股價堂堂超過10,000里弗大關。當時，整個巴

黎街頭洋溢著一種幸福感。民眾賣掉了自己所有的財產，借了大筆金錢，只為了能夠購買密西西比公司的股票。每個人都相信自己找到了最簡單就能致富的方法。

　　然而就在幾天後，開始興起一片恐慌。有些股票炒手，意識到這種股價實在太誇張，完全不可能維持。經過他們仔細算計，覺得最好盡快在股價高點脫手。由於市場上的供給量上升，股價應聲下跌。其他投資者見到股價下跌，也想趕快收手離場。這麼一來，股價就持續暴跌，簡直像一場雪崩。為了穩定股價，法國中央銀行總裁（也就是約翰‧羅本人）決定買進密西西比公司的股票，但最終還是無以為繼，耗盡了央行所有資金。到了這步田地，法國總審計長（仍然是約翰‧羅本人）又下令印製更多鈔票，才能繼續購買更多股票。

　　就這樣，整個法國金融體系就成了一個大泡沫。無論約翰‧羅的金融操作再怎麼高明，仍然無力回天。密西西比公司的股價從10,000里弗大跌至1,000里弗，接著更是徹底崩潰，再也沒有任何價值。到了這一刻，法國央行和國庫手中只有大量如壁紙的股票，再也沒有任何金錢。那些炒作股票的大戶多半得以及時脫手，幾乎沒受到什麼傷害。但散戶則是傾家蕩產，許多人因而自殺。

　　密西西比泡沫可說是史上最慘烈的一次金融崩潰。法國王室的金融體系一直沒能真正走出這場重大打擊。密西西比公司利用政治影響力操縱股價、推動購買熱潮，結果讓法國人民對法國金融體系和國王的金融智慧都失去信心。路易十五愈來愈難推動各種信用貸款計畫，而這也成為法國帝國海外領土逐漸落入英國手中的主因之一。在當時，英國仍然可以輕鬆用低利率取得貸款，但是法國不僅貸款困難，還得付出高額的利息。為了處理日益高築的債臺，法國

國王只能愈借愈多，而利率也愈借愈高。後來，王位交到路易十六
手中，他在祖父駕崩後繼位，但在1780年代，卻發現年度預算有
一半都得拿來支付利息，財政已瀕臨破產。到了1789年，路易十
六迫於無奈，不得不召開已經長達一個半世紀未曾召開的「三級會
議」（第一級為神職人員，第二級為貴族，第三級則是前兩個級別以外的其
他代表），希望能解決這項危機。就這樣，法國大革命揭開了序幕。

　　法國海外霸權分崩離析的同時，大英帝國卻是急遽擴張。大英
帝國就像先前的荷蘭帝國，主要是由民間股份公司所建立及管理，
這些公司也都在倫敦證券交易所上市。例如英國在北美的第一批殖
民地成立於十七世紀初期，建立者都是民間股份公司，包括倫敦公
司、普利茅斯公司、多切斯特公司和麻薩諸塞公司。

　　至於打下印度次大陸的，同樣也不是英國官方，而是英國東印
度公司的傭兵。這家公司的成就甚至比荷蘭東印度公司更加輝煌。
公司總部位於倫敦的利德賀街，而在將近一個世紀期間，這家公司
就是從這裡統治著一整個強大的印度帝國，掌握了高達三十五萬士
兵的龐大軍力，就連英國王室也自嘆弗如。一直要到1858年，英
國王室才將印度及英國東印度公司的軍隊收編國有。當時拿破崙曾
嘲笑英國，說他們是「店小二的民族」（nation of shopkeepers）。只不
過，就是這群店小二打敗了拿破崙本人，還建立起有史以來最龐大
的帝國。

▌政府——資本家的工會

　　雖然印尼和印度分別在1800年和1858年，由荷蘭和英國收歸
國有，但資本主義和帝國的關係非但沒有結束，反而是在十九世紀

變得更為緊密。股份公司不再需要自己建立及管理殖民地，而是由經理和大股東直接在倫敦、阿姆斯特丹和巴黎，與政治權力牽線接軌，直接由國家來幫忙維護利益。正如馬克思和其他社會批評家所開的玩笑，西方政府幾乎就像是資本家的工會。

講到國家如何為資本家服務，最惡名昭彰的例子就是中英第一次鴉片戰爭（1840-1842）。在十九世紀上半葉，英國東印度公司和雜物商靠著向中國出口藥物（特別是鴉片）而發了大財。數百萬中國人成了癮君子，而國家的經濟和社會都大受影響。1830年代後期，中國政府發布禁菸令，但英國菸商完全無視這項律令。於是，中國當局開始沒收、銷毀鴉片。這些鴉片菸商與英國國會和首相關係良好，許多議員和部長其實都持有菸商公司的股票；因此鴉片菸商向政府施壓，要求採取行動。

1840年，英國正式以「自由貿易」為名，向中國宣戰。英國在此役輕鬆獲勝。中國人太過自信，卻完全敵不過英國如同神蹟般的新式武器：汽船、重型火炮、火箭、以及可快速擊發的步槍。在接下來的「萬年和約」（中英南京條約）中，清廷同意不限制英國菸商的活動，並且還要賠償清朝軍隊造成的損失。此外，清廷還將香港割讓給英國，於是香港就成了英國菸商安全的販毒基地。直到1997年，香港才回歸中國。在十九世紀末，中國鴉片成癮者大約有四千萬人，足足占了全國人口的十分之一。[101]

埃及同樣也遭到英國資本主義的毒手。在十九世紀，法國和英國的投資者將大筆資金，借給埃及的統治者，先是投資興築蘇伊士運河，後來還有一些比較失敗的計畫。埃及的債務逐漸膨脹，歐洲這些債權人也逐漸插手埃及的國內事務。到了1881年，埃及民族主義者忍無可忍，起身反抗，單方面宣布廢除一切外債。這讓維多

利亞女王很不高興。一年後,她就派出大軍前往尼羅河,一直到二次大戰結束前,英國都還是埃及的宗主國。

為了投資人利益而發動的戰爭,絕不只這兩場而已。事實上,連戰爭本身都可以像鴉片一樣變成商品。

1821年,希臘人起身反抗鄂圖曼土耳其帝國,英國自由和浪漫圈子的人士大感同情,甚至像詩人拜倫就親自前往希臘,與這些反叛份子並肩作戰。但就在同時,倫敦金融家看到的是大好商機。他們向反抗軍領袖提議,在倫敦證券交易所上市發行債券,為希臘反抗軍籌資。而如果最後希臘獨立成功,就要連本帶利償還。於是,民間投資者有的為了利潤、有的出於同情、也或者兼而有之,紛紛買入這種債券。至於這種希臘起義債券在倫敦證交所的價格,就隨著希臘當地的戰情起起伏伏。

隨著戰事進行,土耳其漸漸占了上風,眼看反抗軍就要戰敗,債券持有人就快輸到脫褲了。就在此時,正因為債券持有人的利益就是國家的利益,所以英國組織起一支國際艦隊,在1827年的納瓦里諾戰役,一舉擊潰鄂圖曼帝國的主力艦隊。從此,受到長達幾世紀的征服統治之後,希臘終於自由了。只不過,自由的代價就是一大筆巨額債務,這個新成立的國家根本無力償還。在接下來的幾十年間,希臘經濟都被積欠英國的債務,壓得喘不過氣來。

資本和政治這兩者的緊密相擁,對信貸市場有深遠的影響。一個市場究竟能得到多少信用貸款,不能只看經濟因素(例如發現新的油田、發明新的機器),也得考慮政治事件的影響(例如政權更迭、或是採取了更積極的外交政策)。納瓦里諾戰役之後,英國資本家投資高風險海外交易的意願,就更高了。他們親眼證實,如果外國債務人拒絕償還貸款,女王陛下的軍隊就會去為他們討債。

正因如此，今天在判斷某個國家的信用評等時，經濟體系是否健全，遠比天然資源的多寡更為重要。信用評等代表的是國家清償債務的可能性。除了純粹的經濟數據之外，也會考慮政治、社會，甚至文化因素。就算是擁有豐富石油蘊藏量的產油國，如果政府專制、司法腐敗，信用評等通常也不高。這麼一來，由於難以取得必要資金開發石油資源，很可能這個國家就只能這樣坐在金礦上窮困度日。相對的，如果某個國家雖然缺少自然資源，卻有民主自由的政府、安和的環境，以及公正的司法體系，就可能得到較高的信用評等。這樣一來，就能以低廉的代價取得相當的資金，撐起良好的教育體系、發展出蓬勃的高科技產業。

崇拜自由市場

資本和政治的關係如此緊密交結，不論是經濟學家、政治家、或一般民眾，都有許多熱烈的爭論。死忠的資本主義擁護者很可能會表示，資本當然會影響政治，但政治絕不應該插手資本的事。他們認為，如果政府干預市場，必然會因為政治利益的左右，而做出不智的投資決定。

舉例來說，政府很可能會向產業界課重稅，再用這筆錢設置大筆的失業救濟金，討好選民大眾。在商人眼中，當然政府最好都別管事，讓錢都留在商人的口袋裡。他們宣稱，有了這些錢，他們就會繼續開設新的工廠，讓現在失業的人都能有工作。

持這種觀點的人士就會認為：最明智的經濟政策就是政治不要干預經濟，政府應當將稅收和管制都減到最低，將一切交給市場力量自由發揮。這樣一來，正因為民間投資人完全沒有政治考量，他

們會將資金投向獲利最高的區塊，於是帶來最高的經濟成長。所以不管對企業家或勞工來說，政府最好是放手不干預。

到了今天，資本主義教條最常見、也最有影響力的分身，就是自由市場主義。對自由市場主義最死忠的支持者，不僅認為國家不該出兵影響國際事務，甚至會批評國內的種種福利政策。他們對政府的建議，和老莊思想不謀而合：無為而治，什麼都別管！

然而，如果講到最極端的情況，相信自由市場的概念其實就像相信耶誕老人一樣天真。這世界上根本不可能有完全不受政治影響的市場。

畢竟，經濟最重要的資源就是「信任」，而信任這種東西總是得面對種種的偷拐搶騙。光靠市場本身，並無法避免詐欺、竊盜和暴力行為。這些事得由政治下手，立法禁止欺詐，並用警察、法庭和監獄來執行法律。如果國王或政府行事不力，無法厲行適當的市場規範，就會失去信任，使信用縮水，經濟也會衰退。不論是1719年的密西西比泡沫，或是2007年美國房地產泡沫帶來的信用緊縮和經濟衰退，都一再提醒著我們這些教訓。

▋大西洋奴隸貿易盛行

我們之所以不該期待或允許市場完全自由，還有另一個更基本的原因。亞當‧斯密說，鞋匠賺到多餘的利潤之後，會用來雇用更多助手。這麼一來，因為多餘利潤能促進生產、雇用更多人，似乎就代表了自私自利和貪婪也可能對全體人類有利。

只不過，如果貪婪的鞋匠靠的是縮減工資、增加工時，來增加利潤，情況又會如何？課本上的答案是：自由市場會保護員工。如

果鞋匠付的薪水太少、要求又太多，那些最優秀的員工當然就會離職，去為他的競爭對手工作。這下子，這位黑心老闆的工廠裡就只剩下最差勁的員工，甚至一個員工都不剩。於是他一定得要改變管理方式，不然就只能關門大吉。他的貪婪會逼他善待自己的員工。

這個理論聽來十分完美，但實際上卻是漏洞百出。如果真的是完全自由的市場，沒有國王或神職人員來監督，貪婪的資本家就能夠透過壟斷或串通，來壓榨勞工。例如，假設某個國家只有一家製鞋廠、或是所有製鞋廠都合謀同時降低工資，勞工就無法用換工作的方式來保護自己。

更可怕的是，老闆還可能運用惡質的勞工法、勞役償債、甚至奴隸制度，來限制勞工的自由。在中世紀結束的時候，基督宗教的歐洲幾乎完全沒有奴隸制度的現象。但到了近代初期，歐洲資本主義興起，大西洋奴隸貿易也應運而生。奴隸貿易這場災難的罪魁禍首，並不是暴君或是種族主義者，而是不受限制的市場力量。

歐洲人征服美洲的時候，積極開採金礦銀礦，並且建立莊園來種植甘蔗、菸草和棉花。這些礦場和莊園成為美洲生產和出口的大宗支柱。

其中，又以甘蔗種植特別重要。在中世紀，糖在歐洲是難得的奢侈品，必須由中東進口，而且價錢令人咋舌，使用的時候必須百般珍惜，視為某種祕密成分，可添加到各種美食、蛇油為底的藥物中。等到美洲開始有了一大片又一大片的大型甘蔗園，就開始有愈來愈多糖運抵歐洲。糖價開始下跌了，而歐洲人對甜食也愈來愈貪得無厭。

商人見到機不可失，開始生產大量甜食，包括：蛋糕、餅乾、巧克力、糖果和含糖飲料（例如可可、咖啡和茶）。英國人每人每

年的糖攝取量，從十七世紀初接近零，到十九世紀初竟然達到大約
八公斤。

然而，不論是種植甘蔗或提煉蔗糖，都是勞力密集的工作。不
僅工時長、熱帶陽光猛烈，蔗園環境更是瘧疾橫行，因此願意在蔗
園工作的人寥寥無幾。如果使用約聘勞工，成本就太過高昂，售價
無法壓低，就難以迎合大眾消費需求。這些蔗園的歐洲主人一方面
對市場力量十分敏感，一方面又貪求利潤和經濟成長，因此就把腦
筋動到了奴隸上。

從十六世紀到十九世紀，大約有一千萬非洲奴隸被運到美洲，
其中有大約七成都在甘蔗園裡工作。奴隸的勞動條件極度惡劣，大
多數奴隸生活悲慘，英年早逝。而且歐洲人經常發動戰爭，俘虜非
洲人，再從非洲內陸千里迢迢運至美洲，數百萬非洲人就這樣在戰
亂或運送過程中喪命。這一切，不過就是為了讓歐洲人能夠在茶裡
加糖、能吃到甜點，讓商人能夠靠著販糖而獲取暴利。

善良人也會做出壞事

奴隸貿易背後的黑手，並不是國家或政府。這項產業完全出
於經濟，是自由市場依據供需法則所組織及提供資金。民間販奴公
司甚至在阿姆斯特丹、倫敦和巴黎證交所上市，出售股份。一些中
產階級的歐洲人也就是圖個好機會投資賺錢，就買了這些股票，成
為幫凶。靠著這些錢，民間販奴公司得以買船、雇用水手和士兵，
他們在非洲購買奴隸，再運到美洲，賣給莊園園主。販奴的收益就
能順便購買莊園的作物及產品，例如糖、可可、咖啡、菸草、棉花
和蘭姆酒。滿載而歸回到歐洲之後，蔗糖和棉花可以賣到一筆好價

錢，接著他們就能再度前往非洲，把這個獲利頗豐的勾當，再次如法炮製。這種商業模式可真是讓股東心花怒放、再滿意不過了。

整個十八世紀，販奴的毛利約為6％；任何一位現代投資顧問都還是會說，這毛利率相當不錯，比「毛三到四」的代工業更佳。

這是自由市場資本主義美中不足之處，它無法保證利潤會以公平的方式取得，或是以公平的方式分配。而且相反的，因為人類有追求利潤和生產成長的渴望，就會盲目掃除一切可能的阻撓。等到「成長」成了無上的目標，不受其他道德倫理考量的制衡，就很容易衍生成一場災難。有一些宗教（例如基督教和納粹）殺害了數百萬人，原因是出於仇恨。然而，資本主義也殺害了數百萬人，原因則是出於冷漠、加上貪婪。

大西洋奴隸貿易興起的原因，並不是歐洲人對非洲人有什麼種族仇恨。而那些買了股票的民眾、交易股票的證券營業員、管理奴隸貿易公司的經理，壓根就不曾把非洲人放在心上。甘蔗莊園的園主就更不用談了。很多園主根本住得遠在天邊，他們唯一關心的莊園之事，就是帳目要清楚好讀，讓他們知道自己賺了多少錢。

我們必須記住，人類的歷史從來不是潔白無邪，大西洋奴隸貿易這件事絕非特例。像是前一章提過的孟加拉大饑荒，也是出於類似原因：英國東印度公司重視的比較是自己的利潤，而不是一千萬孟加拉人的生命。

荷蘭東印度公司在印尼的軍事行動，後面出錢的也是一群善良的荷蘭人，他們愛孩子、會捐錢給慈善事業、也懂得欣賞好音樂和好藝術，但他們就是沒能感受到爪哇、蘇門答臘、麻六甲這些地方人民的痛苦。隨著現代經濟的成長，全球各地還有無數的大小罪惡和災難，因為人類的貪婪和冷漠，正在持續上演。

▓ 經濟大餅能無限制變大嗎？

時間到了十九世紀，但資本主義的道德觀並未改善。工業革命風潮席捲歐洲，讓銀行家和資本家荷包滿滿，卻讓數百萬計的勞工落入赤貧。至於歐洲列強的殖民地，情況更是慘不忍睹。

1876年，比利時國王利奧波德二世，成立了一個非政府人道組織，宣稱目的是要探索中非，並打擊剛果河沿岸的奴隸貿易。同時該組織也表示會修築道路、興建學校和醫院，為當地居民改善生活條件。

在1885年，歐洲列強同意將剛果盆地大約二百三十萬平方公里的土地，撥給該組織管理使用。這片土地足足有比利時國土七十五倍大，從此稱為剛果自由邦（Congo Free State）。只不過，從來沒有人問過這片土地內，足足有兩、三千萬人民的意見。

在很短的時間內，這個所謂的人道組織就成了商業機構，真正的目的只是成長和獲利。他們壓根就忘了學校和醫院這回事，整個剛果盆地遍布著礦場和農場，多數由比利時官員掌控，而且無情的剝削著當地人民。

最惡名昭彰的就是橡膠產業，當時橡膠迅速成為產業大宗商品，橡膠出口也成了剛果自由邦最重要的收入來源。負責蒐集橡膠的非洲村民，被規定上繳的產量愈來愈高，而且一旦少繳，就會被斥為懶惰，遭到嚴厲懲罰。有時候是把他們的手臂砍掉，有時候甚至全村的人都遭到屠殺。就算是最保守的估計，從1885年到1908年之間，在剛果追求成長和利潤的代價，就足足讓六百萬剛果人民命喪黃泉（至少占當時剛果人口的兩成）。甚至有些估計，慘死人數高達千萬。[102]

　　近幾十年間，特別是在1945年以後，部分出於對共產主義的恐懼，讓資本主義的貪婪稍微受到控制。然而，不平等的情形仍然猖獗。時間到了2013年，雖然全球經濟的大餅已經遠大於1500年，但是分配的方式依舊極度不公，許多非洲農民和印尼勞工就算整日辛勞，能夠賺到的食物還比不上五百年前的先人。然而，就像農業革命一樣，所謂的現代經濟成長，也可能只是巨大的騙局。雖然人類和全球經濟看來都在繼續成長，但有更多的人卻是活在飢餓和困乏之中。

　　面對這種指控，資本主義有兩項回應。第一，資本主義已經把這個世界塑造成資本主義的樣子，現在也只有資本主義能夠讓它繼續運行下去了。唯一另一個足以和資本主義相抗衡的，就只有共產主義；但共產主義幾乎在所有層面上，都會造成更大的傷害，所以根本沒有人膽敢再試一次。在西元前8500年，就算有人對農業革命深感後悔，但為時已晚，已經無法放棄農業。同樣的，雖然我們現在可能並不喜歡資本主義，但它也已經不可或缺，無法放棄。

　　第二，資本主義也認為：只要再多點耐心，保證天堂就要降臨人間了。確實，過去我們犯過一些錯，像是大西洋奴隸貿易，像是剝削了歐洲的勞工階級。但這一切都讓我們學到教訓，只要我們再等等、再等餅變大一點，就能讓人人都分到夠大的一塊。雖然說分餅的時候永遠不可能達到公平，但至少能做到「足夠」，讓每個男女老幼都能滿足，甚至在剛果也不例外。

　　事實上，我們確實已經看到一些正面的跡象。至少就純粹的物質標準來說（例如預期壽命、嬰兒死亡率、熱量攝取量），雖然人口在過去百年間激增，但是2013年的這些指標，平均數值都明顯高於1913年。

然而，這塊經濟大餅真的能無限制變大嗎？每塊餅都需要原料和能源。可是早有先知預言警告，遲早智人會耗盡地球上所有的原料和能源。問題是，這會在什麼時候發生？

第**17**章

工業的巨輪

現代經濟之所以能夠成長，是因為我們願意信任未來，資本家也願意將利潤再投入生產。然而光是這樣還不夠。經濟成長還需要有能源、有原料，但能源和原料有限，如果用光了，是不是整個體系就要崩潰？

不過，就過去的證據看來，所謂「有限」也只是一種理論；雖然這可能不太符合我們的直覺。事實上，人類在過去幾個世紀的能源和原料用量是激增的，但是可供使用的能源和原料量卻是不減反增！每次即將因為能源或原料短缺，而使經濟成長趨緩的時候，就會有資金投入科技研究，解決這項問題。這種做法屢屢奏效，有時候讓人更有效利用現有資源，有時候找出了全新的能源和材料。

讓我們以運輸產業為例。在過去三百年間，人類製造的運輸工具數量達到數十億部，從簡單的馬車和手推車，到後來的火車、汽車、超音速飛機和太空梭。過去可能會有人認為，像這樣大規模使用資源，很快就會耗盡所有能源和原料，很快就只能靠著回收垃圾撐下去了。然而，實際狀況卻正好相反。在1700年，全球運輸工具

使用的原料多半是木材和鐵，但今天我們卻有各式各樣的新材料任
君挑選，像是塑膠、橡膠、鋁和鈦，這一切我們的祖先都完全一無
所知。另外，1700年的馬車，主要是由木匠和鐵匠手工人力製作，
但是現在的豐田車廠和波音飛機工廠，我們靠的是燃油引擎和核電
廠提供電力、許多機械臂提供勞力，來推動生產。類似的革命在幾
乎所有產業領域無所不在。我們將它稱為「工業革命」。

▌ 一切的源頭都是太陽能

　　早在工業革命前的數千年，人類就已經知道如何使用各種不同
的能源。像是可以燃燒木材，用火力來煉鐵、取暖、烤蛋糕。用帆
取得風力就能推動帆船，用水車取得水力就能用來碾穀子。然而，
這些使用方式都有明顯的限制和問題：火力得先取得木材，風力得
靠天賞臉，至於水力一定得住在河的附近才成。

　　還有一個更大的問題，就是我們不知道如何進行能量之間的轉
換。譬如風力可以推船、水力可以推石磨，但卻沒辦法拿來煮水或
煉鐵。相對的，燃燒木頭的熱力也無法推動石磨。在當時想要轉換
能量，只能靠一種東西：人類或動物自己的身體。在自然的代謝過
程裡，人類和其他動物燃燒有機燃料（也就是食物），把能量轉換
為肌肉運動。於是，男男女女或動物攝取穀物和肉類，燃燒碳水化
合物和脂肪，再用這些能量來拉車或拖犁。

　　因為所有能量轉換只能靠人類和動物的身體，當時幾乎所有人
類活動靠的就是肌肉的力量。人類的肌肉能用來造車蓋房，牛的肌
肉能用來拖犁耕田，馬的肌肉能用來運輸貨物。而所有能用來供應
這些「有機肌肉機器」的能量來源只有一種：植物。至於植物的能

量，則是來自太陽。植物靠光合作用，將太陽能轉為有機化合物。由此看來，歷史上人類成就的幾乎所有事情，第一步靠的都是將植物取得的太陽能，轉換為肌肉的力量。

正因如此，人類歷史在過去一直是由兩大週期來主導：植物的生長週期，以及太陽能的變化週期（白天和黑夜，夏季和冬季）。陽光不足、穀物尚未成熟的時候，人類幾乎沒有能量可用。這時穀倉空空，收稅員無事可做，士兵無力行軍或打仗，各個國王也覺得以和為貴。但等到陽光充足、穀類成熟，農民的收穫堆滿了穀倉，收稅員四處忙著收稅，士兵頻頻操練、磨刀利劍，國王也召集大臣籌劃下一場戰事。這一切的源頭都是太陽能——這時候已經取得並封裝在小麥、稻米和馬鈴薯裡了。

▌廚房裡的祕密

在這之前的幾千年間，人類每天都面對著能源生產史上最重要的發明，卻總是視而不見。每次有哪個家庭主婦或僕人想要燒水泡茶，或是把裝滿了馬鈴薯的鍋子放在爐子上烹煮，這項發明就這樣大剌剌的呈現在他們眼前——在水煮沸的那一刻，水壺或鍋子的蓋子會開始跳上跳下。這時熱能轉換為動能，但是我們過去都只覺得這樣亂跳有點煩人，至於一時忘記而讓水煮乾，就更麻煩了。沒人注意到這件事的真正潛力。

第九世紀中國發明火藥，可說有了小小的突破，能讓熱能轉換成動能。一開始，要用火藥推動彈丸，聽來實在太有悖常理，所以長久以來，火藥只是拿來製作燃燒彈。直到後來（起因可能是某些炸彈專家在研缽裡磨火藥，磨杵卻被大力炸飛？），才終於發明了

槍枝。而要再從火藥發展為有效的火炮，就又過了大約六百年。

即便如此，要將熱能轉化為動能的想法，仍然太過天馬行空，所以要再等三個世紀，人類才發明了下一種使用熱能來移動物品的機器。這項新科技是在英國煤礦坑裡誕生。隨著英國人口膨脹，森林遭到砍伐，一方面是取得木柴做為燃料推動經濟成長，一方面也是為了要有居住地和農業用地。於是，英國逐漸面臨木柴短缺的問題，開始燒煤做為替代品。許多煤礦層都位於會淹水的地區，而且只要淹水，礦工就到不了較低的礦層。

這個問題必須解決。大約在1700年左右，英國的礦井裡開始迴盪著一種奇特的噪音，可說是吹起了工業革命進擊的號角。一開始只是微微在遠方響起，但十年十年過去，聲音也愈趨雄壯，直到最後，整個世界都籠罩在震耳欲聾的聲響之中。這就是蒸汽機。

蒸汽機種類繁多，但是都有一個共同的原理：燃燒某種燃料，例如煤，再用產生的熱將水煮沸，產生蒸汽；接著蒸汽推動活塞，讓活塞來回移動，而連接到活塞的任何機械裝置也就跟著移動。這麼一來，熱能便轉換為動能了！在十八世紀的英國煤礦坑裡，是將活塞連接到幫浦，好把礦井底部的水給抽出來。最早的引擎效率低到難以想像，光是想抽出一點點的水，就得燒掉極大量的煤。然而當時礦煤充足、又近在咫尺，倒是沒人在意。

隨後的幾十年間，英國人改善了蒸汽機的效率，還把它請出了礦坑，用在紡織機和軋棉機上。紡織生產彷彿脫胎換骨，開始廉價生產愈來愈大量的紡織品。轉眼之間，英國就取得了世界工廠的地位。但更重要的是，把蒸汽機請出礦坑，可說是打破了一項重要的心理關卡：如果燒煤能夠讓紡織機動起來，為什麼不能讓其他的設備，像是車輛，也這麼動起來？

釋放物質蘊含的力量

1825年，一名英國工程師將蒸汽機裝到了一輛滿載煤炭的貨車上，讓引擎將這輛貨車沿著鐵軌，將煤炭從礦場送到約二十公里外的港口。這是史上第一臺蒸汽動力火車。

想當然耳，既然蒸汽可用於運送煤炭，為什麼不能運送其他商品呢？甚至，為什麼不能載運人呢？1830年9月15日，第一條商業化鐵路開通，連接了利物浦和曼徹斯特，用的同樣是與抽水或紡織相同的蒸汽動力。不過短短二十年後，英國的鐵軌長度已達數萬公里。[103]

從此之後，人類就深深著迷於如何使用機器和引擎，轉換各種能量。只要發明出適當的機器，世界上任何地方、任何類型的能量都能為我們所用。舉例來說，物理學家發現原子內儲存著巨大的能量，就開始思考要如何釋放這種能量，用來發電、推動潛艇，或是摧毀城市。從中國煉丹術士發現火藥，到土耳其人用大炮粉碎君士坦丁堡的城牆，之間足足過了六百年。但是從愛因斯坦發現質量可以轉化為能量（也就是 $E = mc^2$）之後，僅僅過了四十年，原子彈就已經落在廣島和長崎上空，核電廠也如雨後春筍般遍布全球。

另一項重要發明是內燃機，僅僅花了不到一個世代的時間，就徹底改革了人類的運輸，也讓石油變成一種液態的政治權力。在這之前數千年，我們早就知道了石油的存在，但只用來為屋頂防水、替軸輪潤滑。就算到了大約一個多世紀前，大家還是認為石油就只有這些用處。說要為石油流血打仗，簡直是笑話。當時為了土地、黃金、胡椒或奴隸打仗，或許天經地義，但為了石油，可是萬萬說不過去。

至於電力的發展更為驚人。在兩個世紀前，電力對經濟還毫無影響力，多半只是用來做些神祕的科學實驗，或廉價的魔術把戲。但有了一系列的發明之後，電力就成了我們有求必應的神燈精靈。手指一彈，就能印刷出書本、織出衣服、保持蔬菜新鮮、冰棒不融化，還能煮晚餐、處決死刑犯、記錄我們的想法和笑容、讓夜間亮起燈光，還讓我們有無數的電視節目可看。我們很少有人瞭解電力運作的機制，但更少人能夠想像生活中沒有電力該怎麼辦。

▌能源的大海汪洋

工業革命的核心，其實就是**能源轉換的革命**。我們已經一再看到，我們能使用的能源似乎無窮無盡。講得更精確些，唯一的限制只在於我們的無知。每隔幾十年，我們就能找到新的能源來源，所以人類能夠運用的能源總量是不斷增加的。

為什麼這麼多人擔心我們會耗盡所有能源？為什麼他們擔心我們用完所有化石燃料之後，會有一場大災難？顯然，這世界缺的不是能源，而是「能夠駕馭並轉換成符合我們所需」的知識。如果與太陽任一天放射出的能量相比，全球所有化石燃料所儲存的能源，簡直是微不足道。太陽的能量只有一小部分會到達地球，但即使是這一小部分，就已經高達每年3,766,800艾焦（exajoule，exa代表10的18次方，焦耳joule是能量單位，在地心引力下將一顆質量1公斤的蘋果抬升1公尺，所需的能量是9.8焦耳；艾焦是10的18次方焦耳，這可是要抬舉很多很多顆蘋果呦。）[104] 全球所有植物行光合作用，也只能保留大約3,000艾焦的能量。[105]

現在，人類所有活動和產業每年約消耗500艾焦的能量，而地

球只要大約短短90分鐘，就能從太陽接收到這麼多能量。[106] 而且這還只是太陽能而已。我們還有其他巨大的能量來源，像是核能、像是萬有引力。萬有引力最明顯的例子，就是因為受到地球與月球相互吸引而形成的潮汐作用。

在工業革命之前，人類的能源市場幾乎完全只能靠植物。這就像是住在一座容量每年3,000艾焦的水庫旁邊，想辦法盡可能多抽一點水出來。然而，到了工業革命時期，人類發現能使用的能源不是一座水庫，而是一整片海洋，容量可能有幾十億艾焦。我們唯一需要的，只是更好的抽水幫浦罷了。

提煉原料新法

學習如何有效駕馭和轉換能量之後，也解決了另一個阻礙經濟成長的問題：原料短缺。等到人類找出方法駕馭大量而又廉價的能源之後，就開始能夠取得過去無法運用的原料，像是在西伯利亞荒原採集鐵礦；或者從愈來愈遠的地方將原料運來，像是從澳洲將羊毛運到英國的紡織廠。同時，科學上的突破也讓人類能夠發明全新的原料，例如塑膠；或是發現先前未知的天然原料，例如矽和鋁。

化學家一直要到1820年代，才發現了鋁這種金屬，但當時要從礦石中分離出鋁，非常困難、而且昂貴。於是，有幾十年時間，鋁的價值甚至比黃金還要高得多。在1860年代，法國皇帝拿破崙三世還會用鋁質餐具，來宴請最尊貴的客人，至於那些二等的客人，就只能用黃金刀叉來湊合湊合。[107]

但是到了十九世紀末，化學家發現了一種電解法，能夠大量、廉價提煉鋁，目前全球的鋁生產量堂堂達到每年3,000萬噸。如果

拿破崙三世聽說這些屬民的後代，居然拿鋁做成拋棄式的鋁箔，用來包三明治、外帶剩菜，用完就丟，想必會大驚失色。

兩千年前，地中海盆地的人如果屬於乾性膚質，就會在手上抹橄欖油。而今天他們抹的是護手霜。我在附近一家店裡隨便買了一條簡單的現代護手霜，裡面的成分如下：

去離子水、硬脂酸、甘油、辛酸／癸酸甘油酯、丙二醇、肉荳蔻酸異丙酯、人參根提取物、香料、鯨蠟醇、三乙醇胺、矽靈、熊果葉萃取物、抗壞血酸磷酸鎂、咪唑烷基脲、對羥基苯甲酸甲酯、樟腦、對羥基苯甲酸丙酯、羥基己基3-環己基甲醛、羥基香茅醛、芳樟醇、丁苯基甲基丙醛、香茅醛、苧烯、香葉醇。

以上幾乎所有的成分，都是在過去兩世紀間才發明或發現的。

第一次世界大戰期間，德國遭到封鎖，造成原物料嚴重短缺，特別是可做成爆炸物的硝石，更是奇缺無比。德國本身不產硝石，當時最大的硝石產地在智利和印度。雖然用氨來取代硝石，也可以有同樣的效果，但當時要生產氨的成本還非常高。可以說，德國人走運，他們的同胞、猶太裔化學家哈柏（Fritz Haber），在1908年發展了一套技術，幾乎只需要用空氣，就能製備出氨。德國人很快將哈柏研發的技術投入工業生產，只要靠著空氣當原料，就能製作爆炸物。

有學者認為，要不是有哈柏的發現，德國絕無可能撐到1918年的11月。[108] 而且，這項發現還讓哈柏贏得了1918年的諾貝爾獎，但可以想見他得的是化學獎，可不是和平獎。（哈柏在第一次世界大戰期間，也是引導使用毒氣的先驅。）

▌輸送帶上的生命

　　工業革命為人類帶來了前所未有的種種能源和原料，不僅種類豐富，而且價格低廉，結果就是讓人類的生產力，有了爆炸性的發展。首先引爆、影響也最深的，就是農業。一般情況下，我們想到工業革命，腦中浮現的畫面就是一片都市景象、冒著煙的煙囪，或者是一群煤礦工人汗流浹背，深入地底辛苦工作。然而，工業革命最重要的一點，其實在於它就是**第二次農業革命**。

　　過去兩百年間，「工業化生產」成了農業的支柱。從前得要靠肌肉力量、或是根本做不到的事情，現在都由像是曳引機之類的機器接手。由於有了化學肥料（包括氨）、工業殺蟲劑和各種激素及藥物，無論是農地或家禽家畜的產量，都大幅躍進。而有了冰箱、船舶和飛機後，各種農產品能夠保存長達數個月，而且也能快速、廉價的運送到世界的另一頭。歐洲人開始能夠大啖新鮮美味的阿根廷牛肉和日本壽司。

　　機械化不只是機器的事，連植物和動物也同樣遭到機械化。差不多就是在以人為本的宗教，將智人提升到神的地位的時候，各種農場上的動物已不再被視為活生生、能夠感受到痛苦的生物，而是被視為機器一般對待。時至今日，這些動物常常是在像工廠一樣的地方，被大規模製造，牠們的身體是依照產業的需求來形塑。這些動物的一生就像是巨大生產線上的齒輪，決定牠們生命長短及生活品質的，就只是各種商業組織的成本和利潤。雖然產業界讓牠們存活、吃得飽、維持基本健康，但卻對牠們的社交本能和心理需求毫不關心（除非直接影響到生產）。

　　舉例來說，蛋雞其實也有各種行為需求和心理需求，牠們天生

會有強烈的衝動，想要偵察四周的環境，到處瞧瞧啄啄，確認彼此的社會階層，還會築巢、理理毛。然而，雞蛋業者往往是將這些蛋雞關在極小的雞舍裡，一個籠子就塞了四隻蛋雞，每隻的活動空間大概就是22公分乘25公分左右。雖然這些雞有足夠的食物，卻沒辦法宣告自己的領域、無法築巢或完成牠們天生想做的活動。事實上，這些籠子實在太矮小，裡面的雞甚至無法拍翅膀，也無法完全站立抬頭。

豬的智商和好奇心在哺乳動物裡數一數二，可能只低於大猿。然而在工業化的養豬場，母豬被關在小隔間裡，甚至連轉身都做不到，更別提要散步或四處覓食了。這些母豬就這樣沒日沒夜的關上四星期，生下小豬，但小豬立刻被帶走、養肥待宰，而母豬又得帶去懷孕，準備再生下一批小豬。

許多乳牛短暫的一生裡，也是活在一個小隔間裡；不管或站、或坐、或臥，都與自己的尿液和糞便為伍。牠們面前有一套機器會供給食物、激素和藥物，後方另一套機器則是每隔幾小時，會來為牠們擠乳。至於位於這兩套機器中間的牛呢？在業者眼中，大概就只是一張會吃原料的嘴，再加上會生產商品的乳房而已。這些活生生的生物，其實內心情感世界都十分複雜，如果把牠們當機器一樣對待，不只會造成身體不適，也會讓牠們有很大的社會壓力和心理挫折。[109]

大西洋奴隸貿易並非出於對非洲人的仇恨，而現代畜牧業也同樣不是出於對動物的仇恨。這兩者背後共同的推手，就是冷漠。大多數人，不管是生產或是消費各種奶蛋肉類的時候，都很少想到提供這些食物的雞、牛或豬。

就算有些人真的想過，也常認為這些動物真的和機器沒什麼兩

樣，既沒有感覺、也沒有情緒，並不會感受到痛苦。但諷刺的是，正是那些製造了擠奶器和集蛋器的科學（和技術），最近也赤裸裸指出：其他哺乳動物和鳥類同樣有複雜的感覺和情緒。牠們不僅能感受到生理上的痛苦，也同樣能感受到心理情緒上的痛苦。

　　演化心理學認為：家禽家畜的情感和社交需求，源自於野外，是因應當時需要生存和繁衍而形成的。例如，野生的母牛必須知道怎樣和其他母牛與公牛建立緊密的關係，否則就不可能生存和繁衍

25. 商業化養雞場輸送帶上的小雞。如果是公雞、或是有缺陷的母雞，就會被丟到輸送帶上，送進毒氣室讓牠們窒息而死，再用自動攪碎機攪碎；又或者直接丟進垃圾堆，讓牠們互相擠壓致死。每年有上億隻雛雞，就這樣在養雞場裡喪命。

後代。而為了學習必要的技能，演化就會在小牛（以及所有社交性哺乳動物的幼獸）的心理，植入強烈想要玩耍的欲望，這正是哺乳動物習得社交技能的管道。此外，小牛還有另一股更強大的欲望，就是不能和母親分開，畢竟當初在野外，母牛的奶水和照顧是生存的關鍵。

但像現在，酪農在小母牛一生下來不久，就把牠隔離到另一個隔間裡，與母牛分開；然後提供給小母牛食物、水和抵抗各種疾病的藥物，等到牠發育成熟，再用公牛的精子讓牠懷孕產乳。這麼一來會如何？從客觀的角度來看，小母牛確實不再需要為了生存或繁衍而和母親相處，也不用和同伴玩樂。但從主觀的角度來看，小母牛仍然會有一股強大的衝動，想要和母親在一起、想和其他小牛嬉戲。這些衝動無法滿足，就會讓牠十分痛苦。這是演化心理學的基本道理：過去在野外形成的種種需求，就算現在已經不是在工業化農場生存和繁殖所必需，仍然會持續造成主觀的感受。

工業化農業的悲劇在於：它一味強調動物的客觀需求，卻忽略了牠們的主觀需要。

這項理論的真實性，至少在1950年代就已證實，當時美國心理學家哈洛（Harry Harlow）就曾用猴子做過實驗。他在幼猴出生後幾小時，就把牠們和母猴分開，各自關在獨立的籠子裡，由兩隻假母猴來負責哺育。每個籠子有兩隻假母猴，一隻使用鐵絲材質，上面有可供幼猴吸吮的奶瓶；另一隻使用木材、再鋪上布，模仿真實母猴的樣貌，但除此之外，無法提供幼猴任何實質幫助。這樣一來，理論上，幼猴似乎應該會依附著提供食物營養的金屬猴，而不是什麼都不做的布猴。

但沒想到，幼猴顯然比較愛的是布猴，多半時間都緊抱不放。

如果兩隻假猴子放得夠近，幼猴甚至是緊抱著布猴，只是把頭伸去
金屬猴那邊吸奶。哈洛猜想，可能是因為鐵絲太冷，幼猴不喜歡，
所以他還為金屬猴加裝了一顆電燈泡，讓金屬猴有了體溫。然而，
除了真的非常小的幼猴之外，大多數猴子選擇的仍然是布猴。

26. 在心理學家哈洛的實驗中，一隻小猴子孤兒就算正在金屬猴身上吸奶，
　　卻還是緊抱著布猴。

追蹤研究發現，這些猴子孤兒雖然得到了所有必需的營養，長大之後，卻有嚴重的情緒失調。牠們無法融入猴群的社會，和其他猴子溝通有問題，而且一直高度焦慮、好鬥成性。結論顯而易見：除了物質需求之外，猴子必然還有種種心理需求和欲望，如果未能滿足這些需求，就會產生嚴重的負面影響。哈洛實驗中的幼猴之所以寧願待在布猴媽媽身邊，是因為牠們想要的是情感的連結，而不只是想喝奶而已。

　　在接下來的幾十年間，許多心理學研究都證實這項結論不僅適用於猴子，對其他哺乳動物和鳥類也同樣適用。但在目前，數百萬的家禽家畜與哈洛的猴子處於同樣的水深火熱之中，飼養者常常將幼畜幼禽與母親分開，單獨飼養。[110]

　　如果將所有數字加總，全球隨時都有幾百億隻家禽家畜，就活在工廠生產線上，而每年宰殺總數更達到五百億之譜。採用工業化的禽畜飼養方式後，各種奶蛋肉類的生產量和人類糧食儲備量大幅增長。像這種工業化的畜牧業，再加上農作物栽植的機械化，就構成了整個現代社會經濟秩序的基礎。

　　在農業工業化之前，農地和農場生產的食物，大部分都得「浪費」在供給農民和農場上的動物食用，只剩下一小部分能供給其他工匠、教師、神職人員和官僚。因此在當時，農民在幾乎所有的社會裡，都占了總人口九成以上。隨著農業工業化，只需要愈來愈少的農民數量，就足以養活愈來愈多的辦公人口和工廠人口。例如現今的美國，只有 2％ 的人口以農業為生，[111] 但僅僅就是這 2％，不僅養活了整個美國的人口，還有剩餘糧食出口到世界各地。如果沒有農業工業化，就不會有足夠的人力來辦公思考和從事工廠勞動，也就不可能有都市裡的工業革命。

正是因為農業釋放出數十億的人力，由工廠和辦公室吸納，才開始像雪崩一樣，有各種新產品傾瀉而出。比起以前，人類生產出更多鋼鐵、製作出更多服裝、興建出更多建築物，還製造出令人瞠目結舌、超出想像的各種產品，像是燈泡、手機、數位相機和洗碗機。人類有史以來第一次，生產超出了需求。也正因為如此，產生了一個全新的問題：誰要來買這些產品？

瞎拚的年代

現代資本主義經濟如果想要存活，就得不斷提高產量，很像是鯊魚，如果不一直游動、讓水通過鰓裂，就會窒息。然而，光是生產還不夠。生產出來之後，還得有人買，否則工廠都得關門大吉。為了避免這種災難，確保不管什麼新產品都有人買帳，就出現了一種新的倫理觀：**消費主義**。

有史以來，人類的生活多半頗為困窘，因此「節儉」就成了過去所高喊的口號，像是清教徒或斯巴達，都以簡樸律己而聞名。所以如果是正直的人，就該避免奢侈、從來不浪費食物，褲子破了該縫縫補補，而不是去買件新的。只有王公貴族，才能公然把這種價值觀拋在一旁，大剌剌炫耀他們的財富和奢侈。

然而，消費主義的美德就是消費更多的產品和服務，鼓勵所有人應該要善待自己、更寵愛自己，就算因為過度消費而慢慢走上絕路，也在所不惜。在這裡，節儉就像是一種應該趕快治療的病。我們很容易就能找到各種鼓勵消費倫理的例子，你我身邊屢見不鮮。像我本人最愛的早餐穀片，製造商是以色列的泰爾瑪（Telma），它的盒子背面就寫道：

有時候，你該好好享受一下。

　　有時候，你就是需要多一點能量。

　　雖然有時候得注意體重，但也有時候就該盡情放縱……

　　像是現在！

　　泰爾瑪為你提供各種美味穀片，

　　享受美味，沒有後顧之憂。

　　而且，同個包裝上還有另一品牌「健康零嘴」（Health Treats）的廣告：

　　健康零嘴包含大量穀類、水果和堅果，

　　為您提供美味、愉悅而又健康的體驗。

　　在非正餐時間，解您的嘴饞，完全符合健康生活習慣。

　　這是真正的美味，帶給您更多享受！

　　歷史上的大多數時候，這種文案不但無法引起消費欲望，反而會激起極度的反感。在古時候的人眼中，這種內容真是自私墮落、道德淪喪！

　　消費主義除了自身非常努力，還在大眾心理學（像是「做就對了！」）的推波助瀾之下，不斷說服大眾「放縱對你有益，而節儉是自我壓抑」。

　　而且，這套洗腦術已經成功了。我們都成了乖巧的消費者，買了無數我們並不真正需要的產品；甚至根本就是昨天才知道有這種產品，今天就買回家來。製造商設計產品的時候，還刻意讓它在一段短時間後，就得淘汰；就算舊型號明明足以滿足各種需求，廠商

第17章　工業的巨輪

依然不斷推出新型號，我們如果不跟進，彷彿顯得落伍。

　　購物已成為人類最喜愛的消遣，消費性產品也成了家人、朋友或配偶之間不可或缺的中介。各種宗教節日，例如耶誕節，都已經成了購物節。甚至像美國的陣亡將士紀念日，原本該是莊嚴肅穆的一天，現在的重點全成了跳樓大特價。許多男男女女紀念這天的方式，就是跑去瞎拚，大概是想證明那些捍衛自由的戰士並非白白犧牲。

　　消費主義倫理開枝散葉，在食品市場表現得最為明顯。在過去的傳統農業社會，饑荒的陰影總是揮之不去。但到了今日的富裕世界，肥胖卻成了一大健康問題，而且對窮人的衝擊更大於富人——因為富人懂得選擇有機沙拉和養生蔬果，但窮人常常是大啖漢堡薯條。美國每年為了節食所花的錢，已經足以養活其他地方所有正在挨餓的人。

　　肥胖這件事，可說是消費主義的雙重勝利。一方面，如果大家吃得太少，就會導致經濟萎縮，這可不妙；二方面，大家吃多了之後，就得購買減肥產品，再次促進經濟成長。

▌新宗教：資本暨消費主義

　　然而，如果根據商人的資本主義倫理，所有的利潤都該再投入生產，而不是白白浪費。這樣一來，消費主義倫理和資本主義教條該如何共存？

　　沒問題！就像過去的年代，今天也有菁英份子和一般大眾的勞力分工。在中世紀歐洲，貴族浪擲千金、盡享奢華，而農民則是省吃儉用、錙銖必較。但今天情況正相反：大富豪管理資產和投資，

399

非常的謹慎，反而是沒那麼有錢的人，買起沒那麼需要的汽車和電視，卻毫不手軟。

資本主義與消費主義的倫理，可以說是一枚硬幣的正反兩面，將這兩種秩序合而為一。有錢人的最高指導原則是「投資」，而我們這些其他人的最高指導原則，則是「購買」！

這種資本暨消費主義的倫理，還有另一個革命性的意義。過去的倫理體系，常常要求人類做些難如登天的事，告訴他們照做就能上天堂，譬如做人要慈悲、寬容，要克服各種欲望、壓抑憤怒，還得放下自身的私利。但這些要求對於大多數人來說，實在太過強人所難。所以，翻開倫理道德的歷史，雖然會看到許多美妙的理想，但遺憾的是，幾乎很少有人能做到。大多數基督徒的作為不像耶穌基督，大多數佛教徒沒聽佛陀菩薩的話，大多數儒家子弟可能會讓孔子頻頻搖頭。

但今天的情況有所不同了，大多數人都能輕鬆達到資本暨消費主義的理想。想要進入這種新倫理所承諾的天堂，條件就是有錢人應當繼續貪婪下去，把時間投入賺更多的錢，至於一般大眾則是要盡情滿足自己的欲望和熱情，想要什麼就買什麼。

這是人類有史以來第一次，信眾終於真的能夠做到宗教要求的條件。只不過，我們又要怎麼知道它承諾的天堂是什麼樣子？答案是：看看電視，你就知道。

第**18**章

一場永遠的革命

工業革命找出新方法來進行能量轉換和商品生產，於是人類對周遭生態系的依賴大減。結果就是人類開始砍伐森林、抽乾沼澤、築壩擋河、與海爭地，再鋪上總長數萬公里的鐵路，興建摩天大都會。世界愈來愈被塑造成適合智人需求的模樣，但其他物種的棲地就遭到破壞，讓牠們迅速滅絕。地球曾經是一片藍天綠地，但現在已經成了混凝土和塑膠構成的商場。

今天，地球上住著七十多億的智人。如果把所有人放上一個大磅秤，總重量約達三億噸。另外，如果把所有家禽家畜（牛、豬、羊、雞）也放在另一個更大的磅秤上，總重更足足達到七億噸。但相對的，如果把所有還倖存的大型野生動物（包括豪豬、企鵝、鯨和大象等等）也拿來秤，總重量已經不到一億噸。我們在童書、各種影像和電視上還是常常看到長頸鹿、狼和黑猩猩，但在現實世界裡，這些物種都已所剩無幾。

全球大概只剩下八萬隻長頸鹿，但牛有十五億；灰狼只剩二十萬隻，但狗有四億；黑猩猩只剩二十五萬隻，相比之下，人有七十

億。可見,人類真的已經稱霸全球。[112]

然而,生態環境惡化並不代表就是資源短缺。我們在前一章已經提過,人類能用的資源其實不斷增加,而且這個趨勢很可能還會繼續。正因如此,那些關於資源短缺的末日預言,很可能並不會成真。但與此相反,生態環境的惡化卻是太有憑有據了,如假包換。在我們的未來,很可能會看到智人坐擁各種新原料和新能源,但同時摧毀了剩下的自然棲地,讓大多數其他物種走向滅亡。

事實上,這場生態危機甚至也可能危及智人本身的生存。全球暖化、海平面上升、汙染猖獗,使得地球對於人類來說,也愈來愈不宜居住,未來很可能看到人類必須與自己引發的自然災害,不斷拉扯較勁。而隨著智人試圖用自己的力量對抗大自然,壓制整個生態系來滿足自己的需求和衝動,就可能引發愈來愈多無法預期的危險副作用。到了那個時候,可能就得用更激烈的手法,才能操控生態系,但也就會引起更大的混亂。

很多人稱呼這是「大自然的毀滅」。然而,這其實並不能算是「毀滅」,而只是「改變」。大自然是無法「毀滅」的。六千五百萬年前,一顆巨大隕石讓恐龍滅絕,但卻為哺乳動物開啟了一條康莊大道。今天,人類正在讓許多物種滅絕,甚至可能讓自己滅絕。但即使如此,還是有某些生物過得生龍活虎。舉例來說,老鼠和蟑螂可說是正在全盛時期。如果今天發生核災,讓世界末日降臨,這些頑強的動物很有可能就會從悶燒的廢墟裡爬出來,準備好繼續將自己的DNA傳給千代萬代。或許,六千五百萬年以後,會有一群高智商的老鼠,心懷感激的回顧人類造成的這場災難,就像我們現在感謝那顆殺死恐龍的巨大隕石一般。

但不論如何,現在討論人類滅絕還是為時過早。自從工業革命

以來，世界人口成長正處於前所未有的高峰。在1700年，全球有將近七億人。在1800年，只增加到九億五千萬人。但是到了1900年，人口翻漲快要一倍，來到十六億。而到了2000年，更是又翻了兩番，來到六十億。接著到了2012年10月底，已經堂堂邁過七十億。

格林威治標準時間

雖然智人愈來愈不受大自然的擺布，但卻愈來愈受到現代產業和政府的支配。工業革命帶來許多社會改造的實驗性做法，而各種改變人類日常生活和心理的事件，更是多不勝數。其中一個例子，就是將過去傳統農業社會的時間節奏，替換成工業社會一致且精確的時間概念。

傳統農業看的是大自然的時間週期、作物的生長情況。當時多數社會都無法準確測量時間，而且也對這件事沒有多大興趣。畢竟當時沒有手錶、沒有時刻表，重要的是太陽的運行、植物的生長週期。當時沒有人人統一的工作日，而且在不同季節的生活習慣也有極大不同。農業社會的人知道太陽該在天上哪個位置，會焦急的等待雨季和收穫季的徵兆，但是「小時」的概念就不在他們心裡，而「年份」的概念更是於他們如浮雲。如果有人穿越時空來到中世紀的村莊，問當地人「今年是哪一年？」，當地人除了會覺得這個人衣著古怪，可能還覺得，會問這個應該是腦筋有點問題。

與中世紀農民和鞋匠相比，現代工業對太陽或季節可說是完全不在乎，更重視的是要追求精確和一致。舉例來說，在中世紀的鞋店裡，每個鞋匠都是從鞋底到鞋扣一手包辦。如果某個鞋匠上班遲

到，完全不會影響到別人的工作。但如果是在現代的製鞋生產線，
每個工人面對的機器都只負責鞋子的一小部分，完成後再交給下一
臺機器。假設其中某臺機器的工人睡過頭，整條生產線就得停擺。
為了避免這種災難發生，每個人都得嚴格遵守確切共同的時刻表。
每個工人在完全相同的時間開始上班。不管餓了沒，都要在同樣的
時間午休吃飯。等到換班哨音一響，所有人都得下班回家，不管手
上的事情做完了沒。

工業革命不僅為人類帶來了時刻表和生產線的概念，更將這些
概念推廣到幾乎所有的人類活動當中。就在工廠用時刻表規範勞工
行為之後不久，學校也開始採用了這一套，接著醫院、政府機關，
甚至雜貨店也行禮如儀。就算那些沒有生產線和機器的地方，時刻
表也成了王道。畢竟，假設工廠是下午5點下班放人，當地的酒吧
難道不是應該抓個5點02分開門營業，最為恰當？

這套時刻表系統的推廣，公共運輸是關鍵。如果工人得在8點
整準時上工，火車或公車就一定得在7點55分抵達工廠大門。晚了
幾分鐘，就可能使產量減少，甚至讓那些不幸遲到的人遭到裁員。
在1784年，英國首次出現公布時刻表的馬車載運服務，只列出了
幾點幾分出發，而沒有列出幾點幾分抵達。當時，英國每一座大城
小鎮都有不同的時間，與倫敦時間可能有半小時的落差。倫敦正午
12點整的時候，可能在利物浦是12點20分，而在坎特伯里還只是
11點50分。由於當時沒有電話、沒有收音機、沒有電視、也沒有
特快列車，所以沒人知道這些時間不同。而且，又何必在意呢？[113]

英國的第一條商業鐵路於1830年正式啟用，連結利物浦和曼徹
斯特。十年後，終於首次公布火車時刻表。由於火車的速度比傳統
馬車快上太多，所以各地時間的微小差異，就造成了巨大的困擾。

1847年，英國各家火車業者齊聚一堂，研擬統一協定所有火車時刻表，一概以格林威治天文臺的時間為準，而不再遵循利物浦、曼徹斯特、格拉斯哥或任何其他城市的當地時間。在火車業者開了頭之後，愈來愈多機構跟進這股風潮。最後在1880年，英國政府邁出了前所未有的一步，立法規定全英國的時刻表都必須以格林威治時間為準。這是史上第一次有國家採取了全國統一的時間，要求人民依據人工的時鐘來過生活，而不是依據當地的日升日落週期。

▌摩登的現代

從這個小小的出發點，後來發展出全球性的時刻表網路，全球同步的誤差不到一秒鐘。而在廣播媒體上場之後（先是電臺，後來是電視），一方面這些機構也進入了時刻表的世界，一方面更成了主要的執行者和傳遞者。電臺廣播最早的內容之一，就是報時用的訊號，透過嗶嗶聲，讓偏遠地區的居民或海上的船舶都能據以調整時鐘。後來，電臺也發展出每小時播報新聞的習慣。直到現在，新聞廣播開頭的第一條仍然是現在時間，就算戰爭爆發的新聞也得放在後面再報。

二次大戰期間，英國廣播公司的新聞播送到納粹占領下的歐洲地區，而每段新聞廣播的開頭，就是大笨鐘報時鐘聲的現場直播，可以說正是自由的鐘聲。不過，有些天才的德國物理學家居然找出一套方法，只要靠著鐘聲在廣播中的微小差異，就能判斷倫敦當時的天氣。對德國空軍來說，這可是珍貴無比的戰事情報。等到英國祕密情報局也發現了這一點，就不再採用現場直播了，而用一組錄音來取代。

人類大歷史
Sapiens

為了讓時刻表這套網路能夠運作順暢，開始四處都能見到價格便宜、但運行精準的攜帶式時鐘。當時如果是在中東或南美，頂多可能只有幾個日晷。而在歐洲中世紀的城鎮裡，通常是全城共用一個時鐘——在城鎮的中央廣場建起一座高塔，上面就有個巨大的時鐘。這些塔鐘幾乎從來沒有準過，但既然城裡也沒有其他的鐘，似乎也就沒什麼關係。而到了現在，任何一個有錢人家的家裡，計時裝置的數量，很可能就遠遠超過某個中世紀國家全國上下。現在想知道時間，可以看一下腕上的手錶、瞄一眼你的手機、瞧一下床邊的鬧鐘、盯一下廚房的掛鐘、瞟一眼微波爐上的時間、瞥一下你的電視機或DVD機，甚至電腦上的工作列都會告訴你現在幾點。想要不知道現在幾點，還真是得刻意花上一點功夫才行。

一般人每天會看上幾十次時間，原因就在於現代似乎一切都得按時完成。鬧鐘早上7點把我們叫醒，我們用不多不少的50秒，加熱冷凍貝果，刷牙刷個3分鐘、直到電動牙刷發出嗶聲，我們要趕7點40分的火車上班；下班後，在健身房的跑步機跑到嗶聲告訴我們30分鐘計時已到；晚上7點坐在電視前看最喜歡的節目，中間每隔10分鐘，還被每秒好幾萬元的廣告打斷。就算精神崩潰去找心理醫師，他聽你發牢騷的診療時間，也是一節標準50分鐘。

傳統家族和地方社群的力量

工業革命讓人類社會起了數十種重大的變化，採用工業化的時間概念只是其中之一。其他值得注意的項目還包括都市化、傳統農民的老化凋零、工業無產階級興起、對平民百姓的賦權、民主化、青少年文化，以及父權社會的解體。

406

　　然而，這一切都比不上有史以來人類最大的社會革命：家族和地方社群崩潰，改由國家和市場取而代之。據我們目前所知，人類在一百多萬年前，是生活在小型、互動密切的社群之中，社群成員大多數都是親戚。認知革命和農業革命並沒有改變這一點，只是讓不同的家族和地方社群結合，形成部落、城市、王國和帝國，但家族和地方社群仍然是所有人類社會最基本的結構單位。但後來，工業革命不過花了短短兩世紀左右，就把這些單位粉碎成了原子。許多過去的家族功能和地方社群功能，現在都被國家和市場取代了。

　　在工業革命之前，多數人的日常生活都不脫三大傳統框架：核心家庭、大家庭、以及當地的密切社群。[5] 大多數人在家族企業工作（例如家族的農場，或是家族經營的工作坊），或者也可能在鄰居的家族企業工作。這時的家族除了家庭功能，還要兼顧福利制度、衛生體系、教育體系、建築產業、勞工工會、退休基金、保險公司、新聞媒體、銀行、甚至警察等等的功能。

　　有人病了，由家庭來照顧。有人老了，由家庭來撫養，而子女就是最好的退休基金。有人過世，孤兒就由家族其他成員照顧。有人想蓋小屋，家族提供人力。有人想開公司，家族提供資金。有人想結婚，家族也會審核，看看對象是不是門當戶對。如果和鄰居發生衝突，要吵架也有家族裡的人助陣。然而，如果病情太嚴重，家庭或家族無法處理，或是新公司需要的資金太龐大，或是鄰里爭吵已經到了要變成械鬥的地步，地方上的社群就會介入。

　　地方社群介入時，依據的是當地的傳統、以及有來有往的互助原則，常常會和自由市場的供需法則有相當大的差異。像是在傳統

---

[5] 所謂「密切社群」（intimate community）指的是社群中的成員都認識、熟悉彼此，並且互相依賴，共存共榮。

的中世紀社會，如果鄰居需要我幫忙蓋屋子或是放羊，我並不會認為他應該付錢，而是在我有需要的時候，再還我這份人情就好。同時，當地的領主可能會叫我們全村的人去幫他蓋堡壘，但他也是一毛不付，而是在出現盜賊或野蠻人的時候，提供保護。雖然在這些村莊裡有許許多多的交易，但多半都不是金錢往來。雖然市場機制已經存在，但十分有限。雖然可以購買罕見的香料、布匹和工具，或聘請律師和醫師提供服務，但一般而言，常用產品和服務會出現在市場上的不到一成，多數還是由家族和地方社群提供。

另外，王國和帝國會負責某些重要功能，像是發動戰爭、修建道路、建築城堡。為了這些目的，國王會徵稅，偶爾也召募士兵和工人。但除了少數例外，王國或帝國通常不干涉家族和地方社群的事務——就算想干涉，成效也十分有限。因為傳統的農業經濟很少有多餘的食物，能夠養活大量政府官員、警察、社工、教師和醫師等等。因此，大多數政權並不會發展出大規模的福利、醫療和教育體系，這些事情都還是留給家族和地方社群處理。就算在極少數情況下，統治者試圖干預農民的日常生活（像是秦帝國的連坐法），靠的也是以家族中的長輩或地方社群的耆老，做為政權代理人。

甚至有些時候，因為地處偏遠的社群交通不便、通信困難，許多王國乾脆直接將稅收和暴力懲戒這些王室基本特權，都下放給當地。舉例來說，鄂圖曼土耳其帝國就並未維持大批帝國警力，而是允許地方家族彼此私刑伺候。如果我的堂兄殺了人，受害人的哥哥可能就會殺了我，做為報復。而只要暴力行徑不要過度擴大，不論是伊斯坦堡的蘇丹，甚至各省的帕夏（pasha，相當於省長），都會睜一眼閉一眼。

至於在中國明朝（1368-1644），這個帝國採行「里甲」制度。

十戶為「甲」，一百一十戶為「里」。里甲制設有里長、甲首，負責維護地方治安、分配繇役、按丁納稅，而無須由帝國直接管理。從帝國的角度來看，這種里甲制度十分有利，帝國不需要自己養著成千上萬的官員稅吏，而是交給地方賢達來監督各個家族的生活。里長甲首不但瞭解地方上的風土人情，常常也能讓稅務運作順暢，無需國家軍隊介入。

很多時候，王國和帝國就像是收取保護費的黑道團體。國王就是黑道大哥，收了保護費就得罩著自己的人民，不受附近其他黑道團體或當地小混混騷擾。除此之外，其實也沒什麼功用。

然而，生活在家族和地方社群的懷抱裡，並不如想像中理想，甚至差得遠了。家族和地方社群對成員的限制壓迫，絕不下於現代國家和市場，這些家族和地方社群內部常常充滿緊張和暴力，而且成員別無選擇。在1750年左右，如果一個人失去家族和地方社群的保護，幾乎必死無疑，不僅沒有工作、沒有教育，生病痛苦時也得不到任何支持。沒有人會借他錢，出了問題也沒人保護。畢竟，當時沒有警察、沒有社工，也沒有強制性的義務教育。為了求生，如果真的遇到這種情形，當時的人就得盡快尋找願意接納他的其他家庭或地方社群。離開原生家族的男孩女孩，最好的情況大概就是找到新的家族做幫傭；而最糟的情況，就是被迫從軍或淪入風塵。

▌傳統勢力崩潰

但過去兩世紀間，可說是風雲變色。工業革命讓市場取得強大的新力量，讓國家有了新的通訊和交通工具，更讓政府有了一大批辦事人員、教師、警察和社工，可供差遣。從這時候開始，市場和

409

國家發現傳統的家族和地方社群就像路上的絆腳石，強烈抗拒外來的干預。父母和社群裡的長者並不願意放手，讓年輕一輩接受國民教育的洗腦，也不希望他們受徵召從軍，更不想讓年輕人變成一個沒有根的都市無產階級。

隨著時間過去，國家和市場的權力不斷擴大，也不斷削弱家族和地方社群過去對成員的緊密連結。國家開始派出警察，制止家庭家族裡的私刑，改用法院判決取代。市場也冒出更多小販和商人，讓各地悠久的傳統逐漸消失，只剩下不斷汰換的流行商業文化。但光是這樣還不夠，為了真正打破家族和地方社群的力量，國家和市場還需要找到家族內應，從內部擊破。

於是，國家與市場找上家族和地方社群的各個成員，開出了令人無法拒絕的條件。他們說：「做自己吧！想娶想嫁都隨你的意，別管父母准不准。想挑什麼工作都可以，別擔心大家長說的話。想住哪就住哪，就算沒辦法每星期和家人吃上一頓飯，又有什麼關係呢？你不用再依賴家族或地方社群了。我們，也就是國家和市場，讓我們來照顧你吧。我們會給你食物、住房、教育、保健、福利和就業機會。我們也會給你退休金、保險和保衛。」

在浪漫主義的文學作品裡，常常講得似乎人人都在辛苦對抗國家和市場。但事實卻剛好是完全相反。國家和市場簡直可以說是人民的衣食父母，個人能夠生存，都得感謝它們才是。市場為我們提供了工作、保險和退休金。如果想學專業，可去上公營學校。如果想做生意，可向銀行貸款。如果想蓋房子，可找建設公司來蓋、找銀行辦房貸，而且有時候還能得到政府補貼或保障。如果碰上暴力事件，可以找警察保護。如果生病得休息幾天，可以有醫療保險照顧。如果病得嚴重，得休養幾個月，就換成國家的社會福利制度來

幫忙。如果需要全天有人協助，我們可以到市場上請專職的看護；雖然這些人與我們素不相識，卻能為我們提供現在連子女都很難提供的全天候照料。只要先存點錢，我們就能到養老院安度最後這段黃金歲月。

▎一個又一個孤單的個人

國稅局把我們每個人都看作個人，不會要求我們付鄰居的稅。法院也把我們每個人看作個人，不會要我們為親戚犯的錯受刑受責。而且，現在能得到認定為「個人」的，不只有成年男子，就連女性和兒童也同樣納入。歷史上，女性多半被視為家庭或家族的財產。但現代國家卻將女性視為個人，不論其家庭或家族出身，都能享有獨立的經濟和法律權利。女性開始能夠擁有自己的銀行帳戶、自己決定想嫁的對象，甚至要離婚或自立門戶都行。

然而，要解放個人是有代價的。現在許多人都悲嘆著家族和地方社群功能不再、覺得疏離，而且感覺冷漠的國家和市場對我們造成許多威脅。如果組成國家和市場的是一個又一個孤單的個人，而不是關係緊密的家族或地方社群，公權力要干預個人生活也就容易得多。現代高樓公寓，所有人各自鎖在自己家裡，連每戶該付多少清潔費都無法達成共識，又怎麼可能一起站出來抵抗國家機器？

所以，「國家和市場」與「個人」之間的這筆交易，並不容易讓雙方都滿意。國家和市場認為個人的權利與義務並不對等，個人又抱怨國家和市場需索太多、供應太少。很多時候，個人遭到市場的剝削，而國家機器不但不保護個人，反而動用軍警和官僚施加迫害。沒人想得到，這種互動本身就有不少問題，更公然牴觸了過去

411

世世代代的社會運作方式，竟然還是能運作自如。經過數百萬年的
演化，人類的生活和思考方式都預設自己屬於社群一員；但僅僅過
了兩個世紀，我們就成了互相疏遠的個人。這可以說是文化展現威
力的最佳證明。

家族與地方社群 vs. 國家與市場：

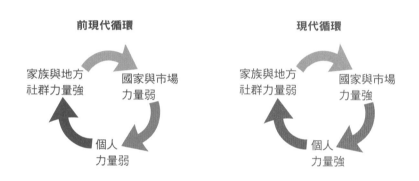

　　到了現代，核心家庭依然存在，雖然政府和市場囊括了大部分
的經濟和政治功能，但家庭還是保留了很重要的情感功能。一般來
說，現代家庭還是可以滿足人類最親密的需求，這是國家和市場到
目前為止無法提供的。
　　然而，就算在這一塊，家庭也開始受到外界愈來愈多的干預。
市場在人類浪漫生活和性生活方面的影響愈來愈大。過去靠的是父
母之命、媒妁之言，現在則交給市場幫忙，先訂下我們對浪漫和性
生活的憧憬，再把這些憧憬提供給我們——而且當然要收費。在過
去，男女約會是在家庭的客廳，有金錢往來的話，是由一方的父親

交到另一方父親手中。到了現在，約會是在酒吧或咖啡館，金錢則是從這對戀人手上交給服務生。而且，為了這場約會，甚至還有更多錢是直接轉帳給服裝設計師、健身房老闆、營養師、美容師和整形外科醫師；早在我們抵達咖啡館之前，這些人就已經想盡辦法，讓我們無限逼近市場對「美」的標準。

國家同樣也愈來愈介入家庭關係，特別是父母與子女的關係。現在，父母有義務送孩子接受國民教育。如果父母特別愛辱罵孩子或對他們暴力相向，就可能被國家限制權力。如有必要，國家甚至可以把父母關起來，將孩子送到寄養家庭。

事實上，直到不久前，如果有人說家長不得毆打或侮辱小孩，否則國家應該介入，都還會被當成笑話，認為這萬不可行。在過去大多數的社會中，父母擁有至高無上的權威。尊親敬長可說是最高法則，父母幾乎可以為所欲為，就算是冷血弒嬰、販賣子女為奴，或是把女兒嫁給年紀大她兩倍的男人，都覺得理所當然，因為子女是父母的財產。但是現在，父母的權威可說大不如前。年輕人愈來愈不甩長輩的意見，然而一旦孩子的人生，出了任何問題，外界似乎總是可以怪罪到父母頭上。佛洛伊德心理學對眾家爸媽的指控，可能與史達林早就定好罪刑的做秀審判，不相上下。

▌想像的社群

正如同核心家庭，只要地方社群的情感功能還沒有完全遭到國家和市場取代，就不會從現代世界消失。過去，地方社群的物質功能，現在已經大部分由市場和國家接手，但是在部落情誼、同舟共濟這些情感上，市場和國家畢竟還難以全盤掌控。

市場和國家若要增強這些情感面，倚賴的就是塑造**想像的社群**（imagined community，另譯為「想像的共同體」），納入的人數可能達到數百萬之譜，而且是專為國家或商業需求，量身打造的。

　　所謂想像的社群，指的是：雖然成員並不真正認識彼此，卻想像大家都是同一夥的。這樣的社群概念歷史悠久，並不是到了現代才乍然出現。數千年來，王國、帝國和教會，早就擔任了這種想像社群的角色。例如在古代中國，數千萬人都認為全國臣民就是一家人，而皇帝就是君父。在中世紀，數百萬虔誠的穆斯林也想像著：整個伊斯蘭社會就是一個家庭，彼此都是兄弟姊妹。

　　然而縱觀歷史，這種想像的社群力量有限，比不上每個人身邊幾十個熟人所結合成的密切社群。密切社群能夠滿足成員的情感需求，而且對每個人的生存和福祉都至關重要。只不過，密切社群在過去兩世紀間迅速衰微，開始由想像社群填補這個情感上的空缺。

　　現代興起的兩大想像社群，就是**民族**和**消費者部落**（consumer tribe）。所謂民族是國家層級的想像社群；而所謂消費者部落，則是市場層級的想像社群。我們說這些社群屬於「想像」，是因為過去的村落社群都是成員彼此熟識，但現代不論民族或消費者，成員都不可能像過去一樣彼此熟悉。任何一個德國人，都不可能真正認識所謂德意志民族的八千萬人；歐洲共同市場的五億人口，也不可能都互相認識（歐洲共同市場後來發展成歐洲共同體，最後形成今日的歐盟）。

　　消費主義和民族主義可說是夙夜匪懈，努力說服我們自己和其他數百萬人是一夥的，認為我們有共同的過去、共同的利益，以及共同的未來。這並不是謊言，而是一場想像。不論是民族或是消費者部落，其實和金錢、有限公司和人權相同，都是一種「互為主體

性」(見第143頁)的現實,雖然只存在於我們的集體想像之中,但力量卻無比巨大。只要這幾百萬德國人相信有德意志民族存在,同樣認同德國國徽,同樣相信關於德意志民族的虛構故事,同樣願意為了德意志民族犧牲自己的金錢、時間、甚至生命,德國在世界舞臺的強權地位就難以動搖。

▌民族——國家層級的想像社群

民族竭盡全力,希望能掩蓋自己屬於想像的這件事。大多數民族都會聲稱自己的形成是自然而然、天長地久,說自己是在最初的原生時代,由這片祖國土地和人民的鮮血緊密結合而成。但這通常是誇大其辭的說法。雖然民族確實有悠久的源頭,但因為早期「國家」的角色並不那麼重要,所以民族的概念也無關痛癢。例如中世紀紐倫堡的居民,可能多少對德意志民族有些忠誠度,但是相較之下,由於照顧自己大部分需求的還是家族和地方社群,所以對家族和地方社群的忠誠度自然遠遠高出許多。

另外,就算古代許多民族都曾有輝煌的過去,能夠存活到今天的卻很少。現有的民族多半是在近幾世紀才合併成形。

中東地區就有許多這種例子。我們現在之所以有敘利亞人、黎巴嫩人、約旦人、伊拉克人的區別,只是因為當初英法兩國的外交官,在完全不顧當地歷史、地理和經濟的情況下,在一片沙漠之中訂出了所謂的邊界。例如他們在1918年就規定,從此住在庫德斯坦、巴格達和巴士拉的人,就成了伊拉克人。至於誰是敘利亞人、誰又是黎巴嫩人,則主要是法國做的決定。不論是伊拉克前總統海珊、或是敘利亞前總統阿薩德,都全心全意不斷想強化這些出自英

法之手的民族意識，但他們夸言伊拉克人或敘利亞人千秋萬世、直
到永遠，其實只是一種想像的空話。

確實，民族概念並非空中樓閣、毫無根據。伊拉克或敘利亞建
國的時候，確實有真實的歷史、地理和文化因素，而且有些可以追
溯到千年之久。像是海珊就大打阿拔斯王朝（見第233頁）和巴比倫
帝國這兩張牌，說自己一脈相傳，甚至還把自己的一支師級精銳裝
甲部隊，命名為「漢摩拉比師」。但就算如此，也不會讓伊拉克民
族變成一個自古存在的實體。

舉例來說，就算我用的原料是放了兩個月的麵粉、放了兩個月
的油、放了兩個月的糖，做出來的也不會是放了兩個月的蛋糕。

消費者部落——市場層級的想像社群

講到要爭取忠誠度這回事，所謂民族的社群概念，現在碰上的
對手就是各種的消費者部落。各個部落裡的消費者雖然互不相識，
但都有同樣的消費習慣和興趣，因此不但相信、還定義大家就是同
一夥的。

這聽來似乎不可思議，但我們身邊早就有太多實例了。舉例
來說，瑪丹娜的粉絲就能構成一個消費者部落。他們要滿足這項定
義的方式，主要靠的就是購物——靠著購買瑪丹娜演唱會的門票、
CD、海報、襯衫和手機鈴聲，就能定義誰是粉絲。

至於曼聯球迷、素食主義者、環保份子等等也是如此。確實，
很少有人真的會願意為了環境或曼聯而捐軀；但如今的民眾花在上
超市的時間，遠超過上戰場的時間。而到了超市，消費者部落的影
響力，常常就會遠大於所屬民族的影響力。

現代社會秩序變動不休

　　過去這兩個世紀變動如此迅速劇烈，讓社會秩序起了根本的改變。傳統上，社會秩序堅若磐石，難以撼動。畢竟「秩序」就隱含穩定和連續的意義。歷史上，社會的改變很少是大刀闊斧的革命，多半是無數個小步驟逐漸累積而成。於是，我們一般感覺社會結構並不靈活，似乎永恆不變。或許，我們會努力改變自己在家族和地方社群中的地位，但講到要徹底顛覆整個社會秩序，這個概念可能就很陌生。我們常常會把自己限縮於現狀，聲稱「過去都是這樣，未來也會是這樣」。

　　過去兩個世紀中，變化速度奇快無比，讓社會秩序顯得充滿活力和可塑性，呈現變動不休的狀態。談到現代革命，一般人想到的會是1789年的法國大革命、1848年的歐洲自由革命、或是1917年的俄國革命。但事實上，講到現代，其實每年都有革命性的改變。即使只是三十多歲的人，也可以告訴那些打死不信的青少年：「我年輕的時候，整個世界完全不是這樣。」例如，網際網路是在1990年代才開始廣泛使用，至今也才是三十年左右的事，然而我們已經完全無法想像沒有網路的生活會如何。

　　因此，想要定義現代社會的特色為何，就像要問變色龍究竟是什麼顏色一樣。我們唯一可以確定的特色，就是它會不斷改變。我們已經習慣了這種變動特性，而且多數人也都會同意社會秩序應該有彈性，是我們能夠操縱、能夠改進的。前現代統治者的主要目標是要維護傳統秩序，甚至希望能夠盡量回歸過去失落的黃金年代。但是到了過去兩個世紀，政治主流卻是要摧毀舊世界，再建立起更好的世界來取代。現在就算是最保守的政黨，也不敢說自己的目標

就是維護一切保持不變。人人都在談，要進行社會改革、教育體制改革、經濟體制改革等等，而且這些承諾常常都是劍及履及、說到就要做到。

地質學家知道地殼的板塊運動可能引發地震和火山爆發，我們也知道激烈的社會運動可能引發血腥暴力。講到十九世紀和二十世紀的政治史，多半是一連串生靈塗炭的戰爭、革命和大屠殺。就像是雨天的時候，小孩喜歡穿著雨鞋從一個水窪跳到下一個水窪，這種歷史觀點也像是在跳水窪：從第一次世界大戰跳到第二次世界大戰，再從第二次世界大戰跳到美蘇冷戰；從亞美尼亞大屠殺跳到猶太人大屠殺，再跳到盧安達大屠殺；從把路易十六送上斷頭臺的羅伯斯庇爾（Robespierre）跳到列寧，再跳到希特勒。

雖然這些都是事實，但光是這樣列出一長串我們太熟悉的慘案名單，卻會造成誤導，讓我們只看到一個又一個的水窪，卻忘了水窪之間還有乾地。在近代晚期，雖然暴力和恐懼達到前所未有的高峰，但和平與安寧也同時來到歷史新高。狄更斯寫到法國大革命，就說「這是最好的年代，也是最壞的年代。」這句話不只適用於法國大革命，很可能也適用於由法國大革命揭開的新時代。

▌我們這個年代的和平

特別是在二次世界大戰結束後的七十年間，情況更是如此。在這段期間，人類第一次有可能得要面對徹底的自我摧毀，而且也確實爆發了相當數量的戰爭和屠殺。但這幾十年同時也是人類歷史上最和平的年代，而且程度是大幅領先。這點之所以讓人意想不到，是因為如果就經濟、社會和政治層面來說，這個時期的變動比以往

任何時代都多。可以說，雖然歷史的板塊構造以瘋狂的速率移動碰撞，但是火山依舊休眠、不爆發。這個靈活變動的新社會秩序，似乎既能夠啟動劇烈的結構變化，又能夠避免崩潰導致暴力衝突。[114]

大多數人看不到這個年代究竟有多麼和平。我們畢竟都沒真正看過一千年前的模樣，所以很容易忽略過去的世界其實更加殘暴。而且，因為戰爭變成少見的事，也讓它吸引了更多關注。許多人緊盯著阿富汗和伊拉克戰爭肆虐，但沒什麼人特別想到偌大的巴西和印度並無戰事，一片安詳。請回憶一下，上回你聽到新聞報導說「哪一場國際間的衝突所幸並未引發戰爭，或是哪一個恐怖組織的破壞行動幸好並未得逞……」是什麼時候的事了？媒體總是喜歡報憂不報喜。

更重要的是，我們比較容易體會到個人的辛酸，不容易體會到人類整體的苦難。譬如，許多人不停的在臉書上轉貼一名阿富汗女孩無辜受到塔利班攻擊毀容的照片，或是再三閱讀空難事件的每一位罹難者生平故事的報導；可是對於蘇聯大饑荒（1932-1933）和中國大饑荒（1958-1962）的數千萬人死亡、非洲達佛（Darfur）數十萬人遭到集體屠殺，往往無動於衷。

為了從宏觀角度來看歷史進程，我們需要看整體統計數據，而不只是看個人的故事而已。在西元2000年，全球戰爭造成31萬人喪生，而暴力犯罪造成52萬人死亡。當然，對每一個受難者來說，這都是世界的毀滅，家庭因而破碎，親友悲痛逾恆。但是從宏觀的角度來看，在2000年總共83萬的戰爭和暴力犯罪受難者，只占全球5,600萬死亡人數的1.5％。在同一年，車禍死亡的人數達到126萬（占總死亡人數2.25％），自殺人數達81.5萬（1.45％）。[115]

2002年的數字更誇張，在5,700萬死亡人數當中，有17.2萬人

死於戰爭，而有56.9萬人死於暴力犯罪，也就是總共74.1萬人死於人類暴力。相較之下，該年自殺的人數就有87.3萬。[116]

所以我們看到，在911恐怖攻擊後的一年，雖然恐怖主義和戰爭喊得震天價響，但說到某個人被恐怖份子、士兵或毒販刺殺的可能性，其實還比不上他自殺。

在全球大多數地方，我們晚上入眠時，都不用擔心附近的部落會不會包圍自己的村莊，來一場全村大屠殺。現在的英國有錢人就算每天走過羅賓漢的舍伍德森林，也不用擔心會有人埋伏搶錢，再把搶來的錢分給窮人（或者更可能直接收進口袋）。學生不再需要擔心師長棍棒齊飛，孩子不再需要煩惱可能被販為奴，女性也知道丈夫不得家暴、或強迫她們待在家裡。在全球愈來愈多地方，這些期待都已經成為事實。

暴力發生率下降，主要是因為國家制度的崛起。縱觀歷史，大多數的暴力事件是出於家族之間或社群之間的仇恨。（就算在今天，上述數據也能看出地方犯罪遠比國際戰爭更為致命。）我們前面已經提到，在早期農業社會裡，農民唯一知道的政治組織就是自己的社群，但他們受到的暴力對待層出不窮。[117] 要等到王國和帝國的力量增強之後，才開始對社群有了約束力，而使暴力程度下降。在中世紀歐洲各自獨立的王國裡，每10萬人遭到凶殺的人數，大約已降低到每年20人至40人之間。而近幾十年來，國家和市場大權在握，地方社群可以說消失殆盡，暴力事件發生率也是進一步下降。全球現在，每年每10萬人遭到凶殺的人數只有大約9人，而且多半是發生在國家權力不彰的地方，像是索馬里亞和哥倫比亞。至於歐洲這些權力集中的國家，平均每年每10萬人只會有1人死於凶殺命案。[118]

當然，我們還是會看到有政府運用國家力量殘害自己的公民，而且常常就是這些恐怖的印象深植人心，揮之不去。譬如在二十世紀，就有數千萬、甚至上億人，遭到自己國家的特務機關殺害。但從宏觀的角度來看，國家控制的法院和警力，仍然是提升了全民的安全水準。就算是在暴虐的獨裁統治之下，現代人死於他人之手的可能性，仍然低於前現代社會的水準。

1964年，巴西出現了軍事獨裁政權，而且一直統治巴西，直到1985年。在這二十年間，共有數千名巴西民眾遭到軍事獨裁政權殺害，另有數千人遭到囚禁和折磨。然而，就算在情況最糟糕的年度，里約熱內盧居民死於他人之手的可能性，仍然遠低於瓦拉尼人、雅韋提人或雅諾馬莫人。瓦拉尼人、雅韋提人和雅諾馬莫人都是住在亞馬遜森林深處的原住民，他們沒有軍隊、沒有警察，也沒有監獄。人類學研究指出，這些族人的男性約有25％到50％，會因為財產、女人或名聲的糾紛，而死於暴力衝突。[119]

帝國平和撤退

國家內的暴力行為在1945年以後，究竟是減少或增加，或許還有商榷的餘地。但誰都無法否認，現在的國際暴力事件正是史上最少的時期。其中對比最明顯的，或許就是歐洲帝國崩潰時的情形。歷史上，我們看到歐洲各個帝國總是鐵腕鎮壓叛亂，而且就算再也壓制不住，最後也會孤注一擲，常常就是一場浴血混戰。等到帝國滅亡，接著就有一段無政府狀態，戰亂頻傳。但自從1945年以來，多數帝國的君王都選擇了和平的退位方式，帝國解體崩潰的過程變得相對迅速、平和，而且頗有秩序。

例如在1945年，英國還統治著四分之一的地球。然而不過三十年後，英國統治的土地就只剩下幾座島嶼。在這段期間，英國從一個又一個殖民地撤退，過程大致和平有序。雖然在像是馬來亞（Malaya）和肯亞之類的少數地方，英國曾經試圖以武力維繫在當地的勢力，但在大多數地方，對於帝國末日的反應比較像是只有一聲悲嘆，而不見情緒太過激昂；主力放在政權的順利移轉，而不是還想繼續權力一把抓。

　　大家提到甘地的非暴力抵抗，常常讚譽有加，但大英帝國其實也該得到部分掌聲。經過多年來痛苦且常常流血的衝突，等到英領印度時期畫下句點，印度人並不需要和英國人在德里與加爾各答的街上兵戎相向。帝國退位後，由各個獨立的國家接管，大部分就享受著既成的穩定邊界，也與四周的鄰國和平共處。

　　確實，大英帝國在遭到威脅時，殺害了數萬民眾，而且幾個敏感地區在英國撤出後，便爆發了大規模種族衝突，造成數十萬人喪生（特別是在印度）。然而，如果從長期的歷史平均來看，英國撤退已經稱得上是和平與秩序的典範。相較之下，法國殖民帝國就比較頑固了，崩潰撤退時，仍然在越南和阿爾及利亞掀起血戰，造成數十萬人死亡。但就算是法國，從其他殖民地撤退時，也算是平和迅速，而且離開後留下的是秩序井然的國家政府，不是一團混亂。

　　1989年蘇聯解體，過程可說是更為平和，只是在巴爾幹半島、高加索和中亞地區仍然爆發了種族衝突。一個如此強大的帝國，竟然消失得這麼安靜且迅速，可說是史上首見！在1989年，蘇聯帝國並未遭受軍事挫敗（除了在阿富汗）、並未受到外國入侵、並未有人民叛亂反抗，甚至也沒有像是金恩博士的大規模公民不服從運動發生。蘇聯當時仍然握有數百萬雄兵，有上萬輛坦克、上萬架飛

機，核武力量可以把全球炸到翻個幾番。無論是紅軍或其他華沙公約組織的軍隊，也依然忠心耿耿；要是蘇聯最後一位統治者戈巴契夫下令，紅軍還是敢對人民開火。

然而，無論是蘇聯或是東歐共產政權的大多數統治者（羅馬尼亞和塞爾維亞除外），都選擇完全不去動用這龐大的武力。這些人發現共產主義垮臺時，就是放下武力、承認失敗，收拾行李、告老還鄉。戈巴契夫等人所放下的，不只是蘇聯在第二次世界大戰所攻下的領地，還包括了更早之前由沙皇所征服的波羅的海、烏克蘭、高加索和中亞地區。如果戈巴契夫做的選擇，是像塞爾維亞的領導人、或是像法國在阿爾及利亞的決定，後果只能說令人不寒而慄。

▌難得的和平盛世

在帝國撤退之後獨立的國家，顯然對戰事都興趣缺缺。除了極少數例外，自1945年以來，已不再有併吞其他國家的情事發生。這種征服在過去一向是政治史上不可或缺的基本要素，許多偉大的帝國因此建立，大多數過去的統治者和民眾也認為：這是歷史的必然。然而今天世上任何地方，都已經不可能再發生像羅馬人、蒙古人和土耳其人那些逐鹿天下的事。自1945年以來，沒有任何一個經聯合國承認的獨立國家遭到併吞而滅國。雖然小型國際戰爭時而發生、仍有達百萬之譜的民眾在戰事中喪命，但是戰爭已經不再是常態。

許多人以為和平是西歐的特色，這裡富裕而民主，戰事完全絕跡。但事實上，和平氣息是先在其他地區發展，最後才傳播到了歐洲。像是在南美，最後幾場嚴重的國際戰爭是1941年的祕魯與厄瓜

多戰爭，以及1932年至1935年的玻利維亞與巴拉圭戰爭。而且在這之前，南美在1879年至1884年（當時一方是智利、另一方是玻利維亞和祕魯）之後，就不再有其他嚴重戰事。

我們可能並不認為，阿拉伯世界是特別和平的地方。但自從阿拉伯國家贏得獨立之後，只有一次曾經爆發兩國全面交戰事件（伊拉克於1990年入侵科威特）。確實，邊界衝突層出不窮（像是1970年敘利亞與約旦），多次有國家入侵他國、干涉內政（像是敘利亞入侵黎巴嫩），有許許多多的內戰（像是阿爾及利亞、葉門、利比亞），而且政變和叛亂時有所聞。但事實就是：除了波灣戰爭外，阿拉伯國家之間就再也沒有其他全面的國際戰爭。就算把範圍擴大到整個穆斯林世界，也只是再增加了兩伊戰爭這個例子。無論是土耳其與伊朗、巴基斯坦與阿富汗，或是印尼與馬來西亞，都從來沒有發生國際戰爭。

在非洲，事情遠遠不那麼樂觀。但就算在非洲，大多數衝突也只是內戰和政變。自從非洲國家在1960年代和1970年代贏得獨立之後，就極少有國家試圖征服彼此、取而代之。

在過去，如果有些相對平靜的年代（像是1871年到1914年的歐洲），總是接著就發生翻天覆地的戰事。但是現在不同了，原因就在於：真正的和平不該只是「現在沒有戰爭」，而是「不可能發生戰爭」。在過去，從來未曾有過真正的世界和平。譬如在1871年到1914年間，歐洲各地的戰爭仍然是一觸即發，不管是軍隊、政治家或一般公民，也都有這種心理準備。過去所有所謂的和平時期，都是如此的暗潮洶湧。

國際政治過去的鐵則就說：「任何兩個相鄰的政體，都會有某種可能，讓他們在一年之內，向對方宣戰。」像這樣的叢林法則，

無論是十九世紀晚期的歐洲、中世紀的歐洲、古代的中國、或古希臘，都同樣大行其道，屢屢成真。如果雅典和斯巴達在西元前450年達成和平，很可能在西元前449年就又打了起來。

然而，我們今天已經打破了這個叢林法則。現在呈現的是真正的和平，而不只是沒有戰爭。對於大多數的政體來說，都沒有什麼合理可信的情況，會在一年之內導致全面開戰。有什麼可能，會讓德國和法國忽然開戰？中國和日本開戰？巴西和阿根廷開戰？

雖然可能會有某些小規模邊境衝突，但現在除非發生了某個世界末日等級的事件，否則幾乎不可能再次爆發傳統的全面戰爭。如果說明年這個時候，阿根廷裝甲師要一路橫掃到巴西里約的大門口，而巴西又要地毯式轟炸阿根廷的布宜諾斯艾利斯，機會只能說微乎其微。當然，有幾對國家之間仍然可能出現戰爭，像是以色列和敘利亞、衣索比亞和厄立垂亞、或是美國和伊朗，但這些只是少數例外。

當然，未來情況也可能有所改變，到時候回頭來看，就會覺得現在這個想法天真得難以想像。但是從大歷史的角度來看，現在的天真仍然是件好事。在過去，從來沒有這種四方和平、難以想像戰爭爆發的年代。

▌和平紅利飆升

目前已經有許多學者發表不少著作和文章，解釋為何現在會有這種令人愉悅的發展，其中大致提出幾項重要因素。

首先，戰爭的成本大幅上升。如果諾貝爾和平獎一百年才頒發一次，那應該頒給歐本海默、以及與他一起研發出原子彈的同事。

有了核武器之後，超級大國之間如果再開戰，無異於集體自殺。想要以武力征服全球，已經成了不可能的任務。

其次，正因為戰爭的成本飆升，也就代表利潤下降。在史上大多數時候，只要掠奪或兼併敵人的領土，總是能為自己的國力注入一劑強心針。過去的財富多半就是田地、牛隻、奴隸和黃金之類的物質財產，無論要搶劫或占領都十分方便。但是到了今天，財富的形式變成了人力資本、組織專業知識，想要以武力搶奪或是占領，都相當困難。

讓我們以加州為例。加州最初是以金礦起家，但現在的經濟重心已經轉移到了矽谷和好萊塢。如果今天中國忽然打算武力進犯加州，派出百萬大軍登陸舊金山海灘，揮軍直入，一切會如何？他們幾乎將一無所得。畢竟，矽谷雖然叫矽谷，卻沒有矽礦。這裡的財富都藏在點子和想法裡，也就是藏在那些矽谷工程師，還有好萊塢的編劇、導演和特效人員的腦袋裡。中國的坦克車還沒開到日落大道，他們早就已經搭機逃到海角天邊去了。

雖然世界上仍然偶爾會發生大規模國際戰爭（例如1990年伊拉克入侵科威特、2003年美國攻占伊拉克），但原因在於這些地方的財富多半屬於傳統的實質財富。雖然被侵略國的許多政要也能逃往國外，但油田卻是萬萬跑不了。

接下來的第三項重點是：顯然戰爭已經不再那麼有利可圖，而和平卻成了一筆愈來愈划算的生意。在過去的農業經濟中，長途貿易和外國投資並非重點，因此和平頂多只是省下戰爭費用，其他並無太大好處。例如假定在1400年，英國與法國處於和平狀態，法國民眾就不用負擔沉重的戰爭稅，也不用擔心英國毀滅性的侵略攻擊；但除此之外，英國人並不會因為和平的些許紅利，荷包就變得

滿滿。但是到了現代的資本主義經濟，外貿和投資變得至關重要，和平可以帶來特別豐厚的紅利。只要美中兩國相安無事，中國人可以把產品賣給美國，能在華爾街買賣股票，也可以接受美國來的投資，而這些都能振興中國的經濟。

最後一項重點，在於全球政治文化也有了結構性的大變動。史上有許多領導菁英，像是匈奴的單于、維京人的首領、阿茲特克的祭司，其實認為戰爭是件好事；也有些領袖雖然認為戰爭很邪惡，但認為這避無可避，只能做好準備，隨時要搶占上風。而在我們這個時代，是史上第一次絕大多數由愛好和平的菁英份子來領導，這些政治家、商人、知識份子和藝術家，確實相信戰爭是一種邪惡，也相信戰爭能夠避免。（雖然過去也有和平主義者，例如早期的基督徒，但即便在極少數情況下他們獲得了權力，也常忘記《聖經》裡要他們「連左臉也轉過來由他打」的教條。）

▌全球帝國成形

所以，現在有四大因素的影響，形成了一個良性循環：核戰末日的威脅促進了和平主義；和平主義大行其道，於是戰爭退散、貿易興旺；貿易成長，也就讓和平的利潤更高，戰爭的成本也更高。

隨著時間過去，這個良性循環也就對戰爭造成另一個阻礙，而且可能最後看來會是最重要的阻礙：由於國際間的網路日漸緊密，使得多數國家無法再維持全然獨立，因此其中任何一國片面宣戰的機會，也就大幅降低。

大多數國家之所以不再發動全面戰爭，原因很簡單，就是因為他們已經不再能夠完全獨立行事。雖然不管是在以色列、義大利、

墨西哥或泰國，人民可能還是以為自己是獨立的國家，但其實任何經濟或外交政策都不可能自外於他國，全面性的戰爭也不可能獨自發動。

正如我們在第11章〈帝國的願景〉所提，現在正面臨著全球帝國的形成。而這個帝國與之前的帝國也十分類似，會努力維持疆域內的和平。正因為全球帝國的疆域就是全世界，所以世界和平也就能得到有效的維持。

有人會說，所謂的現代就是充滿了盲目的屠殺、戰爭和壓迫，而代表意象就是第一次世界大戰的戰壕、廣島的蘑菇狀原爆雲、以及希特勒和史達林那些幾近瘋狂的意志。但也有人說，現代是和平的時代，像是南美從來沒有戰壕，莫斯科和紐約從來沒見過那些蘑菇雲，而甘地和金恩博士都讓我們看到了寧靜致遠的縮影。

究竟孰是孰非？其實需要時間來證明。我們只要回顧過往，就會發現，自己對於過去歷史的看法總是受到近幾年事件的左右。如果這一章是寫在1945年或是1962年（古巴飛彈危機），可能看法就會偏向悲觀。但是正因為這一章是在2012年所寫（俄羅斯於2014年2月派兵併吞烏克蘭的克里米亞），整個看待現代歷史的觀點也就相對比較樂觀了。

為了讓樂觀主義者和悲觀主義者都能滿意，我或許可以說：我們正在天堂和地獄的叉路口，而我們還不知道自己會朝哪一個方向走。歷史還沒告訴我們該挑哪一邊，而只要發生某些巧合，往哪一邊走都不算意外。

第**19**章

從此過著幸福快樂的日子

　　在過去的五百年間，我們見證了一連串令人驚嘆的革命。地球已經統合成為單一的生態圈和歷史圈。經濟呈現指數增長，今日人類所享有的財富，在過去只有可能出現在童話裡。而科學和工業革命也帶給我們超人類的力量，以及幾乎可說無限的能源。不僅社會秩序完全改變，政治、日常生活和人類心理，也徹底改觀。

　　只不過，我們真的更快樂了嗎？

　　人類在過去五世紀間積蓄的財富，是不是真的讓我們找到了新的滿足感？有了取之不盡的能源之後，我們是不是也得到了用之不竭的快樂？如果我們往更久之前回顧，認知革命以來這動盪不安的七萬年間，世界是不是真的變得更好？到現在，阿姆斯壯的腳印還留在無風的月球上，而三萬年前也有個不知名的人，把手印留在雪維洞穴裡；這兩個不同時代的人，究竟誰比較快樂？如果後來的人並沒有比較快樂，我們又為什麼要發展農業、城市、文字、錢幣、帝國、科學和工業呢？

　　歷史學家很少問這樣的問題。他們不討論烏魯克人和巴比倫

是不是比先前狩獵採集為生的人更快樂；伊斯蘭教興起後，埃及人是不是對生活更加滿意；也不討論歐洲帝國在非洲崩潰之後，數百萬非洲人的幸福受到什麼影響。

人民幸福快樂嗎？

　　然而，這些可說是最重要的歷史問題。目前大多數的意識型態和政治綱領，雖然都說要追求人類的幸福，但對於幸福快樂的真正來源為何，卻還是不明就裡。民族主義者會說政治自決能夠帶來快樂。共產主義者會說無產階級專政能夠帶來快樂。資本主義者說自由市場能夠創造經濟成長，能夠教導人自立自強、積極進取，所以能夠為最多人帶來最大的快樂。

　　如果經過仔細研究，結果卻全盤推翻了這些人的假設，情況會如何？如果經濟成長和自立自強並不會讓人更快樂，又何必將資本主義奉為圭臬？如果研究顯示，大型帝國的屬民通常比獨立國家的公民更幸福，例如假設相較於被當地獨裁者統治的狀況，迦納人被大英帝國統治時還比較快樂，那我們該怎麼辦？這樣一來，要怎樣評價去殖民化？民族自決的價值又該怎麼說？

　　這些都還只是假設，但原因就是歷史學家至今還在迴避提出這些問題，更不用說什麼時候才會找出答案了。學者研究歷史，研究了每一個層面，包括政治、社會、經濟、性別、疾病、性、食物、服裝，卻很少有人提到這些現象究竟如何影響人類的幸福。這是我們在史識方面的最大空白之處。

　　雖然很少有人提出對於快樂的長期歷史研究，但幾乎所有學者和大眾心中都多少有些模糊的定見。常有人認為，時間不斷進展，

人類的能力也不斷增加。一般來說，我們會運用能力來減輕痛苦、滿足願望，所以我們想必過得比中世紀的祖宗來得快樂，而他們又一定比石器時代的狩獵採集者來得開心。

　　然而，這種進步論卻可能是有些問題的。正如我們所見，新的傾向、行為和技能不一定會讓生活過得更好。譬如人類在農業革命學會了農耕畜牧，提升了人類整體形塑環境的力量，但是對於許多個人而言，生活反而變得更為艱苦。農民的工作比起狩獵採集者更為繁重，不僅取得的食物種類變少、營養較不均衡，而且染上疾病與受到剝削的可能性都大增。

　　同樣的，歐洲帝國開枝散葉，同時將各種概念、科學技術和農作物向四方傳播，還打開了商業的新道路，大大提升了人類整體的力量；但是對於數百萬的非洲人、美洲原住民和澳洲原住民來說，這幾乎完全算不上是好事。

　　歷史一再證實，人類有了權力或能力，就可能濫用。所以要說能力愈高就愈幸福，看來實在有些天真。

　　有些反對進步論的人，就會站在完全相反的立場。他們認為人的能力和幸福之間正好是負相關。他們認為權力使人腐化，人類有了愈來愈多的能力之後，創造出來的是冷漠的機器世界，並不符合人類實際的需求。人類的演化，是讓我們的思想和身體符合狩獵採集生活。因此，無論是轉型成農業、或是後來再轉型到工業，都是讓我們墮入不自然的生活方式，讓我們無法完全實現基因中固有的傾向和本能，也就不可能滿足我們最深切的渴望。就算是都市中產階級，過著舒適的生活，生活中卻再也沒有什麼比得上狩獵採集者獵倒猛獁象的那種興奮和純粹的快樂。每次出現新發明，只是讓我們與伊甸園又離得更遠。

特別是浪漫主義者會強調：相較於我們的祖先，現代人感受到的世界實在較為貧瘠。古代狩獵採集者活在當下，敏銳感受著身旁的所有聲響、滋味與氣味，畢竟這一切都可能造成生死之別。而現代人就像是總不好好抓住重點，雖然到超市就有上千種不同的食物可買，但不管選了什麼，都可能是在電視機前狼吞虎嚥，而沒有真正品嚐。雖然有上千個迷人的地點可以去度假，但無論去了哪裡，都可能是在滑著智慧型手機，而沒有真正看到那個地方。我們現在手上的選擇，比過去任何時候都多，但如果沒能真正把心思放在上面，再多選擇又有何用？

　　然而，如果認為每項發明必然帶來陰影，似乎也流於武斷，這種態度不也像是「深信進步論是真理」一樣嗎？或許，雖然我們與內心那個狩獵採集者愈來愈遙遠，但並不全然是壞事。舉例來說，在過去兩個世紀裡，現代醫學讓兒童死亡率從33％降到5％以下。對於那些本來無法存活的孩童，或是他們的家人親友來說，難道這不是讓他們的幸福感大增了嗎？

　　還有一種更微妙的立場，就是把歷史分成前後兩段來討論：在科學革命之前，能力還不一定能帶來幸福，中世紀的農民確實可能過得比狩獵採集者更為悲慘；然而在過去幾世紀間，人類已經學會更聰明的使用權力和能力。現代醫學的勝利只是其中一個例子，其他同樣震古鑠今的成就，還包括讓暴力事件大幅降低、大型國際戰爭幾乎已經煙消雲散，而且大規模饑荒也幾乎不再發生。

　　然而，這種說法其實也流於過度簡化。首先，這裡只根據了非常小的時間抽樣，就做出了樂觀的評估。事實上，大多數人類是到1850年才開始享受到現代醫學的果實，而且兒童死亡率急遽下降也是二十世紀才出現的現象。至於大規模饑荒，直到二十世紀中葉都

還是大問題。像是共產中國在1958年至1961年的大躍進，造成大約一千萬人到五千萬人餓死。大型國際戰爭也要到1945年以後，才變得罕見，而且一大原因還是核戰末日這項新威脅。因此，雖然說過去幾十年似乎是人類前所未有的黃金年代，但想知道這究竟代表歷史潮流已經有了根本轉變，或只是曇花一現的美好，目前還言之過早。

▌誰真正幸福快樂了？

我們在評價歷史進程的時候，經常是以二十一世紀西方中產階級的觀點。但我們不該忘記，對於十九世紀在威爾斯的煤礦礦工、中國鴉片菸的癮君子、或是塔斯馬尼亞島的原住民，觀點必然是相當不同的。楚格尼尼（最後一位純種塔斯馬尼亞人）的重要性，絕對不下於《辛普森家庭》裡的老爸荷馬（出生於1956年的美國典型藍領階級）。

其次，就算是過去半個世紀這短暫的黃金年代，也可能已經播下未來災難的種子。在過去幾十年間，人類用了無數新方法干擾了地球的生態平衡，而且看來可能後患無窮。有大量證據顯示，我們縱情消費而不知節制，正在摧毀人類賴以繁榮的根基。

最後一點，雖然智人確實取得了空前的成就，或許值得沾沾自喜，但代價就是賠上幾乎所有其他動物的命運。人類現在取得許多物質和資源，讓我們得以免受疾病和饑荒之苦，但我們是犧牲了實驗室裡的猴子、農場裡的乳牛、輸送帶上的雞隻，才換來這些讓我們洋洋得意的成就。在過去兩個世紀，有數百億隻動物遭到現代工業制度的剝削，冷酷程度是整個地球史上前所未有的。就算動物保

護團體指出的現象只有十分之一是事實，現代農牧產業也已是史上
最大規模、最殘暴的罪行。

要評估全球幸福程度的時候，只看上層階級、只看歐洲人、只
看男性，都是巨大的錯誤。或許，只看人類也同樣有失公允。

▌快樂該如何計算？

到目前為止，我們討論快樂的時候，似乎都認為這是由各種實
質因素（例如健康、飲食和財富）建構出來的產品。如果某個人更
有錢、更健康，就一定也更快樂。但這一切真的這麼理所當然嗎？

幾千年來，早就有哲學家、神職人員和詩人反覆思索快樂的本
質。許多人都認為，社會、倫理和心靈因素對幸福感的影響，絕對
不下於其他物質條件。有沒有可能，雖然富裕社會裡的人類荷包滿
滿，卻因為人際疏離和生活缺乏意義而深感痛苦？有沒有可能，雖
然我們的老祖宗生活條件較差，但因為與家人朋友、宗教和大自然
關係緊密，所以反而活得比較滿足？

近幾十年來，心理學家和生物學家開始用科學方法，來研究快
樂的根源。究竟讓人感到幸福快樂的是金錢、家庭、基因，還是美
德？首先，得先定義要測量的是什麼。

一般對於快樂普遍接受的定義是「主觀感到幸福」。依照這個
觀點，快樂是一種個人內在的感受，可能是因為當下直接的快感，
或是對於長期生活方式的滿足。而如果這是內在的感受，又要怎樣
才能由外部測量呢？一種做法是直接詢問受試者，問問他們的感受
如何。所以，心理學家和生物學家就請受試者填寫關於幸福感的問
卷，再計算相關統計結果。

　　一般來說，關於主觀幸福感的問卷會列出各種敘述，再請受試者以 0 到 10 加以評分，這些敘述例如：「我對自己現在的樣子感到滿意」、「我覺得活到現在非常值得」、「我對未來感到樂觀」、「生活是美好的」。接著，研究人員就會計算所有分數，算出受試者整體的主觀幸福感程度。

　　這樣的問卷能夠用來瞭解快樂有哪些客觀因素。舉例來說，我們可以研究比較 1,000 位年收入十萬美元的人，以及 1,000 位年收入五萬美元的人。假設前者的平均主觀幸福感有 8.7 分，而後者平均只有 7.3 分，研究就能合理推論：財富與主觀幸福感呈正相關。說得白話一點，也就是金錢會帶來快樂。

　　用同樣的方法，我們也可以研究民主國家的人是不是真的比獨裁統治下的人民更幸福，或是結婚的人是否比單身、離婚或喪偶的人來得快樂。

　　有了這些資料，就能為歷史學家提供比較基礎，讓歷史學家再運用過去關於財富、政治自由度和離婚率的資料來推論。例如，假設民主國家的人比獨裁國家的人快樂、已婚的人比離婚的人快樂，歷史學家就能主張：過去幾十年間，民主化進程讓人類的幸福感提升，但離婚率成長則有反效果。

　　當然，這種方式也還有改進的空間，但是在更好的方式出現之前，這些發現也值得參考。

　　目前有一項耐人尋味的結論：金錢確實會帶來快樂，但是有一定限度，超過限度之後的效果就不那麼明顯了。所以，對於經濟階層底層的人來說，確實是錢愈多就愈快樂。

　　如果你是一個月收入兩萬多臺幣的清潔工，忽然中了一張兩百萬的統一發票，主觀幸福感可能就會維持好一段時間的高檔狀態。

因為這下子，你可以讓孩子吃飽穿暖，不用擔心欠債愈滾愈多。然而，如果你本來就是年薪六百萬臺幣的外商高階主管，就算中的是三千萬元的樂透，主觀幸福感也可能只會提高幾個星期而已。根據實證研究指出，這幾乎肯定不會對你的長期幸福感有太大的影響。你或許會買一部炫一點的轎車，搬到大一些的豪宅，喝些更頂級的紅酒，但很快就會覺得這一切都普普通通，沒什麼新鮮感。

另一項有趣的發現是：疾病會短期降低人的幸福感，但除非病情不斷惡化，或是有持續不止的疼痛，否則疾病並不會造成長期的不快。譬如，有人被診斷患有像糖尿病之類的慢性疾病，確實是會鬱悶一陣子，但只要病情沒有惡化，他們就能調適過來，覺得自己和一般人的快樂程度也沒什麼差別。

讓我們假設一下，有一對中產階級的雙胞胎露西和路克，一起參與一項主觀幸福感的研究。早上做完研究之後，露西開車回家，卻被一輛大巴士撞上，讓她多處骨折，一條腿永遠行動不便。但就在救援人員把她拉出車子的時候，路克打電話來，興奮大叫他中了千萬美元的樂透大獎。於是，在兩年後，露西會是瘸子，而路克會比現在有錢很多。但是如果心理學家兩年後再去做追蹤研究，就會發現他們兩個人的幸福感，並沒有多大的落差。

有愛就能幸福

目前看來，對快樂與否的影響，家族和地方社群要比金錢和健康來得重要。那些家庭關係緊密、社群互動良好的人，明顯比較快樂。而家庭機能失調、一直無法融入某個社群的人，則明顯比較不快樂。

436

其中，婚姻又是特別重要的一項因素。多項重複研究發現：婚姻美好與感覺快樂，以及婚姻不協調與感覺痛苦，分別都呈現高度相關。而且，不論經濟狀況或是身體健康如何，情況都是如此。

所以就算是貧窮而有病在身的人，如果身邊有愛他的另一半、愛他的家人、願意支持他的社群，他就可能比一個孤單無伴的億萬富翁，感覺更幸福快樂。（當然，前提是這個人不能真的窮到無法生活，而他的疾病也不會不斷惡化、或讓他持續感受疼痛。）

這樣一來，我們就得考慮一種可能性。雖然過去兩個世紀裡，人類在物質條件上有了大幅改善，但是因為家庭崩潰、社會失調，所以兩者的作用很可能互相抵消。已開發國家的民眾，無論食物、住所、教育、健康與安全，幾乎在各方各面都有國家與市場得以依靠。就算沒有家族或任何真正的朋友協助，似乎也還是能夠生存下去。住在城市高樓裡的人，雖然走到哪裡身邊都有幾千個人，但他可能從來沒拜訪過大樓裡的隔壁鄰居、對工作上的同事幾無所知，就連所謂朋友也可能只是一起上上酒吧。如今所謂的友情，常常只是一起聊天玩樂。我們在酒吧認識一個朋友，偶爾打打電話、發發電子郵件，抒發一些今天工作上的怒火，或是聊聊對最新政治八卦的想法。但只從這些對話，真的能瞭解一個人嗎？

相較於這樣的酒吧朋友，石器時代的朋友可得合作才能生存。當時人類生活的社群極為緊密，所謂朋友是要一起獵殺猛獁象的夥伴，一起長途跋涉、一起共度寒冬，病時互相扶持，飢時分享最後一點食物。這樣的朋友或許比許多現代夫妻，都還要更瞭解彼此。畢竟，有多少老公會知道，如果有一頭暴怒的猛獁象衝過來，自己的老婆會有什麼反應？

我們如今以現代經濟和保母國家（nanny state）取代了過去這種

不穩定的部落網路,雖然明顯有其巨大優勢,但是親密關係的品質
與深度就可能受到影響。

知足就能常樂

然而,關於快樂最重要的一項發現是:快樂並不在於任何像是
財富、健康、甚至社群之類的客觀條件,而在於客觀條件和主觀期
望之間是否相符——如果你想要一臺牛車,而你也得到一臺牛車,
你就會感到滿足。如果你想要一輛全新的法拉利,而得到的只是一
輛二手的飛雅特,你就會感覺很不開心。

正因如此,不管是中樂透或是出車禍,對人們的幸福感並不會
有長期影響。一切順遂的時候,我們的期望跟著膨脹,於是就算客
觀條件其實改善了,我們還是可能不滿意。而在諸事不順的時候,
我們的期望也變得保守,於是就算又碰上其他麻煩,很可能心情也
不會更低落。

你可能會覺得,這一切不就是老生常談嗎?就算沒有這群心理
學家、什麼問卷都沒有做,我們也早就知道了。就像千年之前,先
知、詩人和哲學家早就說過的,最重要的是知足,知足就能常樂,
而不是一直想要得到更多。

不過,看到現代研究用了這麼多數字和圖表,最後得出和先賢
相同的結論,其實感覺還是滿不錯的!

正因為人類的期望如此關鍵,想要瞭解快樂這件事的歷史,就
不能不檢視各種期望的影響。如果快樂只受客觀條件影響(例如財
富、健康和社會關係),要談快樂的歷史也就相對容易。但我們知
道快樂有賴於主觀的期望之後,歷史學家的任務也就更為艱巨了。

對現代人來說，雖然有各種鎮靜劑和止痛藥任我們使用，但我們愈來愈期望能得到舒適和快感，也愈來愈不能忍受不便和不適。結果就是我們感受到的痛苦程度，可能還高於先人。

這種想法可能很難理解。這裡的問題在於：我們的心理深深埋藏著一個推理的謬誤。在我們試著猜測或想像其他人（可能是現在的人或過去的人）有多快樂的時候，我們總是想要設身處地，想想自己在那個情況下會如何感受。但這麼一來，我們是把自己的期望放到了別人的物質條件上，結果當然就會失準。

現代社會豐饒富裕，我們很習慣每天都要洗澡更衣。然而在中世紀，農民好幾個月都不用洗澡，而且也很少會換衣服。對現代人來說，光是想到要這樣生活，就覺得真是臭到要命、髒到骨裡，完全無法接受。只不過，中世紀的農民似乎一點都不介意。這種衣服長時間沒洗沒換的觸感和氣味，他們早就已經習慣。他們並不是因為太窮而無法負擔換洗衣服，而是壓根就沒有這種期望。於是，至少就衣服這一件事來說，他們其實很滿足了。

靜心想想，這其實也不足為奇。畢竟，像是人類的表親黑猩猩也很少洗澡，更從來沒換過衣服。而我們的寵物貓狗也不是天天洗澡更衣，但我們也不會因此就討厭牠們，仍是照樣拍拍牠們、抱抱牠們，甚至還抱起來親親。就算是在富裕的社會裡，小孩通常也不喜歡洗澡，得花上好幾年的教育和管教，才能夠養成這種理論上應該很舒服的習慣。一切都只是期望的問題而已。

如果說快樂要由期望來決定，那麼我們社會的兩大支柱（大眾媒體和廣告業）很有可能正在不知不覺的讓全球愈來愈不開心。假設現在是五千年前，而你是一個住在小村子裡的十八歲年輕人。這時全村大概只有五十個人左右，老的老、小的小，身上不是傷痕纍

紋遍布，就是小孩稚氣未脫，很可能就會讓你覺得，自己長得真是好看，因而滿是自信。但如果你是活在今日的青少年，覺得自己長相不怎麼樣的可能性，就要高多了。就算同一個學校的人，外表都輸你一截，你也不會因此就感覺開心。因為你在心裡比較的對象是那些影視明星、運動員和超級名模，你整天都會在電視、臉書和巨型廣告看板上看到他們。

有沒有可能，第三世界國家之所以會對生活不滿，不只是因為貧窮、疾病、政治腐敗和壓迫，也是因為他們看到了第一世界國家的生活標準？平均來說，埃及人在前總統穆巴拉克的統治下，死於飢餓、瘟疫或暴力的可能性，遠低於在古代法老拉美西斯二世或埃及豔后克麗奧佩特拉統治的時期。對大多數埃及人而言，這根本是有史以來物質條件最好的時刻。在2011年，理論上他們應該要在大街上跳舞慶祝，感謝阿拉賜給他們這一切的財富才對。然而，他們反而是滿懷憤怒，起身推翻了穆巴拉克。原因就在於他們比較的對象，不是古代法老統治下的埃及，而是同時代生活富裕的西方。

這麼一來，就算是長生不老，也可能會導致不滿。假設科學找出了能夠醫治所有疾疾的萬靈丹，加上有效抗老療程和再生治療，能讓人永保青春。那麼，最可能發生的事，就是整個世界感到空前的憤怒和焦慮。

那些無力負擔這些醫學奇蹟的人（也就是絕大多數人），一定會憤怒到無以復加。縱觀歷史，窮人和受壓迫者之所以還能自我安慰，就是因為**死亡是唯一完全公平的事**。不論再富有、權勢再大，也難逃一死。光是想到自己得死、但有錢人居然能長生不老，就會讓窮人怒火中燒，不可遏抑。

而且，就算是那極少數負擔得起的有錢人，也不是從此無憂無

慮。他們有太多需要擔心的事了。雖然新療法可以延長壽命、常保青春，但還是沒辦法讓屍體起死回生。也就是說，他們絕對更需要避免發生意外——出門不能被酒醉駕駛撞到、不能被恐怖份子炸成碎片！人在家中坐，也要擔心飛機從天上掉下來！

像這些理論上可以達到長生的人，很有可能一丁點風險也不願意承擔，時時刻刻活得戒慎恐懼；而且一旦真的失去愛人、子女或密友，他們感受到的痛苦更會高到難以想像。

快樂有天生的「空調系統」

研究快樂的時候，社會科學家做的是發問卷調查主觀幸福感，再將結果與財富和政治自由等社經因素結合。至於生物學家的做法雖然也用一樣的問卷，但結合的是生化和遺傳因素。他們得出的研究結果令人大感震驚。

生物學家認為：我們的心理和情感世界，其實是由經過數百萬年演化的生化機制所形塑。所有的心理狀態（包括主觀幸福感）並不是由外在因素（例如工資、社會關係或政治權利）來決定，而是由神經、神經元、突觸和各種生化物質（例如血清素、多巴胺和催產素）構成的複雜系統而定。

所以，不管是中了樂透、買了房子、升官發財，或是找到了真正的愛情，都不是真正讓我們快樂的原因。我們能夠快樂的唯一原因，就是身體內發出快感的感官感受。所以，那些剛中了樂透、剛找到真愛的人，之所以會快樂得跳了起來，並不是因為真的對金錢或情人有所反應，而是因為血液中開始流過各種激素，腦中也開始閃現著小小的電流。

但很遺憾，雖然我們總是想在人間創造出快樂的天堂，可是人體的內部生化系統似乎就是對快樂多所限制，只會維持在恆定的水準。快樂這件事並不是天擇的揀選標的——因為，如果你是快樂的獨身隱士，你無法把快樂基因傳遞給後代；相對的，兩位整天焦慮的爸媽，卻很可能把不快樂的基因傳遞下去。

　　快樂或痛苦在演化過程裡的角色，就只是配角、不是主角，只在於鼓勵或妨礙生存與繁衍。所以不難想像，人類演化的結果就是不會太快樂、也不會太痛苦。我們會短暫感受到快感，但不會永遠持續。遲早快感會消退，讓我們再次能夠感受到痛苦。

　　舉例來說，演化就把快感當成獎賞，鼓勵男性和女性發生性行為，將自己的基因傳下去。如果性交沒有高潮，大概很多男性就不會那麼熱中。但同時，演化也確保高潮要來得快、去得也快。如果性高潮永續不退，可以想像男性會非常開心，但那會連覓食的動力都沒了，最後死於飢餓，而且也不會有興趣再去找下一位能夠繁衍後代的女性。

　　有學者認為，人類的生化機制就像是恆溫空調系統，不管是嚴寒或酷暑，都要想辦法保持恆定。雖然遇到某些事件會讓溫度暫時有波動，但最後總是會調控回到原來設定的溫度。

　　有些空調系統會設定在攝氏25度，有的會設定在攝氏20度。至於人類的快樂空調系統，也是人人的設定皆有不同。如果說快樂的程度是由1分到10分，有些人的生化機制天生開朗，就會允許自己的情緒在6分到10分之間來回，大約穩定在8分附近。像這樣的人，就算住在一座冷漠的大城市，碰上金融市場崩潰而喪失了所有積蓄，還被診斷患有糖尿病，還是能相當樂觀的活下去。

　　也有些人就是有天生陰鬱的生化機制，情緒在3分到7分之間

來回，大約穩定在5分附近。像這樣的人，就算得到了密切社群的支持，中了幾千萬的樂透，健康得可以當奧運選手，還是會相當憂鬱悲觀。事實上，如果是這位天生憂鬱的朋友，就算她早上中了五千萬美元的樂透，中午又同時找到了治癒愛滋病和癌症的妙方，下午幫忙讓以色列和巴勒斯坦達成永久和平協議，晚上又終於與失散多年的孩子團聚，她感受到的快樂程度仍然頂多就是7分而已。不論如何，她的大腦就是沒辦法讓她樂不可支。

　　想想你的家人朋友。是不是有些人，不論發生多糟的事，還是能保持愉快？是不是也有些人，不管得到了多大的恩賜，還是一直鬱鬱寡歡？我們常認為，只要換個工作、找到老公、買了新車、寫完小說，或是付完房貸，做完諸如此類的事，就能讓自己快樂得不得了。然而，等我們真正達到這些期望的時候，卻沒有感覺真的比較快樂。畢竟，買車和寫小說並不會改變我們的生化機制。雖然可以有短暫的刺激，但很快就會回到原點。

▌歷史何價？

　　不過，先前的心理學及社會學研究也得出了一些結論，例如平均而言，已婚的人比單身更快樂。生物學對此要怎麼解釋？

　　首先，心理學和社會學的研究只證明了相關性（correlation），但是真正的因果方向，有可能和研究人員的推論正好相反。確實，已婚的人比單身和離婚的人更快樂，但這不一定代表是婚姻帶來了快樂，也有可能是快樂帶來了婚姻。或者更準確來說，是血清素、多巴胺和催產素帶來並維繫了婚姻。那些生化機制天生開朗的人，一般來說都會是快樂和滿足的人，而這樣的人會是比較理想的另一

半，所以他們結婚的機率也比較高。而且，和快樂滿足的另一半相處，絕對比和鬱悶不滿的另一半相處，來得容易，所以他們也比較不容易離婚。確實，已婚的人平均來說比單身更快樂，但如果是生化機制天生憂鬱的人，就算真的找到好對象，也不一定就會比較快樂。

話說回來，大多數生物學家也不是完全只看生化學這一套。雖然他們主張快樂「主要」是取決於生化機制，但也同意心理學和社會學因素同樣有影響力。畢竟，我們這套快樂空調系統雖然有上下限，但在這個範圍裡還是可以活動活動的。雖然要超出邊界的可能性微乎其微，但結婚和離婚卻能影響心情在這個範圍內的偏移。那些平均只有5分的人，永遠不會忽然在大街上開心的跳起舞來；但如果找到樂觀的好對象，就能讓她三不五時感受到7分的愉悅，而更能避開3分的沮喪。

如果我們接受了生物學對於快樂的理論，歷史這個學門的重要性就大減了；畢竟，大多數的歷史事件並不會對我們的生化機制有什麼影響。雖然歷史可以改變那些影響血清素分泌的外界刺激，然而無法改變最後的濃度，所以也就是無法讓人變得更快樂。

讓我們用古代法國農民和現代巴黎銀行家為例。假設我們這位古代農民住在沒有暖氣的小農舍，看出窗外就是豬圈；現代銀行家住在擁有各種最新科技的豪宅，窗外俯瞰的就是香榭大道。直覺上我們會覺得銀行家想必比農民更快樂。然而，快樂是在腦子裡決定的，而大腦根本不管小農舍或大豪宅、豬圈或香榭大道，只管血清素的濃度。所以，農民蓋完了他的小農舍之後，大腦神經元分泌出血清素，讓濃度到達X。而在現代，巴黎銀行家還完最後一筆豪宅房貸之後，大腦神經元也分泌大量血清素，並且讓濃度差不多也到

達X。對於大腦來說，它完全不知道豪宅要比農舍舒適太多，它只知道現在的血清素濃度是X。所以，這位銀行家快樂的程度，並不會比那位足以當他高高高高高祖父的農民來得高。

這點不僅對個人生活如此，就算是眾人之事也不例外。我們以法國大革命為例。革命份子當時忙著做了許多事：處決國王、將土地分給農民、提出人權宣言、廢除貴族特權，還對整個歐洲發動戰爭。但這一切都沒有改變法國人的生化機制。因此，雖然法國大革命讓政治、社會、意識型態和經濟都起了翻天覆地的動盪，但對法國人的快樂並沒有多大影響。那些生化機制天生開朗的人，不論在革命前後都一樣快樂。那些生化機制天生憂鬱的人，過去抱怨著路易十六和瑪麗皇后，現在也只是改成抱怨羅伯斯比爾（Robespierre）與拿破崙，情緒並不會有什麼改變。

但這麼說來，究竟法國大革命有什麼好處？如果沒辦法讓人更快樂，又何必要有這麼多的混亂、恐懼、流血和戰爭？像是生物學家就絕對不會攻向巴士底獄。就算有人認為這些政治革命或社會改革會讓他們開心，到頭來總是一次又一次被生化機制玩弄於股掌。

說到這裡，我們終於發現，歷史上似乎僅有一項發展真正有重大意義了。那就是：現在我們終於意識到，快樂的關鍵就在於生化機制，因此我們就不用再浪費時間處理政治革新和社會改革、叛亂和意識型態，而是開始全力研究唯一能真正讓我們快樂的方法——操縱人類的生化機制。如果我們投入幾十億美元，來瞭解我們的腦部化學，並推出適當的療法，我們就能在無須發動任何革命的情況下，讓人民過得遠比從前的人更快樂。舉例來說，百憂解（Prozac）之所以讓人不再沮喪，靠的不是對任何體制的改革，而只是提高血清素的濃度而已。

人類大歷史
Sapiens

講到這套生物化學理論，最能夠抓到精髓的，就是著名的「新世紀」（New Age）運動的口號：「快樂來自內心」。金錢、社會地位、整形手術、豪宅、握有大權的職位，這些都不會給你帶來長久的快樂。想要有長期的快樂，只能靠血清素、多巴胺和催產素。[120]

1932年，正值經濟大蕭條的時代，赫胥黎出版了反烏托邦小說《美麗新世界》，書中將「快樂」當成最重要的價值，而且政治的基礎不是警方、不是選舉，而是精神病的藥物。每天，所有人都要服用一種合成藥物「蘇麻」（soma），這能讓他們感到快樂，而且不影響生產力和工作。在美麗的新世界裡，「世界國」統治全球，所有子民不論生活環境條件如何，都對這感到無比滿足。也因此，政府完全不用擔心會爆發戰爭、革命、罷工或示威遊行等等威脅。

這下子，赫胥黎想像的未來，可能還比歐威爾的《1984》更為棘手。赫胥黎的世界似乎對大多數讀者來說都非常可怕，但又很難解釋原因。所有的人永遠都是很快樂的；這到底能有什麼問題？

生命的意義

赫胥黎筆下這個令人毛骨悚然的新世界，背後有一項假設：「快樂等於快感」。在他看來，快樂就是身體感覺到快感。因為我們的生化機制限制了這些快感的程度和時間長短，唯一能夠讓人長時間、高強度感受到快樂的方法，就是操縱這個生化機制。

然而，這種對於快樂的定義，還是受到一些學者質疑。在一項著名的研究中，諾貝爾經濟學獎得主康納曼（Daniel Kahneman）請受試者描述自己一般上班日的全天行程，再分段逐一評估他們究竟有多喜歡或討厭這些時刻。康納曼發現，大多數人對生活的看法其

446

實會有所矛盾。讓我們以養小孩為例。康納曼發現，如果真要計算哪些時刻令人開心、哪些時候叫人無聊，就單純的數字來說，養小孩可說是非常不愉快的事。很多時候，養小孩就是要換尿布、洗奶瓶、處理小孩的哭鬧和脾氣，這些都算是沒人想做的苦差事。然而大多數家長都說孩子是他們快樂的主要來源。難道這些人都是腦子有問題嗎？

當然，這是一種可能。但還有另一種可能：調查結果讓我們知道，快樂不只是「愉快的時刻多於痛苦的時刻」這麼簡單而已。相反的，快樂要看的是某人生命的整體；生命整體有意義、有價值，就能得到快樂。快樂還有重要的認知和道德成分。價值觀不同，想法也就可能完全不同。例如，有人覺得養小孩的人就像是悲慘的奴隸，得伺候一個獨裁的小霸王，但也有人覺得自己真是滿懷著愛，正在培育一個新的生命。[121]

正如尼采所言，只要有了活下去的理由，幾乎什麼都能忍受。生活有意義，就算在困境中，也能甘之如飴；生活無意義，就算在順境中，也度日如年。

不管任何文化、任何時代的人，身體感受快感和痛苦的機制都一樣，然而他們對生活經驗所賦予的意義，卻可能大不相同。如果真是如此，快樂的歷史很可能遠比生物學家想像的，要來得動盪不安。而且，結論並不一定是站在現代這邊，認為現代人過得比較快樂幸福。

如果我們將生活切成以一分鐘為單位，來評估當時是否幸福快樂，中世紀的人肯定看來相當悲慘。然而，如果中世紀的人相信死後可以得到永恆的祝福，很有可能就會認為生活真是充滿了價值和意義；相對的，現代世俗子民如果不信這一套，就會覺得人到最後

就只有死亡，遲早會被遺忘、沒了任何意義。如果能用主觀幸福感問卷詢問中世紀的人：「你對生活整體是否滿意？」中世紀的人很可能得分會相當高。

所以，我們的中世紀祖先會感到快樂，就只是因為他們有著對來世的集體錯覺，因而感覺生命充滿意義嗎？沒錯！只要沒人戳得破這種幻想，又為什麼要不開心呢？從我們所知的純粹科學的角度來看，人類的生命本來就完全沒有意義。人類只是在沒有特定目標的演化過程下，盲目產生的結果。人類的行動沒有什麼神聖的宇宙宏圖為根據，而且如果整個地球明天早上就爆炸消失，整個宇宙很可能還是一樣，不受影響的繼續運行下去。

目前為止，我們還是不能排除掉人類主觀的因素。但這也就是說，我們對生活所賦予的任何意義，其實都只是錯覺。不管是中世紀那種超脫凡世的生活意義，或是現代人本主義、民族主義和資本主義，本質上都完全相同，沒有高下之別。

譬如可能有科學家覺得自己增加了人類的知識，所以他的生命有意義；有士兵覺得他保衛自己的國家，所以他的生命有意義。不論是創業者想要開新公司，或是中世紀的人想要讀經、參與十字軍東征、興建新的大教堂，他們從中感受到的意義，都只是錯覺與幻想。

這麼說來，所謂的快樂，很可能只是讓「個人對意義的錯覺」和「現行的集體錯覺」達成同步而已。只要我自己的想法能和身邊的人的想法達成一致，我就能說服自己，覺得自己的生命有意義，而且也能從這個信念中得到快樂。

這個結論聽起來似乎很叫人難過。難道快樂真的就只是一種自我欺騙嗎？

認識你自己

如果快樂是在於感受快感；想要更快樂，就得操縱我們的生化系統。如果快樂是在於覺得生命有意義；想要更快樂，就得騙自己騙得更徹底。那還有沒有第三種可能呢？

以上兩種論點都有一個共同假設：快樂是一種主觀感受（不管是感官的快感或是生命有意義），而想要判斷快不快樂，靠的就是直接問他們的感受。很多人可能覺得這很合邏輯，但這正是現代自由主義當道的結果。自由主義將「個人主觀感受」奉若圭臬，認為這些感受正是權威最根本的源頭。無論是好壞、美醜、應不應為，都是由每個人的感受來確定。

自由主義政治的基本想法，是認為選民個人最知道好壞，我們沒有必要由政府老大哥來告訴人民何者為善、何者為惡。自由主義經濟學的基本想法，是客戶永遠都是對的。自由主義藝術的基本想法，是各花入各眼，看的人覺得美就是美。崇尚自由主義的學校和大學，叫學生要為自己多想想。廣告叫我們「做就對了！」就連動作片、舞臺劇、八點檔連續劇、小說和流行歌曲，都不斷在向大眾洗腦：「忠於自我」、「傾聽你自己」、「順從你的渴望」。對於這種觀點，盧梭的說法稱得上是經典：「我覺得好的，就是好的。我覺得壞的，就是壞的。」

如果我們從小到大就不斷被灌輸這些口號，很可能就會相信快樂是一種主觀的感受，而是否快樂，當然是每個人自己最清楚。然而，這不過就是自由主義獨有的一個觀點而已。

歷史上，大多數的宗教和意識型態認為：關於善、關於美、關於何事應為，都有客觀的標準。在這些宗教和意識型態看來，一般

人自己的感覺和偏好可能並不可信。朝聖者到了德爾菲的阿波羅神殿，就會看到入口刻了一句箴言：「認識你自己！」但言下之意也就是：一般人並不知道自己真實的自我，也因此很可能忽略了真正的快樂。佛洛伊德很可能也是這麼想的。[6]

基督教神學家應該也會同意這種說法。不管是聖保羅或是聖奧古斯丁，都心知肚明：如果讓人自己選擇的話，大多數人寧願把時間用來做愛，而不是向上帝祈禱。這種選擇絕對是順從你的渴望，但這意思是，想要快樂就該去做愛嗎？聖保羅和聖奧古斯丁可絕對不會這麼說。對他們而言，這只是證明了人類本來就有罪，容易受到撒旦的誘惑。從基督教的角度來看，大多數人類都多多少少沉溺在類似海洛因成癮的情境。假設有個心理學家，想調查吸毒者的快樂指數。經過調查之後，他發現這些吸毒者全部有志一同，所有人都說吸毒的時候最快樂了。請問這位心理學家是不是該發表一篇論文，告訴大家想快樂就該去吸毒？

除了基督教以外，還有一些生物學者也認為不該信任自己的感受。至少在講到各種感受的價值時，甚至達爾文和英國演化生物學家道金斯（Richard Dawkins）都有部分觀點，與聖保羅和聖奧古斯丁相同。根據道金斯在名著《自私的基因》提出的論點，正如同其他動物，人類在天擇的影響下，就算對個體不利，他們也會選擇要讓基因繼續流傳下去。大多數男性一生勞苦、終日煩憂，因為競爭激烈而不斷爭鬥，硬是沒辦法享受一下平靜的幸福；但這是由於DNA操縱著他們，要他們為基因自私的目的做牛做馬。DNA就像撒旦，用一些稍縱即逝的快樂做為引誘，令人為之臣服。

---

[6] 心理學要研究主觀幸福感，靠的是受試者能夠正確判斷自己的快樂程度；但矛盾的是，之所以會出現心理學，正是因為人類並不真正瞭解自己，有時候需要藉由專業人士的幫助，以避免做出自我毀滅的行為。

佛法無我

　　大多數宗教和哲學看待快樂的方式，都與自由主義的觀點非常不同。[122] 最看重快樂這個問題的，就是佛教。兩千五百多年來，佛教有系統的研究了快樂的本質和成因；正因如此，最近有愈來愈多科學團體開始研究佛教哲學和冥想。

　　對於快樂，佛教與生物學其實有共同的基本看法，也就是快樂是來自於體內的變化，而不是來自體外的事件。但從同樣的看法出發，佛教的結論卻截然不同。

　　就佛教觀點，大多數人以為得到快感就是樂、不愉悅的感受就是苦。於是人類極度重視自己的感受，渴望遠離痛苦、想要得到快樂。我們在人生中的所作所為，不管是給腳抓癢、在椅子上扭來扭去坐不住、又或是發動世界大戰，其實都只是希望能獲得愉悅的感受。

　　而在佛教看來，問題在於人的感受只不過是電光石火的波動，時時刻刻都如海浪一般變動不居。就算我五分鐘前覺得快樂、人生有意義，但這些感受很快就會消逝，徒留沮喪與悲傷。於是，如果我想要體驗到愉悅，就得不斷追逐快感，同時還得趕走各種不愉快的感受。而且就算成功，還是得立刻重新開始追逐的過程，一切辛勞並無法得到長久的回報。

　　像這種轉瞬即逝的獎賞，獲得了又有什麼意義？為什麼要如此努力，追求這種剎那間生滅的東西？在佛教看來，苦的根源既不在於感到悲傷或疼痛，也不在於感覺一切沒有意義。苦真正的根源就在無止盡又無意義的貪求著轉瞬即逝的感受，這會讓人陷入持續的緊張、焦慮與不滿。由於這股貪求，人心永遠無法滿足。就算在感

受快樂的時候，也擔心這種感受很快就會消失，並且渴望快樂能夠持續、甚至加強。

想要離苦得樂，重點不在於感受轉瞬即逝的快樂，而是要看清所有的感受都是無常，放下對這些感受的貪求。這也正是佛教冥想的目的：讓你觀見身心，見證所有感受不斷生滅，體悟到貪求這些感受是多麼沒有意義。放下貪求，心靈就能感到一片澄明自在。雖然像是歡愉、憤怒、無聊、色欲等感受會不斷生滅，但只要你不再貪求，就能接受這些感受原本的樣貌，於是活在當下，而不是空想著各種可能。

這樣產生的心靈平靜力量萬分強大，是那些窮極一生瘋狂追求愉悅心情的人，完全難以想像的。這就像是有人已經在海灘上站了數十年，總是想抓住「好的海浪」，讓這些海浪永遠留下來，同時又想躲開某些「壞的海浪」，希望這些海浪永遠別靠近。就這樣一天又一天，這個人站在海灘上徒勞無功，把自己累得幾近發瘋。最後終於氣力用盡，癱坐在海灘上，讓海浪就這樣自由來去。忽然發現，這樣多麼平靜啊！

這種想法對於現代自由主義的文化來說，完全格格不入，所以等到西方的新世紀運動碰上佛教教義，就想用自由主義的方式加以解釋，結果意思卻是完全相反。新世紀教派常常主張：「快樂不在於外在條件，而只在於我們內心的感受。我們應該別再追求像是財富、地位之類的外在成就，而是要多接觸自己內心的情感。」或者說得簡單一點，就是「快樂來自內心」。這與生物學家的說法不謀而合，但與佛教的說法幾乎是背道而馳。

佛教與現代生物學和新世紀運動的相同點，在於都認定快樂與外在條件無關。但佛教更重要、也更深刻的見解在於：真正的快樂

也與我們的內在感受無關。我們如果愈強調內在感受，反而就愈感到苦。佛教給我們的建議是，除了別再追求外在成就之外，同時也別再追求那些自我感覺良好的心裡感受了。

人類是否瞭解自己？

總結來說，我們現在會使用主觀幸福感問卷，希望找出來我們主觀認定什麼時候有幸福感，而且認為找到特定的情緒狀態，就是找到了快樂。但相反的，許多傳統哲學和宗教（如佛教）則認為，快樂的關鍵在於追求真我、真正瞭解自己。

大多數人都以為自己的感覺、想法、好惡就組成了自己，但這是一大錯誤。他們感覺憤怒的時候，心裡想「我很生氣，這是我的憤怒！」於是這一輩子做的，都是想要避開某些感受，貪求另外某些感受。但是他們從來沒有發現，苦真正的來源不在於感受本身，而是對感受的不斷貪求。

如果真是如此，我們過去對於快樂這件事的歷史認知，就有可能都是錯的。或許，期望是否得到滿足、感受是否快活，都不是重點，真正重要的問題在於人類是否瞭解自己。

我們有什麼證據，證明今天的人比起遠古的狩獵採集者或中世紀的農民，更加瞭解自己呢？

學者一直到幾年前，才開始研究快樂這件事的歷史，而且現在還停留在初始階段，正在做出初步的假設、尋找適當的研究方法。這場討論才剛剛起步，要得出確切的結論，為時過早。最重要的，是要瞭解各種不同的研究方法，並且提出正確的問題。

大多數的歷史書籍強調的都是偉大的思想家、英勇的戰士、慈

愛的聖人，以及創造力豐沛的藝術家。這些書籍對於社會結構的建立和瓦解、帝國的興衰、科技的發明和傳播，可說是知無不言，言無不盡。但對於這一切究竟怎麼為個人帶來快樂或造成痛苦，卻是隻字未提。這是我們在史識方面的最大空白之處。而且，現在該是開始填補空白的時候了。

第**20**章

智人末日

《人類大歷史》一開始，提到我們是從物理學走向化學、走向生物學，然後走向歷史學。而無論是在物理作用、化學反應，或是生物的天擇，都對智人和其他一切生物一視同仁，殊無二致。雖然說在天擇這一塊，智人的發揮空間似乎遠大於其他生物，但畢竟仍然有限。換句話說，不論智人做了多少努力、有了多少成就，還是沒辦法打破生物因素的限制。

然而，就在二十一世紀曙光乍現之時，情況已經有所改變：智人開始超越了這些界限。天擇的法則開始出現破口，而由**智慧設計**（intelligent design）的法則趁隙而入。

在三十八億年的時間裡，地球上每一種生物的演化，都是依循天擇。沒有任何一種生物是由某個具有智慧的創造者所設計的。以長頸鹿為例，牠的長頸是因為遠古時代長頸鹿祖先之間的競爭，而不是因為有某個具有超級智慧的生物，把牠設計成脖子長長的。在長頸鹿的祖先之間，脖子較長的就能夠得到更多食物，相較於脖子短的，也就產下較多後代。沒有人（肯定也沒有長頸鹿）曾經說

過:「如果有比較長的脖子,就能讓長頸鹿吃到樹頂上更多葉子。所以我們就讓脖子變長吧!」達爾文理論美妙的地方,就是並不需要有某位智慧過人的設計者,來解釋為什麼長頸鹿會有長脖子。

數十億年來,由於我們根本不具備足以設計生物的智能水準,所以「智慧設計」從來都不是選項之一,它只是宗教神話。一直到相對不久之前,微生物都是地球上唯一的生物,而且能夠完成某些神奇的任務。屬於某個物種的微生物,可以從完全不同的物種中,取得遺傳密碼、加入自己的細胞中,從而取得新的能力,例如針對抗生素產生抗藥性。然而,至少就我們所知,微生物並沒有意識,它們沒有生活目標,也不會未雨綢繆、為將來做準備。

演化到某個階段之後,像是長頸鹿、海豚、黑猩猩和尼安德塔人都已經有了意識,也有了為將來做準備的能力。然而,就算尼安德塔人曾經有過這個夢想,希望雞可以長得肥一些、動得慢一點,好讓他餓的時候抓起來方便,他也無法把夢想化為現實。他還是只能乖乖去打獵,獵捕那些經過物競天擇發展成眼前這模樣的鳥類。

大約一萬年前,因為出現了農業革命,讓古老的大自然運作機制首次有了比較不自然的改變。那些還是希望雞能夠又肥又慢的智人,發現如果找出長得最肥的母雞,再與動得最慢的公雞交配,生出來的後代就會又肥又慢。這些生下來的後代再繼續互相交配,後代的雞就都具有又肥又慢的特點。這是一種原本不存在於自然界的雞,之所以經過這樣的智慧設計而出現,是因為人,不是因為神。

不過,與所謂全能的神相比,智人的設計技術還差得遠了。雖然智人可以透過選擇育種(selective breeding)來抄捷徑,加速天擇的進程,但如果智人想要加入的特性,並不存在於野生雞隻的基因池裡,就仍然無能為力。在某種程度上,智人與雞之間的關係,就

和一般常見而自然的共生關係十分相似。智人等於是對雞隻施予了特定的擇汰壓力，讓又肥又慢的雞特別能夠繁衍下來；就像蜜蜂採蜜授粉的時候，也是對植物施予了擇汰壓力，讓花朵色彩鮮豔的品種，更能生生不息。

生物學革命

　　然而時至今日，這個三十八億歲的天擇系統卻面臨了一項完全不同的挑戰。在全球各地的實驗室裡，科學家正在改造各種生物。他們打破天擇的法則而絲毫未受懲罰，就連生物最基本的原始特徵也完全不看在眼裡。巴西生物藝術家卡茨（Eduardo Kac）就在2000年推出了一項新藝術作品：一隻發著螢光綠的兔子。卡茨找上法國的一間實驗室，付費請求依他的要求，改造出一隻會發光的兔子。法國科學家於是拿了一個普通的兔子胚胎，植入由綠色螢光水母取得的DNA。噹噹噹噹！綠色螢光兔隆重登場。卡茨將這隻母兔子，命名為阿巴（Alba）。

　　如果只有天擇，阿巴根本不可能存在。阿巴就是智慧設計下的產物。同時，她可說是一個預兆。阿巴的出現其實代表一股潛力，如果這股潛力完全發揮（而且人類沒有因此滅亡），科學革命很可能就不只是人類歷史上的三場大革命之一而已，很可能發展成為地球出現生命以來，最重要的**生物學革命**！

　　經過三十八億年的天擇之後，阿巴可說是站在新時代曙光乍現的時機點，生命即將改由智慧設計來操控。如果這種可能性終於成真，事後看來，到這之前為止的人類歷史，就能夠有新的詮釋：這是一個漫長的實驗和實習的過程，最終是要讓人類徹底改變生命的

遊戲規則。像這樣的過程，我們不能只微觀人類的近幾千年，而要宏觀地球生命整體的幾十億年。

全世界的生物學家，現在都在與「智慧設計論」這場風潮互相對抗（編注：智慧設計論在這裡指的是宗教界的上帝創造論，尤其在美國盛行，試圖進入各級校園，驅趕達爾文演化論的教學）。智慧設計論反對所有我們在學校裡學到的達爾文演化論，認為既然生物如此複雜各異，想必是有某個全能的創造者（上帝），從一開始就想好了所有的生物細節。

生物學家說對了過去，智慧設計論對於過去生命史的解釋是錯誤的；但諷刺的是，講到未來，有可能智慧設計才是對的，只不過全能的創造者不是上帝，而是人。

《人類大歷史》撰寫期間，有三種方式可能讓智慧設計取代天擇：生物工程、半機械人（cyborg）工程、以及無機生命（inorganic life）工程。

基因工程奇蹟

所謂生物工程，指的是人類刻意進行在生物層次的干預行為，例如植入基因，目的在改變生物的外形、能力、需求或欲望，以實現某些預設的文化概念，例如卡茨心目中的那種藝術。

到目前為止，生物工程本身並不算是什麼新的概念。人們數千年來就一直使用生物工程，來重新塑造自己和其他生物。一個簡單的例子是閹割。在英文裡，未閹割的公牛稱為 bull，閹割後的稱為 ox，這種將牛閹割的做法已經有大約一萬年之久，閹割後的牛比較不具鬥性，也就比較容易訓練來拉犁。此外，也有一些年輕男性遭

閹割，好培養可唱出女高音優美聲調的假聲男高音，或是能夠協助宮廷事務的太監。

　　然而，人類最近對生物體內運作的研究有了長足進展，已經達到細胞、細胞核的水準，也開展了許多過去難以想像的可能性。舉例來說，我們現在不只能夠將男性閹割，甚至還能透過外科手術和注射荷爾蒙，完全改變他們的性別。這還只是開始。

　　1996年，下面這張照片出現在報紙和電視上，各方反應不一，有人驚喜、有人噁心，有人完全嚇傻了。

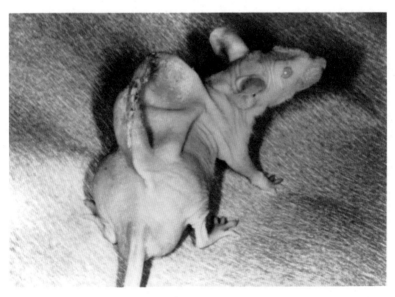

27. 在這隻老鼠背上，科學家用牛軟骨細胞，讓牠長出一隻「耳朵」。這可
　　說是以一種怪誕的方式，回應施泰德洞穴裡的獅人雕像。在三萬年前，
　　人類就已經有了想要結合不同物種的幻想，而今天我們真的有能力製造
　　出這種嵌合體（chimera）了。

這並不是經過修圖的假照片,而是千真萬確、一隻真的老鼠,背上被科學家植入牛軟骨細胞。因為科學家已能夠控制新組織的生長,讓它長出人類耳朵的形狀。也許在不久之後,科學家就能用這種方式,製造出能植入人體的人工耳。[123]

　　近年來,基因工程的研究深受矚目。這與農業革命以來,人類經常使用的選擇育種,有很大的不同。選擇育種受限於現存生物的基因池,只能逐步改變舊有物種。但是基因工程打開了創造全新物種的大門:藉由混合跨物種的遺傳物質,或是植入並不存在的新基因,就有可能創造出全新的生物。例如綠色螢光兔阿巴,這是永遠不可能透過選擇育種來創造的,因為根本沒有哪隻兔子會天生擁有綠色螢光基因,而我們也無法讓兔子與綠色螢光水母交配。

█ 基因工程為惡?為善?

　　由於基因工程能做到一些幾近奇蹟的事,因此引發了一系列的倫理、政治和意識型態議題。而且,並不是只有虔誠的一神教信徒指責人類不該搶了上帝的角色。對於科學家這種干預自然的做法,有許多堅定的無神論者也同樣大感震驚。動物權利保護團體譴責這種基因工程實驗,認為這不但造成實驗動物的痛苦,改造時也完全無視家禽家畜的需求和欲望。人權保護團體也擔心,基因工程可能被用來創造某種超人類,結果就是其他人都成為超人類的奴隸。此外,也早有人預期將會出現生物獨裁統治的末日場景,用複製的方式製造出不懂得恐懼為何物的士兵、不知道反奴隸是什麼概念的工人。許多人認為,現在人類太快看到太多機會,手中已經握有基因修改能力,卻還無法做出明智、有遠見的決定。

　　結果就是，我們現在只發揮了基因工程一小部分的能力。現在改造的大多數生物，都是那些最沒有政治利害關係的物種，像是植物、真菌、細菌、昆蟲等等。舉例來說，大腸桿菌是一種共生在人體腸道裡的細菌，只有在它跑出了腸道、造成致命感染的時候，大家才會在報紙上看到它們造成的壞消息。而現在大腸桿菌就經過基因工程改造，用來生產生質燃料。[124] 大腸桿菌和其他幾種真菌，也經過改造來生產胰島素，期望能降低糖尿病患的治療費用。[125]

　　現在，我們也取出某種北極魚類的基因，植入馬鈴薯的基因，好讓馬鈴薯更耐寒。[126]

　　少數哺乳動物也正在接受基因工程改造。酪農業一直得面對乳腺炎這項大敵，每年乳牛因此無法產乳的損失，高達數十億美元。科學家目前正在嘗試將乳牛基因改造，讓牛奶裡含有溶菌素，能夠攻擊造成乳腺炎的細菌。[127]

　　另外，最近健康意識抬頭，消費者不希望從火腿和培根吃到太多不健康脂肪，養豬業最近正在期待一種植入了蠕蟲基因的豬隻，這種基因能夠讓豬的脂肪酸從不健康的omega-6脂肪酸，轉為健康的omega-3脂肪酸。[128]

　　真正走到下一代基因工程之後，這種讓豬有健康脂肪的改造，就只能算是一碟小菜罷了。現在，遺傳學家已經成功將蠕蟲的平均壽命延長六倍，也已經創造出某種天才老鼠，在記憶和學習能力上大有長進。[129]

　　例如，田鼠是一種小型、粗壯的囓齒動物，而且大多數品種的習性都是雜交。然而，卻有一種品種具有忠貞的一夫一妻關係。遺傳學家聲稱，已經找出了這種形成田鼠一夫一妻制的基因，只要植入這個精挑細選的基因，就能讓田鼠從愛偷腥變成愛顧家。這麼一

來，我們的基因改造能力就不僅能改變囓齒動物的個體能力，甚至有可能改變牠們的社會結構。（是不是人類也能如法炮製？）[130]

讓尼安德塔人再現？

遺傳學家想改造的還不只是現有的生物，甚至也想讓已絕種的動物再現身影，而且對象還不只是像電影《侏羅紀公園》的恐龍。從西伯利亞冰層挖掘出猛獁象遺體後，由俄羅斯、日本和韓國（研究人員包括因學術造假事件而聲名狼籍的黃禹錫）組成的科學家團隊，正在為猛獁象的基因定序。他們準備拿一枚現代大象的受精卵，將大象的DNA換成猛獁象的DNA，再植回大象的子宮。他們宣稱，只要經過大約二十二個月的孕期，猛獁象就可能在絕跡將近五千年後，再次重現於地球。[131]

接下來，有什麼理由要劃地自限，只做猛獁象呢？哈佛大學的邱契（George Church）教授指出，完成「尼安德塔人基因體計畫」之後，我們就能在智人的卵子裡重建尼安德塔人的DNA，在三萬年後再次誕生一個尼安德塔人的小孩。邱契宣稱：只要撥給他不頂多的三千萬美元預算，這就可能成真，而且已經有幾位女性，自願擔任代理孕母了。[132]

我們為什麼要讓尼安德塔人再現？有些人認為，如果我們能研究活生生的尼安德塔人，就能夠解決某些關於智人起源和獨特性的最難解問題。只要能比較尼安德塔人和智人的大腦，找出兩者不同之處，或許就能知道是什麼生物上的變化，讓我們產生了有異於禽獸的意識。而且，有人認為這也有倫理道德上的理由：如果是智人造成了尼安德塔人滅絕，豈不該負責把他們救回來？此外，有尼安

德塔人這種人種，也可能很好用：許多產業可能很高興，因為兩個
智人才能做的粗活，尼安德塔人一個就能搞定。

　　接下來，有什麼理由要劃地自限，只做尼安德塔人呢？為什麼
不回到最初上帝的那塊畫板，直接設計出更完美的智人？智人的種
種能力、需求和欲望，都根源於智人的基因，而且智人的基因體其
實並不比田鼠或老鼠複雜太多。（老鼠的基因體有大約25億個鹼基
對，智人約有29億個，也就是說智人只比老鼠複雜了16％。）[133]

　　在基因工程的中程發展（或許就是幾十年內），基因工程和其
他各種生物工程，可能有辦法帶來影響深遠的改變，不僅能夠改變
人類的生理、免疫系統和壽命長短，甚至能改變智力和情感能力。
如果基因工程可以創造出天才老鼠，為什麼不創造天才的人呢？如
果基因工程可以讓兩隻田鼠長相廝守，何不讓人類也是天生彼此忠
貞不二？

　　認知革命之後，智人從幾乎微不足道的猿類，變成了世界的主
人。然而智人的生理並沒有什麼改變，甚至連大腦的容量和外形也
和過去幾乎相同。可見這只是大腦內部幾個小小的調整罷了。也或
許，只要再有某個小小的調整，就會再次引發第二次的認知革命，
建立一種全新的意識，讓智人再次改頭換面、徹底不同。

　　雖然我們目前確實還無法創造出超人類，但看來前方的路上也
沒有什麼絕對無法克服的科技障礙。現在真正讓人類研究放慢腳步
的原因，是倫理和政治上的爭議。然而，不管現在的倫理論點如何
有說服力，未來的發展似乎勢不可擋；特別是基因工程有可能讓我
們無限延長壽命、解決各種疑難雜症，以及強化認知和情感能力。

　　舉例來說，如果我們本來只是想治療阿茲海默症，後來卻發現
藥物的副作用是大幅增進一般健康民眾的記憶力，又該如何處置？

這種研究擋得住嗎？等到藥物開發生產之後，會有哪個立法機關膽敢制定「僅得用以治療阿茲海默症，一般人不得用以取得超級記憶力」的法令？就算有了法令，執法機關能夠確實執行嗎？

我們現在還不知道生物工程是不是真的能讓尼安德塔人再現；一旦成功，這很可能將為智人拉下終幕。操縱基因並不一定會讓智人大批死亡而絕種，卻很可能會讓智人這個物種大幅改變，到最後就成了另一物種，而不宜再使用「智人」這個名稱。

▍半機械人與腦際網路

現在再來談第二種可能改變生命法則的嶄新科技：半機械人工程。半機械人工程結合生物組織（或器官）與機械構造，創造出半機械人，例如為人類裝上機械手臂就是一例。

從某種意義上，現代人幾乎多多少少都是半機械人，用各種硬體設備來輔助我們的感官和能力，像是眼鏡、心臟起搏器、義肢，甚至還包括電腦和手機（這樣一來，就能減輕大腦要儲存及處理資料的負荷）。但我們正跨在一個要成為真正半機械人的門檻上，真正讓一些機械構造與身體結合、不再分開，以致徹底改變了我們的能力、欲望、個性、以及身分認同。

美國國防部高等研究計畫署（DARPA）是美國官方的軍事研究機構，正在研究半機械昆蟲。研究人員的想法是在蒼蠅或蟑螂身上植入微晶片，讓人或電腦從遠端遙控昆蟲的動作，並取得昆蟲接收到的外界資訊。這樣的間諜蒼蠅就能潛入敵人總部，停在牆上竊聽最機密的談話，只要別被蜘蛛抓走，就能讓我們完全掌握敵人的絕密計畫。[134]

2006年，美國海軍水下作戰中心（NUWC）也曾提出計畫，要研發半機械鯊魚。NUWC宣稱：「本中心正研發一種魚用標籤，希望透過神經植入物，控制宿主動物的行為。」鯊魚天生就能夠偵測到磁場，效果比目前所有人類發明的偵測器都靈敏。因此研發人員試圖利用鯊魚的這種能力，偵測潛艇和水雷形成的電磁場。[135]

智人也正在變成半機械人。最新一代的助聽器，有時會稱為仿生耳（bionic ear），外側有一個小麥克風，可以接收外界聲音，經過過濾、識別出人聲，轉化成電波訊號，直接傳遞到聽覺神經，再傳送到大腦。[136]

德國的「Retina Implant」（視網膜植入）公司取得政府資金，正開發一種人工視網膜，可能讓盲人重獲部分視力。做法是將微晶片植入盲人眼中，微晶片上的光電池接收到進入眼中的光線後，將光能轉變為電能，刺激視網膜上未受損的神經細胞；神經細胞發出神經衝動，刺激大腦，就會轉譯為視覺影像。目前，這項科技已經讓某些盲人能夠辨識字母、判斷景深，甚至也能夠辨識人臉。[137]

2001年，美國一位水電工沙利文因為事故，雙臂從肩膀以下遭到截肢。但今天在芝加哥復健研究中心的協助下，他擁有一雙機械手臂。這雙新手臂的特殊之處，在於只要用想的就能操縱。沙利文的大腦發出神經訊號，再由微電腦轉譯成電訊號命令，就能讓機械手臂移動。所以，沙利文想要舉起右手的時候，是有意識的想著我們一般人下意識做的動作，手也就真的動了！雖然這雙電子機械手臂能做的事，遠遠少於正常的人類手臂，但已經讓沙利文能夠處理一些日常生活的簡單工作。

蜜綺爾則是一位美國女兵，她最近在一次機車事故中，失去了一條手臂，現在也裝上一隻類似的機械手臂。科學家相信，機械手

臂很快不只能夠隨心所欲運動，還能再發送訊號傳回大腦，也就是甚至能讓截肢者恢復觸覺！[138]

目前的機械手臂還遠遠不及真正的肉體手臂，但是發展潛力無窮。舉例來說，我們可以讓機械手臂具有遠大於人類手臂的力量，就算拳王在機械手臂前面，也會像是弱雞。此外，機械手臂可以每隔幾年就更換新品，也能夠脫離身體、遠距操作。

北卡羅萊納州杜克大學的科學家已經證明了這一點，他們在幾隻恆河猴的大腦裡植入電極，再讓電極蒐集腦中的訊號，傳送到外部設備。接著，猴子被訓練單純用意識控制外部的機械手腳。有一隻叫奧蘿拉的母猴，不僅學會了如何用意識控制外部的機械手臂，

28. 沙利文和蜜綺爾握手。他們的機械手臂只要用意識就能操縱，十分令人驚奇。

還能同時移動自己的兩條肉體手臂。現在牠就像是印度教的女神一樣，有三條手臂，而且機械手臂還能位於另一個房間、甚至另一座城市裡。所以，牠現在可以坐在北卡羅萊納州的實驗室，一手抓抓背、一手抓抓頭，還能有一手在紐約偷根香蕉（只可惜現在還沒辦法遠距吃香蕉）。[7]

另一隻叫伊朵雅的母猴，則是曾在2008年坐在北卡羅萊納州實驗室的椅子上，再用意識控制一雙遠在日本京都的機械腿，讓牠從此世界知名。那雙腿足足有伊朵雅體重的二十倍重。[139]

閉鎖症候群（locked-in syndrome）是一種神經疾病，病人會喪失幾乎所有控制身體移動的能力，但是認知能力卻完全不受影響。罹患閉鎖症候群的病人，最後只能用眼球微小的運動與外界溝通。然而現在已經有幾位病人的腦中，植入了蒐集大腦訊號的電極。目前科學家正在努力解譯這些訊號，希望不只能將訊號轉為動作，更能轉為語言。如果實驗成功，閉鎖症候群的病人就能夠直接與外界說話，而我們甚至可以用這項科技來閱讀他人心中的想法。[140]

在所有目前進行的研究當中，最革命性的就是要建構一套直接的「大腦—電腦」雙向介面，讓電腦能夠讀取人腦的電訊號，同時輸回人腦能夠瞭解的電訊號。如果這種設備成功，再直接將大腦連上網路，或是讓幾個大腦彼此相連、形成**腦際網路**，情況會如何？如果大腦能夠直接存取集體共同的記憶庫，對於人類的記憶、意識和身分認同，又會有什麼影響？

---

[7] 編注：杜克大學的研究團隊由尼可列利斯（Miguel Nicolelis）領軍。尼可列利斯著有《念力：讓腦波直接操控機器的新科技、新世界》一書（天下文化2012年出版），詳細說明了恆河猴奧蘿拉、伊朵雅的腦機介面實驗過程。尼可列利斯最新的成就，是讓一位下半身癱瘓的青年，穿著機械動力裝，在2014年巴西世界杯足球賽開幕典禮中開球；這是「再行走計畫」（Walk Again Project）的初步成果。

舉例來說，在這種情況下，半機械人就能夠取得他人的記憶。就算從來沒聽說過另一個人、沒看過他的自傳、也不是靠著想像，卻能夠直接記得他的記憶，就像是自己的記憶一樣。而且，這裡的他人可能是男、也可能是女。像這樣的集體記憶概念，對於自我和性別認同，又會有什麼影響？在這種時候，我們要怎麼「認識你自己」？又要怎麼知道，哪些才是真正屬於你自己的夢想，而不是集體記憶中的願望？

這樣的半機械人就不再屬於人類，而是完全不同的全新物種。這一切是從根本上的改變，其中的哲學、心理或政治影響，可能都還不在我們的掌握之中。

▌無機生命

第三種改變生命法則的方式，則是創造出完全無機的生命。最明顯的例子，就是能夠自行獨立演化的電腦程式和電腦病毒。

近來在機器學習（machine learning）上的進展，已經讓目前的電腦程式能夠自行演化。雖然程式一開始還是由人類工程師寫出程式碼，但接著就能自行取得新資訊、學習新技能，並且得到超越最初人類創造者的見解。這樣一來，電腦程式將能夠自由自在，朝向創造者未曾想見的方向演化。

我們現在已經有這種程式的原型了，也就是所謂的電腦病毒。電腦病毒在網際網路上流傳的時候，會不斷自我複製數百萬次甚至數億次，一面要躲避追殺的防毒軟體，一面又要和其他病毒爭奪網路裡的空間。而總有某一次，在病毒自我複製的時候出現了錯誤，這就成了一種電腦化的突變。這種突變有可能是因為病毒設計師，

原本就讓病毒偶爾會發生隨機複製錯誤；也有可能是因為某種隨機發生的誤差。

假設在偶然下，突變後的病毒比較能躲過防毒軟體的偵測，而且仍然保留入侵其他電腦的能力，它就會在網路裡迅速傳播。於是這種突變種就能生存下來，開始繁衍。隨著時間過去，網路空間就會充斥這些並非由人設計出來、經過無機演化而成的新型病毒。

像這樣的電腦程式，能夠學會下棋、開車、看診、投資股市。在各個領域都可能慢慢表現得比老掉牙的人類更為傑出，但此時同類電腦程式就會成為競爭對手。於是它們仍然會面對新型態的演化壓力。如果有一千套電腦程式要投資股市，各自採用不同的策略，肯定有些會輸到破產、有些贏到億萬，並且在過程中發展出各種人類無法抗衡、甚至無力理解的策略。這樣的程式並無法向人類解釋清楚它用了什麼策略，就像是人類無法讓黑猩猩瞭解什麼叫做華爾街。到了未來，甚至有可能我們許多人是為這樣的程式工作，程式不但會決定該怎麼投資，還會決定要雇用誰、讓誰得到貸款、又要把誰關進監獄。

這些病毒算是生命嗎？這可能要取決於每個人對「生命」的定義，但它們確實是由新的演化過程而產生，完全獨立於生物演化的法則和局限之外。

我們再來想像一下另一種可能性。假設你可以將自己的大腦記憶、知覺和意識，整個備份到硬碟上，再用筆記型電腦來讀取和運作。這樣一來，筆電是不是就能夠像智人一樣思考和感受了呢？如果是的話，那算是你嗎？還是算別人呢？如果電腦程式設計師可以建構一個全新的數位個體心靈，完全由電腦程式碼組成，但擁有自我的知覺、意識和記憶，這又算是什麼？如果你讓這個程式在電腦

上運作，這算是一個人嗎？如果你刪除了這個程式，算是謀殺嗎？

我們可能很快就會得到這些問題的答案了。2005 年成立了一項**藍腦計畫**（Blue Brain Project），希望能用電腦完整重建一個人腦，用電子電路來模擬大腦中的神經網路。計畫主持人表示，如果能有足夠的經費，大約只要十年到二十年，就能在電腦裡建構出人工大腦，而且語言及舉止就像是正常人一樣。一旦成功，有可能代表的是：生命經過三十八億年不斷在有機化合物的小世界中瞎轉閒晃，將要突然闖進無機領域的一片遼闊，準備實現我們最天馬行空的夢想。

到現在，並不是所有學者都認為人腦的運作方式類似數位的電腦（因此也就很難用現今的電腦來模擬人腦），但是如果連試都不試，就全盤否定這種可能性，也實在過於不智。在 2013 年，藍腦計畫已經從歐盟取得了十億歐元資金的挹注。[141]

█ 另一個奇異點

目前，所有這些新契機只有一小部分已經成真。然而在 2013 年的時候，人類的文化已經掙脫了生物學的束縛。我們現在不只能改造周遭的世界，更能改造自己體內和內心的世界，而且發展的速度奇快無比。

有愈來愈多領域的行事方式，都已經被迫大幅改變了，不再能照舊便宜行事。律師需要重新思考關於隱私和身分認同的問題；各國政府需要重新思考醫療保健和平等的問題；體育協會和教育機構需要對公平競爭和成就重新定義；退休基金和勞力市場也得調整，因應未來六十歲的人可能只像是現在的三十歲。除此之外，每一個

政府、組織和個人，全部都得面對生物工程、半機械人及無機生命帶來的難題。

想當初，第一次進行人類基因體定序的時候，花費了十五年、三十億美金。但現在只要花上幾週、幾百美金，就能完成一個人的基因定序。[142] 根據DNA為人量身訂做的「個人化醫學」時代，已然展開。你的家庭醫師也許很快就能告訴你，你得到肝癌的風險比較高，但倒是不用太煩惱心臟病的機率。醫師還能告訴你，某種對92％的人有效的藥物，就是對你沒用，而另外一種通常會致命的藥物，反而正是你的救命仙丹。一個幾近完美的醫療世界，已經近在眼前。

然而，醫療的進步也會帶來新的倫理難題。光是現在，倫理學家和法律專家就已經因為DNA涉及的隱私問題，感到焦頭爛額了。例如：保險公司是否有權要求我們提供DNA定序資料？如果要保人的基因顯示遺傳性的魯莽衝動傾向，保險公司是否有權要求提高保費？以後公司機構要聘雇新員工時，會不會要求的不是履歷表，而是DNA資料？雇主有權歧視DNA看來較差的求職者嗎？而像這樣的「基因歧視」，我們可以提告嗎？腦機介面公司能不能創造出一種新的生物、或是新的器官，再申請這種DNA序列的專利？我們都認同某個人可以擁有某隻雞，但我們可以完全擁有某個物種嗎？

事實上，以上種種都還只是小巫，真正的大巫是要追求不死、以及未來創造出超人類的可能，將會為人類的倫理、社會和政治秩序帶來巨幅改變。不論是〈世界人權宣言〉、全球各地的政府醫療方案、全民健保方案、甚至是憲法，都認為人道社會應該讓所有成員擁有公平的醫療待遇，並且維持相對良好的身心健康狀態。如果醫療只是要預防疾病、治療疾病，這一切看來再好不過。但如果醫

藥的目的變成要提高人的能力，情況會有何不同？是讓所有人類都能提升能力嗎？還是只有少數菁英能夠享有超人類的能力？

我們這個現代世界，是有史以來第一次認為所有人類應該享有基本上的平等，然而我們可能正準備打造出一個最不平等的社會。縱觀歷史，上層階級總是說自己比下層階級更聰明、更強壯、更優秀。他們過去通常只是在自欺欺人，貧苦農家孩子的智力很可能和王子也相去不遠。然而，在新一代醫藥推波助瀾下，上層階級的自命不凡，可能即將成為一種客觀的事實。

這不是科幻小說的情節。在大多數的科幻小說裡，講的是像我們一樣的智人，擁有光速太空船和雷射槍之類的先進科技。這些小說裡的倫理和政治難題，多半和我們的世界如出一轍，只不過是把我們的情感和社會問題搬到未來的場景重新上演。然而，未來科技的真正潛力並不在於改變什麼車輛或武器，而在於改變智人本身，包括我們的情感、我們的欲望。

太空船其實只是小事，真正會驚天動地的，可能是能夠永遠年輕的半機械人，既不繁衍後代、也沒有性慾，能夠直接和其他生物共用記憶，而且專注力和記性是現代人類的一千倍以上，既不會憤怒、也不會悲傷（因此不會有同情心？），而他們蘊藏的情感和欲望，完全是我們智人無法想像的。

科幻小說很少會把未來描述成這個樣子，因為基本上這種場景超乎了我們的想像，就算描述出來也難以理解。想把某種超級半機械人的生活拍成電影給現代人看，就像是要為尼安德塔人演一齣莎翁名劇。事實上，未來世界主人翁與我們智人之間的差異，可能會遠大於我們和尼安德塔人之間的差異。我們與尼安德塔人至少都還是人，但未來的主人翁很可能會更接近「神」的概念。

物理學家認為誕生宇宙的大霹靂是一個**奇異點**（singularity）。在奇異點之前，所有我們認知的自然律都還不存在，就連時間也不存在。所以要說宇宙大霹靂「之前」如何如何，是沒有意義的，也是無法理解的。而我們可能正在接近下一個奇異點，所有我們現在這個世界的意義（不論是你我、男女、愛恨）都即將變得再也無關緊要。在那個奇異點之後的任何事，都超出我們現在所能想像。

科學怪人預言

1818年，瑪麗·雪萊寫出了小說《科學怪人》（*Frankenstein*），講的是一個科學家希望創造出比人更優越的生物，但失去控制，反而創造出一個怪物。在過去的兩個世紀間，有無數版本不斷講述著同樣的故事。這已經成為新科學神話的一大核心主題。

乍看之下，科學怪人的故事似乎是在告訴我們，如果竟敢試圖僭越神的角色，試圖操縱生命，就會受到嚴厲的懲罰。然而，這個故事其實還有更深的含義。

科學怪人的故事直接向智人提出挑戰，告訴我們智人終結的一天已經不遠。根據這個故事，除非全球核災或生態浩劫先毀滅了世人，否則根據現在科技發展的步伐，很快智人就會被取代。新一代的主宰不僅體型體態不同，連認知和情感世界也有極大差異。

對大多數智人來說，這個新版本的故事實在太過驚悚；我們比較想聽到的故事，是未來仍然由像我們一樣的人來主宰，只是多了高速太空船，讓我們能往來於各個星球罷了。但是如果說，和我們擁有相同情感和認同的生物未來將會滅絕，由能力遠高於我們的陌生物種取而代之，這個版本的未來，可就令人毛骨悚然、難以接受

了。對我們來說，科學家在《科學怪人》裡只是製造出一個怪物，
而我們為了拯救人類，不得不將之摧毀，算是比較能放心的結局。
我們喜歡這種版本，是因為這版本暗示人類仍然是萬物之靈，再也
不會有比人類更優秀的物種。此外，想要「改進」人類的嘗試也必
然失敗，因為就算能夠增強身體的能力，重點還是在那崇高而不得
碰觸的人類心靈。

但人類很難接受的一個事實就是：科學家不僅能夠改造身體，
也能改造心靈。未來創造出來的科學怪人，可能就是硬生生比人類
優秀不知凡幾，他們看著我們，就像是我們看尼安德塔人一樣，帶
著一絲輕蔑和不屑。

我們還不能確定明日是不是會正如這個預言一般。沒有人能夠
確實知道未來。本書最後這幾頁所做的預測，也不太可能樣樣都說
得準。歷史一再讓我們看到：許多以為必然發生的事，常常因為不
可預見的阻礙而無法成真，而某些難以想像的情節，最後卻成為事
實。1940年代進入核彈時代的時候，很多人預測西元2000年會成
為核能世界。第一顆人造衛星和阿波羅十一號發射時，也讓全球想
像力大作，大家都認為到了二十世紀結束的時候，人類就可以移民
到火星和冥王星。但這些預測全都沒有成真。而另一方面，當時誰
都沒想過，網際網路能發展成現在這個樣子。

所以，關於未來的數位物種，可以說現在誰都說不準。上面提
的所有理想、或說是夢魘，其實只是為了刺激大家的想像。我們真
正應該認真以對的，是下一段歷史的改變，不僅是關於科技和組織
的改變，更是人類意識與身分認同的根本改變。這些改變觸及的會
是人類的本質，就連「人」的定義都有可能從此不同。

我們還有多久時間？沒有人真正知道。如同前面所提，有人認

為到了2050年，就有少數人能夠達到長生狀態。一些比較不那麼激進的預測，則說時間點是在下個世紀、或是下一個千禧年。然而如果從智人長達七萬年的歷史來看，幾世紀又算什麼？

我們究竟希望自己想要什麼？

如果智人的歷史確實即將謝幕，我們這些最後一代的智人，或許該花點時間，回答最後一個問題：我們究竟想要變成什麼？

有人把它稱之為「人類強化」（Human Enhancement）的問題，所有目前政治家、哲學家、學者和一般大眾所爭論的其他問題，在人類強化問題的前面，都算不上什麼。畢竟，等到智人消失之後，今天所有的宗教、意識型態、民族和階級等等，很可能也會隨之煙消雲散。而如果我們的接班人與我們有完全不同的意識層次（或者是有某種已經超乎我們想像的意識運作方式），再談基督教或伊斯蘭教、共產主義或是資本主義、甚至性別的男女，對他們來說可能都已不具意義。

然而，我們還是有必要談談這些關於歷史的重要問題，因為就算是這些新時代的神，第一代還是由我們人類所設計，受到我們的文化概念影響。創造他們時所依循的理念，究竟會是資本主義、伊斯蘭教，還是女權主義？根據不同的答案，就可能讓他們走向完全不同的方向。

大多數人寧願躲避而不去想了。就連生命倫理學這個領域，也寧可去回答另一個問題：「有什麼是必須禁止的？」我們可以用活人做基因實驗嗎？用流產的胚胎可乎？用幹細胞呢？複製羊符合倫理道德嗎？複製黑猩猩如何？複製人類呢？

雖然這些問題確實都很重要，但如果還認為我們能夠踩煞車、阻止讓人類升級成另一種不同的物種，可能就太天真了。原因就在於：雖然這些計畫各有不同，但追根究柢，還是回到了對長生不死的追求——吉爾伽美什計畫。

　　不管是問科學家為什麼要研究基因體、或是為什麼要把大腦連接到電腦、或是為什麼要在電腦裡創建一個心靈，十有八九，都會得到相同的標準答案：這麼做是為了治療疾病，挽救人的性命。

　　想一想，為了治療精神疾病，就說要在電腦裡創建一個心靈，難道不會覺得太小題大作？但就是因為這種標準答案太具正當性，所以沒有人能夠反駁。正因如此，吉爾伽美什計畫正是現在科學的旗艦，能夠讓科學所做的一切都有了正當的理由。創造科學怪人的弗蘭肯斯坦博士，現在就坐在吉爾伽美什的肩膀上。阻擋不了吉爾伽美什，我們也就阻擋不了弗蘭肯斯坦博士。

　　現在我們唯一能做的，就是影響他們往前走的方向。但既然我們可能很快也能改造我們的欲望，真正該問的問題不是「我們究竟想要變成什麼？」，而是「我們究竟希望自己想要什麼？」

　　如果還對這個問題視若等閒，可能就是真的還沒想通。

後記

變成神的這種動物

在七萬年前，智人還不過是一種微不足道的動物，在非洲的角落自顧自的生活。但就在接下來的幾千年間，智人就成了整個地球的主人、生態系的夢魘。時至今日，智人似乎只要再跨一步，就能進入神的境界，不僅有望獲得永恆的青春，更擁有創造和毀滅一切的神力。

但遺憾的是，智人在地球上的所作所為，實在沒有太多可令人自豪的事。雖然我們主宰了環境、增加了糧食產量、蓋起城市、建立帝國，還創造了無遠弗屆的貿易網，但是全球生靈的苦難減少了嗎？一次又一次，雖然整體人類的能力大幅提升，但卻不一定能改善個別人類的福祉，而且常常還讓其他動物深受其害。

在過去的幾十年間，至少就人類的生存條件而言，已有了確確實實的進步，饑荒、瘟疫和戰爭都已減少。然而其他動物的生存條件，卻在大幅度急遽惡化，範圍前所未見。而且，就算是人類社會相關的改進，也還需要再長時間觀察，才能判斷是否利大於弊、是否能夠延續。

此外，雖然現在人類已經擁有許多令人讚嘆的能力，但我們仍然對目標感到茫然，而且似乎也仍然總是感到不滿。我們的交通工具已經從獨木舟變成帆船、變成汽船、變成飛機、再變成太空梭，但我們還是不知道自己該前往的目的地。我們擁有的力量比以往任何時候都更強大，但幾乎不知道該怎麼妥善使用這些力量。更糟糕的是，人類似乎也比以往任何時候更不負責。

　　我們讓自己變成了神，不用對任何人負責，唯一能節制我們的只剩下物理定律。正因如此，我們對周遭的動物和生態系掀起一場大災難，只為了貪求自己的舒適和娛樂，卻又從來無法得到真正的滿足。

　　擁有神的能力，但是不負責任、貪得無厭，而且連想要什麼都不知道。天下至險，恐怕莫此為甚。

圖片來源

1. 雪維洞穴的人類手印© Imagebank/Gettyimages Israel

2. 魯道夫人、直立人和尼安德塔人的樣貌重建圖。© Visual/Corbis

3. 尼安德塔男孩樣貌重建圖。© Anthropologisches Institut und Museum, Universität Zürich

4. 德國施泰德洞穴的象牙製「獅人」（或女獅人）雕像。Photo Thomas Stephan, © Ulmer Museum

5. 寶獅的獅子商標。Photo: Itzik Yahav

6. 以色列北部一座一萬兩千年前的墓穴，有一具年約五十歲女性的骨骸，旁邊還有一副小狗的骨骸。Photo: The Prehistoric Man Museum, Kibbutz Ma'ayan Baruch

7. 拉斯科洞穴大約一萬五千年前至兩萬年前的一幅壁畫。© Visual/Corbis

8. 阿根廷「手洞」大約西元前7000年的手印。© Visual/Corbis

9. 埃及墓穴壁畫，描繪典型的農業景象。© Visual/Corbis

10. 哥貝克力石陣的巨大結構遺跡。© Photographs by Deutsches Archäologisches Institut

11. 西元前1200年的埃及墳墓壁畫：有一對牛在耕田。© Visual/Corbis

12. 一隻現代的牛。Photo: Anonymous for Animal Rights ©

13. 來自古城烏魯克（Uruk）大約西元前3400年至3000年的泥板，記載著當時的行政文書。©The Schøyen Collection, Oslo and London, MS 1717. http://www.schoyencollection.com/

14. 十二世紀的安地斯文化結繩語。© The Schøyen Collection, Oslo and London, MS 718. http://www.schoyencollection.com/

參考資料

由於紙本書的篇幅限制，以下的條目僅列出本書所引用的一小部分資料。
完整的〈參考資料〉，請參閱下列網址：https://www.ynharari.com/sapiens-references/

新版序　一切就看我們的抉擇

1　https://www.nytimes.com/2011/02/17/science/17jeopardy-watson.html

2　www.sciencedaily.com/releases/2011/09/110920095258.htm

3　https://www.cnn.com/2011/10/04/tech/mobile/siri-iphone-4s-skynet/index.html

4　https://www.nhm.ac.uk/discover/homo-naledi-your-most-recently-discovered-human-relative.html

5　https://www.nhm.ac.uk/discover/homo-naledi-your-most-recently-discovered-human-relative.html

6　https://science.sciencemag.org/content/372/6549/1424; https://www.sciencemag.org/
news/2021/06/stunning-dragon-man-skull-may-be-elusive-denisovan-or-new-species-human

7　https://www.nature.com/articles/d41586-018-06004-0

第1章　人類：一種也沒什麼特別的動物

8　Ann Gibbons, 'Food for Thought: Did the First Cooked Meals Help Fuel the Dramatic Evolutionary Expansion of the Human Brain?', *Science* 316:5831 (2007), 1558-1560.

第2章　知善惡樹

9　Robin Dunbar, *Grooming, Gossip, and the Evolution of Language* (Cambridge, Mass.: Harvard University Press, 1998).

10　Frans de Waal, *Chimpanzee Politics: Power and Sex among Apes* (Baltimore: Johns Hopkins University Press, 2000); Frans de Waal, *Our Inner Ape: A Leading Primatologist Explains Why We Are Who We Are* (New York: Riverhead Books, 2005); Michael L. Wilson and Richard W. Wrangham, 'Intergroup Relations in Chimpanzees', *Annual Review of Anthropology* 32

(2003), 363-392; M. McFarland Symington, 'Fission-Fusion Social Organization in *Ateles* and *Pan*', *International Journal of Primatology*, 11:1 (1990), 49; Colin A. Chapman and Lauren J. Chapman, 'Determinants of Groups Size in Primates: The Importance of Travel Costs', in *On the Move: How and Why Animals Travel in Groups*, ed. Sue Boinsky and Paul A. Garber (Chicago: University of Chicago Press, 2000), 26.

11 Dunbar, *Grooming, Gossip, and the Evolution of Language*, 69-79; Leslie C. Aiello and R. I. M. Dunbar, 'Neocortex Size, Group Size, and the Evolution of Language', *Current Anthropology* 34:2 (1993), 189. 對此研究法的批判，請見：Christopher McCarthy et al., 'Comparing Two Methods for Estimating Network Size', *Human Organization* 60:1 (2001), 32; R. A. Hill and R. I. M. Dunbar, 'Social Network Size in Humans', *Human Nature* 14:1 (2003), 65.

12 Yvette Taborin, 'Shells of the French Aurignacian and Perigordian', in *Before Lascaux: The Complete Record of the Early Upper Paleolithic*, ed. Heidi Knecht, Anne Pike-Tay and Randall White (Boca Raton: CRC Press, 1993), 211-28.

13 G.R. Summerhayes, 'Application of PIXE-PIGME to Archaeological Analysis of Changing Patterns of Obsidian Use in West New Britain, Papua New Guinea', in *Archaeological Obsidian Studies: Method and Theory*, ed. Steven M. Shackley (New York: Plenum Press, 1998), 129-58.

第3章　亞當和夏娃的一天

14 Christopher Ryan and Cacilda Jethá, *Sex at Dawn: The Prehistoric Origins of Modern Sexuality* (New York: Harper, 2010); S. Beckerman and P. Valentine (eds.), *Cultures of Multiple Fathers. The Theory and Practice of Partible Paternity in Lowland South America* (Gainesville: University Press of Florida, 2002).

15 Noel G. Butlin, *Economics and the Dreamtime: A Hypothetical History* (Cambridge: Cambridge University Press, 1993), 98-101; Richard Broome, *Aboriginal Australians* (Sydney: Allen & Unwin , 2002), 15; William Howell Edwards, *An Introduction to Aboriginal Societies* (Wentworth Falls, N.S.W.: Social Science Press, 1988), 52.

16 Fekri A. Hassan, *Demographic Archaeology* (New York: Academic Press, 1981), 196-99; Lewis Robert Binford, *Constructing Frames of Reference: An Analytical Method for Archaeological Theory Building Using Hunter Gatherer and Environmental Data Set*s (Berkeley: University of California Press, 2001), 143.

17 Brian Hare, *The Genius of Dogs: How Dogs Are Smarter Than You Think* (Dutton: Penguin Group, 2013).

18 Christopher B. Ruff, Erik Trinkaus and Trenton W. Holliday, 'Body Mass and Encephalization in Pleistocene *Homo*', *Nature* 387 (1997), 173-176; M. Henneberg and M. Steyn, 'Trends in Cranial Capacity and Cranial Index in Subsaharan Africa During the Holocene', *American Journal of Human Biology* 5:4 (1993): 473-79; Drew H. Bailey and David C. Geary, 'Hominid Brain

Evolution: Testing Climatic, Ecological, and Social Competition Models', *Human Nature* 20 (2009): 67-79; Daniel J. Wescott and Richard L. Jantz, 'Assessing Craniofacial Secular Change in American Blacks and Whites Using Geometric Morphometry', in *Modern Morphometrics in Physical Anthropology: Developments in Primatology: Progress and Prospects*, ed. Dennis E. Slice (New York: Plenum Publishers, 2005), 231-45.

19 Nicholas G. Blurton Jones et al., 'Antiquity of Postreproductive Life: Are There Modern Impact on Hunter-Gatherer Postreproductive Life Spans?', *American Journal of Human Biology* 14 (2002), 184-205.

20 Kim Hill and A. Magdalena Hurtado, *Aché Life History: The Ecology and Demography of a Foraging People* (New York: Aldine de Gruyter, 1996), 164, 236.

21 Hill and Hurtado, *Aché Life History*, 78.

22 Vincenzo Formicola and Alexandra P. Buzhilova, 'Double Child Burial from Sunghir (Russia): Pathology and Inferences for Upper Paleolithic Funerary Practices', *American Journal of Physical Anthropology* 124:3 (2004), 189-98; Giacomo Giacobini, 'Richness and Diversity of Burial Rituals in the Upper Paleolithic', *Diogenes* 54:2 (2007), 19-39.

23 I. J. N. Thorpe, 'Anthropology, Archaeology, and the Origin of Warfare', *World Archaeology* 35:1 (2003), 145-65; Raymond C. Kelly, *Warless Societies and the Origin of War* (Ann Arbor: University of Michigan Press, 2000); Azar Gat, *War in Human Civilization* (Oxford: Oxford University Press, 2006); Lawrence H. Keeley, *War before Civilization: The Myth of the Peaceful Savage* (Oxford: Oxford University Press, 1996); Slavomil Vencl, 'Stone Age Warfare', in *Ancient Warfare: Archaeological Perspectives*, ed. John Carman and Anthony Harding (Stroud: Sutton Publishing, 1999), 57-73.

第4章　毀天滅地的人類洪水

24 James F. O'Connel and Jim Allen, 'Pre-LGM Sahul (Pleistocene Australia – New Guinea) and the Archeology of Early Modern Humans', in *Rethinking the Human Revolution: New Behavioural and Biological Perspectives on the Origin and Dispersal of Modern Humans*, ed. Paul Mellars, Ofer Bar-Yosef, Katie Boyle (Cambridge: McDonald Institute for Archaeological Research, 2007), 395-410; James F. O'Connel and Jim Allen, 'When Did Humans First Arrived in Grater Australia and Why Is It Important to Know?', *Evolutionary Anthropology*, 6:4 (1998), 132-46; James F. O'Connel and Jim Allen, 'Dating the Colonization of Sahul (Pleistocene Australia – New Guinea): A Review of Recent Research', *Journal of Radiological Science* 31:6 (2004), 835-53; Jon M. Erlandson, 'Anatomically Modern Humans, Maritime Voyaging, and the Pleistocene Colonization of the Americas', in *The first Americans: the Pleistocene Colonization of the New World*, ed. Nina G. Jablonski (San Francisco: University of California Press, 2002), 59-60, 63-64; Jon M. Erlandson and Torben C. Rick,

'Archeology Meets Marine Ecology: The Antiquity of Maritime Cultures and Human Impacts on Marine Fisheries and Ecosystems', *Annual Review of Marine Science* 2 (2010), 231-51; Atholl Anderson, 'Slow Boats from China: Issues in the Prehistory of Indo-China Seafaring', *Modern Quaternary Research in Southeast Asia*, 16 (2000), 13-50; Robert G. Bednarik, 'Maritime Navigation in the Lower and Middle Paleolithic', *Earth and Planetary Sciences* 328 (1999), 559-60; Robert G. Bednarik, 'Seafaring in the Pleistocene', *Cambridge Archaeological Journal* 13:1 (2003), 41-66.

25 Timothy F. Flannery, *The Future Eaters: An Ecological History of the Australasian Lands and Peoples* (Port Melbourne, Vic.: Reed Books Australia, 1994); Anthony D. Barnosky et al., 'Assessing the Causes of Late Pleistocene Extinctions on the Continents', *Science* 306:5693 (2004): 70–75; Bary W. Brook and David M. J. S. Bowman, 'The Uncertain Blitzkrieg of Pleistocene Megafauna', *Journal of Biogeography* 31:4 (2004), 517–23; Gifford H. Miller et al., 'Ecosystem Collapse in Pleistocene Australia and a Human Role in Megafaunal Extinction,' *Science* 309:5732 (2005), 287–90; Richard G. Roberts et al., 'New Ages for the Last Australian Megafauna: Continent Wide Extinction about 46,000 Years Ago', *Science* 292:5523 (2001), 1888–92.

26 Stephen Wroe and Judith Field, 'A Review of Evidence for a Human Role in the Extinction of Australian Megafauna and an Alternative Explanation', *Quaternary Science Reviews* 25:21–22 (2006), 2692–2703; Barry W. Brooks et al., 'Would the Australian Megafauna Have Become Extinct If Humans Had Never Colonised the Continent? Comments on "A Review of the Evidence for a Human Role in the Extinction of Australian Megafauna and an Alternative Explanation" by S. Wroe and J. Field', *Quaternary Science Reviews* 26:3-4 (2007), 560-564; Chris S. M. Turney et al., 'Late-Surviving Megafauna in Tasmania, Australia, Implicate Human Involvement in their Extinction', *Proceedings of the National Academy of Sciences* 105:34 (2008), 12150-53.

27 John Alroy, 'A Multispecies Overkill Simulation of the End-Pleistocene Megafaunal Mass Extinction', *Science*, 292:5523 (2001), 1893-96; O'Connel and Allen, 'Pre-LGM Sahul', 400-1.

28 L.H. Keeley, 'Proto-Agricultural Practices Among Hunter-Gatherers: A Cross-Cultural Survey', in *Last Hunters, First Farmers: New Perspectives on the Prehistoric Transition to Agriculture*, ed. T. Douglas Price and Anne Birgitte Gebauer (Santa Fe, N.M.: School of American Research Press, 1995), 243–72; R. Jones, 'Firestick Farming', *Australian Natural History* 16 (1969), 224-28.

29 David J. Meltzer, *First Peoples in a New World: Colonizing Ice Age America* (Berkeley: University of California Press, 2009).

30 Paul L. Koch and Anthony D. Barnosky, 'Late Quaternary Extinctions: State of the Debate', *The Annual Review of Ecology, Evolution, and Systematics* 37 (2006), 215-50; Anthony D. Barnosky et al., 'Assessing the Causes of Late Pleistocene Extinctions on the Continents', 70-5.

第5章　史上最大騙局

31　Jared Diamond, *Guns, Germs and Steel: The Fate of Human Societies* (New York: W. W. Norton, 1997).

32　本地圖主要參考：Peter Bellwood, *First Farmers: The Origins of Agricultural Societies* (Malden: Blackwell Pub., 2005).

33　Azar Gat, *War in Human Civilization* (Oxford: Oxford University Press, 2006), 130-131; Robert S. Walker and Drew H. Bailey, 'Body Counts in Lowland South American Violence,' *Evolution and Human Behavior* 34 (2013), 29-34.

34　Katherine A. Spielmann, 'A Review: Dietary Restriction on Hunter-Gatherer Women and the Implications for Fertility and Infant Mortality', *Human Ecology* 17:3 (1989), 321-45. 並請參見：Bruce Winterhalder and Eric Alder Smith, 'Analyzing Adaptive Strategies: Human Behavioral Ecology at Twenty Five', *Evolutionary Anthropology* 9:2 (2000), 51-72.

35　Alain Bideau, Bertrand Desjardins and Hector Perez-Brignoli (eds.), *Infant and Child Mortality in the Past* (Oxford: Clarendon Press, 1997); Edward Anthony Wrigley et al., *English Population History from Family Reconstitution, 1580-1837* (Cambridge: Cambridge University Press, 1997), 295-96, 303.

36　Manfred Heun et al., 'Site of Einkorn Wheat Domestication Identified by DNA Fingerprints', *Science* 278:5341 (1997), 1312-14.

37　Charles Patterson, *Eternal Treblinka: Our Treatment of Animals and the Holocaust* (New York: Lantern Books, 2002), 9-10; Peter J. Ucko and G.W. Dimbleby (ed.), *The Domestication and Exploitation of Plants and Animals* (London: Duckworth, 1969), 259.

38　Avi Pinkas (ed.), *Farmyard Animals in Israel – Research, Humanism and Activity* (Rishon Le-Ziyyon: The Association for Farmyard Animals, 2009 [Hebrew]), 169-199; "Milk Production – the Cow" [Hebrew], The Dairy Council, accessed March 22, 2012, http://www.milk.org.il/cgi-webaxy/sal/sal.pl?lang=he&ID=645657_milk&act=show&dbid=katavot&dataid=cow.htm

39　Edward Evan Evans-Pritchard, *The Nuer: A Description of the Modes of Livelihood and Political Institutions of a Nilotic People* (Oxford: Oxford University Press, 1969); E.C. Amoroso and P.A. Jewell, 'The Exploitation of the Milk-Ejection Reflex by Primitive People', in *Man and Cattle: Proceedings of the Symposium on Domestication at the Royal Anthropological Institute, 24-26 May 1960*, ed. A.E. Mourant and F.E. Zeuner (London: The Royal Anthropological Institute, 1963), 129-34.

40　Johannes Nicolaisen, *Ecology and Culture of the Pastoral Tuareg* (Copenhagen: National Museum, 1963), 63.

人類大歷史
Sapiens

第6章　蓋起監獄高牆

41　Angus Maddison, *The World Economy*, vol. 2（Paris: Development Centre of the Organization of Economic Co-operation and Development, 2006）, 636; "Historical Estimates of World Population", U.S. Census Bureau, accessed December 10, 2010, http://www.census.gov/ipc/www/worldhis.html.

42　Robert B. Mark, *The Origins of the Modern World: A Global and Ecological Narrative* (Lanham, MD: Rowman & Littlefield Publishers, 2002), 24.

43　Raymond Westbrook, 'Old Babylonian Period', in *A History of Ancient Near Eastern Law*, vol. 1, ed. Raymond Westbrook (Leiden: Brill, 2003), 361-430; Martha T. Roth, *Law Collections from Mesopotamia and Asia Minor*, 2 ed. (Atlanta: Scholars Press, 1997), 71-142; M. E. J. Richardson, *Hammurabi's Laws: Text, Translation and Glossary* (London: T & T Clark International, 2000).

44　Martha T. Roth, *Law Collections from Mesopotamia*, 76.

45　Martha T. Roth, *Law Collections from Mesopotamia*, 121.

46　Martha T. Roth, *Law Collections from Mesopotamia*, 122-23.

47　Martha T. Roth, *Law Collections from Mesopotamia*, 133-34.

48　Constance Brittaine Bouchard, *Strong of Body, Brave and Noble: Chivalry and Society in Medieval France* (New York: Cornell University Press, 1998), 99; Mary Martin McLaughlin, 'Survivors and Surrogates: Children and Parents from the Ninth to Thirteenth Centuries', in *Medieval Families: Perspectives on Marriage, Household and Children*, ed. Carol Neel (Toronto: University of Toronto Press, 2004), 81 n. 81; Lise E. Hull, *Britain's Medieval Castles* (Westport: Praeger, 2006), 144.

第7章　大腦記憶過載

49　Andrew Robinson, *The Story of Writing* (New York: Thames and Hudson, 1995), 63; Hans J. Nissen, Peter Damerow and Robert K. Englung, *Archaic Bookkeeping: Writing and Techniques of Economic Administration in the Ancient Near East* (Chicago, London: The University of Chicago Press, 1993), 36.

50　Marcia and Robert Ascher, *Mathematics of the Incas-Code of the Quipu* (New York: Dover Publications, 1981).

51　Gary Urton. *Signs of the Inka Khipu* (Austin: University of Texas Press, 2003); Galen Brokaw. *A History of the Khipu* (Cambridge: Cambridge University Press, 2010).

486

52　Stephen D. Houston (ed.), *The First Writing: Script Invention as History and Process* (Cambridge: Cambridge University Press, 2004), 222.

第 8 章　歷史從無正義

53　Sheldon Pollock, 'Axialism and Empire', in *Axial Civilizations and World History*, ed. Johann P. Arnason, S. N. Eisenstadt and Björn Wittrock (Leiden: Brill, 2005), 397-451.

54　Harold M. Tanner, *China: A History* (Indianapolis: Hackett, Pub. Co., 2009), 34.

55　Ramesh Chandra, *Identity and Genesis of Caste System in India* (Delhi: Kalpaz Publications, 2005); Michael Bamshad et al., 'Genetic Evidence on the Origins of Indian Caste Population', *Genome Research* 11 (2001): 904-1004; Susan Bayly, *Caste, Society and Politics in India from the Eighteenth Century to the Modern Age* (Cambridge: Cambridge University Press, 1999).

56　Stephen D. Houston (ed.), *The First Writing*, 196.

57　The Secretary-General, United Nations, *Report of the Secretary-General on the In-depth Study on All Forms of Violence Against Women*, delivered to the General Assembly, U.N. Doc. A/16/122/Add.1 (July 6, 2006), 89.

58　Sue Blundell, *Women in Ancient Greece* (Cambridge, Mass.: Harvard University Press, 1995), 113-29, 132-33.

第 10 章　金錢的氣味

59　Francisco López de Gómara, *Historia de la Conquista de Mexico*, vol. 1, ed. D. Joaquin Ramirez Cabañes (Mexico City: Editorial Pedro Robredo, 1943), 106.

60　Andrew M. Watson, 'Back to Gold – and Silver', *Economic History Review* 20:1 (1967), 11-12; Jasim Alubudi, *Repertorio Bibliográfico del Islam* (Madrid: Vision Libros, 2003), 194.

61　Watson, 'Back to Gold – and Silver', 17-18.

62　David Graeber, *Debt: The First 5,000 Years* (Brooklyn, N.Y.: Melville House, 2011).

63　Glyn Davies, *A History of Money: from Ancient Times to the Present Day* (Cardiff: University of Wales Press, 1994), 15.

64　Szymon Laks, *Music of Another World*, trans. Chester A. Kisiel (Evanston, Ill.: Northwestern University Press, 1989), 88-89. 奧許維茲集中營的「市場」僅限於部分階級的囚犯，而且在不同時期的差異非常大。

65　See also Niall Ferguson, *The Ascent of Money* (New York: The Penguin Press, 2008), 4.

66　關於麥元的資訊，我參考了一本並未出版的博士論文：Refael Benvenisti, *Economic Institutions of Ancient Assyrian Trade in the Twentieth to Eighteenth Centuries BC* (Hebrew University of Jerusalem, Unpublished Ph.D. thesis, 2011). 另可參閱 Norman Yoffee, 'The Economy of Ancient Western Asia', in *Civilizations of the Ancient Near East,* vol. 1, ed. J. M. Sasson (New York: C. Scribner's Sons, 1995), 1387-99; R. K. Englund, 'Proto-Cuneiform Account-Books and Journals', in *Creating Economic Order: Record-keeping, Standardization, and the Development of Accounting in the Ancient Near East,* ed. Michael Hudson and Cornelia Wunsch (Bethesda, MD: CDL Press, 2004), 21-46; Marvin A. Powell, 'A Contribution to the History of Money in Mesopotamia prior to the Invention of Coinage', in *Festschrift Lubor Matouš,* ed. B. Hruška and G. Komoróczy (Budapest: Eötvös Loránd Tudományegyetem, 1978), 211-43; Marvin A. Powell, 'Money in Mesopotamia', *Journal of the Economic and Social History of the Orient,* 39:3 (1996), 224-42; John F. Robertson, 'The Social and Economic Organization of Ancient Mesopotamian Temples', in *Civilizations of the Ancient Near East,* vol. 1, ed. Sasson, 443-500; M. Silver, 'Modern Ancients', in *Commerce and Monetary Systems in the Ancient World: Means of Transmission and Cultural Interaction,* ed. R. Rollinger and U. Christoph (Stuttgart: Steiner, 2004), 65-87; Daniel C. Snell, 'Methods of Exchange and Coinage in Ancient Western Asia', in *Civilizations of the Ancient Near East,* vol. 1, ed. Sasson, 1487-97.

第11章　帝國的願景

67　Nahum Megged, *The Aztecs* (Tel Aviv: Dvir, 1999 [Hebrew]), 103.

68　Tacitus, *Agricola,* ch. 30 (Cambridge, Mass.: Harvard University Press, 1958), pp. 220-21.

69　A. Fienup-Riordan, *The Nelson Island Eskimo: Social Structure and Ritual Distribution* (Anchorage: Alaska Pacific University Press, 1983), p. 10.

70　Yuri Pines, 'Nation States, Globalization and a United Empire – the Chinese Experience (third to fifth centuries BC)', *Historia* 15 (1995), 54 [Hebrew].

71　Alexander Yakobson, 'Us and Them: Empire, Memory and Identity in Claudius' Speech on Bringing Gauls into the Roman Senate', in *On Memory: An Interdisciplinary Approach,* ed. Doron Mendels (Oxford: Peter Land, 2007), 23-24.

第12章　宗教的法則

72　W.H.C. Frend, *Martyrdom and Persecution in the Early Church* (Cambridge: James Clarke & Co., 2008), 536-37.

73　Robert Jean Knecht, *The Rise and Fall of Renaissance France, 1483-1610* (London: Fontana Press, 1996), 424.

74 Marie Harm and Hermann Wiehle, *Lebenskunde fuer Mittelschulen - Fuenfter Teil. Klasse 5 fuer Jungen* (Halle: Hermann Schroedel Verlag, 1942), 152-57.

第13章　成敗的祕密

75 Susan Blackmore, *The Meme Machine* (Oxford: Oxford University Press, 1999).

第14章　發現自己的無知

76 David Christian, *Maps of Time: An Introduction to Big History* (Berkeley: University of California Press, 2004), 344-45; Angus Maddison, *The World Economy*, vol. 2 (Paris: Development Centre of the Organization of Economic Co-operation and Development, 2001), 636; 'Historical Estimates of World Population', U.S. Census Bureau, accessed December 10, 2010, http://www.census.gov/ipc/www/worldhis.html.

77 Angus Maddison, *The World Economy*, vol. 1, 261.

78 "Gross Domestic Product 2009", The World Bank, Data and Statistics, accessed December 10, 2010, http://siteresources.worldbank.org/DATASTATISTICS/Resources/GDP.pdf

79 David Christian, *Maps of Time*, 141.

80 當代最大的貨輪能夠承載大約十萬噸的貨物。在1470年，全球艦隊船隊加起來，承載量也不超過32萬噸。到了1570年，總承載量已達到73萬噸。（Angus Maddison, *The World Economy*, vol. 1, 97）

81 全球規模最大的銀行：蘇格蘭皇家銀行（Royal Bank of Scotland），於2007年申報的存款為1.3兆美元，是1500年全球總產值的五倍。參見 'Annual Report and Accounts 2008', The Royal Bank of Scotland, 35, accessed December 10, 2010, http://files.shareholder.com/downloads/RBS/626570033x0x278481/eb7a003a-5c9b-41ef-bad3-81fb98a6c823/RBS_GRA_2008_09_03_09.pdf

82 Niall Ferguson, *The Ascent of Money*, 185-98.

83 Angus Maddison, *The World Economy*, vol. 1, 31; Edward Anthony Wrigley et al., *English Population History*, 295; Christian, *Maps of Time*, 450, 452; 'World Health Statistic Report 2009', 35-45, World Health Organization, accessed December 10, 2010 http://www.who.int/whosis/whostat/EN_WHS09_Full.pdf.

84 Edward Anthony Wrigley et al., *English Population History*, 296.

85 'England, Interim Life Tables, 1980-82 to 2007-09', Office for National Statistics, accessed March 22, 2012 http://www.ons.gov.uk/ons/publications/re-reference-tables.html?edition=tcm%3A77-61850

86 Michael Prestwich, *Edward I* (Berkley: University of California Press, 1988), 125-26.

人類大歷史
Sapiens

87　Jennie B. Dorman et al., 'The *age-1* and *daf-2* Genes Function in a Common Pathway to Control the Lifespan of *Caenorhabditis elegans*', *Genetics* 141:4 (1995), 1399-1406; Koen Houthoofd et al., 'Life Extension via Dietary Restriction is Independent of the Ins/IGF-1 Signaling Pathway in *Caenorhabditis elegans*', *Experimental Gerontology* 38:9 (2003), 947-54.

88　Shawn M. Douglas, Ido Bachelet, and George M. Church, 'A Logic-Gated Nanorobot for Targeted Transport of Molecular Payloads', *Science* 335:6070 (2012): 831-4; Dan Peer et al., 'Nanocarriers As An Emerging Platform for Cancer Therapy', *Nature Nanotechnology* 2 (2007): 751-60; Dan Peer et al., 'Systemic Leukocyte-Directed siRNA Delivery Revealing Cyclin D1 as an Anti-Inflammatory Target', *Science* 319:5863 (2008): 627-30.

第 15 章　科學與帝國的聯姻

89　Stephen R. Bown, *Scurvy: How a Surgeon, a Mariner, and a Gentleman Solved the Greatest Medical Mystery of the Age of Sail* (New York: Thomas Dunne Books, St. Matin's Press, 2004); Kenneth John Carpenter, *The History of Scurvy and Vitamin C* (Cambridge: Cambridge University Press, 1986).

90　James Cook, *The Explorations of Captain James Cook in the Pacific, as Told by Selections of his Own Journals 1768-1779*, ed. Archibald Grenfell Price　(New York : Dover Publications, 1971), 16-17; Gananath Obeyesekere, *The Apotheosis of Captain Cook: European Mythmaking in the Pacific* (Princeton: Princeton University Press, 1992), 5;　J.C. Beaglehole, ed., *The Journals of Captain James Cook on His Voyages of Discovery,* vol. 1 (Cambridge: Cambridge University Press, 1968), 588.

91　Robert B. Mark, *The Origins of the Modern World*, 81.

92　David Christian, *Maps of Time*, 436.

93　John Darwin, *After Tamerlane: The Global History of Empire since 1405* (London: Allen Lane, 2007), 239.

94　Soli Shahvar, 'Railroads i. The First Railroad Built and Operated in Persia', in the Online Edition of *Encyclopaedia Iranica*, last modified April 7, 2008, http://www.iranicaonline.org/articles/railroads-i; Charles Issawi, 'The Iranian Economy 1925-1975: Fifty Years of Economic Development', in *Iran under the Pahlavis*, ed. George Lenczowski (Stanford: Hoover Institution Press, 1978), 156.

95　Robert B. Mark, *The Origins of the Modern World*, 46.

96　Kirkpatrik Sale, *Christopher Columbus and the Conquest of Paradise* (London: Tauris Parke Paperbacks, 2006), 7-13.

97　Edward M. Spiers, *The Army and Society: 1815-1914* (London: Longman, 1980), 121;

Robin Moore, 'Imperial India, 1858-1914', in *The Oxford History of the British Empire: The Nineteenth Century*, vol. 3, ed. Andrew Porter (New York: Oxford University Press, 1999), 442.

98 Vinita Damodaran, 'Famine in Bengal: A Comparison of the 1770 Famine in Bengal and the 1897 Famine in Chotanagpur', *The Medieval History Journal* 10:1-2 (2007), 151.

第16章　資本主義教條

99 Maddison, *World Economy*, vol. 1, 261, 264; 'Gross National Income Per Capita 2009, Atlas Method and PPP', The World Bank, accessed December 10, 2010, http://siteresources.worldbank.org/DATASTATISTICS/Resources/GNIPC.pdf.

100 這裡舉的麵包店例子在計算上經過簡化，並非完全精確。因為銀行金庫中每存有1元就能貸出10元，如果銀行現在有100萬美元的存款，其實只能貸出約909,000美元，而必須將91,000美元留在金庫裡。但為了方便讀者理解，我還是決定將數字簡化。此外，銀行也並不總是遵守這些法規。

101 Carl Trocki, *Opium, Empire and the Global Political Economy* (New York: Routledge, 1999), 91.

102 Georges Nzongola-Ntalaja, *The Congo from Leopold to Kabila: A People's History* (London: Zed Books, 2002), 22.

第17章　工業的巨輪

103 Robert B. Mark, *The Origins of the Modern World*, 109.

104 Nathan S. Lewis and Daniel G. Nocera, 'Powering the Planet: Chemical Challenges in Solar Energy Utilization', *Proceedings of the National Academy of Sciences* 103:43 (2006), 15731.

105 Kazuhisa Miyamoto (ed.), 'Renewable Biological Systems for Alternative Sustainable Energy Production', *FAO Agricultural Services Bulletin* 128 (Osaka: Osaka University, 1997), chapter 2.1.1, accessed December 10, 2010, http://www.fao.org/docrep/W7241E/w7241e06.htm#2.1.1percent20solarpercent20energy; James Barber, 'Biological Solar Energy', *Philosophical Transactions of the Royal Society A* 365:1853 (2007), 1007.

106 'International Energy Outlook 2010', U.S. Energy Information Administration, 9, accessed December 10, 2010, http://www.eia.doe.gov/oiaf/ieo/pdf/0484(2010).pdf.

107 S. Venetsky, ' "Silver" from Clay', *Metallurgist* 13:7 (1969), 451; Aftalion, Fred, *A History of the International Chemical Industry* (Philadelphia: University of Pennsylvania Press, 1991), 64; A. J. Downs, *Chemistry of Aluminum, Gallium, Indium and Thallium* (Glasgow: Blackie Academic & Professional, 1993), 15.

人類大歷史
Sapiens

108 Jan Willem Erisman et al, 'How a Century of Ammonia Synthesis Changed the World' in *Nature Geoscience* 1 (2008), 637.

109 G. J. Benson and B. E. Rollin (eds.), *The Well-Being of Farm Animals: Challenges and Solutions* (Ames, IA: Blackwell, 2004); M .C. Appleby, J. A. Mench, and B. O. Hughes, *Poultry Behaviour and Welfare* (Wallingford: CABI Publishing, 2004); J. Webster, *Animal Welfare: Limping Towards Eden* (Oxford: Blackwell Publishing, 2005); C. Druce and P. Lymbery, *Outlawed in Europe: How America Is Falling Behind Europe in Farm Animal Welfare* (New York: Archimedean Press, 2002).

110 Harry Harlow and Robert Zimmermann, 'Affectional Responses in the Infant Monkey', *Science* 130:3373 (1959), 421-432; Harry Harlow, 'The Nature of Love', *American Psychologist* 13 (1958), 673-685; Laurens D. Young et al., 'Early stress and later response to sepration in rhesus monkeys', *American Journal of Psychiatry* 130:4 (1973), 400-405; K. D. Broad, J. P. Curley and E. B. Keverne, 'Mother-infant bonding and the evolution of mammalian social relationships', *Philosophical Transactions of the Royal Soceity B* 361:1476 (2006), 2199-2214; Florent Pittet et al., 'Effects of maternal experience on fearfulness and maternal behaviour in a precocial bird', *Animal Behavior* (March 2013), In Press- available online at: http://www.sciencedirect. com/science/article/pii/S0003347213000547)

111 "National Institute of Food and Agriculture", United States Department of Agriculture, accessed December 10, 2010, http://www.csrees.usda.gov/qlinks/extension.html.

第 18 章　一場永遠的革命

112 Vaclav Smil, *The Earth's Biosphere: Evolution, Dynamics, and Change* (Cambridge, Mass.: MIT Press, 2002); Michael Gleich et al., *Life Counts: Cataloging Life on Earth* (New York: Atlantic Monthly Press, 2002); Sarah Catherine Walpole et al., 'The Weight of Nations: An Estimation of Adult Human Biomass', *BMC Public Health* 12:439 (2012), http://www. biomedcentral.com/1471-2458/12/439

113 William T. Jackman, *The Development of Transportation in Modern England* (London: Frank Cass & co., 1966), 324- 27; H. J. Dyos and D.H. Aldcroft, *British Transport - An economic survey from the seventeenth century to the twentieth* (Leicester: Leicester University Press, 1969), 124-31; Wolfgang Schivelbusch, *The Railway Journey: The Industrialization of Time and Space in the 19th Century* (Berkeley: Univeristy of California Press, 1986).

114 關於過去這幾十年前所未有的和平狀態，可參見：Steven Pinker, *The Better Angels of Our Nature: Why Violence Has Declined* (New York: Viking, 2011); Joshua S. Goldstein, *Winning the War on War: The Decline of Armed Conflict Worldwide* (New York, N.Y.: Dutton, 2011); Gat, *War in Human Civilization.*

115 'World Report on Violence and Health: Summary, Geneva 2002', World Health Organization, accessed December 10, 2010, http://www.who.int/whr/2001/en/whr01_annex_en.pdf. For mortality rates in previous eras see: Lawrence H. Keeley, *War before Civilization: The Myth of the Peaceful Savage* (New York: Oxford University Press, 1996).

116 'World Health Report, 2004', World Health Organization, 124, accessed 10 December, 2010, http://www.who.int/whr/2004/en/report04_en.pdf.

117 Raymond C. Kelly, *Warless Societies and the Origin of War* (Ann Arbor: University of Michigan Press, 2000), 21. See also Gat, *War in Human Civilization*, 129-31; Keeley, *War before Civilization*.

118 Manuel Eisner, 'Modernization, Self-Control and Lethal Violence', *British Journal of Criminology* 41:4 (2001), 618-638; Manuel Eisner, 'Long-Term Historical Trends in Violent Crime', *Crime and Justice: A Review of Research* 30 (2003), 83-142; 'World Report on Violence and Health: Summary, Geneva 2002', World Health Organization, accessed December 10, 2010, http://www.who.int/whr/2001/en/whr01_annex_en.pdf; 'World Health Report, 2004', World Health Organization, 124, accessed 10 December, 2010, http://www.who.int/whr/2004/en/report04_en.pdf.

119 Walker and Bailey, 'Body Counts in Lowland South American Violence,' 30.

第 19 章　從此過著幸福快樂的日子

120 若想從心理學和生物化學這兩種層面來討論快樂，以下這些著作是很好的出發點：Jonathan Haidt, *The Happiness Hypothesis:Finding Modern Truth in Ancient Wisdom* (New York: Basic Books, 2006); R. Wright, *The Moral Animal: Evolutionary Psychology and Everyday Life* (New York: Vintage Books, 1994); M. Csikszentmihalyi, 'If We Are So Rich, Why Aren't We Happy?', *American Psychologist* 54:10 (1999): 821-27; F. A. Huppert, N. Baylis and B. Keverne, ed., *The Science of Well-Being* (Oxford: Oxford University Press, 2005); Michael Argyle, *The Psychology of Happiness*, 2 edition (New York: Routledge, 2001); Ed Diener (ed.), *Assessing Well-Being: The Collected Works of Ed Diener* (New York: Springer, 2009); Michael Eid and Randy J. Larsen (eds.), *The Science of Subjective Well-Being* (New York: Guilford Press, 2008); Richard A. Easterlin (ed.), *Happiness in Economics* (Cheltenham: Edward Elgar Pub., 2002); Richard Layard, *Happiness: Lessons from a New Science* (New York: Penguin, 2005).

121 Daniel Kahneman, *Thinking, Fast and Slow* (New York: Farrar, Straus and Giroux, 2011); Inglehart et al., "Development, Freedom, and Rising Happiness," 278-281. 中文版書名《快思慢想》，天下文化2012年出版。

122 D. M. McMahon, *The Pursuit of Happiness: A History from the Greeks to the Present* (London: Allen Lane, 2006).

第20章　智人末日

123 Keith T. Paige et al., 'De Novo Cartilage Generation Using Calcium Alginate-Chondrocyte Constructs', *Plastic and Reconstructive Surgery* 97:1 (1996), 168-78.

124 David Biello, 'Bacteria Transformed into Biofuels Refineries', *Scientific American*, January 27, 2010, accessed December 10, 2010, http://www.scientificamerican.com/article.cfm?id=bacteria-transformed-into-biofuel-refineries.

125 Gary Walsh, 'Therapeutic Insulins and Their Large-Scale Manufacture', *Applied Microbiology and Biotechnology* 67:2 (2005), 151-59.

126 James G. Wallis et al., 'Expression of a Synthetic Antifreeze Protein in Potato Reduces Electrolyte Release at Freezing Temperatures', *Plant Molecular Biology* 35:3 (1997), 323-30.

127 Robert J. Wall et al., 'Genetically Enhanced Cows Resist Intramammary *Staphylococcus Aureus* Infection', *Nature Biotechnology* 23:4 (2005), 445-51.

128 Liangxue Lai et al., 'Generation of Cloned Transgenic Pigs Rich in Omega-3 Fatty Acids', *Nature Biotechnology* 24:4 (2006), 435-36.

129 Ya-Ping Tang et al., 'Genetic Enhancement of Learning and Memory in Mice', *Nature* 401 (1999), 63-69.

130 Zoe R. Donaldson and Larry J. Young, 'Oxytocin, Vasopressin, and the Neurogenetics of Sociality', *Science* 322:5903 (2008), 900–904; Zoe R. Donaldson, 'Production of Germline Transgenic Prairie Voles (Microtus Ochrogaster) Using Lentiviral Vectors', *Biology of Reproduction* 81:6 (2009), 1189-1195.

131 Terri Pous, 'Siberian Discovery Could Bring Scientists Closer to Cloning Woolly Mammoth', *Time*, September 17, 2012, accessed February 19, 2013; Pasqualino Loi et al, 'Biological time machines: a realistic approach for cloning an extinct mammal', *Endangered Species Research* 14 (2011), 227-233; Leon Huynen, Craig D. Millar and David M. Lambert, 'Resurrecting ancient animal genomes: The extinct moa and more', *Bioessays* 34 (2012), 661-669.

132 Nicholas Wade, 'Scientists in Germany Draft Neanderthal Genome', *New York Times*, February 12, 2009, accessed December 10, 2010, http://www.nytimes.com/2009/02/13/science/13neanderthal.html?_r=2&ref=science; Zack Zorich, 'Should We Clone Neanderthals?', *Archaeology* 63:2 (2009), accessed 10 December, 2010, http://www.archaeology.org/1003/etc/neanderthals.html.

133 Robert H. Waterston et al., 'Initial Sequencing and Comparative Analysis of the Mouse Genome', *Nature* 420:6915 (2002), 520.

134 'Hybrid Insect Micro Electromechanical Systems (HI-MEMS)', Microsystems Technology Office, DARPA, accessed March 22, 2012, http://www.darpa.mil/Our_Work/MTO/Programs/Hybrid_ Insect_Micro_Electromechanical_Systems_percent28HI-MEMSpercent29.aspx. See also: Sally Adee, 'Nuclear-Powered Transponder for Cyborg Insect', *IEEE Spectrum*, December 2009, accessed December 10, 2010, http://spectrum.ieee.org/semiconductors/devices/nuclearpowered-transponder-for-cyborg-insect?utm_source=feedburner&utm_medium=feed&utm_campaign=Fee dpercent3A+IeeeSpectrum+percent28IEEE+Spectrumpercent29&utm_content=Google+Reader; Jessica Marshall, 'The Fly Who Bugged Me', *New Scientist* 197:2646 (2008), 40-43; Emily Singer, 'Send In the Rescue Rats', *New Scientist* 183:2466 (2004), 21-22; Susan Brown, 'Stealth Sharks to Patrol the High Seas', *New Scientist* 189:2541 (2006), 30-31.

135 Bill Christensen, 'Military Plans Cyborg Sharks', *Live Science*, March 7, 2006, accessed December 10, 2010, http://www.livescience.com/technology/060307_shark_implant.html.

136 'Cochlear Implants', National Institute on Deafness and Other Communication Disorders, accessed March 22, 2012, http://www.nidcd.nih.gov/health/hearing/pages/coch.aspx

137 Retina Implant, http://www.retina-implant.de/en/doctors/technology/default.aspx.

138 David Brown, 'For 1st Woman With Bionic Arm, a New Life Is Within Reach', *The Washington Post*, September 14, 2006, accessed December 10, 2010, http://www.washingtonpost.com/wp-dyn/content/article/2006/09/13/AR2006091302271.html?nav=E8.

139 Miguel Nicolelis, *Beyond Boundaries: The New Neuroscience of Connecting Brains and Machines – and How It Will Change Our Lives* (New York: Times Books, 2011). 中文版書名《念力：讓腦波直接操控機器的新科技、新世界》，天下文化2012年出版。

140 Chris Berdik, 'Turning Thought into Words', *BU Today*, October 15, 2008, accessed March 22, 2012, http://www.bu.edu/today/2008/turning-thoughts-into-words/

141 Jonathan Fildes, 'Artificial Brain "10 years away" ', *BBC News*, July 22, 2009, accessed 19 September, 2012, http://news.bbc.co.uk/2/hi/8164060.stm

142 Radoje Drmanac et al., 'Human Genome Sequencing Using Unchained Base Reads on Self-Assembling DNA Nanoarrays', *Science* 327:5961 (2010), 78-81; 'Complete Genomics' website: http://www.completegenomics.com/; Rob Waters, 'Complete Genomics Gets Gene Sequencing under 5000$ (Update 1)', *Bloomberg*, November 5, 2009, accessed December 10, 2010; http://www.bloomberg.com/apps/news?pid=newsarchive&sid=aWutnyE4SoWw; Fergus Walsh, 'Era of Personalized Medicine Awaits', *BBC News*, last updated April 8, 2009, accessed March 22, 2012, http://news.bbc.co.uk/2/hi/health/7954968.stm; Leena Rao, 'PayPal Co-Founder And Founders Fund Partner Joins DNA Sequencing Firm Halcyon Molecular', *TechCrunch*, September 24, 2009, accessed December 10, 2010, http://techcrunch.com/2009/09/24/paypal-co-founder-and-founders-fund-partner-joins-dna-sequencing-firm-halcyon-molecular/

科學文化 228

人類大歷史
從野獸到扮演上帝

Sapiens
A Brief History of Humankind

原著 —— 哈拉瑞（Yuval Noah Harari）
譯者 —— 林俊宏
科學文化叢書策劃群 —— 林和（總策劃）、牟中原、李國偉、周成功

副社長兼總編輯 —— 吳佩穎
編輯顧問暨責任編輯 —— 林榮崧
封面設計暨美術編輯 —— 江儀玲

出版者 —— 遠見天下文化出版股份有限公司
創辦人 —— 高希均、王力行
遠見・天下文化 事業群榮譽董事長 —— 高希均
遠見・天下文化 事業群董事長 —— 王力行
天下文化社長 —— 王力行
天下文化總經理 —— 鄧瑋羚
國際事務開發部兼版權中心總監 —— 潘欣
法律顧問 —— 理律法律事務所陳長文律師
著作權顧問 —— 魏啟翔律師
社址 —— 台北市 104 松江路 93 巷 1 號 2 樓
讀者服務專線 —— 02-2662-0012 ｜ 傳真 —— 02-2662-0007，02-2662-0009
電子郵件信箱 —— cwpc@cwgv.com.tw
直接郵撥帳號 —— 1 326703-6 號 遠見天下文化出版股份有限公司
排版廠 —— 極翔企業有限公司
製版廠 —— 東豪印刷事業有限公司
印刷廠 —— 中原造像股份有限公司
裝訂廠 —— 精益裝訂股份有限公司
登記證 —— 局版台業字第 2517 號
總經銷 —— 大和書報圖書股份有限公司 電話／02-8990-2588
出版日期 —— 2014 年 8 月 27 日第一版第 1 次印行
　　　　　　2024 年 9 月 25 日第二版第 6 次印行

國家圖書館出版品預行編目 (CIP) 資料

人類大歷史：從野獸到扮演上帝 / 哈拉瑞
(Yuval Noah Harari) 著；林俊宏譯 . -- 第二
版 . -- 臺北市：遠見天下文化，2022.10
面；　公分 . --（科學文化；228）
譯自：Sapiens：A Brief History of
Humankind

ISBN 9789865258900（精裝）

1. 世界史

710　　　　　　　　　　111016162

定價 —— NTD600
書號 —— BCS228
ISBN —— 9789865258900 ｜ EISBN —— 9789865258887（EPUB）；9789865258894（PDF）
天下文化書坊 —— bookzone.cwgv.com.tw
本書如有缺頁、破損、裝訂錯誤，請寄回本公司調換。
本書僅代表作者言論，不代表本社立場。

天下文化
BELIEVE IN READING